图书在版编目(CIP)数据

中华人民共和国婚姻法评注·家庭关系/薛宁兰主编.—厦门:厦门大学出版社,2017.12
(家事法评注丛书)
ISBN 978-7-5615-6815-6

Ⅰ.①中…　Ⅱ.①薛…　Ⅲ.①婚姻法-法律解释-中国　Ⅳ.①D923.905

中国版本图书馆 CIP 数据核字(2017)第 307305 号

出 版 人	郑文礼
责任编辑	邓　臻
封面设计	李夏凌
技术编辑	许克华

出版发行	厦门大学出版社
社　　址	厦门市软件园二期望海路 39 号
邮政编码	361008
总 编 办	0592-2182177　0592-2181406(传真)
营销中心	0592-2184458　0592-2181365
网　　址	http://www.xmupress.com
邮　　箱	xmupress@126.com
印　　刷	厦门集大印刷厂

开本	787 mm×1 092 mm　1/16
印张	14.5
插页	2
字数	356 千字
版次	2017 年 12 月第 1 版
印次	2017 年 12 月第 1 次印刷
定价	79.00 元

厦门大学出版社
微信二维码

厦门大学出版社
微博二维码

总　序

"家事法评注丛书"是一套以《中华人民共和国婚姻法》《中华人民共和国继承法》为主干,精准、全面、深入解析现行婚姻家庭法律的系列著作。

为拓展婚姻家庭法学研究的广度,加深其深度,方便法律人更好地理解、适用婚姻家庭和继承法律,中国婚姻家庭法学研究会和厦门大学出版社共同策划、组织出版"家事法评注丛书"。该丛书借鉴《德国法典评注》的体例,按照现行《中华人民共和国婚姻法》《中华人民共和国收养法》《中华人民共和国继承法》等法案的结构,逐章、逐条地予以评注。本评注详细讲解、透彻分析法律中的每一个法条,释明法条的由来、意义和内涵,以及法条与相关法条之间、法条与最高人民法院相关司法解释之间的关系,引述重要或者关键性的法院判例、学术观点等。

"家事法评注丛书"的出版在中国大陆尚属首次,意义重大。中国婚姻家庭法学研究会依托其雄厚的学术资源,邀请教学经验丰富和科研能力强的资深教授担任主编,并约请本领域的专家、学者共同撰稿,作者阵容强大,著述权威。中国婚姻家庭法学研究会会长、中国政法大学民商经济法学院夏吟兰教授,中国婚姻家庭法学研究会常务副会长、中国人民大学法学院龙翼飞教授担任总主编,中国婚姻家庭法学研究会副会长、厦门大学法学院蒋月教授担任执行总主编。我们期望本丛书作为高端法学学术精品,以高质量、高品位服务于法学教育、法学研究和法律实践,成为读者查找、理解和适用家事法律的专业工具书,并在民法法典化的进程中为相关法律制度的修改与完善提供重要参考。

编撰和出版本评注丛书历时多年。2011年11月,中国法学会婚姻法学研究会年会暨中国婚姻家庭法学研究会第一次会员代表大会在厦门大学举行。在此期间,中国婚姻家庭法学研究会与厦门大学出版社经深入磋商,双方达成合作协议。中国婚姻家庭法学研究会组织本学会知名专家、学者潜心撰写本丛书,由厦门大学出版社精心组织出版。

"家事法评注丛书"共计11卷,各卷分别如下:《中华人民共和国婚姻法评注·总则》《中华人民共和国婚姻法评注·结婚》《中华人民共和国婚姻法评注·夫妻关系》《中华人民共和国婚姻法评注·家庭关系》《中华人民共和国婚姻法评注·离婚》《中华人民共和国婚姻法评注·救助措施与法律责任》《中华人民共和国收养法评注》《中华人民共和国继承法评注·总则》《中华人民共和国继承法评注·法定继承》《中华人民共和国继承法评注·遗嘱继承和遗赠》《中华人民共和国继承法评注·遗产的处理》。

中国婚姻家庭法学研究会名誉会长、中国人民大学法学教授杨大文先生是"家事法评注丛书"的学术顾问之一,非常关心本丛书的出版,但在丛书付梓出版之际,杨教授已仙逝。我们仅以本丛书向我们尊敬和爱戴的名誉会长杨大文教授表示崇高的敬意和深切的缅怀!

推动婚姻家庭法和继承法的教学、科研和法律服务之进步,推进婚姻家庭法治事业之发展,是我们的责任与使命,是我们的光荣与梦想。我们期待本评注丛书在我国依法治国及家庭建设的进程中发挥积极的作用。

"家事法评注丛书"编委会

2017 年 6 月

Contents

目录

第一章

导　论

　　任何社会的婚姻家庭制度都有其特点,体现着传统文化、风俗习惯、价值观念以及意识形态等多种元素的要求。我国当代婚姻家庭制度以一夫一妻、男女平等、保护妇女儿童老人合法权益等为特征,既尊重个体尊严和价值,又注重维护婚姻家庭这一伦理实体的和谐与稳定。正如恩格斯所言:"父母、子女、兄弟、姐妹等称呼,并不是简单的荣誉称号,而是代表着完全确定的、异常郑重的相互义务。这些义务的总和构成这些民族的社会制度的实质部分。"[①]

　　就我国现行《婚姻法》的篇章体例而言,第三章家庭关系(第13条～第30条)是有关夫妻、父母子女、祖孙、兄弟姐妹之间权利义务的规定。本书评注的家庭关系是除夫妻关系以外的其他家庭成员之间的关系,具体是现行《婚姻法》第21条～第30条规定的父母子女关系、祖孙关系和兄弟姐妹关系。相应地,本章对家庭关系法基本内容及理论、历史沿革、现状及展望的阐述,限于父母子女、祖孙、兄弟姐妹之间的关系。收养是创制亲子关系的法律行为,养父母子女关系是亲子关系的一种,鉴于我国已有单行《收养法》,本书对养父母子女关系的评注仅限于《婚姻法》第26条的原则性规定。

第一节　父母子女关系

一、父母子女关系的概念与种类

(一)父母子女关系的概念

　　在中文语义中,父母子女关系可概称为"亲子关系"。亲子关系中的"亲"是指父母,"子"是指子女。法律对亲子关系的调整,主要是确认亲子关系的种类,确立亲子关系形成、变更与消灭的法律事实与规则,并以权利义务的形式确认亲子关系的效力。

　　男女因结婚组成最初的家庭。随着子女的出生,家庭规模变大,家庭结构复杂化,形成亲子关系、祖孙关系、兄弟姐妹关系。从血缘联系看,父母子女是最亲近的血亲,依罗马法亲等计算法,他们之间是一亲等的直系血亲。因此,亲子关系是家庭关系的主要方面。

　　现代社会的家庭结构日趋简单化,亲子关系成为其核心。首先,它是维系家庭的重要纽带。子女的出生丰富了父母(夫妻)共同生活的内容和目标,增强了婚姻的凝聚力,巩固了家庭的基础。其次,父母子女关系是发挥家庭职能的重要条件。当今,家庭作为社会基本组织形态,担负着其他社会组织无可取代的社会功能。我国家庭的社会职能主要有:人口再生产

---

　　① 恩格斯:《家庭私有制和国家的起源》,载《马克思恩格斯选集》(第四卷),人民出版社2012年版,第37页。

职能、经济职能、消费职能、教育与扶养职能、情感慰藉职能等。这些职能是通过父母子女等近亲属关系来体现的，是人类社会不断发展和进步的重要源泉。

亲子关系具有如下特点①：

1. 不可选择性。父母子女关系是一种自然血缘关系，是基于子女出生的事实发生的。它是父母性属结合的自然结果，因此具有特定性和不可选择性。子女带着父母双方的自然基因而生成，是父母生命的延续。不管父母双方的婚姻关系有何变化，子女与父母双亲的自然血缘关系和感情联系是无法割断的。

2. 错时性和不对应性。父母子女关系的发展变化，记录着人生的旅程。年轻父母与儿童时期的子女，中年父母与青少年时期的子女，老年父母与成年子女，不同阶段中的父母子女关系表现出不同的特点。子女成年前，父母要对子女尽抚养教育的义务；子女成年或父母丧失劳动能力后，子女对父母要尽赡养扶助的义务。

3. 代际差异性。父母和子女是两代人。他们在不同历史时期、不同生活环境和文化环境中成长，在价值观念、兴趣、爱好、处事哲学、道德准则、生活方式、劳动态度等方面有很大差别，甚至根本不同。这些差异和不同，成为两代人之间沟通和理解的障碍，也是父母子女之间产生矛盾、冲突的根源。

4. 稳定性。在人类社会的各种人际关系中，父母子女关系是最稳固的一种关系。父母子女之间，具有一种天然的依存性和凝聚力，他们之间的爱也是最纯洁的、不附加任何条件的和无法割舍的。

（二）父母子女关系的种类

在我国古代，亲子关系的分类名目繁多，除因出生的事实形成自然血亲的亲子关系外，拟制的亲子关系又分为嗣父嗣子、养父母养子女，以及名分恩义上的父母子女等。关于"亲"，封建礼俗中有"三父八母"之说②；关于"子"，则有嫡子、庶子、奸生子、婢生子、嗣子、养子、义子等区分。古代礼法对亲子关系的分类有远近、亲疏之别，不同称谓者在法律上的地位不尽相同。到上世纪三十年代，从中华民国民法亲属编开始，我国借鉴大陆法系亲子关系立法经验，将父母子女总体上区分为自然血亲和拟制血亲两类。

现行《婚姻法》以引起亲子关系发生的法律事实为标准，将其分为两大类：

1. 自然血亲的亲子关系

这是基于子女出生的法律事实而发生的亲子关系，包括婚姻关系中的父母子女关系和非婚姻关系中的父母子女关系，即：婚生父母子女关系和非婚生父母子女关系。自然血亲的亲子关系因父母子女一方死亡或父母依法送养子女的原因而终止。

2. 拟制血亲的亲子关系

拟制血亲的亲子关系是基于法律的认可，人为设定的，包括养父母子女关系和有抚育关系的继父母子女关系（无事实上抚养关系的继父母子女之间属于姻亲，不产生拟制血亲的父母子女关系）。这类亲子关系的特点是：因主体一方死亡、解除收养、继父（母）与生母（父）离

① 王卫东：《婚姻家庭关系要论》，长春出版社1994年版，第232页。
② "三父"是指三种继父，即：同居继父、不同居继父、从继母嫁之继父。"八母"，即：嫡母、继母、养母、慈母、嫁母、出母、庶母、乳母。参见史尚宽：《亲属法论》，中国政法大学出版社2000年版，第533页。

婚或继父母子女扶养关系的变化而终止。

二、亲子身份的确认

"亲子身份的确认"是指依照一系列法律规则,对自然血亲的父母子女关系予以确定。亲子身份确认制度是一项基础性制度,依照这一制度确立亲子身份后,方可依法明确他们之间的权利义务。传统法对亲子身份的确认,首先依照父母有无婚姻关系,将子女分为"婚生"与"非婚生"。婚生子女即是婚姻关系存续期间受胎或者出生的子女,非婚生子女则是没有婚姻关系的男女所生子女(如男女未婚同居所生子女、有配偶者与婚外第三人所生子女等)。然后设立婚生子女的推定与否认、非婚生子女的准正与认领制度。亲子身份确认制度是一项古老的法律制度,滥觞于罗马法。古罗马时期设立这一制度的初衷在于使丈夫取得对子女的"家父权",当代亲子关系确认制度则以保护子女利益为本位,两者有很大差别。尽管如此,罗马法确立的婚生子女推定与否认的原则和方法,非婚生子女(姘生子女)[1]认领的方式等,为大陆法系各国民法所继承,并随时代变迁而不断获得发展。

(一)婚生子女的推定与否认

1. 婚生子女的推定

所谓"婚生子女的推定",是指妻子在婚姻关系存续期间受胎或所生的子女,可推定为(夫的)婚生子女的法律制度。婚生子女推定制度由罗马法"婚姻示父"原则演变而来。私有制和一夫一妻制产生以来,各国为维护合法婚姻及其所形成的家庭,通过婚生子女推定制度,对子女做出"婚生"与"非婚生"区分,赋予他们不同的法律地位。

在传统法中,母亲与子女的身份关系,可以通过分娩的事实确认,即罗马法"人必有确定之母"(mater semper certaest)原则。[2] 因此,婚生推定便主要是对父亲身份的推定。具体而言,它是依据一个显而易见的客观事实,即子女的出生和生母的婚姻关系,对另一个尚待证明的事实,即子女与生母之夫具有血缘关系做出推断。[3] 婚姻关系和血缘关系因此成为这一法律推定的两个关键因素。各国民法关于婚生推定的原则和方法从起初继受罗马法"婚姻关系存续中成胎之子女,以其生母之夫为父"的受胎说[4],发展到出生说,以及两说相

---

[1]　罗马法并不制裁姘度婚。受天主教宗教理论影响,为减少姘度婚,使"姘度"男女由姘度关系变为夫妻关系,通过非婚生子女认领制度中的"因日后结婚而成立之认领"这种间接方式使之合法化。姘生子女因此获得婚生子女的地位。参见陈朝璧:《罗马法原理》,法律出版社 2006 年版,第 411～412 页。

[2]　陈朝璧:《罗马法原理》,法律出版社 2006 年版,第 411 页。

[3]　王洪:《婚姻家庭法》,法律出版社 2003 年版,第 227 页。.

[4]　我国台湾地区民法即采此说,其第 1061 条规定:"称婚生子女者,谓由婚姻关系受胎而生之子女。"日本民法也采此说,其第 772 条规定:"妻子于婚姻中怀胎的子女,推定为丈夫的子女。""自婚姻成立之日起经过 200 天之后,或自婚姻解除或撤销之日起 300 内出生的子女,推定为婚姻中怀胎的子女。"转引自《最新日本民法》,渠涛编译,法律出版社 2006 年版,第 164 页。

结合的混合说。① 比较而言,混合说更为科学合理,受胎说和出生说则过于严苛,不利于对子女利益的保护。依照受胎说,婚前受胎而在婚后所生的子女,不能推定为婚生子女,这不利于对子女利益的保护和婚姻关系的稳定;出生说的缺陷在于,它将在婚姻关系中受胎、婚姻关系终止后出生的子女排除在婚生子女之外。

2. 婚生子女的否认

社会生活具有复杂性,被推定的子女有可能与被推定为其父母的男女不存在自然血亲关系,为求得法律推定与客观事实的一致,并使真正的生父不致逃脱抚育子女的责任,自罗马法以来,法律在确立婚生推定规则的基础上,又确立对婚生推定的否认规则,只是在罗马法中仅被推定的父亲本人享有婚生否认的请求权。近现代,各国法律逐渐扩大否认权人范围,从被推定的父亲,扩展至子女,甚或妻子。各国立法例对否认权人范围的规定不同,反映出在解决亲子关系的真实性与安定性这对矛盾时,采取了不同的立法指导思想。具体而言:(1)若法律重在实现亲子关系的真实性,便对否认权人范围规定得比较宽泛;(2)若法律追求亲子关系的安定性,则对否认权人范围规定得比较狭窄。法律许可否认权人提出亲子关系否认之诉,用反证来推翻先前法律上的推定,由此可见,婚生否认是一种使法律推定与客观事实相一致的救济途径。

当代各国立法关于婚生否认制度的构成,多从否认的理由(原因)、否认权人的范围、否认权的行使期间(除斥期间)、行使否认权的程序要求,以及否认之诉的效力等方面作出规定。

(1)婚生否认的理由(原因)

早期立法例关于否认的理由多规定为丈夫在妻子受孕期间未与之同居。故此,对婚内生育子女亲生的否认,丈夫应负举证责任。他只要证明在妻子受胎期间,自己未与之同居,或者证明妻子受孕并非与自己所为即可。现在看来,这一标准过于绝对。随着医学技术发展,过去认为不能生育之夫,现在也有可能使妻子受孕(如体外人工受精);并且,现在同居和受孕也不能完全划等号。② 故当代各国及地区立法对于否认的理由多采概括主义,不限定具体的原因。法国、德国、瑞士等国民法规定,否认权人只需提供足以推翻子女为婚生推定的证据即可。我国台湾地区"民法"第 1063 条第 2 款规定:"夫妻之一方或子女能证明子女非为婚生子女者,得提起否认之诉。"但也有个别国家采列举方式,明示否认的理由,例如,《埃塞俄比亚民法典》第 783 条、第 785 条列举出二种情形:(1)否认权人与孩子的生母无性关系。法律允许被推定的父亲,提出在孩子出生前第 300 天到第 180 天之间,与其母亲无性关系,以此否认与孩子有父子关系;(2)否认权人为父不能。被推定的父亲,有确凿证据证明,在特定情形下,自己绝对不可能是孩子的父亲,例如,经科学认定孩子的体貌特征与其体

---

① 出生说推定子女婚生不以受胎为限,而以子女在婚姻关系存续期间出生为准则,英美法系立法采此学说。混合说细分为两种:(1)以出生说为原则,以受胎说为补充。如《瑞士民法典》第 255 条第 1 款:"在婚姻关系存续期间或婚姻解除后的 300 日内出生的子女,推定夫为父。"(2)以受胎说为原则,以出生说为补充。如《意大利民法典》第 231~233 条。

② 余延满:《亲属法原论》,法律出版社 2007 年版,第 387 页。

貌特征显然不相符合、生母向其隐瞒怀孕或者孩子出生的事实。①

（2）否认权

在民法中，否认权是一种形成权。所谓形成权，是指权利人得以自己的行为，使已成立的法律关系的效力予以变更或消灭。② 它是法律赋予当事人一方享有的实体性权利，该项权利行使后将导致法律关系变动，为此，法律在赋予一方当事人享有此项权利的同时，又对否认权的有效期间作出限定。法律规定婚生子女否认权期限的目的，在于促使否认权人及时行使权利，尽快确定子女的法律地位。对于否认权的有效期间，法国、意大利规定为 6 个月，日本、俄罗斯、中国台湾地区规定为 1 年，德国为 2 年。关于此项期间的起算，一些立法例规定"自子女出生之日"起计算③，一些立法例则规定"从否认权人知道子女为非婚生子女之日"起计算。④ 此期间应自否认权人知悉子女非为亲生之日起计算，方为合理。此项期间为法定不变期间，即"除斥期间"，期间届满后，否认权归于消灭。

（3）否认权人

否认权人，是指法定的享有否认子女为婚生的诉讼请求人。关于否认权人的范围，各国及地区规定不一。法国、日本、埃塞俄比亚等国民法仅限丈夫或其权利继受人享有此项权利。《日本民法典》第 774 条规定，只有受推定的丈夫可以否认子女为婚生子女。还有一些立法如德国、瑞士、意大利，以及我国台湾地区"民法"确立的否认权人范围比较宽。《瑞士民法典》第 256 条规定丈夫和子女均有否认权；《意大利民法典》第 235 条规定父母、成年子女及特殊情况下的保佐人或检察官均有否认权；《俄罗斯联邦家庭法典》第 52 条确立的否认权人范围最为广泛，包括被推定的父母、实际上的父母、成年子女、子女的监护人、无行为能力父母的监护人等。

（4）否认之诉的效力

否认权的行使须以诉讼为之，在民事诉讼中属于形成之诉。关于否认之诉的效力，传统法多规定法院判决一经确定，子女即丧失婚生资格，成为非婚生子女；子女由母亲抚养，丈夫没有义务承担抚育费；妻方需给付夫方一定的精神赔偿金；妻方应返还夫方原先所承担的子女抚养费。生效的法院判决不仅对当事人有效，亦对第三人有效。⑤

（二）非婚生子女的准正与认领

1. 非婚生子女的准正

所谓"非婚生子女的准正"，是指已出生的非婚生子女因生父母结婚或者经法院宣告而取得婚生子女资格的制度。被准正的子女称"准婚生子女"。法律确立准正制度的初衷在于鼓励正式婚姻和保护非婚生子女。准正制度主要包括准正的形式、要件和效力三方面内容，

---

① 《埃塞俄比亚民法典》，薛军译，中国法制出版社 2002 年版，第 154～155 页。

② 梁慧星：《民法总论》，法律出版社 1996 年版，第 66 页。

③ 例如《意大利民法典》第 244 条规定在子女出生后的 6 个月内提起。《日本民法典》第 777 条规定在夫知悉子女出生时起 1 年内提起。

④ 例如《德国民法典》第 1600b 条规定此期限自权利人得知反对此种父亲身份的情况之时起开始。我国台湾地区民法典第 1063 条规定："夫妻之一方自知悉该子女非为婚生子女，或子女自知悉其非为婚生子女之时起二年内为之。但子女于未成年时知悉者，仍得于成年后二年内为之。"

⑤ 史尚宽：《亲属法论》，中国政法大学出版社 2000 年版，第 547～548 页。

各国及地区立法对这些方面的规定并不一致。

(1)生父母结婚而准正。德国、比利时仅以生父母结婚为要件;法国、日本、瑞士、意大利等国则以结婚和认领为双重要件,只结婚不办理生父认领手续的,不发生准正的效力。[①]。

(2)法官宣告而准正。经法官宣告而准正的,仅法国、德国有相应规定。所谓"法官宣告而准正",是指男女订立婚约后,因一方死亡或双方存在婚姻障碍,使经婚姻而准正不能实现时,婚约的一方当事人或其子女可提请法官予以裁判,由法官宣告子女为婚生子女。[②] 上世纪60年代以来,随着一些国家法律中取消"婚生"与"非婚生"子女的称谓,有无必要延续准正制度,引发学界质疑。一个显见的例子是,1998年《德国民法典》废止准正制度。(参见本书第六章第七节)

3. 非婚生子女的认领

传统法对因同居、通奸、强奸等原因在婚姻关系之外所生子女的亲子关系确定,通过生父自愿认领与法院强制认领加以规范。

(1)自愿认领。自愿认领,又叫"任意认领",是指认领人承认子女为自己所生,并自愿对其承担抚育义务的法律行为。自愿认领为单方法律行为,只要认领人有承认自己为非婚生子女生父母的单方意思表示即可成立,无需未成年子女及其母亲的同意。

(2)强制认领。强制认领又称"亲之寻认",是指在生父母不主动认领子女的情形下,利害关系人诉请法院强制其认领子女的制度。强制认领之诉是在非婚生子女与生父母之间创设法律上的亲子关系,子女已经成年的,亦有权向法院提起强制生父认领之诉。法院对子女认领的判决属于形成之诉,对第三人亦生效力。

当代各国法律对强制认领请求权人的范围规定不一。法国规定仅为非婚生子女本人,子女未成年的,由生母行使诉权;瑞士规定为生母和子女;日本规定为非婚生子女及其直系血亲卑亲属,及其法定代理人;我国台湾地区"民法"第1067条关于请求权人范围的规定,经历了逐步扩大的过程。1930年颁布之初的中华民国民法该条规定仅非婚生子女之生母或其它法定代理人,可请求生父认领。1985年修改为"非婚生子女或其生母或其它法定代理人,得请求其生父认领为生父之子女。"2007年修法后,该条对仍规定请求权人为非婚生子女或其生母或其它法定代理人,但扩大了强制认领人的范围,规定"前项认领之诉,于生父死亡后,得向生父之继承人为之。生父无继承人者,得向社会福利主管机关为之。"从而进一步强化法律对非婚生子女的保护。

关于认领请求权应否有法定期间的限制,各国及地区立法规定也不一致。主要有三种立法例:(1)无期间限制。德国民法第1600d条"父亲身份的裁判上确定",没有对这一权利的行使做出期间的限制。我国台湾地区"民法"第1067条经2007年修改后,取消对认领请求权期间的限制,当属无期间限制的立法例。(2)有期间限制。依《法国民法典》第340-3条,原则上"应当在子女出生后2年内提起",亦可在父母"停止姘居2年届满"后,或在"子女成年后2年内"提起。(3)原则上无期间限制,但规定例外情形。《日本民法典》第787条规定:"子女及其直系卑亲属,或其法定代理人,可以提起认领之诉。但自其父母死亡之日起经

① 余延满:《亲属法原论》,法律出版社2007年版,第394页。
② 王洪:《婚姻家庭法》,法律出版社2003年版,第236页。

过 3 年的,不在此限。"①本书认为,从保护子女利益的角度出发,原则上,法律不宜对认领请求权作期间限制,但对已死亡生父认领请求权的行使应有法定期间限制,以保护子女及其他继承人的财产继承权。为此,日本民法的规定值得借鉴。

非婚生子女依法由生父自愿认领或经法院裁判强制认领后,与生父之间产生与婚生父母相同的权利义务关系,并且,认领的效力及于子女出生之时。

三、亲子之间的权利与义务

在古代,以父权为核心的父母子女关系是支配与被支配的不平等关系。父母对于子女的人身和财产拥有绝对支配的权力。近代大陆法系国家法律中的"亲权"概念起初具有古代亲子关系的特征,后又随时代变迁不断被赋予新的内涵。

在当代,父母子女关系是一种新型的身份关系。它既以亲情为纽带,又是双方地位平等、人格独立的关系。当代亲子法以子女利益为本位,注重儿童(未成年子女)最佳利益的实现,立法不仅对父母的权利义务予以规范,更加突出对儿童在家庭中权利的保护。我国现行《婚姻法》第 21~27 条是父母子女权利义务的原则性规定,其内容涉及父母子女间的抚养与赡养、子女的姓氏确定、父母对未成年子女的保护和教育、相互继承遗产的权利、非婚生子女法律地位,以及养父母子女、继父母子女之间的权利与义务等。其中,现行法关于父母对未成年子女的保护和教育,便是亲权的原则性规定。

本节侧重阐述"亲权"基本原理,至于未成年子女的权利义务,将在本章第四节叙及。

(一)亲权的性质

大陆法系中的"亲权"概念源自古罗马的家长权和古日尔曼的父权。② 在法文中,亲权原为父亲的权力,1987 年法国修改民法典,将亲权表述为父母的职权。2002 年修订后的《法国民法典》第 371-1 条规定:"亲权是以子女的利益为最终目的的各项权利义务的整体。""父母……均应当保护子女的安全、健康与道德,确保其教育,使子女能够得到发展,人格受到尊重。"③在当代,亲权的性质已失去古代家长权、支配权的特性,而是父母双亲的共同责任。它既是父母的权利,更是他们必须承担的义务。1980 年的《德国民法典》采用"父母照顾权"代替"亲权"(参见本书第四章第八节)。1989 年的《英国儿童法案》称之为"父母责任"。成立于 2001 年的欧洲家庭法委员会(CEFL)提出统一欧洲各国关于亲权的术语为"父母责任",认为它是"促进和保护子女福利的权利和义务的集合"。④

当下,亲权的法律特征主要体现在四方面:(1)亲权是民法上的身份权。它只存在于父母与未成年子女之间,以双方主体具有亲子身份为前提;子女已成年或被依法视为成年的,亲权归于消灭。(2)亲权以保护教养未成年子女为目的,以对未成年子女的人身照护和财产照护为内容,其行使以符合子女最佳利益为限。(3)亲权具有权利义务的双重性。它不仅是父母双方享有的民事权利,更是他们的法定义务。作为权利,父母依法自觉行使,不得滥用;

---

①　《最新日本民法》,渠涛编译,法律出版社 2006 年版,第 166 页。
②　陈苇主编:《外国婚姻家庭法比较研究》,群众出版社 2006 年版,第 278 页。
③　《法国民法典》(上册),罗结珍译,法律出版社 2005 年 3 月版,第 344 页。
④　夏吟兰:《比较法视野下的"父母责任"》,载《北方法学》2016 年第 1 期。

作为义务,他们不得抛弃和转让。(4)亲权是专属权,父母双方均不得让与、继承或抛弃;除法律有特别规定外,通常不得由他人代为行使。

随着各国主法对亲权制度的现代化改革,传统亲权所具有的人身支配性、不平等性、维护亲权人利益的三大特点[①],已不复存在。从大陆法系诸国民法典分设亲权制度与监护制度的关联性看,未成年人监护的功能主要在于,当父母死亡或均不能行使亲权时,由其他近亲属继续保护和监督未成年人。监护人的职责中必然会包含教育和保护的内容。学理上因此认为监护是亲权的延伸与补充。然而,此仅为监护与亲权制度设计上的关联性,其实,两者有着本质上的区别。(具体参见本书第四章第五节)

(二)亲权的内容

亲权以保护教养未成年子女为目的。围绕这一目的,参照法、德、日等国家有关亲权的立法和学说,亲权的内容总体包括父母对子女人身上的权利义务(人身照护)和对子女财产上的权利义务(财产照护)两个方面。

1. 父母对子女人身上的权利义务

依照我国《婚姻法》第 23 条,父母对子女人身上的权利义务,包括对未成年子女的保护和教育两方面。此所谓"保护",是指亲权人为未成年子女心身成长的安全,预防和排除来自他人及外界的各种侵害与危害。对子女日常起居及行为的监督也是保护的方法之一。此所谓"教育",是指亲权人在法律允许的范围内,采取说服、引导等文明方式对未成年子女开展思想品行等全方位的培养与引导,为未成年子女以健全的人格走向社会奠定良好的家庭教育基础。对于有严重不良行为的儿童,父母应当采取措施严加管教,但以不损害未成年子女身心健康为限。

保护和教育是人身照护的总体概括性权利义务,而父母对未成年子女姓氏的选择、住所的确定、职业的许可、子女身份上行为及事项的同意和法定代理等,都是保护和教育的具体表现。限于篇幅,在此不做详述。

2. 父母对子女财产上的权利和义务

父母对未成年子女财产上的照护,主要体现在对其财产法上行为及事项的同意和法定代理,以及对子女特有财产的管理权、使用收益权及一定条件下的处分权。在子女成年或解除亲权时,父母应将子女的全部财产交还。基于其他原因导致亲权终止的,父母应将属于子女的全部财产交给子女的其他监护人。我国现行《婚姻法》关于父母对未成年子女财产上的权利义务未做明确系统规定,此为立法重大缺漏,导致我国亲权制度支离破碎、难成体系,相反,2016 年颁行的《民法总则》第 34 条关于监护人职责的规定,虽概括却不失全面,体现为"代理被监护人实施民事法律行为,保护被监护人的人身权利、财产权利以及其他合法权益"等方面。

(三)亲权行使的原则

现代亲权制度以父母共同行使亲权为原则。在婚姻关系存续期间,父母对于双方的亲生子女(婚生和非婚生)、养子女等共同行使亲权。所谓共同行使,是指父母双方以共同的意思决定亲权内容的实现,对外是未成年子女的共同代理人。当父母双方对行使亲权的意思

---

① 余延满:《亲属法原论》,法律出版社 2007 年版,第 452 页。

不一致时,应如何处理? 对此有两种立法例:(1)早期大陆法系立法多规定由父亲一方行使,赋予父亲享有最后决定权。如 1900 年的《德国民法典》第 1628 条,1996 年修正前的我国台湾地区"民法"第 1089 条。(2)现代大陆法系民法多规定父母对共同行使亲权有争议时,由法院裁判。我国台湾地区"民法"第 1089 条第 2 款规定:"父母对于未成年子女重大事项权利之行使意思不一致时,得请求法院依子女之最佳利益酌定之。"①《德国民法典》第 1628 条规定:"父母在个别事务或在特定种类的父母照顾事务中不能达成合意,而这些事务的处置对于子女有重大意义的,家庭法院可以根据父母一方的申请而将决定托付给父母一方。该项托付可以与限制或负担相关联。"②

在父母共同行使亲权原则之外,仍有一方单独行使的情形发生。例如,父母一方失踪、丧失行为能力、甚至死亡而无法行使亲权,此时由无障碍一方单独行使。再如,父母分居、离婚或者本无婚姻关系时,应如何行使亲权? 对此,有不同立法例:(1)由一方单独行使亲权。《日本民法典》第 819 条列举了由父母一方单独行使亲权的情形:①父母协议离婚时,协议必须确定其中一方为亲权人。②裁判离婚时,由法院确定父母一方为亲权人。③父母在子女出生前离婚时,亲权由母亲行使。子女出生后,父母可协商确定父亲为亲权人。④经父亲认领子女的亲权,以父母协商确定父亲为亲权人为限,由父亲行使。⑤前述情形不能达成协议时,父或母可提请家庭法院做出代替协议的裁定。⑥出于子女利益的需要,家庭法院经子女其他亲属请求,可做出变更亲权人的裁定。(2)由父母共同行使亲权。依照 2002 年修改后的《法国民法典》第 286 条和第 373-2 条,亲权行使和转移规则仍然适用本卷第九编亲权的一般规定。这意味着亲子关系不因父母双方离婚或分居而受到影响,父母双方依然共同履行对子女的亲职。1993 年法令确立的第 287 条至第 295 条随之被废止。《法国民法典》还规定父母非经法院判决,不得擅自放弃行使亲权。这是亲权具有不同于其他民事权利的性质使然。依我国现行《婚姻法》第 36 条规定③,我国立法是主张父母离婚后共同行使亲权的。对此,学者认为,法律不宜对离婚后亲权的行使做划一的强制性规定,可规定在符合未成年子女最佳利益原则下,由父母协商或者经法院判决确定亲权由父母共同行使或者一方行使。④

综上所述,当代大陆法系各国及地区立法普遍确立共同亲权原则,取消父亲的最后决定权,父母共同行使亲权产生争议的,允许一方诉诸司法,由法院基于男女平等原则和儿童最佳利益原则,对亲权的行使做出裁决。

(四)亲权的停止与消灭

1. 亲权的停止

亲权的停止,是指因一定原因发生而暂时中止父母行使亲权。具体分为当然停止和判

---

① 台湾地区"民法"第 1089 条第 3 款接着规定:"法院为前项裁判前,应听取未成年子女、主管机关或社会福利机构之意见。"

② 《德国民法典》,陈卫佐评注,法律出版社 2015 年第 4 版,第 504 页。

③ 现行《婚姻法》第 36 条第 1 款、第 2 款规定:"父母与子女间的关系,不因父母离婚而消除。离婚后,子女无论由父或母直接抚养,仍是父母双方的子女。""离婚后,父母对于子女仍有抚养和教育的权利和义务。"

④ 王洪:《婚姻家庭法》,法律出版社 2003 年版,第 260 页;余延满:《亲属法原论》,法律出版社 2007 年版,第 465 页。

决宣告停止。当然停止的原因主要有:(1)子女被送养;(2)父母一方或双方被宣告为无民事行为能力人或限制行为能力人;(3)父母离婚,不与未成年子女生活一方的亲权行使受到限制,部分亲权被停止,但抚养、探视等权利义务仍然保留;(4)父母对未成年子女实施重大犯罪,如虐待遗弃、性侵害、故意伤害或杀害;(5)父母被宣告失踪。

判决宣告停止,是指亲权经法院宣告而中止。其原因包括:(1)父母不能行使亲权或严重滥用亲权或懈怠重大义务;(2)父母有酗酒、虐待、遗弃、危害子女健康等行为;(3)父母滥用对子女人身照护权,或有不名誉、不道德行为,危害子女身心健康;(4)父母危害子女的财产,可宣告其管理权丧失。如果父母双方均因上述情形而被依法宣告停止亲权的,应通过监护制度,为未成年子女设立监护人。

2. 亲权的消灭

亲权的消灭,是指因一定的事由,使亲权归于终止。亲权的消灭分为绝对消灭与相对消灭。亲权绝对消灭的原因主要有:(1)子女成年;(2)未成年子女死亡;(3)父母一方或双方死亡。[①] 亲权相对消灭的原因主要是:未成年子女被收养。未成年子女为他人收养后,生父母的亲权消灭,养父母取得亲权;但收养关系解除后,养父母的亲权消灭,生父母的亲权则自行恢复。

第二节　祖孙、兄弟姐妹关系

祖孙[②]、兄弟姐妹是除父母子女之外,血缘联系最近的血亲,具体而言,祖孙为二亲等的直系血亲,兄弟姐妹是二亲等的旁系血亲。当今,以夫妻关系和父母子女关系为中心的核心家庭已成为主要的家庭形式。由于人类寿命普遍延长和生育数量减少,亲属纵向关系的重要性相应增大,祖孙关系比以往更加亲密。再者,中国独生子女政策实行30多年后,目前为普遍二胎政策取代,预示着兄弟姐妹关系将在家庭关系中占据重要位置。

在我国现行法律体系中,祖孙之间、兄弟姐妹之间在民法上的权利义务主要体现在三方面:(1)特定条件下相互扶养的权利与义务。我国《婚姻法》在家庭关系一章分别专条对祖孙之间、兄弟姐妹之间的扶养做出规定。(2)相互继承遗产的权利。我国《继承法》在法定继承一章确立祖孙、兄弟姐妹互为第二顺序的遗产继承人。当没有第一顺序法定继承人或者其放弃、丧失继承权时,被继承人的祖孙、兄弟姐妹便享有继承其遗产的权利。我国《继承法》之所以将祖孙、兄弟姐妹的继承顺序置于父母子女之后,与《婚姻法》将祖孙、兄弟姐妹相互扶养义务确定为具有补充父母子女不能直接履行抚养、赡养义务的性质是一致的。(3)对未成年人和不具有完全行为能力的成年人监护的权利和义务。我国《民法通则》及《民法总则》在未成年人的监护人范围中,确定祖父母、兄姐分别为第二和第三顺序的监护人;在成年监护中,规定其他近亲属是位于配偶、父母子女之后的第三顺序的监护人。此所谓"其他近亲属",是指兄弟姐妹、祖父母、成年的孙子女。

上述三方面权利义务中,祖孙之间、兄弟姐妹之间特定条件下相互扶养的权利与义务是

---

① 余延满:《亲属法原论》,法律出版社2007年版,第468页。

② 在当代法律中,祖孙包括祖父母与孙子女、外祖父母与外孙子女。为表达的便利,本章简称为"祖孙",或"祖父母""孙子女"。

发生法定监护和财产继承的基础,而且,仅扶养权利义务属于婚姻家庭法规制的内容。故此,本节仅就祖孙之间、兄弟姐妹之间的扶养展开讨论。首先,对亲属扶养制度的基本原理予以介绍。

一、亲属扶养的特性

所谓亲属扶养,是指特定亲属间的相互供养、扶助的民事权利义务关系。多数大陆法系国家的立法例将亲属间供养、扶助的权利义务,统称为"扶养"。我国现行《婚姻法》根据扶养权利人和义务人辈分的不同,将扶养细分为抚养、赡养和扶养三种情形。长辈对晚辈,如父母对子女的扶养称"抚养",晚辈对长辈,如子女对父母的扶养称"赡养",同辈,如夫妻之间的扶养则称"扶养"。2016 年的《民法总则》继续采用这一区分。然学界主张我国立法应与大陆法系其他国家及地区立法保持一致,统称为"扶养"。(参见本书第二章第五节)

亲属扶养是私法上的权利义务关系,不同于公法上的国家扶助与社会扶助。亲属抚养具有以下特征:

1. 亲属扶养具有身份属性和人身专属性

亲属扶养关系发生在一定范围的亲属之间。亲属身份是发生法定扶养义务的法律事实,形成扶养关系则是亲属身份的法律效力。我国《婚姻法》确立的具有扶养关系的近亲属包括夫妻、父母子女、祖孙、兄弟姐妹。其他自然人之间亦可基于遗嘱、契约等设立相互扶养的权利义务关系,但扶养关系不是亲属法上的扶养,而是一般的民事债权债务关系。亲属扶养义务主要以财产给付为内容,却不限于此。仅就财产给付而言,它以具有亲属身份为前提,具有人身专属性,不得继承、处分或抵销。

2. 亲属扶养具有相互性

首先,亲属之间的扶养在范围、内容、顺序和条件等方面均为法律所确定,具有法定性。其次,亲属关系是基于人类特有的情感,如爱情、亲情、手足之情等所形成的长期共同生活关系。当一方因年幼、疾病、年老、丧失谋生能力等原因需要对方给予供养扶助时,另一方有扶养能力的,应当履行法定扶养义务,因此,亲属扶养是有条件的,并且扶养的权利义务是相互的。尽管在实际生活中,亲属相互扶养在时间上有先后、内容方式有差异,但这也说明亲属关系是一种相互依存关系,亲属间的扶养具有非等价性。

3. 亲属扶养具有无时效性

亲属关系一经形成,便是长期的共同生活关系,亲属间的扶养因此具有长期性、持续性和稳定性。即便扶养权利人不向义务人主张已到期的扶养费,也不表明其放弃了该项权利。我国《民法总则》第 196 条指出"请求支付抚养费、赡养费或者扶养费"的请求权,不适用诉讼时效的规定。至于扶养义务人因滥用亲权、监护权,或者怠于履行亲职、监护义务,而依法被中止亲权或撤销监护人资格,并不因此免除其所负担的对子女、配偶、父母等的扶养费给付义务。对此,我国《反家庭暴力法》第 21 条第 2 款明确规定:"被撤销监护人资格的加害人,应当继续负担相应的赡养、扶养、抚养费用。"

4. 亲属扶养具有保障性

亲属扶养基于亲属身份依法产生,是亲属法保护婚姻家庭中弱势一方立法宗旨的体现。无论社会发展到哪一阶段,亲属扶养都因其所具有的其他社会保障制度无法替代的特点和价值而存在。随着社会发展、生活水平提高和人口老龄化,亲属扶养的内容也将从过去以经济供养为主,转向经济供养与生活照料、情感慰藉并重的新阶段。它将继续在我国社会保障体系中发挥独特作用。

二、亲属扶养的分类

学界通说认为[①],基于扶养主体之间亲属关系的亲疏远近,他们相互扶养的条件和程度应有所差别。与之相适应,可将亲属扶养进一步区分为生活保持义务和一般生活扶助义务。

(一)生活保持义务之扶养

所谓"生活保持义务之扶养",是指夫妻、父母子女之间为维持婚姻生活和家庭共同生活,在扶养人和被扶养人之间必须保持同一生活水平,具体包括夫妻之间的扶养、父母对未成年子女的扶养,以及成年子女对父母的扶养。此类扶养是无条件的,甚至需要义务人做出自我牺牲的,无论其生活是否富裕,都要尽其所能,甚或降低自己的生活水平,担负扶养对方的责任。日本学者形象地对生活保持义务的特性做出描述,认为它是一种"即使是最后一片肉、一粒米也要分而食之"的义务。[②] 生活保持义务因此被称为"共生义务"。

(二)生活扶助义务之扶养

所谓"生活保持义务之扶养",是指扶养人义务人仅在不降低自己生活水平限度内,给予受扶养人经济上的供养。除夫妻、父母子女外,其他法定亲属间的扶养属于此类,例如,我国《婚姻法》规定的祖孙之间、兄弟姐妹之间的扶养。此类扶养义务并非扶养人与受扶养人之间维持共同生活所必需,是偶然的、例外的、相对的扶养。因此,它是有条件的,只有当一方无独立生活能力,而他方有扶养能力时,才依法发生一方对另一方的扶养义务,并且,扶养人与受扶养人之间无需保持同一生活水平。因此,它被称为"一般生活扶助义务"。与夫妻之间、父母子女之间的扶养有着程度上的差别。

在立法例上,《瑞士民法典》对夫妻、父母子女,以及其他亲属之间的扶养做上述分类,在婚姻的效力(第159条)、亲子关系的效力(第276~278条)、家庭的共同生活(第328~330条)中分别做出规定。关于其他亲属之间扶养的范围,1998年修改前的《瑞士民法典》第328条将祖孙(即法条所谓"直系尊血亲及卑血亲")和兄弟姐妹均作为相互扶养的权利人和义务人。[③] 然现行《瑞士民法典》第328条已将兄弟姐妹从法定扶养人范围中删除,只保留祖孙

---

① 史尚宽:《亲属法论》,中国政法大学出版社2000年版,第754页;陈棋炎、黄宗乐、郭振恭:《民法亲属新论》(第五版),台湾三民书局2006年版,第456页;王洪:《婚姻家庭法》,法律出版社2003年版,第295页。

② [日]加藤美穗子:《家族和法》(日文版),苍文社1991年版,第114页。转引自杨大文主编:《亲属法》(第4版),法律出版社2004年版,第293页。

③ 修改前的《瑞士民法典》第328条规定:"(1)直系尊血亲及卑血亲以及兄弟姐妹间,互负抚养义务。但仅以无此帮助生活陷于贫困者为限;(2)兄弟姐妹间,无充分财力时,不负抚养义务。"引自《瑞士民法典》,殷生根、王燕译,中国政法大学出版社1999年版,第92页。

为相互扶养的义务人和权利人。① 日本没有对亲属间扶养做上述两类区分,但在亲属编中设扶养专章。《日本民法典》第 877 条规定的相互扶养义务人的范围是:"(1)直系血亲及兄弟姐妹之间,有相互扶养的义务;(2)有特别情事时,家庭法院可于前款规定情形之外,使三亲等内的亲属之间亦负扶养义务;(3)依前款规定审判后,情事发生变更时,家庭法院可以撤销其审判。"②我国台湾地区"民法"第 1114 条确立的互负扶养义务之亲属包括:(1)直系血亲;(2)共同生活的直系姻亲;(3)兄弟姊妹;(4)家长家属。

我国现行《婚姻法》对于亲属扶养不设专章,第三章家庭关系对夫妻之间、亲子之间、祖孙之间、兄弟姐妹之间的扶养、抚养、赡养设专条规定。有学者认为,③从我国《婚姻法》第 20 条、第 21 条、第 28 条、第 29 条内容看,我国借鉴了《瑞士民法典》的做法,夫妻之间、父母对未成年子女的扶养义务为生活保持义务,祖孙或兄弟姐妹间的扶养义务为生活扶助义务。

本书认为,在学理上承认不同亲属间扶养程度的区别,有助于对现行法亲属扶养的规定作出合理解释。

三、祖孙之间的扶养

祖孙之间的血缘联系仅次于父母子女,是二亲等的直系血亲。通常,子女由父母抚养,父母由成年子女赡养,祖孙之间不发生扶养的权利义务关系。但当父母子女之间因某种客观情形的存在,无法直接履行抚养或赡养义务时,祖孙之间便依法产生相互抚养或赡养的权利义务。依照我国现行《婚姻法》第 28 条,祖孙之间产生附条件的扶养义务。具体从以下两方面阐述。

（一）祖父母抚养孙子女的条件

具备以下三项条件时,祖父母对孙子女负有抚养义务。

1. 孙子女尚未成年且有受抚养的需要

依照我国《民法通则》和《民法总则》,18 周岁是自然人成年的年龄。此所谓"孙子女尚未成年",是指其不未满十八周岁。孙子女除在年龄上未满 18 周岁外,还应同时符合不能维持生活又无谋生能力这一要件。如果孙子女能以自己的财产或能力④维持生活,即便其未满 18 周岁,也无受祖父母扶养之必要。

2. 孙子女的父母已经死亡或者无力抚养

在民法上,死亡包括自然死亡和宣告死亡(以下均同)。所谓"父母已经死亡或无力抚养",包括父母双亡、父母一方死亡而另一方丧失抚养能力,或父母健在但均无抚养能力。依照我国《收养法》,收养人应当有抚养教育被收养人的能力,因此在对"父母无力抚养"的解释

---

① 1998 年修改后的《瑞士民法典》第 328 条第 1 款规定:"任何生活宽裕的人,如其直系尊亲属和卑亲属需要获得救济的,则生活宽裕的人应当为他们提供给养。"该条款于 2000 年 1 月 1 日生效。引自《瑞士民法典》,于海涌、赵希璇译,法律出版社 2016 年版,第 125 页。

② 《最新日本民法》,渠涛编译,法律出版社 2006 年版,第 189 页。

③ 余延满:《亲属法原论》,法律出版社 2007 年版,第 515 页。

④ 依照我国劳动法,自然人参加劳动法律关系的年龄为 16 周岁。《民法总则》第 18 条规定:"十六周岁以上的未成年人,以自己的劳动收入为主要生活来源的,视为完全民事行为能力人。"

上一般不包括养父母无力抚养养子女这一情形。养父母在收养成立时有抚养能力,之后因某种原因全部或部分丧失这一能力的,此时应将养父母包括在内。

3. 扶养人——祖父母有负担能力

此所谓"有负担能力",是指祖父母在维持自己生活和履行对第一顺序法定扶养人(配偶、父母、子女)的扶养义务后,还有负担抚养孙子女的经济能力。如果祖父母中数人均有负担能力,他们应根据各自经济情况共同负担对孙子女的抚养义务。

(二)孙子女赡养祖父母的条件

具备下列三方面条件时,孙子女对祖父母有赡养的义务。

1. 祖父母有受扶养的需要。

2. 祖父母的子女已经死亡或者子女无力赡养

子女无力赡养,是指子女不能以自己的劳动收入及其他收入全部或部分地满足自己及第一顺序法定扶养人合理的日常生活需要。

3. 扶养人——孙子女成年且有负担能力

有负担能力,是指孙子女以自己及配偶的劳动收入等在满足自己及第一顺序法定扶养人需求后,还有承担赡养祖父母的经济能力。如果孙子女中数人均有负担能力,他们应根据各自经济情况,共同负担对祖父母的赡养义务。

对于孙子女已经结婚的,在判断其负担能力时应否将配偶的收入综合考虑在内,对此法律未有明文规定。本书认为,基于男女平等和保护老年人合法权益原则,应将孙子女配偶的收入综合考虑在内。因为配偶有负担家庭生活费用的义务,如果其收入更高,还应承担更多的生活费用;即便夫妻双方约定实行分别财产制,他们对于家庭生活费用的负担,亦不得违反法律有关抚养和赡养义务履行的规定。

四、兄弟姐妹之间的扶养

兄弟姐妹是最亲近的旁系血亲。在法律上,兄弟姐妹具体包括同胞兄弟姐妹、同父异母或同母异父的半血缘的兄弟姐妹、养兄弟姐妹和有扶养关系的继兄弟姐妹。对于没有形成扶养关系的继子女而言,他们之间仅为姻亲关系。通常,兄弟姐妹由父母双亲扶养,相互之间不发生扶养关系。但在某种客观情形发生后,父母不能或无力履行抚养义务,又符合一定条件时,兄弟姐妹便依法产生扶养的权利义务。依照我国现行《婚姻法》第29条,兄弟姐妹之间产生附条件的扶养义务。

(一)兄姐扶养弟妹的条件

具备以下条件时,兄姐负有扶养弟妹的义务。

1. 兄姐有负担能力

有负担能力,是指兄姐以自己及配偶的劳动收入和其他收入在满足自己及负担的第一顺序法定扶养人需求后,还有承担扶养弟妹的经济能力。如果兄姐中数人均有负担能力,他们应根据各自经济情况,共同负担对弟妹的扶养义务。

2. 父母已经死亡或无力抚养

无力抚养,是指父母不能以自己的劳动收入及其他收入全部或部分地满足自己及第一顺序法定扶养人合理的日常生活需要。

3. 弟妹尚未成年

如果某一未成年人既有祖父母，又有兄姐，且都有负担能力，此时其祖父母、兄姐处于同等的扶养顺位，应由他们根据各自经济情况，共同负担扶养义务。

(二)弟妹对兄姐的扶养义务

根据我国《婚姻法》第 29 条，弟妹对兄姐的扶养义务也是有条件的。具体包括如下三项条件。

1. 兄姐缺乏劳动能力又缺乏生活来源

缺乏劳动能力，是指兄姐因先天或后天原因丧失或缺乏劳动能力。缺乏生活来源，是指兄姐没有或缺乏维持生存所必须的生活费用及用品。兄姐必须同时具备缺乏劳动能力和生活来源这两项要件，否则，兄姐不得受弟妹扶养。

2. 弟妹由兄姐抚养长大

这是指弟妹长期依靠兄姐提供全部或主要扶养费用，直至以自己的收入作为主要生活来源。此为弟妹扶养兄姐的特有条件，体现了权利义务相一致的立法原则。如果弟妹是由父母或祖父母扶养成人，则其对兄姐不负担扶养义务。

3. 弟妹有负担能力

有负担能力，是指弟妹以自己及配偶的劳动收入和其他收入在满足自己及第一顺序法定扶养人需求后，还有承担扶养兄姐的经济能力。如果弟妹中数人均有负担能力，则应根据各自经济情况共同负担对兄姐的扶养义务。

综上，祖孙之间、兄弟姐妹之间的扶养义务不同于父母子女之间的扶养义务。它们都具有补充父母子女间扶养义务的补位性质，因而是有条件的、第二顺位的，并且以不严重恶化自己的生活为前提。尽管如此，祖孙、兄弟姐妹之间的扶养对于亲属间的养老育幼不可或缺。符合上述法定条件的扶养义务人，应当自觉履行法定扶养义务。否则，扶养义务人有权请求其扶养并可向人民法院起诉，由法院依法裁判，并强制义务人履行扶养义务。

第三节　立法沿革

一、亲子关系的立法沿革

世界范围内，亲子关系立法经历了"家族本位的亲子法""亲(父母)本位的亲子法"和"子女本位的亲子法"三个阶段。[①]

(一)古代"家族本位"的亲子法

家族本位的亲子法产生于古代社会。在此，以古罗马法和中国古代礼法为例。

古罗马法的父母子女关系以家父权为本位，家父行使养育子女的权利和责任，对子女有

---

① 史尚宽：《亲属法论》，中国政法大学出版社 2000 年版，第 532～533 页；陈棋炎、黄宗乐、郭振恭：《民法亲属新论》(修订五版)，台湾三民书局 2006 年版，第 260 页。

绝对的支配权。古罗马的家父权有广义和狭义之分。适用于父母子女关系的家父权是狭义的，它是为罗马市民法所承认的，有"自权人"身份的父亲对其子女及其他卑亲属所享有的权力。[①] 家父权的取得方式有三：一是"正式婚姻"中子女的出生；二是对非婚生子女的认领；三是对他人子女的收养。家父权是绝对权，其效力体现在家父对家子的人身、财产和行为三个方面。以人身为例，家父权在家子身份方面的效果主要体现在：(1)婴儿出生时，家父可因遭遇特殊灾难，出卖初生婴儿。(2)家子对家父有绝对服从的义务，一切活动皆由家父支配。具体而言，家子婚姻的成立、存续与解除，应得到家父同意。(3)家父有审判家子的权力。《十二铜表法》甚至承认家父有"生杀之权力"。(4)家子因过失致他人损害，家长可让渡加害人于受害人，以免除自身责任。(5)家父可出让子女。罗马共和时代，家父权高于一切，无任何限制。官府传唤家子时，家父可以行使作为子女的所有人权力，提起"索子之诉"。到帝政时代，家子的待遇有所改善，家长权受到限制，对滥用权力的家父有"破廉耻"的制裁。[②]

在中国，古代礼法均承认家长权和族权。家不仅是私法意义上的存在，还是公法意义上的存在，是通过国家权力掌握人民的单位。[③] 奴隶社会的家礼，以"亲亲""尊尊""长长""男女有别"等为主要内容。男女、夫妇、尊卑、长幼、家长与家属各有其位，不得僭越。当时家长制家庭的突出特征是父系、父权和父治。父亲集夫、父、家长于一身，是一家之主。亲子关系以孝道为本，子女、卑幼均应恪守孝道，绝对服从于尊长，不孝则被列为"十恶"[④]之一。"父为子纲"亦是天经地义，父母享有支配子女的绝对权，子女无独立人格，被视为父母的私有财产。

中国封建社会的家庭依旧是家长制家庭。一家之内，子必从父，弟必从兄，妻必从夫，家属必须服从家长。在亲子关系方面主要体现为：(1)亲子关系恪守"父为子纲"的教条。封建礼、律均要求子女、卑幼恪守孝道，不得有违。父慈子孝本是亲子关系的道德准则，但在宗法家族制度下，"孝"有其特定的社会历史内容。子女、卑幼在人身、财产等方面，均处于任尊长摆布的地位。家长权和由父亲集中行使的亲权，滥用时得到礼与律的宽容和保护。(2)家长有管理、支配家产的权力。按照封建家礼的要求，"凡为子妇者，毋得蓄私财、俸禄及田宅所入，尽归之父母舅姑，当用则请而用之，不敢私假，不敢私与。"[⑤]此处虽父母并提，财产的支配权实际属于男性家长即父亲。为维护家长的财产权，历代法律中均有禁止卑幼不经家长同意私自动用财产的规定。《唐律·户婚》有云："诸同居卑幼，私辄用财者，十匹笞十，十匹加一等，罪止杖一百，……。"[⑥]即：同居一家的儿子、孙子、弟弟、侄子等晚辈，不得擅自动用家产，违者将受到笞、杖的肉刑处罚。在《宋刑统》《明清律》中也有类似规定。封建法律还禁止子孙在祖父母、父母健在时擅自别籍异财（分家析产）。唐、明、清律都将祖父母、父母在，

---

① 陈朝璧：《罗马法原理》，法律出版社 2006 年版，第 409 页。

② 陈朝璧：《罗马法原理》，法律出版社 2006 年版，第 419～421 页。

③ ［日］滋贺秀三：《中国家族法原理》，法律出版社 2003 年版，第 40 页。

④ "十恶"即封建时代各朝律例列举的十种重大罪名。具体包括：一谋反，二谋大逆，三谋版，四恶逆，五不道，六大不敬，七不孝，八不睦，九不义，十内乱。参见法学教材编辑部、《婚姻法教程》编写组：《婚姻立法资料选编》，法律出版社 1995 年版，第 102 页。

⑤ 司马光《居家杂仪》，载费成康主编：《中国的家族法规》（修订版），上海社会科学院出版社 2016 年版，第 211 页。

⑥ 法学教材编辑部、《婚姻法教程》编写组：《婚姻立法资料选编》，法律出版社 1995 年版，第 93 页。

祖孙别籍异财,影响供养尊亲属的,列为十恶中的不孝之罪,违者须告诉乃坐。《唐律·户婚》规定:"诸祖父母、父母在而子孙别籍异财者,徒三年。"①在唐代,徒是奴的意思,即将犯人作为奴隶使用三年,这种奴隶又称"罪奴"。

总之,中国奴隶社会和封建社会的家庭关系从属于宗法制度。子女受家长和其他尊长支配,绝对服从家长权和族权,家长有支配子女人身、财产及行为的权力,甚至可惩罚子女。虽然中国古代诸法合体,没有单行统一的亲子法,但从民刑不分的各代律例及礼教典籍中,依旧可以判断——当时的亲子法是典型的"家族本位"的亲子法。②

(二)近现代大陆法系亲子法本位的演变

"父母本位"的亲子法是近代产物。早期大陆法系民事立法在亲子关系中设置亲权制度,取代家长权,但仍保留了古代家长权的许多色彩。1804年的《法国民法典》是法国资产阶级大革命胜利后的重要成果。这部法典废除家族共同体,但家族制度的传统及理论在法典中仍有残留。它强调父亲的权力,父亲单方面享有对子女人身的支配权和管束权等亲权。1900年的《德国民法典》在亲子关系方面仍然强调父亲单方对子女的权力,其第1305条规定:婚生子女在未成年前结婚应得到父亲的同意;父亲死亡的,方可征得母亲同意。根据《德国民法典》第1627条和第1685条,父亲依其亲权有保护子女的身体,管理其财产的权利义务;当父亲不能行使亲权时,母亲在婚姻关系存续期间可行使亲权,但不得对子女的财产享有用益权。③

20世纪以来,随着儿童主体地位的提升和人权运动的普及,以法国、德国民法典为代表的大陆法系主要国家及地区的亲子关系立法,呈现出从父母本位向子女本位过渡的趋势。④当代亲子法立法本位的变化,突出体现在法律对父母子女权利义务的规范上。亲权从过去由父亲单方行使变为由父母双亲共同行使,亲权的内涵也发生根本性变化,由过去父母对子女人身和财产支配的权力演变为权利义务的统一体,甚至被视为父母双亲对于未成年子女的责任。在联合国1989年《儿童权利公约》确立的"儿童最大利益原则"指引下,各缔约国相继修改有关父母子女关系的法律规范,重视对未成年子女权利的保护和基本诉求的实现。

法国、德国亲子关系立法本位的转变,主要体现在:(1)努力消除传统亲子法对子女的身份歧视。在法国,1972年修改后的民法典承认非婚生子女具有与婚生子女平等的地位。1977年修改后的民法典第342条为尚未确立父子女关系的非婚生子女设定补助费请求权。现行民法典第733条、第735条,在法定继承权享有、继承份额方面,明示"法律不区分婚生亲子关系和非婚生亲子关系"。⑤在德国,1969年以来的一系列亲子关系立法改革,在消除对非婚生子女的法律歧视方面,从称谓到权利的平等享有都具有划时代性,代表着人类亲子法发展的趋向。⑥非婚生子女过去在财产继承权实现方面受到不同于婚生子女的差别对

①　法学教材编辑部、《婚姻法教程》编写组:《婚姻立法资料选编》,法律出版社1995年版,第92页。
②　王丽萍:《亲子法研究》,法律出版社2004年版,第18页。
③　法学教材编辑部、《婚姻法教程》编写组:《婚姻立法资料选编》,法律出版社1995年版,第159页、第162页。
④　陈棋炎、黄宗乐、郭振恭:《民法亲属新论》(第五版),台湾三民书局2006年版,第260页。
⑤　《法国民法典》(上册),罗结珍译,法律出版社2005年版,第570～571页。
⑥　陈苇主编:《外国婚姻家庭法比较研究》,群众出版社2006年版,第316页。

待,也随着《德国民法典》第 1934a 条被废止而得以消除。(2)亲子关系确认制度构成上的差别。德国于 1998 年修改民法典,增加母亲身份认定的规定,其第 1591 条指出"子女的母亲是生该子女的女子"。第 1697a 条还规定法官在处理父母照顾权、交往权以及看护等事务方面,应当考虑实际情况和各种可能性以及利害关系人的正当利益,做出最有利于子女利益的裁判。① 几经修订的《法国民法典》第 312 条~318 条,原则上规定丈夫享有婚生子女的否认权,丈夫死亡后,在否认权有效期间内,其继承人也可提起该项诉讼。并且,子女的生母、成年子女也可以提起否认之诉。《德国民法典》对亲子关系提出否认之诉②的主体范围规定得较宽。依其第 1600 条,与生母成立婚姻关系之人、承认父亲关系之人、子女、生母,以及依第 1592 条第 2 款对该类案件有撤销权的机关,都享有撤销父亲身份的权利。(3)亲权制度从称谓到内容的变化。在法国,1993 年第 93-22 号法律确立父母双方在婚姻期间共同行使亲权的原则。2002 年第 2002-305 号法律修改此条,不再限定"婚姻期间",同时创设非婚生子女与父母另一方确认亲子关系后是否由双亲共同行使亲权的司法救济渠道。③ 在德国,民法典不仅取消对子女的"婚生"与"非婚生"划分,还用"父母照顾权"取代"亲权"。德国不只在法律术语上体现了子女本位的当代精神,更在其具体内容中把握了当代亲子法"子女本位"的主旋律。(参见本书第四章第七节)

(三)中国近现代亲子关系立法的发展

中国亲属法的近代化开端于上世纪之初。清朝末年法制改革使传统中华法系发生重大变化,中国几千年"诸法合体,以刑为主"的法典编纂形式被打破,代之以独立的部门法编纂形式和体制。在民事立法方面,清末选择、移植了大陆法系的德国法模式,1911 年起草完成的中国近代第一部民法《大清民律草案》专设亲属一编。由于清王朝不久即崩溃,《大清民律草案》未予施行。

民国时期颁布"六法全书"。1930 年《中华民国民法》采德国民法典编制体例,单设亲属一编。民国民法亲属编大体上基于父母子女平等的立场确立亲子法律关系;确立婚生子女的推定与否认、非婚生子女的准正与认领制度;确立收养的方式及要件、收养的效力与终止等内容;规定子女从父姓,未成年子女以父母的住所为住所;父母对未成年子女有保护教养的权利义务,必要范围内的惩戒权、法定代理权及子女特有财产的管理权以及父母对子女权利义务的行使负担方法、父母亲权滥用的禁止等。民国时期亲子立法受近代欧洲法律思潮影响,子女的法律地位较之封建时代有大幅提升,然而传统家族主义的桎梏依旧存在,这一时期的亲子关系立法仍具有浓厚的"父母本位"色彩。④

新中国亲子关系立法始于 1950 年《婚姻法》。1950 年的《婚姻法》专章规定"父母子女

---

① 《德国民法典》,陈卫佐译注,法律出版社 2010 年 6 月版,第 501 页。
② 否认之诉在德国法上称"撤销之诉";否认权人则被称为"撤销权人"。
③ 2002 年修改后的《法国民法典》第 372 条规定,父与母共同行使亲权。但如果子女满一岁后才与父母另一方确立亲子关系,父母一方仍可以单独行使亲权;当父母向大审法院书记室提出共同声明,或者经家事法官作出决定时,亲权可由父母双方共同行使。参见《法国民法典》(上册),罗结珍译,法律出版社 2005 年 3 月版,第 350 页。
④ 王洪:《婚姻家庭法》,法律出版社 2003 年版,第 220 页;余延满:《亲属法原论》,法律出版社 2007 年版,第 382 页。

间的关系"，确立以保护子女合法权益为原则和父母子女间平等的权利和义务关系。具体内容有三方面：(1)父母子女的种类。1950年婚姻法未专条明示父母子女的种类。从具体条文可知，它所调整的亲子关系包括亲生父母子女(婚生与非婚生)、养父母子女、继父母子女三类。(2)父母子女的权利与义务。1950年的《婚姻法》着重对父母子女相互扶养义务、相互继承遗产权利专条做出明示。[①]　(3)非婚生子女的法律地位与生父认领。1950年的《婚姻法》继承革命根据地时期婚姻立法传统，专条明确非婚生子女的法律地位，第15条第1款指出："非婚生子女享受与婚生子女同等的权利，任何人不得加以危害或歧视。"这一条款在用语和文字表达上对根据地时期婚姻立法有所发展。首先，它不再使用1934年《中华苏维埃共和国婚姻法》、1942年《晋冀鲁豫边区婚姻暂行条例》中所谓"私生子"一词，而改用"非婚生子女"这一较为中性的词语。[②]　其次，它对非婚生子女法律地位的表述更加概括和周严，用"危害或歧视"囊括各种侵害非婚生子女利益的行为，例如，虐待、遗弃、杀害等。1950年的《婚姻法》明确了生父的抚育责任，即："非婚生子女经生母或其他人证物证明其生父者，其生父应负担子女必需的生活费和教育费全部或一部；直至子女十八岁为止。如经生母同意，生父可将子女领回抚养。"(第15条第2款)尽管这还不是成熟的子女认领制度，但已经确立了这一制度的主要内容。

我国现行亲子关系立法体例由1980年的《婚姻法》[③]和1991年的《未成年人保护法》[④]确立。1980年的《婚姻法》规制亲子关系的理念及内容与1950年的《婚姻法》基本相同，增加关于子女姓氏及父母对子女的管教、保护权利义务的内容，确定以保护未成年子女合法权益为原则、父母子女间法律地位平等、相互扶养和相互继承的新型亲子法律关系。它将父母子女关系与夫妻关系合为一章，统称"家庭关系"。2001年的《婚姻法》修正案对亲子关系的体例和制度架构未有改变。在亲子关系的内容方面，婚姻法修正案第22条增设子女姓氏选择权的规定；第23条将"父母有管教和保护未成年子女的权利和义务"修改为"父母有保护和教育未成年子女的权利和义务"，突出父母对未成年子女的保护和教育职责，强调父母对子女的"亲权"以平等和尊重未成年子女人格尊严为前提，不是管制与约束，而是说服教育与引导。

我国是联合国《儿童权利公约》缔约国，承诺"关于儿童的一切行动，不论是由公私社会

---

①　1950年的《婚姻法》第13条第1款规定："父母对于子女有抚养教育的义务；子女对于父母有赡养扶助的义务；双方均不得虐待或遗弃。"其第14条规定："父母子女有互相继承遗产的权利。"

②　1934年的《中华苏维埃共和国婚姻法》第19条规定："一切私生子得享受本婚姻法上关于合法小孩的一切权利，禁止虐待、抛弃私生子。"1942年的《晋冀鲁豫边区婚姻暂行条例》第23条规定："禁止杀害私生子，私生子之生父，经其生母指出证明，其生父须负责带领，与正式子女有同等地位。"而1946年的《陕甘宁边区婚姻条例》已不使用"私生子"一词，而用"非结婚所生之子女"，对其法律地位的表述也更为概括。其第13条规定："非结婚所生之子女与结婚所生之子女，享受同等权利，不得歧视。"转引自刘素萍主编：《婚姻法学参考资料》，中国人民大学出版社1989年版，第30页、第38页、第32页。

③　1980年的《婚姻法》由第五届全国人民代表大会第三次会议通过，自1981年1月1日起施行，1950年《婚姻法》同时废止。

④　《未成年人保护法》1991年9月4日由第七届全国人民代表大会常务委员会通过，自1992年1月1日起生效。2006年12月29日由第十届全国人民代表大会常务委员会第一次修订，自2007年6月1日起施行。2012年10月26日由第十一届全国人民代表大会常务委员会第二十九次会议第二次修正，自2013年1月1日起施行。

福利机构、法院、行政当局或立法机构执行,均应以儿童的最大利益为一种首要考虑";"确保儿童享有其幸福所必需的保护和照料,考虑到其父母、法定监护人、或任何对其负有法律责任的个人的权利和义务,并为此采取一切适当的立法和行政措施"。①《未成年人保护法》几经修改,确立"保障未成年人的合法权益""尊重未成年人人格尊严"等原则,在家庭保护一章,规定父母或者其他监护人应当"创造良好、和睦的家庭环境,依法履行对未成年人的监护职责和抚养义务";"关注未成年人的生理、心理状况和行为习惯,以健康的思想、良好的品行和适当的方法教育和影响未成年人";"学习家庭教育知识,正确履行监护职责,抚养教育未成年人";"尊重未成年人受教育的权利,必须使适龄未成年人依法入学接受并完成义务教育";"根据未成年人的年龄和智力发展状况,在作出与未成年人权益有关的决定时告知其本人,并听取他们的意见。"②这些规定进一步凸显了我国亲子关系立法的"子女本位"。

二、亲属扶养立法的沿革

一般而言,人类的扶养制度经历四个发展阶段:一是原始社会以氏族部落为中心的群体式扶养;二是以家长为中心的家族式扶养;三是以扶养人为重心的夫权式、亲权式扶养;四是以被扶养人为重心的保障式扶养。③

我国古代重视家制,礼法奖励一家之内的同居共财,老幼鳏寡者均依靠家长扶养。封建旧律均有亲属扶养的规定,清律附例有云:"子贫不能营生养赡父母,因致父母自缢死者,杖一百,流三千里。"④表明子孙有扶养祖父母、父母的义务。明清律(户律户役门收养孤老条)规定:"凡孤寡孤独及笃废之人,贫穷无亲依倚不能自存,所在官司应收养而不收养者,杖六十。"⑤说明近亲属有相互扶养的义务。

1930年中华民国民法亲属编基于国情民俗,参考外国法例,专章规定亲属扶养。其第1114~1121条对亲属扶养义务人的范围及顺序,受扶养权利者的顺序及程度,受扶养的要件,扶养义务的减免,扶养程度、方法及其变更,做出较为详尽的规定,从而确立了中国近代的亲属扶养制度。根据该法第1115条关于扶养义务人顺序、第1116条关于受扶养权利人顺序的规定,亲属扶养义务人和权利人的顺序具有如下特点⑥:(1)直系血亲或直系姻亲相互之间,在扶养权利上,尊亲属(如祖父母、父母)为先、卑亲属(如子女、孙子女)为后;在扶养义务方面,则卑亲属在先,尊亲属为后。(2)家长与家属之间,因经济力量的不同,家长先于家属负担扶养义务。(3)亲属之间的扶养顺序以尊卑亲疏远近关系确定,而不以亲属共同生活为优先。例如,子女、孙子女与配偶的扶养义务顺序先于父母、祖父母,受扶养权利的顺序则是祖父母、父母、配偶先于孙子女或子女。但负扶养义务的数人亲等同一时,"应各依其经济能力,分担义务。"(4)夫妻之间,互负扶养义务的顺序与直系血亲卑亲属相同,受扶养权利的顺序则与直系血亲尊亲属相同。可见,我国近代亲属扶养制度重视维护传统孝道,具有封

---

① 参见《儿童权利公约》第3条。
② 参见《未成年人保护法》第10~14条。
③ 杨大文主编:《婚姻家庭法》,中国人民大学出版社20007年版,第265页。
④ 转引自陈棋炎、黄宗乐、郭振恭:《民法亲属新论》(第五版),台湾三民书局2006年版,第454页。
⑤ 转引自史尚宽:《亲属法论》,中国政法大学出版社2000年版,第755页。
⑥ 王洪:《婚姻家庭法》,法律出版社2003年版,第297页。

建家族主义的色彩。

新中国成立后废除封建主义家族制度。1950 年《婚姻法》确立家庭成员之间尊老爱幼、平等互助的扶养关系,相互扶养的亲属范围限于夫妻、父母子女之间。[1] 1980 年《婚姻法》结合我国社会发展与家庭关系实际,在父母子女之间、夫妻之间相互扶养基础上,扩大法定具有扶养关系的亲属范围,增加规定祖孙之间、兄弟姐妹之间具有相互扶养的权利与义务。2001 年《婚姻法》修正案确立"家庭成员间应当敬老爱幼,互相帮助,维护平等、和睦、文明的婚姻家庭关系"的指导原则,继续规定父母子女、夫妻、祖孙、兄弟姐妹之间的法定扶养权利义务。

在当代,亲属扶养制度是一国社会保障制度体系的组成部分。这与家庭养老育幼的社会功能密不可分,即便是在社会保障制度完善的大陆法系国家,民法亲属编中依然设有亲属扶养制度。大陆法系关于亲属扶养的立法体例主要有两种[2]:(1)分散式。亲属扶养的内容分散在亲属编夫妻关系、父母子女关系等章节中。采分散式立法的国家有法国、德国和瑞士等国。(2)集中式。亲属编专章规定亲属扶养。日本、俄罗斯、意大利等国及我国台湾地区采取这一模式。亲属扶养这一私法制度因其特有的制度价值与功能,与社会扶助这一公法制度相得益彰,并行不悖,共同发挥着法律对"弱者"的社会保障作用。

第四节　立法展望

2014 年《中共中央关于全面推进依法治国若干重大问题的决定》将"编纂民法典"作为加强重点领域立法,完善中国特色社会主义法律体系的重要任务。《民法总则》颁行后,包括亲属编在内的民法分则各编的问世指日可待。这是完善我国现行《婚姻法》《收养法》,实现面向 21 世纪中国婚姻家庭法制科学化和体系化的历史良机。完善亲子关系立法和亲属扶养制度,则是民法典亲属编不可或缺的重要方面。

鉴于本书各章在体例编排上设专节讨论与所释法条内容相关的立法发展趋势,本章或从宏观层面或拾遗补缺,对我国亲子法发展趋势做一展望。

一、立法本位的确立

家庭关系以子女为本位立法,是立法时应当坚持的理念或宗旨。如前所述,20 世纪国际人权运动促使成人世界的儿童观发生革命性变革,儿童在法律中的主体地位得到重视和确认,国际人权法确立的"儿童最大利益原则"[3],对缔约各国国内立法产生了重要的价值引导作用。以我国现行《婚姻法》《未成年人保护法》的原则和内容观之,子女本位在我国亲子

---

[1]　1950 年《婚姻法》第 8 条规定:"夫妻有互爱互敬、互相帮助、互相扶养、和睦团结、劳动生产、抚育子女,为家庭幸福和新社会建设而共同奋斗的义务。"第 13 条第 1 款规定:"父母对于子女有抚养教育的义务;子女对于父母有赡养扶助的义务;双方均不得虐待或遗弃。"

[2]　余延满:《亲属法原论》,法律出版社 2007 年版,第 516 页。

[3]　1959 年联合国《儿童权利宣言》首次提出"应以儿童的最大利益为首要考虑"。此后的若干国际公约及区域性条约重申这一原则。1989 年《儿童权利公约》正式确立"儿童最大利益原则"。其第 3 条第 1 款规定:"关于儿童的一切行为,不论是由公私社会福利机构、法院、行政当局或立法机构执行,均应以儿童的最大利益为一种首要考虑。"

关系立法中得以初步确立,这对于纠正由历史、文化、观念造成的漠视子女利益,以家族或父母为本位的传统法律观念与做法不无意义。为凸显我国亲子关系立法的儿童本位,建议在民法亲属编基本原则中增加儿童最佳利益原则,并将之作为一项独立原则。①

笔者认为,可从三方面理解亲子关系中的儿童最佳利益原则:(1)从未成年子女角度看,这一原则彰显了未成年子女在法律上的主体地位及其不同于成年亲属的特性,他们应当受到法律特别和优先的保护。(2)对父母双亲而言,这一原则表明他们有义务最大限度地保障未成年子女健康成长及其品德的完善和发展。因此,不仅要改换"亲权"这一称谓,更要为其注入新的内涵。正如德国学者迪特尔·施瓦布所言:"父母对子女事务的决定权仅仅是一种工具,其目的是为了照料和教育子女。""照料和教育是父母的天然权利,也是其最高义务",它是"服务型的基本权利",是不可抛弃的"权利"②,即父母责任。(3)从国家责任角度看,国家对于父母行使亲职和子女实现权利,负有监督和保护的责任,并且国家这一职责的履行也应以未成年子女最佳利益为基点。③

然而,民法典亲属编之亲子关系立法的本位,又不限于此。强调子女本位的目的在于纠正历史,凸显儿童在法律上的主体地位。它应当与亲属编的总体理念(或本位)相一致。具体而言,子女本位并非亲子法价值取向的全部,它应服务于谋求父母子女及其他家庭成员共同生活美满幸福、维护家庭和睦、促进社会进步这一亲属编的总体理念。

二、立法结构的调整

现行《婚姻法》在结构上的不足主要有:(1)调整亲子关系的法律规范未独立成章,影响其制度安排与内容完善。现行《婚姻法》将父母子女关系与夫妻关系合为一章,统称"家庭关系"。这样的立法体例设计在法理上可自圆其说,却未必能突显亲子关系在婚姻家庭法中的地位,也难以在有限的法条数量下细化亲子法的具体制度规则。④ 而在大陆法系各民法典中,亲子关系与夫妻关系分别是亲属(家庭)编的独立章(节)。(2)将亲权融入"监护"之中弱化了父母对未成年子女的照护职责。一方面,现行《婚姻法》专条规定父母有对未成年子女保护和教育的权利与义务,将未成年子女置于父母亲权保护之下,另一方面,1986年《民法通则》和2016年《民法总则》均扩大监护的范围⑤,将父母规定为未成年人的监护人。这不可不谓现行民事法律之间的重复与冲突。《民法通则》将亲权融进监护制度固然有其历史的合理性,但当前在编纂体系化的民法典时,应放弃这一临时举措,将父母对未成年人的照护(亲权),从监护制度中剥离,回归于父母子女权利义务的规定中。(3)《收养法》独立存在不利于亲子关系立法的整体性安排。收养是创制亲子关系的民事行为。我国在《婚姻法》之外

① 依现行《婚姻法》第2条,保护妇女、儿童、老人的合法权益是一项原则。这势必会降低保护儿童合法权益原则的地位,并且这一表述没有突出和强调儿童利益与成年人利益相比更应给被予优先考虑。参见薛宁兰:《改革开放三十年中国亲子法研究之回顾与展望》,载陈苇主编:《改革开放三十年(1978—2008)中国婚姻家庭继承法研究之回顾与展望》,中国政法大学出版2010年版,第232页。
② [德]迪特尔·施瓦布:《德国家庭法》,王葆莳译,法律出版社2010年版,第259~262页。
③ 薛宁兰:《亲子关系确认制度的反思与重构》,载《中华女子学院学报》2011年第2期。
④ 薛宁兰:《亲子关系确认制度的反思与重构》,载《中华女子学院学报》2011年第2期。
⑤ 参见《民法通则》第16条第1款、《民法总则》第27条第1款。

颁行《收养法》，是前者缺乏对收养关系的设定、效力、变更、解除等一系列可操作性规则的结果。① 这样的立法体例，一方面割裂了亲子关系立法的整体性，使法律适用难以统一，另一方面，也易产生拟制血亲关系不是亲子关系的误解。其实，基于收养所形成的养父母子女关系与亲生父母子女关系都是亲子法调整的对象，应当纳入统一的亲子关系立法。

综上，笔者建议，设计我国民法典亲属编体例时，首先，拆分现行《婚姻法》第三章家庭关系，将夫妻关系和亲子关系分别独立成章。其次，应理顺亲权与监护的关系。民法典有关监护的规定中不应再将父母作为未成年子女的首要监护人，而应在父母子女权利义务的相关章节中体系化父母对未成年子女照护的内容。这对于实现民法总则监护立法与亲属编亲子关系立法的相互协调与分工协作，具有重大现实意义。并且，这也可强化父母双亲在儿童成长过程中的职责，突出家庭对于未成年人身心健康成长的保障作用。最后，从立法的可行性出发，收养制度宜单独成章，紧随本章其后。

关于本章名称，鉴于建国以来的婚姻家庭立法一直对亲属扶养采分散式立法模式，本章除规定父母子女间的扶养外，宜继续将祖孙之间、兄弟姐妹之间的扶养一并规定，本章名称也宜称"父母子女及其他近亲属关系"。具体而言，本章由四节组成：第一节亲生父母子女。内容包括亲生子女的界定、亲生推定、亲生推定的否认、子女的认领、人工生育子女的法律地位。第二节养父母子女与继父母子女。规定养父母子女、继父母子女的定义，养父母子女关系、继父母子女关系形成的条件和解除等。第三节父母子女的权利与义务。界定父母子女间扶养的权利义务。对传统亲权制度进行改造，可称之为"父母照顾权"或"父母照护"。它是父母对未成年子女养育、照顾、保护的义务和权利，具体分为父母对未成年子女的人身照顾权和财产照顾权。对于未成年子女的权利义务也需做出相应规定。第四节其他近亲属间的权利义务。除保留现行婚姻法关于祖孙、兄弟姐妹间扶养的规定外，还应增加血亲交往权的规定。

三、立法内容的增加

确定民法典亲属编"父母子女及其他近亲属关系"一章的内容时，既要保留现行《婚姻法》《收养法》中符合国情、行之有效的制度与规定，又要以新的立法理念，针对今后我国家庭关系的新情况与新问题，修改过时表述，增加新的规定，补充相关制度。

（一）确立人工生育子女的法律地位

1987 年 7 月，世界上第一个试管婴儿路易斯·布朗在英国诞生。此后，一种不通过男女结合生育后代的现代医疗技术，切断了生育与性行为的纽带，打破了传统的生育关系与遗传关系相一致的生育规律，随之出现一种新型的亲子关系——人工生育子女与父母的关系。② 前已叙及，父母子女关系总体上分为自然血亲的亲子关系和拟制血亲的亲子关系两类，在我国现行《婚姻法》中体现为亲生（婚生与非婚生）父母子女、养父母子女、继父母子女

---

① 关于收养，现行《婚姻法》仅第 26 条第 1 款有原则性规定，即："国家保护合法的收养关系。养父母和养子女间的权利和义务，适用本法对父母子女关系的有关规定。"现行《收养法》于 1992 年 4 月 1 日起施行，1998 年修改。

② 杨大文主编：《亲属法》，法律出版社 1997 年版，第 238 页。

三种。

为适应当代生物科学发展,应对人工辅助生殖技术对传统亲子关系分类的挑战,我国民法典亲属编关于父母子女的分类,应在现有基础上增设第四种——人工生育父母子女关系,体现在立法中,就是要对人工生育子女的法律地位做出明示。目前,由于《婚姻法》没有这方面的规定,使得对这类子女的法律地位问题,只能通过司法解释和部门规章作只言片语式的规定。例如,最高人民法院(1991)民他字第 12 号函指出:"在夫妻关系存续期间,双方一致同意进行人工授精,所生子女应视为夫妻双方的婚生子女,父母子女之间的权利义务关系适用婚姻法的有关规定。"这是依据《民法通则》诚实信用原则和《婚姻法》保护子女权益原则确立的规则,近期全国首例代孕引发的监护权纠纷案判决,对此类子女法律地位采取类推确认方法,认定为有抚养关系的继父母子女关系,实为不妥。① 亲属编可规定"采取人工辅助生殖技术出生的子女,是同意采取该方式生育子女的男女双方的亲生子女。"

(二)建立亲子身份的确认制度

现行《婚姻法》无认定亲子身份的基本规则,更无相应的制度构建。当今大陆法系国家或地区立法中的亲生推定制度、亲生否认制度,以及亲子认领制度,在亲子法的制度构造中属于基础性制度。对父母子女而言,只有依法确认双方的亲子身份,他们才能享有和承担亲子之间的法定权利义务。因此,"没有亲生子女的推定制度、否认制度、认领制度,亲子法的其他内容真的就处于'皮之不存,毛将焉附'的境地。"②有关亲子关系确认制度的具体建议,参见本书第六章第八节相关内容。

(三)明确未成年子女在家庭中的权利与义务

现行《婚姻法》关于父母子女之间权利义务的立法表达尚未概念化和体系化。为此,除改造亲权制度外,未成年子女在家庭中的权利义务也应做体系化设计。

依民法,人的权利能力始于出生,未成年子女当然享有基本的民事权利。儿童在家庭中的权利义务体现在其与父母及其他近亲属关系的诸多方面,总体上及于其人身和财产两方面。在此,择其要者,阐述如下。③

1.受抚养权。此为未成年子女在家庭中的最基本权利。自然人自出生时起接受父母养育,方可生存与发展。在父母对于子女的一系列义务和责任中,抚养义务是最基本的义务。当父母不履行抚养义务时,未成年子女有权要求父母履行抚养义务。

2. 受教育和保护权。未成年子女享有接受父母教育和保护的权利。一方面,未成年子女具有独立人格,父母应当以正确方式教育子女,不得采取为法律所禁止的方式损害其人格尊严;另一方面,未成年子女是成长中的人,需要来自父母双亲或为其监护人的其他亲属的保护,当其人身或财产面临不法侵害时,有权利请求父母或监护人采取措施予以保护。

3. 血亲交往权。未成年子女享有与父母及其他亲属的交往权。首先,子女享有与父母

---

① 参见《全国首例由代孕引发监护权纠纷案判决书》,发布时间:2017-03-15,资料来源:http://gong-wen. cnrencai. com/shuxin/188908. html,访问时间:2017 年 8 月 1 日。

② 王丽萍:《亲子法研究》,法律出版社 2004 年版,第 275 页。

③ 王丽萍:《亲子法研究》,法律出版社 2004 年版,第 102～112 页。

任何一方交往的权利。父母不得阻挠、限制子女与另一方的正常交往。但与父母一方交往会严重损害子女利益的除外。其次,子女有权与祖父母、外祖父母、兄弟姐妹正常交往;父母不得阻挠、限制子女与他们的正常交往。尤其父母离婚后,子女与其他亲属的交往权如果与其利益不相抵触的话,应当受到法律保护。

4. 财产权。在家庭的共同生活中,未成年子女对于自己依法获得的财产,如劳动收入、接受赠与、遗赠和继承取得的财产及其收益等,依法享有财产权。父母或监护人在法律上享有对未成年人财产进行妥善管理的权利和义务,他们不得借管理之名侵犯未成年子女的财产权。

未成年子女还应当承担一定的家庭义务。例如,他们在家庭生活中应当尊重、帮助和孝敬父母。这是他们对父母的一般性义务。与父母共同生活期间,包括未成年子女在内的所有子女还有义务承担与其年龄、体力和身体健康状况相适应的家务劳动,此为子女的服务义务。法律如此规定的目的,在于增进亲子情感,促进子女健康成长。

第二章
评注第二十一条(父母子女间的抚养与赡养)

➡第二十一条　父母对子女有抚养教育的义务;子女对父母有赡养扶助的义务。

父母不履行抚养义务时,未成年的或不能独立生活的子女,有要求父母付给抚养费的权利。

子女不履行赡养义务时,无劳动能力的或生活困难的父母,有要求子女付给赡养费的权利。

禁止溺婴、弃婴和其他残害婴儿的行为。

第一节　立法目的

本条是关于家庭中父母与子女之间抚养和赡养权利义务的规定,简称"亲子相互扶养权"。

亲子相互扶养权是权利义务的统一,着重强调父母抚养和子女赡养的义务。亲子相互扶养权名为权利,实际上以为他人谋利益为目的,是利他性的权利,因而是一种"义务权"。

一、为父母抚养教育子女、子女赡养扶助父母提供法律依据

尊老爱幼是中华民族的传统美德,然而,道德层面的弘扬和约束,并不能真正解决现今社会上出现的一些虐待老人、拒绝抚养子女以及遗弃虐待婴儿的现象。当道德约束失效时,我们应当有完善的法律制度予以保护。我国《宪法》规定:"婚姻、家庭、母亲和儿童受国家的保护。父母有抚养教育未成年子女的义务,成年子女有赡养扶助父母的义务。禁止破坏婚姻自由,禁止虐待老人、妇女和儿童。"[①]我国《婚姻法》亦规定子女受抚养权和父母受赡养权,其为抚养子女和赡养父母权利义务的履行提供了法律依据。

在家庭中获得抚养教育是子女享有的法定权利,抚养教育未成年子女是父母的法定义务。父母对未成年子女的抚养教育是无条件的,任何情况下都不能免除。正如日本法学家中川善之助先生指出的,父母与未成年子女间,一方扶养对方是为保持自己的生活(家庭生活)所必尽的义务,这种义务是无条件的,是要做出自我牺牲的。[②]　即使父母已经离婚,对未成年的子女仍应依法履行抚养的义务。父母对成年子女的抚养是有条件的,在成年子女没有劳动能力或出于某种原因不能维持生活时,父母也要根据需要和可能,负担成年子女生活费或给予一定的帮助。对有独立生活能力的成年子女,父母自愿给予经济帮助的,法律并

---

① 参见《中华人民共和国宪法》第49条第1款、第3款、第4款。
② 〔日〕中川善之助:《关于扶养义务的二个原型》,载《家族法律问题的研究》,劲草书房1969年版。

不干预。

　　父母抚养教育子女,为社会创造财富,并为国家和民族培养后代,因此,他们有权在年老后得到社会和家庭的尊敬和照顾。获得赡养扶助是年老父母应当享有的权利,赡养扶助父母也是成年子女的法定义务。子女不仅要赡养父母,而且要尊敬父母,关心父母,在家庭生活方面给予扶助。当父母年老、体弱、病残时,子女更应妥善加以照顾,使他们在感情上得到慰藉,愉快地安度晚年。

　　关于禁止溺婴、弃婴和其他残害婴儿的行为,早在古罗马时期就有所规定,《民法大全》之《论判决》第 2 编有言:"窒息新生的孩子和弃孩子于街头拒绝抚养他的人,以及将孩子抛弃于公共场所让他人怜悯的人都被认为是杀害孩子的人。"[①]在中国,溺婴和弃婴现象由来已久,有着深刻的社会历史根源。《秦律》认为溺婴属于非法。太平天国《资政新篇》规定:"禁溺子女,不得已难养者,准无子之人抱为己子,不得作奴视之,或交育婴堂。"[②]在新中国成立之前,生育问题上的重男轻女观念普遍存在,因而溺、弃女婴的情况屡见不鲜。新中国成立后,随着社会条件的变化和婚姻法的贯彻执行,溺婴和弃婴的现象大为减少,但未绝迹。个别地区仍有人出于传统偏见,为生男孩而溺弃女婴。新生婴儿因身体残缺或智力残疾,被抛弃,从而被剥夺生存权利。[③] 因此,法律规定禁止溺婴、弃婴和残害婴儿具有现实必要性。

二、实现家庭的基本功能

　　任何人类历史的第一前提无疑是有生命的个人的存在,但个人的存在只有在与他人的联系中才能得到表现。[④] 家庭是以婚姻和血缘为基础组成的个人的集合体,是社会的基本单位,其在经济和社会发展过程中发挥着巨大的作用。新中国成立前,由于封建家长制的影响,父为子纲,父亲是一家之长,享有绝对权威,子女无独立的人格,形成了家庭内部的等级权力结构。新中国成立后,实行婚姻自由、一夫一妻、男女平等,以及保护妇女、儿童和老年人合法权益的社会主义婚姻家庭法律制度。"现代社会的婚姻家庭制度,根植于人格独立、婚姻自由,但仍然具有维护人伦秩序、抚养子女健康成长、赡养老人安度晚年的社会性功能。"[⑤]家庭成员由不平等的人际关系和讲嫡庶、明身份的专制权力结构,转变为民主平等的家庭关系和权力结构。[⑥] 父母子女关系作为家庭中最亲近的血缘关系,已向相互享有法定的权利和承担法定的义务转化,子女成年前,父母需要承担抚养教育的义务,他们年老后,享有被子女赡养扶助的权利,从而体现权利与义务的相统一。父母有抚养教育子女的义务,是对家庭和社会应尽的责任;禁止溺婴或其他残害婴儿的行为,遗弃和虐待子女,否则要受到法律制裁。而子女对父母的赡养扶助义务也是家庭基本职能的体现,目前,赡养老人的家庭职能还不能完全被国家和社会向老年人提供物质帮助所取代。

---

　　① ［意]桑德罗·斯奇巴尼:《婚姻·家庭和遗产继承》,费安玲译,中国政法大学出版社 2001 年版,第 135 页。

　　② 齐麟:《对"溺婴"的人口社会学分析》,载《人口与社会》2001 年第 2 期。

　　③ 张敏杰:《国外学者关于"溺婴"的研究》,载《国外社会科学》1997 年第 3 期。

　　④ 宋林飞:《现代社会学》,上海人民出版社 1987 年版,第 70~71 页。

　　⑤ 夏吟兰:《论婚姻家庭法在民法典体系中的相对独立性》,载《法学论坛》2014 年第 4 期。

　　⑥ 雷洁琼:《新中国建立以来婚姻家庭制度的变革》,载《北京大学学报(哲学社会科学版)》1988 年第 3 期。

三、保障家庭中弱者的利益

儿童、老人是家庭中的弱者,他们在体力、智力和健康等方面处于劣势。国家应当从法律制度上保障儿童、老人的权益,从而确保未成年人在父母悉心抚养下健康快乐成长,确保老年人在子女赡养和扶助下安度晚年。我国《婚姻法》确立的父母抚养义务、子女赡养义务,以及对于婴儿的特殊保护,体现了公平正义的社会主义价值观和中华民族的传统美德,是保护家庭中弱者利益的重要法律制度。因此,我国《婚姻法》对家庭中的弱者加以保护,与《未成年人保护法》《老年人权益保障法》等法律共同构筑起了全面保障未成年人、老年人权益的法律体系。

第二节　本条的地位与意义

一、亲子相互扶养权的地位

(一)奠定扶养制度的基础

我国现行《婚姻法》确立了新型的、以保护未成年子女合法权益为原则、父母子女间平等地相互扶养、相互继承的权利义务关系。[1] 一方面,子女享有受父母抚养教育的权利,父母则负有对子女抚养教育的义务。父母对于未成年子女的抚养是无条件的,法律关于父母对子女抚养义务的规定,是强制性的和必须履行的,同时,子女受抚养的权利不得放弃或让与,也不得被剥夺。另一方面,由于我国目前社会保障、社会福利尚不能满足老年人的所有需要,对老年人的赡养还主要依靠家庭。父母享有受赡养的权利,成年子女有赡养扶助父母的义务。成年子女对父母的赡养也是法定的、强制性的、必须履行的义务。子女对父母的赡养义务,既包括物质上提供必要的生活条件,也包括精神上慰藉、生活上关心、帮助和照顾。父母子女关系中父母与子女之间的权利和义务是对等的,父母养育了子女,子女应当在父母老年后予以赡养。同时,亲子相互扶养的权利义务也是我国家庭成员之间扶养制度的主要方面,相对于夫妻间扶养、兄弟姐妹间扶养、祖孙间扶养,以及子女对父母的赡养而言,亲子间的相互扶养是扶养制度中最主要和最核心的部分。

(二)体现儿童利益最大化和保障老年人合法权益原则的要求

联合国 1989 年的《儿童权利公约》规定,每个儿童均有固有的生命权,有受父母照料的权利,应最大限度地确保儿童的存活与发展。[2] 父母对子女的抚养教育义务,是父母双方的共同义务和责任。父母作为子女生命的给予者,在子女来到这个世界时,便将自己置于一种责任关系——对子女的养育之责中。[3] 即使夫妻离异,也不能免除对子女的该项义务与责任。在人类历史上,早期的民事立法片面地把亲权的行使交予父亲一方,剥夺母亲一方对子

---

① 陈明侠:《亲子法基本问题研究》,载梁慧星主编:《民商法论丛》第 6 卷,法律出版社 1997 年版。

② 参见联合国《儿童权利公约》第 6 条、第 7 条。

③ 杨国荣:《伦理与存在——道德哲学研究》,上海人民出版社 2002 年版,第 88~89 页。

女的亲权;近代以来的各国法律改革,承认父母双方享有平等的亲权,确立了父母共同行使亲权的原则。在我国封建社会,未成年子女被当作父母的私有财产,其权益被完全漠视,他们没有独立人格,人身和财产权益得不到保护。新中国成立后,《婚姻法》从男女平等原则出发,规定父母双方共同承担抚养教育子女的义务和责任。如果父母一方丧失抚养能力,如身患重病、完全丧失劳动或自理能力,可由有抚养能力的另一方承担此项义务和责任。

就赡养父母而言,《婚姻法》规定儿子和女儿都有义务赡养父母,并引导人们彻底摒弃"重男轻女"、"养儿防老"、"父承子继"等封建思想。为保障老年人在家庭中"老有所养",依据《老年人权益保障法》,赡养人的配偶应当协助赡养人履行赡养义务。[①] 在我国人口老龄化发展迅猛、"未富先老"的情况下,家庭养老功能愈加突显其特殊的意义与价值。国家统计局《2000 年第五次全国人口普查主要数据公报》显示:"祖国大陆 31 个省、自治区、直辖市和现役军人的人口中,0~14 岁的人口为 28979 万人,占总人口的 22.89%;15~64 岁的人口为 88793 万人,占总人口的 70.15%;65 岁及以上的人口为 8811 万人,占总人口的 6.96%。同 1990 年第四次全国人口普查相比,0~14 岁人口的比重下降了 4.80 个百分点,65 岁及以上人口的比重上升了 1.39 个百分点。"[②]按国际标准衡量,我国已进入老年型社会,老龄社会最突出的社会问题就是老年人的养老问题。我国《宪法》第 49 条第 3 款规定了成年子女有赡养扶助父母的义务;《婚姻法》进一步明确了父母有获得成年子女赡养扶助的权利。获得子女的赡养扶助,是父母在家庭中享有的基本权利,此项权利是对老年人基本的法律保障。

二、亲子相互扶养权的意义

(一)有利于实现家庭养老育幼功能,弘扬社会主义核心价值观

《婚姻法》规定,父母子女之间相互的扶养权利义务,是现代家庭养老育幼功能的体现,是中华民族尊老、敬老、爱幼传统美德的发扬光大。实现老有所依、幼有所养是和谐社会的应有之义,更是社会主义核心价值观在婚姻家庭制度中的体现。

(二)有利于保障弱势群体合法权益,稳定婚姻家庭关系,促进家庭幸福

儿童、老人作为家庭中的弱者,国家应当给予其法律保护。只有保障儿童、老人合法权益,父母履行抚养教育子女的义务,子女善待老人,使老人安享晚年,才能更有助于家庭关系的稳定,提升家庭成员的幸福感。

(三)有利于保障未成年人健康成长

家庭被先验地认为是最符合子女健康成长的地方。抚养未成年子女是父母应尽的法定义务。父母除提供物质上的供养、生活的照料外,还负有教育未成年子女的义务。父母应在

---

① 　参见《老年人权益保护法》第 11 条。

② 　数据来源:中华人民共和国国家统计局网站,《2000 年第五次全国人口普查主要数据公报》(第一号),公报公布时间:2001 年 3 月 28 日,网站地址:http://www.stats.gov.cn/tjsj/ndsj/renkoupucha/2000pucha/html/append21.htm,下载时间:2016 年 12 月 6 日。

家庭生活中帮助子女树立正确的人生观、价值观,培养子女良好的思想品德和健康人格,以保证子女的健康快乐成长。父母不得遗弃未成年子女,特别是非婚生子女。父母弃婴行为也为法律所明令禁止。

第三节　条文演变

一、新中国成立前有关亲子相互扶养的法律规范

在我国奴隶社会,"亲亲"、"尊尊"是亲属关系的核心。当时,扶养以生养死葬为特点,强调对尊长的扶养,表现为"孝子之事亲也,居则致其敬,养则致其乐,病则致其忧,祭则致其严,五者备矣,然后能事亲。"[①]

我国封建社会的法律以"父为子纲、父慈子孝"为准则,侧重维护父权在家庭中的统治地位,强调子女对父辈的孝顺与服从。当时,子女对尊长的扶养不限于生活上的供养与精神上的抚慰,顺从、尊重长辈更为重要。《唐律》中将不孝罪列为"十恶"重罪之第七项,从严处罚。《唐律·名例》规定,不孝罪包括:"谓告言诅詈祖父母、父母;祖父母父母在别籍异财;供养有缺;居父母丧身自嫁娶,若作乐,释服……"。[②] 因此,"不孝"是指诅骂或告发直系尊亲,或供养有缺,或别立户籍私有钱物,或私自婚娶,父母去世,匿不举哀等,[③]这体现出封建制立法礼刑合一、民刑不分的特点。此外,《唐律》的"恶逆"也对不孝行为有所规制。

清末民初,在修律过程中,先后制定三部民法亲属编法草案。《大清民律草案》第七章"扶养之义务",专章规定扶养的内容、承担扶养义务的义务人。扶养义务人包括:直系卑亲属;夫或妻;家长;直系尊亲属;兄弟姊妹;家属;妻之父母及壻,同系直系尊亲属或直系卑亲属者,以亲等最近者为先。[④]《大清民律草案》第1457条规定:"扶养之程度,以受扶养之权利者之需要,及负扶养义务者之资历为准。"其第1458条对扶养的方式等作出规定:"扶养之方法,得由负扶养者定之。但有正当事由时,审判衙门得因受扶养权利者之呈请,定抚养之方法。"[⑤]扶养的权利义务以一方死亡而消灭。后北洋政府在1925年完成的《民国民律草案》(史称中国"第二次民草")基本沿用了《大清民律草案》中扶养一章的内容并稍有修改。[⑥]

1930年的《中华民国民法·亲属编》第五章专章规定了扶养的内容,此时的亲属编大体仿效《日本民法》,规定亲属相互扶养的范围及程度,其中,扶养义务的范围如下:(1)直系血亲相互之间;(2)夫妻一方对他方的父母同居者,其相互之间;(3)兄弟姐妹相互之间;(4)家长与家属相互之间。[⑦] 现中国"台湾地区民法典"基本沿用《中华民国民法》的内容,并随着时代发展做出修改,其亲属编第五章规定扶养制度,亲子相互扶养为扶养制度的重要内容,

---

① 王歌雅:《扶养与监护纠纷的法律救济》,法律出版 2001 年版,第 36 页。

② 转引自李秋菊:《扶养制度研究》,黑龙江大学 2009 年硕士研究生学位论文。

③ 曾宪义主编:《中国法制史》,北京大学出版社、高等教育出版社 2000 年版,第 159 页。

④ 杨立新点校:《大清民律草案·民国民律草案》,吉林人民出版社 2002 年版,第 185 页。

⑤ 杨立新前引书,第 186 页。

⑥ 杨立新前引书,第 374～375 页。《民国民律草案》第七章扶养之义务规定了亲子相互扶养的内容,详见第 1286～1297 条。

⑦ 蒋月:《20 世纪婚姻家庭法:从传统到现代化》,中国社会科学出版社 2015 年版,第 258～259 页。

扶养制度主要包括:扶养义务人范围、扶养义务人顺序、受扶养权利人顺序、受扶养要件、扶养义务的减免和扶养的程度、方法及变更。①

中国共产党领导下的革命根据地时期婚姻立法对亲子相互扶养也有规定。第一次国内革命战争时期,1934 年,《中华苏维埃共和国婚姻法》规定的离婚后子女的抚养、抚养费用承担及继父抚养,均体现出对女性的照顾,例如,离婚后母亲有优先抚养子女的权利;母亲抚养子女的,父亲必须负担其生活费至 16 岁。② 此外,它还规定了一切私生子女享有合法子女的一切权利,禁止虐待、抛弃私生子。抗日战争时期,抗日民主政权丰富和发展了苏维埃政权时期的婚姻立法,以 1939 年的《陕甘宁边区婚姻条例》为例,它对离婚后子女的抚养问题在保护妇女权益的基础上,尊重子女的意见,进一步保障离婚未成年子女的权益,主要内容有:"男女离婚前所生之子女未满五岁者,由女方抚养。已满五岁者,随父或随母须尊重子女之意见,父母不得强迫。女方未再结婚,无力维持生活时,归女方抚养之子女生活费,由男方继续负担,至满十六岁为止。女方再婚时带去之子女,由新夫负责抚养教育。"③

二、新中国婚姻家庭立法对亲子相互扶养的规定

新中国成立后,1950 年颁行的《中华人民共和国婚姻法》(以下简称"1950 年婚姻法")提出,废除漠视子女利益的封建婚姻家庭制度,实行保护子女合法权益的新民主主义婚姻家庭制度,设专章规定父母子女间的关系。依照 1950 年的婚姻法,"父母对于子女有抚养教育的义务;子女对于父母有赡养扶助的义务;双方均不得虐待或遗弃。养父母与养子女相互间的关系,适用前项规定。溺婴或其他类似的犯罪行为,严加禁止。"它还规定:"非婚生子女享受与婚生子女同等的权利,任何人不得加以危害或歧视。非婚生子女经生母或其他人证物证证明其生父者,其生父应负担子女必需的生活费和教育费全部或一部,直至子女十八岁为止。如经生母同意,生父可将子女领回抚养。生母和他人结婚,原生子女的抚养,适用第二十二条的规定。"④关于继父母对继子女的扶养问题,这部法律规定:"夫对于其妻所抚养与前夫所生的子女或妻对于其夫所抚养与前妻所生的子女,不得虐待或歧视。"⑤

1950 年的婚姻法还设专章(第六章)规定离婚后子女的抚养和教育。"父母与子女间的血亲关系,不因父母离婚而消灭。离婚后,子女无论由父方还是母方抚养,仍是父母双方的子女。离婚后父母对于所生的子女,仍有抚养和教育的责任。离婚后,哺乳期内的子女,以随哺乳的母亲为原则。哺乳期后的子女,如双方均愿抚养且发生争执不能达成协议时,由人民法院根据子女的利益判决。"⑥离婚后,女方抚养的子女,男方应负担必需的生活费和教育费全部或一部,负担费用的多寡及期限的长短,由双方协议;协议不成时,由人民法院判决。费用支付的办法,为付现金或实物或代小孩耕种分得的田地等。离婚时,关于子女生活费和教育费的协议或判决,不妨碍子女向父母任何一方提出超过协议或判决原定数额的请

---

① 参见中国台湾地区"民法·亲属编"第 1114～1121 条。
② 参见 1934 年《中华苏维埃共和国婚姻法》第 16～18 条。
③ 参见 1939 年《陕甘宁边区婚姻条例》第 13～15 条。
④ 参见 1950 年《婚姻法》第 14 条、第 15 条。
⑤ 参见 1950 年《婚姻法》第 16 条。
⑥ 参见 1950 年《婚姻法》第 20 条。

求。"①"女方再行结婚后,新夫如愿负担女方原生子女的生活费和教育费全部或一部,则子女的生父的负担可酌情减少或免除。"②

1980年,我国颁行第二部《婚姻法》(以下简称"1980年婚姻法"),新婚姻法将家庭成员间的扶养扩大到祖孙之间和兄弟姐妹之间。关于父母子女之间的相互扶养,1980年婚姻法规定:"父母对子女有抚养教育的义务;子女对父母有赡养扶助的义务。父母不履行抚养义务时,未成年的或不能独立生活的子女,有要求父母付给抚养费的权利。子女不履行赡养义务时,无劳动能力的或生活困难的父母,有要求子女付给赡养费的权利。禁止溺婴和其他残害婴儿的行为。"③关于非婚生子女、继子女的抚养,《婚姻法》规定:"非婚生子女享有与婚生子女同等的权利,任何人不得加以危害和歧视。非婚生子女的生父,应负担子女必要的生活费和教育费的一部或全部,直至子女能独立生活为止。继父母与继子女间,不得虐待或歧视。继父或继母和受其抚养教育的继子女间的权利和义务,适用本法对父母子女关系的有关规定。"④关于祖父母、外祖父母与孙子女、外孙子女以及兄弟姐妹间的抚养与赡养问题,《婚姻法》规定:"有负担能力的祖父母、外祖父母,对于父母已经死亡的未成年的孙子女、外孙子女,有抚养的义务。有负担能力的孙子女、外孙子女,对于子女已经死亡的祖父母、外祖父母,有赡养的义务。有负担能力的兄、姊,对于父母已经死亡或父母无力抚养的未成年的弟、妹,有抚养的义务。"⑤

2001年修改后的现行《婚姻法》进一步完善了我国亲子间的扶养制度,其内容主要体现在第21条中。此外,1980年婚姻法规定禁止溺婴和其他残害婴儿的行为,2001年婚姻法修正案在此基础上增加规定禁止弃婴。

第四节　本条规范的构成要件

一、父母对子女的抚养教育

一个新的生命来到这个世界后,与之联系最为密切的就是其父母。父母对子女的抚育义务有着生物学和社会学的基础。从生物学角度看,父母对子女的抚育是其本能,也是子女得以生存之必需。从社会学角度看,抚育未成年子女是种族绵延存续的首要条件。子女欲从自然意义上的人变为社会意义上的人,必须接受父母的抚养照顾,学习社会生活技能和科学文化知识,掌握和遵守社会规范。因此,父母养育子女不只是个人的私事,更是社会性的行为。从法的角度看,父母抚养教育未成年子女,是其宪法性义务,受到父母抚育则是未成年子女的宪法性权利。受抚养权是未成年子女在家庭中享有的最基本权利,是其生存与发展的前提。现行《婚姻法》本条对于父母抚养教育子女义务的规定是亲子间宪法性权利义务的具体化。

---

① 参见1950年《婚姻法》第21条。
② 参见1950年《婚姻法》第22条。
③ 参见1980年《婚姻法》第15条。
④ 参见1980年《婚姻法》第19条、第21条。
⑤ 参见1980年《婚姻法》第22条、第23条。

(一)父母对子女的抚养

1. 抚养的内容和履行

抚养未成年子女是父母的一项法定义务。无论婚生子女,还是非婚生子女,父母双方都应当承担抚养教育子女的义务,当然被抚养的主体是未成年子女和不能独立生活的子女。[①]婚姻存续期间一方不履行抚养义务,未成年子女有权要求不履行义务的一方支付抚养费;抚养义务不因父母离婚而终止,父母离婚后不与子女共同生活的一方仍有支付抚养费的义务。最高人民法院《关于人民法院审理离婚案件处理子女抚养问题的若干具体意见》规定了离婚案件中子女的抚养问题。依据该意见,不满两周岁的子女一般由母亲抚养,在特定条件和双方协商一致的情况下可由父亲抚养,但以保证子女健康成长为条件。同时,其还规定了两周岁以上的子女抚养的优先条件,将子女单独随祖父母或外祖父母共同生活多年,且祖父母或外祖父母要求并且有能力帮助子女照顾孙子女或外孙子女的,作为子女可随父或母生活的优先条件予以考虑。总之,对子女的抚养问题应当从有利于子女身心健康、保障子女的合法权益出发,还需要结合父母双方的抚养能力和抚养条件。

典型案例

婚姻存续期间能否要求不履行抚养义务的一方支付抚养费[②]

韩某与付某强于 2012 年 12 月 7 日结婚,2013 年 9 月 18 日生育一子付某桐。韩某住院生育付某桐的医疗费用由被告付某强支付。付某桐出生后,母亲韩某便带其离开被告,单独居住至今。付某强无固定收入,一直未支付过付某桐的抚养费。付某桐诉至法院,要求被告付某强每月支付抚养费。郑州市惠济区人民法院认为,父母对子女有抚养教育的义务。婚姻关系存续期间,父母双方或者一方拒不履行抚养子女义务,未成年或者不能独立生活的子女请求支付抚养费的,人民法院应予支持。本案原告出生后,其母即与被告分开居住,母亲带原告单独生活,被告未支付过原告的抚养费,故原告要求被告支付抚养费的请求,符合法律规定,遂判决被告付某强于判决生效后十日内按照每月人民币 400 元标准一次性支付原告付某桐自 2013 年 10 月份至判决生效之日的抚养费;被告付某强于判决生效后按每月人民币 400 元的标准支付原告付某桐的抚养费至其满十八周岁;驳回原告付某桐过高部分的诉讼请求。

未成年子女诉请法院依法判决父母一方支付抚养费,大多是在夫妻双方离婚时或离婚后。婚姻存续期间,由于夫妻双方财产为共有财产,是否能要求不尽抚养义务的一方支付抚

---

① 我国《民法通则》规定年满 18 周岁为成年人(另外,16 周岁以上的未成年人,以自己的劳动收入为主要生活来源的,视为完全民事行为能力人),因此,成年子女与未成年子女一般以年满 18 周岁为界限。根据最高人民法院适用婚姻法司法解释(一)第 21 条,"婚姻法第二十一条规定的'不能独立生活的子女',是指尚在校接受高中及其以下学历教育,或者丧失或未完全丧失劳动能力等非因主观原因而无法维持正常生活的成年子女"。各国规定的成年年龄不尽相同,如法国、奥地利、比利时、荷兰、泰国等以 21 岁为成年,瑞士、日本等国以 20 岁为成年,意大利、俄罗斯、英国、土耳其、匈牙利、南斯拉夫、罗马尼亚、保加利亚等国以 18 岁为成年。未成年人,不具有完全的民事行为能力,是无民事行为能力人或者限制民事行为能力人,处于父母、监护人的保护之下。

② 案例来源:最高人民法院 2015 年 12 月 4 日公布婚姻家庭纠纷典型案例,最高人民法院网,网址:http://www.court.gov.cn/zixun-xiangqing-16211.html,下载时间:2016 年 12 月 9 日。

养费,是本案争议的要点。在最高人民法院《关于适用〈中华人民共和国婚姻法〉若干问题的解释(三)》(简称婚姻法司法解释(三))出台之前,大家对此一直存在争议。婚姻法司法解释(三)第三条对此有明确规定:婚姻关系存续期间,父母双方或者一方拒不履行抚养子女义务,未成年或者不能独立生活的子女请求支付抚养费的,人民法院应予支持。抚养子女是父母应尽的法定义务,不管是婚内还是婚外、婚生子女还是非婚生子女,父母的抚养义务是不变的,只要一方不履行该抚养义务,未成年子女便有权利向其主张抚养费。在子女抚育费数额的确定上,法院要根据子女正常生活的实际需要,应能维持其衣、食、住、行、学、医的正常需求,并需要综合考虑父母双方的经济收入、费用支出、现有生活负担、履行义务的可能性和社会地位等因素,最终做出公平合理的判决。

在亲属法中,扶养义务有广义与狭义之分。广义的扶养义务包含生活保持义务和一般生活扶助义务两个方面。狭义的扶养义务仅指父母对未成年子女的生活费支付义务。父母对未成年子女的抚养属广义的扶养,包含生活保持义务和照料义务。(1)生活保持义务。生活保持义务是向未成年子女提供一定的经济来源,父母履行生活保持义务,可以保障未成年子女最基本的生活费用,是子女生存的前提之一。所以,这一义务为强制性的义务,是父母必须履行的义务。(2)照料义务。照料义务是父母现实地提供家务劳动,对子女予以照顾的义务。未成年子女的健康成长,离不开父母在日常生活中对其予以照料。所谓"照料子女",包括生活照料和对子女的照料做出合理安排两种情形。基于父母子女间的血缘亲情及利他主义精神,通常,父母会悉心地照料子女的日常生活,当然,也存在个别父母无正当理由逃避照料子女的义务和责任,此种情形自当构成违法。另一方面,法律不宜规定父母必须亲自照料子女:一者照料子女的行为并不具有人身专属性;二者随着家务劳动的社会化,照料子女的劳务亦有社会化之趋势。如果父母对子女的日常生活照料做出了合理安排,亦可不必亲自履行照料义务。①

2. 抚养费的确定和变更

父母双方有负担子女扶养费的平等义务,这是各国法律的通例。抚养费包括生活费、教育费等。确定抚养费的具体数额时要考虑子女和父母双方的具体情况:对于子女而言,要考虑子女的正当需求(如年龄、要求、子女受教育和接受培训的方式、子女的特殊需求等)、子女的收益能力、财产以及资金来源、有无其他抚养义务人等;对于父母而言,要考虑父母的收入、收益能力、财产以及资金来源、有无其他抚养义务人等。抚养费的确定应与子女的需要、父母的财力相符,并应考虑子女的财产和收入。当子女的情形、父母的经济状况发生变化,或在抚养义务人隐瞒重要事实的情况下,其可以适当变更抚养费的数额。抚养费的变更包括抚养费的增加和减少两方面。

我国《婚姻法》第37条规定:"离婚后,一方抚养的子女,另一方应负担必要的生活费和教育费的一部或全部,负担费用的多少和期限的长短,由双方协议;协议不成时,由人民法院判决。"最高人民法院《关于人民法院审理离婚案件处理子女抚养问题的若干具体意见》规定,子女抚育费的数额,可根据子女的实际需要、父母双方的负担能力和当地的实际生活水平确定。有固定收入的,抚育费一般可按其月总收入的百分之二十至三十的比例给付。负担两个以上子女抚育费的,比例可适当提高,但一般不得超过月总收入的百分之五十。无固

---

① 王丽萍:《亲子法研究》,法律出版社 2004 年版,第 149 页。

定收入的,抚育费的数额可依据当年总收入或同行业平均收入,参照上述比例确定。有特殊情况的,可适当提高或降低上述比例。该意见还规定,抚育费的给付期限,一般至子女十八周岁为止。十六周岁以上不满十八周岁,以其劳动收入为主要生活来源,并能维持当地一般生活水平的,父母可停止给付抚育费。我国《婚姻法》及其相关司法解释均规定,关于子女生活费和教育费的协议或判决,不妨碍子女在必要时向父母任何一方提出超过协议或判决原定数额的合理要求。

典型案例

余某诉余某某抚养费纠纷案——抚养费标准是否能随物价上涨而提高?①

　　2008年,原告余某的母亲和父亲经调解协议离婚。离婚协议书称:余某由母亲抚养,父亲余某某当庭一次性给付抚养费23,000元。2013年,余某在某双语实验学校上小学二年级,年学费3600元,其母亲无固定收入,主要收入来源为打工。后余某诉至法院,请求其父余某某每月给付抚养费1000元,到2023年6月30日其满18岁止。我国《婚姻法》第37条规定,关于子女生活费和教育费的协议或判决,不妨碍子女在必要时向父母任何一方提出超过协议或判决原定的数额的合理要求。最高人民法院《关于人民法院审理离婚案件处理子女抚养费问题的若干具体意见》第18条也规定,原定抚育费数额不足以维持当地实际生活水平的,子女可以要求增加抚育费。本案中,原告余某父母的离婚时间是2008年,当时双方协议余某父亲当庭一次性给付余某的抚养费为23000元,平均每月只有62.5元。而2012年度河南省农村居民人均生活消费支出为5032.14元,平均每月419元。根据上述情况,余某某原先一次性给付的抚养费显然不足以维持余某在当地的实际生活水平。为此,驻马店市确山县人民法院判决支持原告余某要求增加抚养费的请求。

　　世界许多国家和地区的婚姻家庭法都遵循“儿童利益优先原则”和“儿童最大利益原则”。目前,我国《婚姻法》和《未成年人保护法》也明确规定了保护妇女、儿童合法权益的原则。“未成年人利益优先原则”和“未成年人最大利益原则”应当成为我国婚姻家事立法的基本原则,以尽可能预防和减少由于父母离婚,给未成年子女带来的生活环境上的影响及未成年子女性格养成、思想变化、学习成长等不利因素。人民法院在对未成年子女的抚养费进行判决或调解时,抚养费标准一般是依据当时当地的社会平均生活水平确定。随着经济的发展,生活水平的提高及物价上涨等因素,法院原先判决、调解的抚养费的基础已经不存在或发生很大改变,再依据当时的条件和标准支付抚养费,已经不能满足未成年人基本的生活要求,不能保障未成年子女正常的生活和学习。因此,法律和司法解释规定,未成年子女有权基于法定情形,向抚养义务人要求增加抚养费。本案正是基于最大限度保障未成年子女利益的考虑,在原审调解书已经发生法律效力的情况下,准予未成年子女余某向人民法院提起新的诉讼,依法支持其请求其父增加抚养费的主张。该判决契合了中华民族尊老爱幼的传统家庭美德教育,符合社会主义核心价值观的要求。

　　3. 抚养关系的终止

---

　　① 案例来源:最高人民法院2015年12月4日公布婚姻家庭纠纷典型案例,最高人民法院网,网址:http://www.court.gov.cn/zixun-xiangqing-16211.html,下载时间:2016年12月9日。

父母对于未成年子女的抚养义务因特定法定事由的出现而终止。我国最高人民法院司法解释规定,抚育费的给付期限,一般至子女满十八周岁为止。十六周岁以上不满十八周岁,以其劳动收入为主要生活来源,并能维持当地一般生活水平的未成年子女,父母可停止给付抚育费。但是,尚未独立生活的成年子女有下列情形之一,父母有给付能力的,仍应负担必要的抚育费:丧失劳动能力或虽未完全丧失劳动能力,但其收入不足以维持生活的;尚在校就读的;确无独立生活能力和条件的。这说明我国的有关规定是以子女的利益为核心的。

(二)父母对子女的教育

父母对子女负有教育的义务。此项义务在现行《婚姻法》第21条第1款和第23条中都有列举。前者所言"父母对子女有抚养教育的义务"中的"教育",强调父母作为子女的抚养义务人对其进行教养、培养、养育的义务。后者所言"父母有保护和教育未成年子女的权利和义务"中的"教育",侧重于父母对子女的管教。子女教育是家庭的一项重要职能,家庭教育对子女的成长有很大影响。父母子女间的亲密关系,为教育子女提供了无法替代的有利条件。因此,教育子女是父母双方应尽的法律义务,父母应当以适当的方法教育未成年子女在德、智、体、美、劳等方面全面发展;父母有义务使未成年子女接受义务教育,并应当充分考虑未成年子女的天赋、爱好,为其接受义务教育提供必要的物质条件。我国《未成年人保护法》规定,父母有义务促进未成年人在品德、智力、体质等方面全面发展,把他们培养成有理想、有道德、有文化、有纪律的社会主义事业接班人。国家、社会、学校、家庭一起对未成年人进行理想、道德、文化、纪律和法制教育,也要进行爱国主义、集体主义、共产主义教育。因此,父母应当以健康的思想、品德和适当的方法教育未成年子女,引导他们开展有益身心健康的活动,防止他们沾染酗酒、聚赌、吸毒等恶习。我国《义务教育法》规定:"父母必须使适龄的子女按时入学,接受规定年限的义务教育。"[1]《未成年人保护法》还规定:"父母应当尊重未成年子女接受教育的权利,必须使适龄的未成年子女接受义务教育,不得使在校接受义务教育的未成年子女辍学。"[2]那种对子女只养不教,或者只顾眼前利益让子女"弃学务农""弃学从商"的做法,是不符合《婚姻法》《义务教育法》和《未成年人保护法》等法律的要求的。

二、子女对父母的赡养和扶助

父母对子女有抚养教育的义务,相对应地,成年子女对父母也有赡养扶助的义务。本条所言"子女",应当是指成年子女。子女只有在成年后,才具备完全行为能力,才可能以自己的行为赡养父母。所谓"赡养",是指子女在物质上和经济上为父母提供必要的生活条件;所谓"扶助",是指子女对父母在精神上和生活上的关心、帮助和照料。

成年子女作为赡养人,应当履行对老年父母经济上供养、生活上照料和精神上慰藉的义务,满足老年人正当的特殊需要。儿子或女儿,都有赡养扶助父母的义务;一切有经济能力的成年子女,对丧失劳动能力,无法维持生活的父母,都应予以赡养和扶助。子女应根据父母的实际生活需要和个人的负担能力,给付一定的赡养费用,赡养费用一般不低于子女本人或当地的普通生活水平;子女为数人的,可依据各自经济条件,共同承担赡养扶助义务。共同承担对父母的赡养义

---

[1] 参见《义务教育法》第11条。
[2] 参见《未成年人保护法》第9条。

务,并不意味着子女之间平均分配赡养费用。各赡养人之间可以就履行赡养义务签订协议,并征得老年父母同意。居民委员会、村民委员会或赡养人单位应监督协议的履行。

子女赡养扶助义务的内容体现为以下方面:一是子女应当妥善安排父母的住房,满足父母吃、穿、住等基本生存需要。父母自有的或者承租的住房,子女或者其他亲属不得侵占,并不得擅自改变产权或者租赁关系。父母的自有住房需要维修的,子女有维修的义务。二是子女应当使患病的父母及时得到治疗和护理;对经济困难的父母,应提供医疗费用;对患病的生活不能自理的父母,应当承担照料责任;子女不能亲自照料的,可以按照父母的意愿委托他人或者医养机构等照料。三是子女不得要求老年人承担力不能及的劳动。对于年老体弱的父母,子女有义务耕种父母承包的田地,照管老年人的林木和牲畜等,其收益归父母所有。应特别注意:子女不得以放弃继承权或者其他理由,拒绝履行赡养父母的义务。子女不履行赡养义务的,父母有要求子女付给赡养费的权利。此外,老年父母的婚姻自由受法律保护。子女不得干涉老年父母的离婚、再婚及婚后生活,子女对于老年父母的赡养义务不因老年父母婚姻关系的变化而消除。

我国《老年人权益保障法》专门规定"常回家看看"的内容,将子女对父母的精神关怀的道德义务上升为法律义务。作为家庭成员应当关心年老父母的精神需求,不得忽视与冷落。与老年父母分开居住的子女,应当经常看望或者问候父母。用人单位应当按照国家有关规定保障员工休假探望父母的权利。

对于子女不履行赡养义务的,需要赡养的父母可以通过有关部门进行调解或者向人民法院提起诉讼。人民法院在处理赡养纠纷时,应当坚持保护老年人的合法权益的原则,通过调解或者判决使子女依法履行赡养义务。对负有赡养义务而拒绝赡养父母的子女,情节恶劣构成遗弃罪的,应当依法追究其刑事责任。[①]

典型案例

贾某诉刘某赡养纠纷案——用法律来纠偏"久病床前无孝子"[②]

原告贾某76岁,年事已高,体弱多病,且生活不能自理。2012年至2013年间,贾某因病住院仅治疗费就花去30多万元。贾某生育有四子三女,其中的三个儿子和三个女儿都比较孝顺,但三子刘某多年来未尽任何赡养义务。贾某住医院期间,三个儿子和三个女儿都积极筹钱,一起分担医疗费。三儿子刘某不仅对母亲病情不管不问,还不愿分担任何医疗费用。村干部多次调解,但刘某均躲避不见。贾某无奈之下,走上法庭提起诉讼,请求判令其子刘某支付赡养费、承担已花去的医疗费,并分摊以后每年的医疗和护理费用。商丘市虞城县人民法院公开开庭审理本案,并依照《婚姻法》第21条第3款"子女不履行赡养义务时,无劳动能力的或生活困难的父母,有要求子女付给赡养费的权利"、《老年人权益保障法》第14条"赡养人应当履行对老年人经济上供养、生活上照料和精神上慰藉的义务,照顾老年人的特殊需要。赡养人是指老年人的子女以及其他依法负有赡养义务的人。赡养人的配偶应当协助赡养人履行赡养义务"、第15条第1款"赡养人应当使患病的老年人及时得到治疗和护

---

① 　参见《刑法》第261条。

② 　案例来源:最高人民法院2015年12月4日公布婚姻家庭纠纷典型案例,最高人民法院网,网址:http://www.court.gov.cn/zixun-xiangqing-16211.html,下载时间:2016年12月9日。

理;对经济困难的老年人,应当提供医疗费用"、第 19 条第 2 款"赡养人不履行赡养义务,老年人有要求赡养人付给赡养费等权利"的规定,判决支持贾某的诉讼请求。

子女赡养老年父母是回报养育之恩,是中华民族的传统美德,更是子女对父母应尽的法定义务。子女不仅要赡养父母,而且要尊敬父母,关心父母,在家庭生活中的各方面给予积极扶助。子女不履行赡养义务,父母有要求子女付给赡养费、医疗费的权利。当父母年老、体弱、病残时,子女更应妥善加以照顾,使他们在感情上、精神上得到慰藉,安度晚年。本案被告刘某作为原告七个子女中的赡养义务人之一,无论从道义上、伦理上还是从法律上都应对母亲履行赡养义务,在母亲年老体弱且患有疾病的情况下,被告应当与其他兄弟姊妹一起共同承担赡养义务,使老母亲能够安度晚年、幸福生活,而被告有能力履行赡养义务却三番五次推诿履行,并公开放言不管不顾老母亲,在当地造成恶劣影响,引起民愤。法院在确认双方关系和事实的前提下,依法判令被告履行赡养义务,彰显了法治权威,同时也维护了子女应孝敬父母的道德风尚。

父母抚养教育子女,为社会创造了财富,为国家培养了未来,他们理应得到社会和家庭的尊敬与照顾。我国《宪法》规定,中华人民共和国公民年老时,有从国家和社会获得物质帮助的权利。① 《老年人权益保障法》也规定了国家和社会应当采取措施,健全对老年人的社会保障制度,逐步改善和保障老年人生活、健康以及参与社会发展的条件,实现老有所养、老有所医、老有所为、老有所学、老有所乐。② 但是,在我国目前的社会发展阶段,赡养老人仍是家庭负担的一项重要职能。国家和社会对老年人的物质帮助,无法完全取代家庭赡养的作用。

三、对婴儿的特殊保护

本条还规定禁止溺婴、弃婴和其他残害婴儿的行为,体现了婚姻法对婴儿的特殊保护。溺婴包括父母杀害婴儿的一切行为,包括将婴儿用手扼死、用绳索勒死、活埋、闷死、饿死或冻死等行为,而不仅仅指父母用水溺杀自己的婴儿。弃婴是指父母遗弃子女的行为,是父母对自己的婴儿有义务抚养而拒绝为之的行为。这类行为除为《婚姻法》《未成年人保护法》明令禁止外,还为《刑法》所惩处。依照我国《刑法》,溺毙婴儿的,按故意杀人罪追究刑事责任;遗弃婴儿情节严重的,按遗弃罪论处;其他残害婴儿的行为,可构成虐待罪。③

典型案例

遗弃刚出生的婴儿并致其死亡案④

被告人邓某,女,未婚。2012 年 7、8 月间,她发现自己怀孕后,离家到处借住。同年 12 月下旬的一天上午,邓某在网吧上网时,突感腹痛,遂至网吧卫生间产下一名女婴。因担心被人发现,邓某将一团纸巾塞入女婴口中,将女婴弃于垃圾桶内,而后将垃圾桶移至难以被

---

① 参见《宪法》第 45 条。
② 参见《老年人权益保障法》第 3 条。
③ 参见《刑法》第 232 条、第 260 条、第 261 条。
④ 案例来源:最高人民法院网,最高法发布涉家庭暴力犯罪典型案例,发布时间:2015 年 3 月 4 日,网址:http://www.court.gov.cn/zixun-xiangqing-13615.html,下载时间:2016 年 12 月 9 日。

人发现的卫生间窗台上，致该女婴因机械性窒息死亡。江苏省南京市中级人民法院经审理认为，邓某故意非法剥夺他人生命的行为已构成故意杀人罪。邓某犯罪时未满十八周岁，归案后认罪态度好，有悔罪表现，可依法从轻处罚。依照《刑法》有关规定，法院以故意杀人罪判处被告人邓某有期徒刑三年。法院宣判后，邓某在法定期限内没有上诉，判决已发生法律效力。

本案系少女因未婚先孕，遗弃自己刚出生的婴儿，并致其死亡的案例。被告人邓某因不敢让家人知道未婚先孕的情况，在隆冬之际生下女婴后，为达到不履行抚养义务的目的，将纸巾塞进新生儿口中，并将其置于户外难以被人发现之处。其在主观上并不希望婴儿被他人发现，捡走或得到救治，而是积极追求新生儿死亡，最终造成该婴儿死亡多日才被发现的严重后果，邓某的行为构成了故意杀人罪。鉴于邓某作案时未满十八周岁，系新生儿的亲生母亲，且是在无助并不敢让家人知道的情况下选择的错误之举，故对其从轻判处有期徒刑三年。

第五节　重要学术观点与争议

一、关于扶养、赡养与抚养的区分

如何在法律范畴内界定扶养一词，一直备受争议。通说认为，扶养有广义和狭义之分。广义之扶养，通常是指一定范围内的亲属间依法在经济上相互供养和生活上相互扶助的责任，无辈分尊卑之区分，即扶养是父母赡养、夫妻扶养、子女抚养，以及兄弟姐妹间扶养的统称。[1] 狭义上的扶养，则专指平辈亲属之间尤其是夫妻之间依法发生的经济供养和生活扶助的权利义务关系，具有主体的特定性。[2] 史尚宽先生认为："扶养，谓一定亲属间有经济能力者，本于身份关系，对于无力生活者，应予以扶助维持。有扶养义务者，称为扶养义务人，有受扶养之权利者，称为扶养权利人。"[3]我国《婚姻法》按不同主体的相互关系对抚养、扶养、赡养分别加以规定，其中所谓扶养一词是在狭义上使用的。对于抚养和赡养，《婚姻法》将之与扶养相区别，分别加以规定。例如，现行《婚姻法》第20条规定："夫妻有互相扶养的义务。一方不履行扶养义务时，需要扶养的一方，有要求对方付给扶养费的权利。"此处的扶养就属于狭义的扶养，仅指同辈夫妻之间的扶养。而我国《刑法》《继承法》《民法通则》等法律规范中的扶养则是广义的。学者们认为，在法学研究和法律适用上采取广义的扶养概念为宜，在具体的某一特定亲属关系中，则不妨依习惯分别指称。[4] 梁慧星教授主编的《中国民法典草案建议稿附理由·亲属编》一书采取广义的扶养概念，其第75章专章规定了扶养制度，将父母对子女的抚养和子女对父母的赡养纳入本章当中。[5] 笔者认为，我国现行《婚姻法》对于扶养的界定，有待进一步规范，应与其他法律保持一致。

---

[1]　王丽萍：《婚姻家庭继承学》，北京大学出版社2010年第2版，第203页。

[2]　杨大文主编：《婚姻家庭法》，中国人民大学出版社2001年版，第246页。

[3]　史尚宽：《亲属法论》，中国政法大学出版社2000年版，第751页。

[4]　马忆南：《婚姻家庭继承学》，北京大学出版社2014年版，第181页。

[5]　梁慧星主编：《中国民法典草案建议稿附理由·亲属编》，法律出版社2013年版，第33～5337页。

二、关于抚养和赡养的权利义务主体

在父母子女关系中,父母首先是抚养关系的义务主体,未成年及不能独立生活的子女是抚养关系的权利主体;而在赡养关系中,成年子女是赡养义务的承担者,年老父母则为权利主体。子女有获得父母抚养教育的权利,父母有抚养教育子女的义务;父母年老时有获得成年子女赡养扶助的权利,成年子女在父母年老时有赡养扶助的义务。这也体现了父母子女之间权利义务的统一。应当注意的是,亲子相互扶养权作为一种"义务权",名为权利,实为强调主体的义务与责任。

父母子女间的扶养权利义务,对生父母和非婚生子女、[①]继父母与继子女,以及父母与人工授精所生子女之间是否适用?依据《婚姻法》第 25 条[②],非婚生子女的生父母负有抚养教育该子女的义务,对于不履行抚养义务的生父母,他们有要求给付抚养费的权利。同样,非婚生子女对于生父母有赡养和扶助的义务。非婚生子女与生父母之间的抚养和赡养问题,应当以确定父母与非婚生子女之间的父母子女关系为前提条件,由于我国《婚姻法》中尚缺子女认领制度,学者们建议在父母子女关系中应当规定亲子关系推定、推定的否认以及子女认领的内容。[③]

依据《婚姻法》第 27 条[④],继子女有获得继父母抚养教育的权利,亦负有赡养扶助形成抚养教育关系的继父母的义务。继父母继子女关系解除后,他们之间的权利义务也不复存在,但是,被继父母抚养教育成年并独立生活的继子女,对于年老而丧失劳动能力又无生活来源的继父母,应承担给付生活费的义务。[⑤] 依据《婚姻法》第 26 条,养父母子女间的权利义务,以存在合法有效的收养关系为前提。收养关系为拟制血亲关系,《收养法》采取完全收养原则,养子女和生父母间的权利和义务自收养关系成立时起消灭,养父母子女间的权利义务自收养关系成立时起产生;养父母子女间的权利义务与亲生父母子女间的权利义务完全相同。

依据最高人民法院 1991 年《关于夫妻离婚后人工授精所生子女的法律地位如何确定的复函》,夫妻关系存续期间,双方一致同意进行人工授精,所生子女应视为夫妻双方的婚生子女,父母子女之间的权利义务关系适用《婚姻法》的有关规定。由此可见,对人工授精所生子女,夫妻双方都有抚养的义务,子女成年后亦有赡养父母的义务。关于代孕所生子女,现行《婚姻法》并未有代孕子女身份认定的规定。2001 年,卫生部的《人类辅助生殖技术管理办法》明确禁止实行代孕技术,禁止任何形式的代理母亲。司法实践中,因代孕有违公序良俗,

---

① 笔者不赞同以父母是否存在婚姻关系为标准,将子女分为婚生子女与非婚生子女,应当统一称为亲生子女。但顾及目前的法律规定、习惯和为使用上的方便,笔者在此仍使用"非婚生子女"一词。

② 现行《婚姻法》第 25 条规定:"非婚生子女享有与婚生子女同等的权利,任何人不得加以危害和歧视。不直接抚养非婚生子女的生父或生母,应当负担子女的生活费和教育费,直至子女能独立生活为止。"

③ 王歌雅:《扶养与监护纠纷的法律救济》,法律出版社 2001 年版,第 81~84 页;梁慧星主编:《中国民法典草案建议稿附理由·亲属编》,法律出版社 2013 年版,第 222~238 页。

④ 现行《婚姻法》第 27 条规定:"继父母与继子女间,不得虐待或歧视;继父或继母和受其抚养教育的继子女间的权利和义务,适用婚姻法对父母子女关系的规定。"

⑤ 马忆南:《婚姻家庭继承法学》,北京大学出版社 2014 年版,第 158 页。

一般认定有偿代孕合同无效。① 然而,代孕所生子女与委托父母之间亲子关系的确定,是无法回避的现实问题。在学界,很多学者从国家法律观念、社会伦理道德、公序良俗等方面考量,认为应当对代孕行为进行严格限制,反对推广代孕,认为其会造成家庭伦理、代际关系的混乱,不过,也有学者对有偿代孕持有条件允许的态度。②

典型案例

人工授精子女抚养纠纷案③

原告某女因与被告某男发生婚姻和子女抚养纠纷,向某区法院提起诉讼。原告诉称:双方婚后感情不合,致使夫妻感情彻底破裂,请求与被告离婚;孩子由自己抚养,被告要负担抚养费用;在各自住处存放的财产归各自所有。被告辩称:夫妻感情虽已破裂,但还是以和为好,若原告坚持离婚,他也同意,但孩子是原告未经他同意接受人工授精所生,与他没有血缘关系。如果孩子由原告抚养,他不负担抚养费用。

受理法院经不公开审理查明:原告某女与被告某男于 1978 年 7 月结婚,婚后多年不孕,经医院检查,是某男无生育能力。1984 年下半年,夫妻二人通过熟人关系到医院为某女实施人工授精手术 2 次,均未成功;1985 年初又实施人工授精手术 3 次。不久,某女怀孕,于 1986 年 1 月生育一子。之后,夫妻双方常为生活琐事发生争吵。因双方长期分居,致使夫妻感情破裂。受理法院 1996 年 7 月 15 日判决:一,准予原被告双方离婚;二,孩子由原告某女抚养教育,被告某男自 1996 年 7 月份起每月支付孩子的抚养费 130 元,至其独立生活时止;三,财产分割双方无争议。宣判后,某女、某男均未提出上诉。

本案的子女抚养问题有两点争议:一是在婚姻存续期间原告女方所生儿子是否为夫妻双方子女。本案中,婚姻关系存续期间原告女方所生儿子,是夫妻双方采用人工授精方法所生。实施人工授精时,虽未办理书面同意手续,但男方均在现场,并未提出反对或者不同意见,应视为获得男方同意。根据最高人民法院于 1991 年关于人工授精所生子女法律地位的复函精神,本案原被告双方在婚姻关系存续期间人工授精所生子女应视为他们的婚生子女,该子当然享有获得父母双方抚养的权利。二是离婚后子女的抚养费分担问题。男方主张如果孩子由女方直接抚养,自己便不承担抚养费。依据《婚姻法》第 15 条、第 29 条之规定,父母对未成年子女的抚养不因婚姻关系解除而终止,离婚父母仍然承担对子女的抚养义务,无论子女随哪一方生活,不与子女生活的一方应当承担相应的抚养费。本案中,被告男方应当承担其子的抚养费。

---

① 国外关于代孕有两种立法态度:一些大陆法系国家立法完全禁止代孕,如法国、德国、瑞典等;英美法系国家多是有条件地开放代孕,如英国、美国、澳大利亚。我国香港地区 2000 年 6 月 22 日颁布的《人类生殖科技条例》采取有限开放代孕的立法态度。需要强调的是:各国针对代孕问题不论采取何种立法态度,对现实中因此而出生的子女,法律必须从保护未成年人合法权益以及儿童利益最大化出发,并尊重当事人意见,认定双方的父母子女关系,实现幼有所养。

② 周平:《有限开放代孕之法理分析与制度构建》,载《甘肃社会科学》2011 年第 3 期,第 130～133 页;马忆南:《婚姻家庭继承法学》,北京大学出版社 2014 年版,第 162 页。

③ 何必新、何东宁、肖芳:《最高人民法院指导性案例裁判规则理解与适用·婚姻家庭卷》,中国法制出版社 2013 年版,第 33～34 页。案例转自《中华人民共和国最高人民法院公报》1997 年第 1 期。

三、家庭扶养与社会保障制度

家庭扶养属于私法范畴,社会保障属于公法范畴。对于未成年人的抚养,首先国家应尊重父母对子女抚养的权利与义务,同时,也要对父母的抚养进行社会干预。就养老而言,不少国家的养老模式以社会养老为主,相关的社会立法较多,这方面的家庭领域的立法则相对较少。

"家庭扶养"为我国长期以来主要的扶养模式,子女的抚养教育责任主要由父母承担,父母的赡养义务则主要由成年子女负担。这种以家庭扶养为主的扶养模式曾发挥过积极作用,但随着经济社会的发展和计划生育国策的推行,家庭人口减少,家庭结构小型化,"421家庭"模式普遍存在。所谓"421家庭"模式,是指一对独生子女结婚生子后,家庭结构组成:4个父母长辈、1个小孩和他们2人。[①] 2015年12月27日,全国人大常委会通过关于修改《人口与计划生育法》的决定,标志着"全面二孩"政策落地。随着"全面二孩"计划生育政策的推行,我国将出现"422家庭"新模式。所谓"422家庭"模式,是指夫妻选择生育两个子女后,家庭结构组成:4个父母长辈、2个小孩和他们2人。成年子女除抚养教育1至2个子女外,还要承担4位老人的赡养义务,这将会进一步加重他们的负担,以"家庭扶养"为主的传统养老模式将受到前所未有的挑战。实际上,我国日益重视构建养老社会保障体系。党的十七大报告提出要"加快建设覆盖城乡居民的社会保障体系"。2016年,"国民经济和社会发展第十三个五年规划纲要"提出,"建立家庭养老支持政策,提增家庭养老扶幼功能";"建立以居家为基础、社区为依托、机构为补充的多层次养老服务体系。"可以想见,在今后加强养老抚幼社会保障制度构建进程中,基于亲属关系的家庭扶养不但不会被替代,还将进一步获得制度性完善。

今后,如何处理好家庭扶养与社会保障之关系,有效发挥家庭扶养与社会保障的互补功能,保障老年人和儿童共享改革开放和经济社会发展的成果,使老年人在家庭成员的关爱下安享晚年、使儿童在家庭中健康快乐地成长,需要学者和实务工作者持续不断地进行理论研究与实践探索。

四、对老年人的精神赡养与"常回家看看"入法

对老年人的赡养包括经济上的供养、精神上的慰藉和生活上的照料。对于物质赡养,各国法律都有明确规定,而精神赡养则规定不一,相对模糊。关于精神赡养,《法国民法典》第210条规定:"如应当给付赡养费的人证明其不能支付,家事法官(原用语为:法院)得在查明情形之后,命令该人将其应负担抚养的人接至自己家中,给予衣食、照应。"[②]《俄罗斯联邦家庭法典》规定:"有劳动能力的成年子女,应赡养其无劳动能力需要帮助的父母,并关心他们。"[③]此外,还有德国、瑞典、芬兰等几个国家对精神赡养有所规定,但不够明确,其他国家则无相关提法。

---

① 马云霞:《中国迎来"421家庭"时代 当代青年压力空前》,载中国新闻网,2010年8月25日,网址:http://news.sohu.com/20100825/n274446988.shtml,下载时间:2016年2月27日。

② 《法国民法典》,罗结珍译,中国法制出版社1999年版,第71页。

③ 中国法学会婚姻法学研究会编:《外国婚姻家庭法汇编》,群众出版社2000年版,第496页。

关于精神赡养,我国学者的观点可谓众说纷纭。赞成将精神赡养纳入法律调整的学者认为,从我国现行立法来看,《宪法》《民法总则》《婚姻法》和《老年人权益保障法》的规定都隐含着精神赡养的内容。如,《宪法》和《婚姻法》规定:"子女对父母有赡养扶助的义务。"再如,《民法总则》第26条第二款规定:"中年子女对父母有赡养、扶助、保护的义务。"法律中的"扶助义务",就可以理解为精神方面的赡养。赡养是指子女对父母在物质上和经济上提供必要的生活条件;扶助是指子女对父母在精神上的安慰和生活上的照料,与赡养相比,扶助侧重于满足父母精神方面的需求。[①] 此外,我国《老年人权益保障法》第18条规定:"家庭成员应当关心老年人的精神需求,不得忽视、冷落老年人。与老年人分开居住的家庭成员,应当经常看望或者问候老年人。用人单位应当按照国家有关规定保障赡养人探亲休假的权利"[②],明确提出"应当关心老年人的精神需求"。还有学者认为:"赡养和扶助相辅相成,各有侧重。在子女无力承担赡养义务或父母不需要子女支付赡养费时,子女仍需履行扶助的义务,使父母精神上得到慰藉,感情上得到寄托,生活上得到关心和照顾。"[③]

反对将精神赡养纳入法律调整范围的学者认为,精神赡养属于道德义务,而非法律上的义务。[④] 首先,我国法律对精神赡养的规定尚不够明确。虽然《老年人权益保障法》中出现了精神上慰藉的提法,但并没有赋予老年人要求精神赡养的权利。其次,赡养义务人不履行精神赡养义务时应承担何种责任,法律没有作出明确规定,对不履行此项义务者又不能采取强制履行方式,致使精神赡养没有可操作性。再次,在发生精神赡养诉讼时,没有相应的法律依据,老年人的精神赡养权利无法保障。最重要的是,精神赡养非常抽象,无法像物质赡养一样被量化,即使法院裁判后,也往往会因精神赡养的特殊性而无法执行,削弱司法判决的权威。因此,精神赡养属于道德范畴,应运用调解、教育、舆论等手段解决,而非法律手段。

我国《老年人权益保障法》在修改过程中,特别引人注目的是关于"常回家看看"条款的争议。《老年人权益保障法》第18条规定,与老年人分开居住的家庭成员,应当经常看望或问候老年人。有人质疑这是"法律万能主义"入侵道德领域。这一规定逾越了法律与道德的边界,不具有司法可操作性,且难以执行。[⑤] 也有学者认为,该法新增"常回家看看"条款有其现实依据与伦理基础,反映了立法对社会现实问题与人伦亲情的深切关注。但从司法裁判角度看,法律规定难敌现实困境,老年人起诉的精神赡养案件普遍面临事实认定难、裁判标准难、执行难等难题。鉴于家庭关系的伦理特点,我们首先应当通过调解弥合亲属间的情感裂缝,通过建立家事审判合议庭来应对赡养纠纷的复杂性,且应当充分发挥人民调解等非诉纠纷解决机制的作用。

---

①　许莉主编:《婚姻家庭继承法学》,北京大学出版社2006年版,第145～146页。

②　2015年4月24日发布的《全国人民代表大会常务委员会关于修改部分法律的决定》对《老年人权益保障法》的内容进行了修改。

③　王歌雅:《婚姻继承法学》,中国人民大学出版社2009版,第126页。

④　孟亚生:《精神赡养是道德义务还是法律责任——全国首例法院判决支持精神赡养案引发社会广泛关注》,载《法治与社会》2008年第8期。

⑤　陈苇、王巍、杨云:《中国法学会婚姻法学研究会2014年会综述》,载《西南政法大学学报》2015年第1期。

典型案例

首例法院判决支持精神赡养案①

杨老太 1921 年出生于江苏南京,20 世纪 50 年代丈夫去世。1978 年 11 月,她从上海某医院退休。1988 年,杨老太在南京秦淮区夫子庙附近分到了一套住房。2000 年,她将南京的房子卖了,回到江苏海安县城儿子的身边,重新购置了商品房。2004 年 8 月,老人和儿子因家庭琐事发生争执,儿子一气之下搬了出去。之后,行动不便的老人曾请求儿子看在其年事已高、行动不便的份儿上搬回来居住,可是儿子、儿媳不为所动。2007 年 4 月 1 日,老人聘请律师将 60 岁的儿子告到法院,请求判令儿子每月支付 900 元生活费,每周探视 5 次、每次陪护 4 小时以上。江苏海安县法院开庭审理了此案。法庭上,儿子辩称,他们夫妇曾与母亲共同生活过一段时间,因脾气、习性难以适应便分开生活。母亲每月有退休工资 1300 余元,基本生活足以保障,而被告是企业内退职工,月工资只有 340 元,经济条件比较困难,无力支付母亲每月 900 元的生活费。母亲现有保姆照应,不需要陪护,将来一旦卧床不起,他会尽义务。2007 年 6 月,法院作出了一审判决:原告有退休金,按本地区居民平均生活标准,其日常生活足以得到保障,无需他人提供经济帮助。被告为企业内退职工,对原告提出经济帮助的要求确有困难,对原告要求被告支付生活费的请求不予支持。法院同时认为,赡养父母不能仅被理解为经济上的供养,还包括精神上的慰藉。本案原告提出要求被告定期探视符合人伦,亦于法有据,但孝敬老人是被告生活中的部分内容,远不是其生活的全部,因此,原告要求被告每周探视 5 次,每次陪护 4 小时以上,被告的客观情况似乎难以允许。对此,法院视情酌定,判定被告每周不少于两次探望原告,每次陪护时间不少于 1 小时。

五、未成年人、老年人保护的国家与社会责任

理论界与实务界从保护未成年人和老年人合法权益以及未成年人利益最大化的角度,正在探索对这两类人群法律保护的制度完善。关于是否设立国家监护制度,有学者认为,当未成年人的父母没有适当履行其义务时,国家应当以未成年人监护人的身份行使监护权,即建立国家监护制度,并建议:第一,明确父母监护资格的种类,细化父母监护资格的具体事由;第二,完善父母监护资格撤销制度,由国家代为履行监护职责。② 也有学者提出,应明确国家监护的界限与实施方式:国家无法给予公民以亲情,只有家庭才具有这一功能;主张父母责任与国家责任两者应当相互协调,主张父母责任第一,国家责任第二,也就是国家承担

---

① 孟亚生:《精神赡养是道德义务还是法律责任——全国首例法院判决支持精神赡养案引发社会广泛关注》,载《法治与社会》2008 年第 8 期。

② 如钱晓萍:《论国家对未成年人监护义务的实现——以解决未成年人流浪问题为目标》,载《法学杂志》2011 年第 1 期;王亚利:《我国未成年人监护事务中的国家责任》,载《宁夏社会科学》2014 年第 1 期;陈翰丹、陈伯礼:《论未成年人国家监护制度中的政府主导责任》,载《社会科学研究》2014 年第 2 期;刘金霞:《完善民法总则(草案)监护制度之思考》,载《中华女子学院学报》2016 年第 5 期;尹志强:《未成年人监护制度中的监护人范围及监护类型》,载《华东政法大学学报》2016 年第 5 期。

补充责任（也有学者认为是连带补充责任）。[1]

关于婴儿安全岛及其相关问题。婴儿安全岛是我国从弃婴保护现状出发，结合并借鉴外国经验进行的探索。[2] 婴儿安全岛设置的初衷和目的是为保障弃婴的生命权益，然而对婴儿安全岛的设置一直争议不断。[3] 有学者主张，我国开设婴儿安全岛有其法律依据：一是保障人权也即儿童生存权的需要；二是落实儿童利益优先权的需要，应当开设并继续存在。[4] 但也有人认为，婴儿安全岛从保护婴儿人权出发，在保障婴儿生命健康权方面有着积极的意义；婴儿安全岛的设立，并不意味着父母对于被安置于安全岛的婴儿抚养义务免除和亲权消灭；片面地认为设立婴儿安全岛纵容遗弃犯罪的观点是武断的。解决弃婴问题应当寻找其存在的历史、社会、现实因素，完善我国社会保障制度和社会救助制度，特别是对残疾儿童和有残疾孩子家庭的制度保障。

关于老年人监护制度，从英美法系的可持续性代理制度发展而来的意定成年监护制度，允许成年人在具备完全民事行为能力时预先选择监护人并与之订立意定监护合同，确定自己将来的监护事务并将此事务代理权授予该特定监护人。成年意定监护合同在本人因年老、精神障碍或其他丧失判断能力的事实发生后生效，其设立主旨是：尊重自然人意思自治，更好地解决成年被监护人尤其是老年人的人身照顾和财产保护问题。此外，基于对丧失意思表示能力人合法权益的保护，国家应设立包括自然人和法人在内的意定监护监督人制度。二十余年来，我国不断有学者建议，借鉴西方国家做法，创设老年监护制度（也有学者称为"成年监护制度"），建立成年法定监护和成年意定监护。[5]

我国《老年人权益保障法》第 26 条规定："具备完全民事行为能力的老年人，可以在近亲属或者其他与自己关系密切、愿意承担监护责任的个人、组织中协商确定自己的监护人。监护人在老年人丧失或者部分丧失民事行为能力时，依法承担监护责任。"有专家认为，本条规

① 主要有：熊金才、冯源：《论国家监护的补充连带责任——以亲权与监护的二元分立为视角》，载《中华女子学院学报》2014 年第 4 期，第 5～13 页；汪曼乔：《撤销监护权后未成年人权益后续保障问题研究——以徐州撤销监护权案谈起》，载《预防青少年犯罪研究》2016 年第 1 期，第 103 页，作者提倡政府与家庭通力合作，国家监护具有补充性；李晓郛：《法政策学视角下的未成年人监护立法》，载《青少年犯罪问题》2016 年第 5 期，第 67～68 页，作者主张国家的兜底责任。

② 1996 年以来，匈牙利、德国、比利时、瑞士、荷兰、奥地利、意大利、俄罗斯、加拿大等欧美国家相继设置婴儿岛，此后，中国、马来西亚、印度、巴基斯坦、菲律宾、日本、南非等亚非国家也陆续设置婴儿岛，给那些被父母遗弃的小生命更多的"生的机会"。参见翟峰：《瑞士：婴儿岛为弃婴撑起法律保护伞 弃婴留婴儿岛不视作犯罪 每个弃婴都配有法律顾问》，载《法制日报》2014 年 1 月 21 日第 9 版。

③ 从 2011 年开始试点并在我国各地陆续设立婴儿安全岛，但多地婴儿安全岛因超负荷而无奈暂时关闭。

④ 陈苇、王巍、杨云：《中国法学会婚姻法学研究会 2014 年会综述》，载《西南政法大学学报》2015 年第 1 期。

⑤ 具体如梁慧星主编：《中国民法典草案建议稿附理由·亲属编》，法律出版社 2013 年版，第 407～412 页，其第 1909—1911 条规定了法定照顾人、指定照顾人和依据委托照顾合同指定照顾人；任凤莲、高成新：《关于构建老年人监护制度的思考》，载《山西大学学报（哲学社会科学版）》2009 年第 3 期；李霞：《意定监护制度论纲》，载《法学》2011 年第 4 期；张秀林：《成年监护制度研究》，载《法制博览》2015 年第 10 期；焦富民：《民法总则编纂视野中的成年监护制度》，载《政法论丛》2015 年第 6 期；刘金霞：《完善民法总则（草案）监护制度之思考》，载《中华女子学院学报》2016 年第 5 期。

定是老年监护制度首次入法的体现,被誉为《老年人权益保障法》修订的亮点之一。因为,在我国《民法通则》所规定的监护制度之下,成年监护制度仅是对成年的无民事行为能力人的监护;而《老年人权益保障法》的突破在于,当老年人具备完全行为能力时,他们可以通过协商方式确定自己的监护人,以便老年人丧失或者部分丧失民事行为能力时,由监护人依法承担监护责任。关于意定监护,其尊重老年人的意愿,是意思自治和个人决定权的表现;意定监护优于法定监护,老年人未事先确定监护人的,在其丧失或者部分丧失民事行为能力时,依照有关法律的规定确定监护人。但是,我国《老年人权益保障法》的规定仍过于原则,有需进一步完善之处。监护人监护范围、监护手段的合适与否都需要包括公权力机关在内的全社会进行有效监督,我国应当建立事前、事中、事后一体的监督机制。[①] 也有学者提出监护、保佐和辅助的"三元"模式保护成年人特别是老年人的利益,并提出监护、保佐和辅助的不同权限:监护人的权限包括法定代理权、财产管理权、撤销权;保佐人的权限主要是同意权、撤销权;辅助又基于"同意权型"辅助(共同决定型辅助)、"代理权型"辅助和"同意权型和代理权型"辅助的不同,权限亦有所不同。[②] 笔者认为,作为民法典开篇之作的《民法总则》已经颁行,《民法总则》承袭了《民法通则》中关于监护制度与自然人民事行为能力密切关联的作法,将监护制度作为对行为能力欠缺的自然人的行为能力的补正;囿于《民法总则》监护制度的框架性规定,在未来的民法典婚姻家庭编中应当创设以成年障碍者为保护对象的成年辅助制度。成年辅助制度的立法目的,在于强调尊重成年障碍者本人的意思,着眼于对成年障碍者的人文关怀与保护。对于这部分成年人不使用"监护"而使用"辅助"一词,目的在于彰显与传统禁治产宣告制度的区别;其主要理念在于重视成年障碍者的人权,尊重其残余意思能力和自我决定权,援助其在不受歧视的条件下,平等、正常地参与社会生活。[③] 因此,鉴于《民法总则》建立在自然人民事行为能力基础上的监护制度已无法改变,可以改善的是在民法典分编中采取监护、辅助制度并行的"二元"保护模式,即在婚姻家庭编中,增设辅助制度以填补现有法律规定的漏洞,亦即为无民事行为能力、限制民事行为能力的老年人设监护人;对于其他有精神障碍、心智障碍、身体障碍的老年人必要时设辅助人。

第六节　相关联的法条

一、《中华人民共和国宪法》

亲子相互扶养权是我国《宪法》规定的公民基本权利和义务,抚养子女和赡养父母是公民应尽的基本义务。家庭是社会的细胞,家庭生活不仅是私人的事情,更是关系到社会和谐发展的大事。根据我国《宪法》第49条第3款,"父母有抚养教育未成年子女的义务,成年子女有赡养扶助父母的义务。"这一规定是亲子扶养关系的原则性规定,确立了在家庭关系中,父母抚养教育子女、成年子女赡养扶助父母是自然人的宪法性权利和义务。《婚姻法》的规

---

① 陈苇、李欣:《私法自治、国家义务与社会责任——成年监护制度的立法趋势与中国启示》,载《学术界》2012年第1期。

② 李霞:《成年监护制度的现代转向》,载《中国法学》2015年第2期。

③ 课题组负责人梁慧星:《中国民法典草案建议稿附理由亲属编》,法律出版社2013年版,第244页。

定则进一步细化了亲子相互扶养的权利与义务。

二、基本法律

(一)《中华人民共和国民法总则》

我国《民法总则》通过设立监护制度,明确规定了父母对未成年子女的监护职责,《民法总则》第 26 条第 1 款规定:"父母对未成年子女负有抚养、教育和保护的义务。"第 27 条规定:"父母是未成年子女的监护人,未成年人的父母已经死亡或者没有监护能力的,由下列有监护能力的人按顺序担任监护人:(一)祖父母、外祖父母;(二)兄、姐;(三)其他愿意担任监护人的个人或者组织,但是须经未成年人住所地的居民委员会、村民委员会或者民政部门同意。"《民法总则》第 34、35 条规定了监护人的职责及履行职责的原则,即:"监护人的职责是代理被监护人实施民事法律行为,保护被监护人的人身权利、财产权利以及其他合法权益等……监护人不履行监护职责或者侵害被监护人合法权益的,应当承担法律责任。""监护人应当按照最有利于被监护人的原则履行监护职责,监护人除为维护被监护人利益外,不得处分被监护人的财产。未成年人的监护人履行监护职责,在作出与被监护人利益有关的决定时,应当根据被监护人的年龄和智力状况,尊重被监护人的真实意愿。"

(二)《中华人民共和国收养法》

确立合法收养关系,是建立亲子关系的方式之一。[①] 养父母与养子女间为拟制直系血亲关系,适用对父母子女关系的规定,养父母有抚养教育养子女的法定义务,养子女成年后有对年老养父母负有赡养的义务。我国 1998 年修改后的《收养法》从收养的形成、收养的效力、收养的解除以及法律责任方面规范收养行为,其中,涉及亲子扶养的内容有:

第 4 条:下列不满十四周岁的未成年人可以被收养:丧失父母的孤儿;查找不到生父母的弃婴和儿童;生父母有特殊困难无力抚养的子女。

第 6 条:收养人应当同时具备下列条件:无子女;有抚养教育被收养人的能力;未患有在医学上认为不应当收养子女的疾病;年满三十周岁。

第 13 条:监护人送养未成年孤儿的,须征得有抚养义务的人同意。有抚养义务的人不同意送养、监护人不愿意继续履行监护职责的,应当依照《中华人民共和国民法通则》的规定变更监护人。

第 14 条:继父或者继母经继子女的生父母同意,可以收养继子女,并可以不受本法第四条第三项、第五条第三项、第六条和被收养人不满十四周岁以及收养一名的限制。

第 17 条:孤儿或者生父母无力抚养的子女,可以由生父母的亲属、朋友抚养。

抚养人与被抚养人的关系不适用收养关系。

第 18 条:配偶一方死亡,另一方送养未成年子女的,死亡一方的父母有优先抚养的权利。

第 23 条:自收养关系成立之日起,养父母与养子女间的权利义务关系,适用法律关于父

---

① 我国《婚姻法》第 26 条规定:"国家保护合法的收养关系。养父母和养子女间的权利和义务,适用本法对父母子女关系的有关规定。"

母子女关系的规定；养子女与养父母的近亲属间的权利义务关系，适用法律关于子女与父母的近亲属关系的规定。

养子女与生父母及其他近亲属间的权利义务关系，因收养关系的成立而消除。

第 26 条：收养人在被收养人成年以前，不得解除收养关系，但收养人、送养人双方协议解除的除外，养子女年满十周岁以上的，应当征得本人同意。

收养人不履行抚养义务，有虐待、遗弃等侵害未成年养子女合法权益行为的，送养人有权要求解除养父母与养子女间的收养关系。送养人、收养人不能达成解除收养关系协议的，可以向人民法院起诉。

第 27 条：养父母与成年养子女关系恶化、无法共同生活的，可以协议解除收养关系。不能达成协议的，可以向人民法院起诉。

第 30 条：收养关系解除后，经养父母抚养的成年养子女，对缺乏劳动能力又缺乏生活来源的养父母，应当给付生活费。因养子女成年后虐待、遗弃养父母而解除收养关系的，养父母可以要求养子女补偿收养期间支出的生活费和教育费。

生父母要求解除收养关系的，养父母可以要求生父母适当补偿收养期间支出的生活费和教育费，但因养父母虐待、遗弃养子女而解除收养关系的除外。

(三)《中华人民共和国未成年人保护法》和《中华人民共和国预防未成年人犯罪法》

我国 2006 年修正后的《未成年人保护法》从家庭保护、学校保护、社会保护、司法保护四个方面系统规定了对未成年人的保护。就家庭保护而言，该法特别强调父母作为未成年人的抚养人应当履行的义务；父母对子女的抚养义务从子女出生时开始，无论男婴、女婴，无论是否患有重病、是否有残疾，父母都有义务予以抚养；溺婴、弃婴和其他残害婴儿的行为应当承担法律责任；父母离婚后子女的抚养要尊重未成年子女的意见；因违法行为被撤销监护资格的父母仍需要支付抚养费，等等。《未成年人保护法》中与抚养相关的有：

第 10 条第 1 款：父母或者其他监护人应当创造良好、和睦的家庭环境，依法履行对未成年人的监护职责和抚养义务。

第 52 条第 2 款：人民法院审理离婚案件，涉及未成年子女抚养问题的，应当听取有表达意愿能力的未成年子女的意见，根据保障子女权益的原则和双方具体情况依法处理。

第 53 条：父母或者其他监护人不履行监护职责或者侵害被监护的未成年人的合法权益，经教育不改的，人民法院可以根据有关人员或者有关单位的申请，撤销其监护人的资格，依法另行指定监护人。被撤销监护资格的父母应当依法继续负担抚养费用。

1999 年我国实施的《预防未成年人犯罪法》于 2012 年进行了修改。该法的立法目的是为了保障未成年人身心健康，培养未成年人良好品行，有效地预防未成年人犯罪。其中，第 41 条规定："被父母或者其他监护人遗弃、虐待的未成年人，有权向公安机关、民政部门、共产主义青年团、妇女联合会、未成年人保护组织或者学校、城市居民委员会、农村村民委员会请求保护。被请求的上述部门和组织都应当接受，根据情况需要采取救助措施的，应当先采取救助措施。"

(四)《中华人民共和国老年人权益保障法》

我国于 1996 年颁布实施了《老年人权益保障法》，并分别于 2012 年年底和 2015 年 4 月

进行了两次修改。《老年人权益保护法》是专门保护老年人合法权益的法律,体现了我国敬老、养老、助老的传统美德。《老年人权益保障法》第二章"家庭赡养与扶养"专章规定了有关扶养和赡养的问题,具体内容如下:

第 13 条:老年人养老以居家为基础,家庭成员应当尊重、关心和照料老年人。

第 14 条:赡养人应当履行对老年人经济上供养、生活上照料和精神上慰藉的义务,照顾老年人的特殊需要。

赡养人是指老年人的子女以及其他依法负有赡养义务的人。

赡养人的配偶应当协助赡养人履行赡养义务。

第 15 条:赡养人应当使患病的老年人及时得到治疗和护理;对经济困难的老年人,应当提供医疗费用。

对生活不能自理的老年人,赡养人应当承担照料责任;不能亲自照料的,可以按照老年人的意愿委托他人或者养老机构等照料。

第 16 条:赡养人应当妥善安排老年人的住房,不得强迫老年人居住或者迁居条件低劣的房屋。

老年人自有的或者承租的住房,子女或者其他亲属不得侵占,不得擅自改变产权关系或者租赁关系。

老年人自有的住房,赡养人有维修的义务。

第 17 条:赡养人有义务耕种或者委托他人耕种老年人承包的田地,照管或者委托他人照管老年人的林木和牲畜等,收益归老年人所有。

第 18 条:家庭成员应当关心老年人的精神需求,不得忽视、冷落老年人。

与老年人分开居住的家庭成员,应当经常看望或者问候老年人。

用人单位应当按照国家有关规定保障赡养人探亲休假的权利。

第 19 条:赡养人不得以放弃继承权或者其他理由,拒绝履行赡养义务。

赡养人不履行赡养义务,老年人有要求赡养人付给赡养费等权利。

赡养人不得要求老年人承担力不能及的劳动。

第 20 条:经老年人同意,赡养人之间可以就履行赡养义务签订协议。赡养协议的内容不得违反法律的规定和老年人的意愿。

基层群众性自治组织、老年人组织或者赡养人所在单位监督协议的履行。

第 21 条:老年人的婚姻自由受法律保护。子女或者其他亲属不得干涉老年人离婚、再婚及婚后的生活。

赡养人的赡养义务不因老年人的婚姻关系变化而消除。

第 24 条:赡养人、扶养人不履行赡养、扶养义务的,基层群众性自治组织、老年人组织或者赡养人、扶养人所在单位应当督促其履行。

第 26 条:具备完全民事行为能力的老年人,可以在近亲属或者其他与自己关系密切、愿意承担监护责任的个人、组织中协商确定自己的监护人。监护人在老年人丧失或者部分丧失民事行为能力时,依法承担监护责任。

老年人未事先确定监护人的,其丧失或者部分丧失民事行为能力时,依照有关法律的规定确定监护人。

第 27 条:国家建立健全家庭养老支持政策,鼓励家庭成员与老年人共同生活或者就近居住,为老年人随配偶或者赡养人迁徙提供条件,为家庭成员照料老年人提供帮助。

《老年人权益保障法》除规定赡养的内容外,还确立了处理、解决赡养纠纷的途径以及赡养者不履行义务,虐待老年人依法应承担的责任。相关条文如下:

第 74 条:老年人与家庭成员因赡养、扶养或者住房、财产等发生纠纷,可以申请人民调解委员会或者其他有关组织进行调解,也可以直接向人民法院提起诉讼。

人民调解委员会或者其他有关组织调解前款纠纷时,应当通过说服、疏导等方式化解矛盾和纠纷;对有过错的家庭成员,应当给予批评教育。

人民法院对老年人追索赡养费或者扶养费的申请,可以依法裁定先予执行。

第 75 条:干涉老年人婚姻自由,对老年人负有赡养义务、扶养义务而拒绝赡养、扶养,虐待老年人或者对老年人实施家庭暴力的,由有关单位给予批评教育;构成违反治安管理行为的,依法给予治安管理处罚;构成犯罪的,依法追究刑事责任。

(五)《中华人民共和国反家庭暴力法》

2016 年 3 月 1 日起施行的《反家庭暴力法》将作为家庭成员的未成年人和老年人纳入保护范围,以此约束家庭成员履行抚养和赡养义务,不得侵害未成年人及老年人的合法权益。[1]《反家庭暴力法》确立了特殊保护原则,其第 5 条第 3 款指出:"未成年人、老年人、残疾人、孕期和哺乳期的妇女、重病患者遭受家庭暴力的,应当给予特殊保护。"第 21 条规定:"监护人实施家庭暴力严重侵害被监护人合法权益的,人民法院可以根据被监护人的近亲属、居民委员会、村民委员会、县级人民政府民政部门等有关人员或者单位的申请,依法撤销其监护人资格,另行指定监护人。被撤销监护人资格的加害人,应当继续负担相应的赡养、扶养、抚养费用。"

(六)《中华人民共和国刑法》

在家庭中侵害未成年人、老年人合法权益的行为,构成犯罪的,应依法追究行为人的刑事责任。我国《刑法》第 232 条规定:"故意杀人的,处死刑、无期徒刑或者十年以上有期徒刑;情节较轻的,处三年以上十年以下有期徒刑。"溺婴属于杀人罪,应被判处三年以上十年以下有期徒刑。对于遗弃未成年子女、老年人构成遗弃罪的,按照《刑法》第 261 条[2],处五年以下有期徒刑、拘役或者管制。其他残害未成年人、老年人的行为,如属于虐待,构成犯罪的,按照《刑法》第 260 条[3],处二年以下有期徒刑、拘役或者管制,致使未成年人、老年人重伤、死亡的,处二年以上七年以下有期徒刑。

---

① 针对未成年人的保护,2014 年 12 月 18 日由最高人民法院、最高人民检察院、公安部、民政部发布《关于依法处理监护人侵害未成年人权益行为若干问题的意见》,具体内容详见第三章评注第二十三条之父母对未成年子女的保护教育权。

② 《刑法》第 261 条之一规定:"对未成年人、老年人、患病的人、残疾人等负有监护、看护职责的人虐待被监护、看护的人,情节恶劣的,处三年以下有期徒刑或者拘役。"

③ 《刑法》第 260 条规定:"虐待家庭成员,情节恶劣的,处二年以下有期徒刑、拘役或者管制。犯前款罪,致使被害人重伤、死亡的,处二年以上七年以下有期徒刑。"

三、行政法规、部门规章

《农村五保供养工作条例》经国务院第 121 次常务会议通过,由国务院于 2006 年 1 月 21 日颁布,2006 年 3 月 1 日起实施。其中,第 6 条是关于抚养和赡养问题的,具体内容如下:"老年、残疾或者未满 16 周岁的村民,无劳动能力、无生活来源又无法定赡养、抚养、扶养义务人,或者其法定赡养、抚养、扶养义务人无赡养、抚养、扶养能力的,享受农村五保供养待遇。"

1999 年,司法部发布施行的《未成年犯管教所管理规定》第 46 条规定:"未成年犯的父母或者其他监护人应当依法履行监护职责和义务,协助未成年犯管教所做好对未成年犯的教育改造,不得遗弃或者歧视。"

四、司法解释、具体意见、复函

(一)最高人民法院的司法解释

1990 年,最高人民法院发布的《关于贯彻执行〈民法通则〉若干问题的意见》(修改稿)关于未成年人的监护人、监护人的民事责任、法律适用等做出细化性解释,具体如下:

第 12 条:民法通则中规定的近亲属,包括配偶、父母、子女、兄弟姐妹、外祖父母、孙子女、外孙子女。

第 13 条:为患有精神病的未成年人设定监护人,适用民法通则第十六条的规定。

第 14 条:人民法院指定监护人,可以将民法通则第十六条第二款中的(一)、(二)、(三)项或者第十七条第一款中的(一)、(二)、(三)、(四)、(五)项规定视为指定监护人的顺序。前一顺序有监护资格的人无监护能力或者对被监护人明显不利的,人民法院可以根据对被监护人有利的原则,从后一顺序有监护资格的人中择优确定。被监护人有识别能力的,应视情况征求被监护人的意见。

监护人可以是一人,也可以是数人。

第 180 条:夫妻离婚后,未成年子女侵害他人权益的,同该子女共同生活的一方应当承担民事责任;如果独立承担民事责任确有困难的,可以责令未与该子女共同生活的一方共同承担民事责任。

第 181 条:被监护人造成他人损害时,监护人明确的,由监护人承担民事责任;监护人不明确的,由顺序在前的有监护能力的人承担民事责任。

第 183 条:在幼儿园、学校生活、学习的无民事行为能力人或者在精神病院治疗的精神病人,受到伤害或者给他人造成损害,单位有过错的,可以责令这些单位适当给予赔偿。

第 185 条:侵权行为发生时行为人不满十八周岁,在诉讼时已满十八周岁,并有经济能力的,应当承担民事责任;行为人没有经济能力的,应当由原监护人承担民事责任。

没有经济收入的年满十八周岁的行为人致人损害时,可由扶养人垫付;扶养人不予垫付的,应判决或者调解由行为人延期给付。

第 189 条:父母子女相互之间的抚养、夫妻相互之间的抚养以及其他有抚养关系的人之间的抚养,应当适用与被抚养人有最密切联系国家的法律。抚养人和被抚养人的国籍、住所以及供养被抚养人的财产所在地,均可视为与被抚养人有最密切的联系。

2001年,最高人民法院发布《关于适用〈中华人民共和国婚姻法〉若干问题的解释(一)》(以下简称"婚姻法解释(一)")。婚姻法解释(一)第 20 条指出:婚姻法第二十一条规定的"不能独立生活的子女",是指尚在校接受高中及其以下学历教育,或者丧失或未完全丧失劳动能力等非因主观原因而无法维持正常生活的成年子女。其第 21 条规定:"婚姻法第二十一条所称'抚养费',包括子女生活费、教育费、医疗费等费用。"2011 年,最高人民法院发布的《关于适用〈中华人民共和国婚姻法〉若干问题的解释(三)》第 3 条规定:"婚姻关系存续期间,父母双方或者一方拒不履行抚养子女义务,未成年或者不能独立生活的子女请求支付抚养费的,人民法院应予支持。"

(二)最高人民法院的具体意见

最高人民法院关于离婚后子女抚养教育问题的具体意见,集中体现在 1993 年《关于人民法院审理离婚案件处理子女抚养问题的若干具体意见》(以下简称"若干具体意见")中。"若干具体意见"强调处理此类案件应从有利于子女身心健康、保障子女的合法权益出发,结合父母双方的抚养能力和抚养条件等具体情况妥善解决,并对离婚案件中子女的抚养归属、抚养的确定与变更、抚养费的支付等作出具体规定。

首先,离婚案件中子女抚养方的确立。"若干具体意见"明确了离婚案件中子女抚养确定的条件和依据,规定共同生活的一方应当抚养子女以及出现法定事由另一方申请变更抚养关系等内容,具体包括:

1. 两周岁以下的子女,一般随母方生活,母方有下列情形之一的,可随父方生活:

(1)患有久治不愈的传染性疾病或其他严重疾病,子女不宜与其共同生活的;

(2)有抚养条件不尽抚养义务,而父方要求子女随其生活的;

(3)因其他原因,子女确无法随母方生活的。

2. 父母双方协议两周岁以下子女随父方生活,并对子女健康成长无不利影响的,可予准许。

3. 对两周岁以上未成年的子女,父方和母方均要求随其生活,一方有下列情形之一的,可予优先考虑:

(1)已做绝育手术或因其他原因丧失生育能力的;

(2)子女随其生活时间较长,改变生活环境对子女健康成长明显不利的;

(3)无其他子女,而另一方有其他子女的;

(4)子女随其生活,对子女成长有利,而另一方患有久治不愈的传染性疾病或其他严重疾病,或者有其他不利于子女身心健康的情形,不宜与子女共同生活的。

4. 父方与母方抚养子女的条件基本相同,双方均要求子女与其共同生活,但子女单独随祖父母或外祖父母共同生活多年,且祖父母或外祖父母要求并且有能力帮助子女照顾孙子女或外孙子女的,可作为子女随父或母生活的优先条件予以考虑。

5. 父母双方对十周岁以上的未成年子女随父或随母生活发生争执的,应考虑该子女的意见。

6. 在有利于保护子女利益的前提下,父母双方协议轮流抚养子女的,可行准许。

13. 生父与继母或生母与继父离婚时,对曾受其抚养教育的继子女,继父或继母不同意继续抚养的,仍应由生父母抚养。

14.《中华人民共和国收养法》施行前,夫或妻一方收养的子女,对方未表示反对,并与该子女形成事实收养关系的,离婚后,应由双方负担子女的抚育费;夫或妻一方收养的子女,对方始终反对的,离婚后,应由收养方抚养该子女。

16. 一方要求变更子女抚养关系有下列情形之一的,应予支持。

(1)与子女共同生活的,一方因患严重疾病或因伤残无力继续抚养子女的;

(2)与子女共同生活的一方不尽抚养义务或有虐待子女行为,或其与子女共同生活对子女身心健康确有不利影响的;

(3)十周岁以上未成年子女,愿随另一方生活,该方又有抚养能力的;

(4)有其他正当理由需要变更的。

17. 父母双方协议变更子女抚养关系的,应予准许。

20. 在离婚诉讼期间,双方均拒绝抚养子女的,可先行裁定暂由一方抚养。

21. 对拒不履行或妨害他人履行生效判决、裁定、调解中有关子女抚养义务的当事人或者其他人,人民法院可依照《中华人民共和国民事诉讼法》第一百零二条的规定采取强制措施。

其次,确立不与子女共同生活一方给付抚养费的标准。"若干具体意见"对不与子女共同生活一方支付抚养费用的承担方式、数额、给付期限,以及抚养费增加等作出规定,具体内容如下:

7. 子女抚育费的数额,可根据子女的实际需要、父母双方的负担能力和当地的实际生活水平确定。

有固定收入的,抚育费一般可按其月总收入的百分之二十至三十的比例给付。负担两个以上子女抚育费的,比例可适当提高,但一般不得超过月总收入的百分之五十。

无固定收入的,抚育费的数额可依据当年总收入或同行业平均收入,参照上述比例确定。

有特殊情况的,可适当提高或降低上述比例。

8. 抚育费应定期给付,有条件的可一次性给付。

9. 对一方无经济收入或者下落不明的,可用其财物折抵子女抚育费。

10. 父母双方可以协议子女随一方生活并由抚养方负担子女全部抚育费。但经查实,抚养方的抚养能力明显不能保障子女所需费用,影响子女健康成长的,不予准许。

11. 抚育费的给付期限,一般至子女十八周岁为止。十六周岁以上不满十八周岁,以其劳动收入为主要生活来源,并能维持当地一般生活水平的,父母可停止给付抚育费。

12. 尚未独立生活的成年子女有下列情形之一,父母又有给付能力的,仍应负担必要的抚育费:

(1)丧失劳动能力或虽未完全丧失劳动能力,但其收入不足以维持生活的;

(2)尚在校就读的;

(3)确无独立生活能力和条件的。

15. 离婚后,一方要求变更子女抚养关系的,或者子女要求增加抚育费的,应另行起诉。

18. 子女要求增加抚育费有下列情形之一,父或母有给付能力的,应予支持。

(1)原定抚育费数额不足以维持当地实际生活水平的;

(2)因子女患病、上学,实际需要已超过原定数额的;

（3）有其他正当理由应当增加的。

19.父母不得因子女变更姓氏而拒付子女抚育费。

（三）最高人民法院的复函

对于夫妻关系存续期间男方受骗而抚养非亲生子女的,离婚后男方可否要求女方返还已给付的抚养费问题,1992年4月2日的《最高人民法院关于夫妻关系存续期间男方受欺骗抚养非亲生子女离婚后可否向女方追索抚养费的复函》(〔1991〕民他字第63号)做出了解答。

四川省高级人民法院:

你院"关于夫妻关系存续期间男方受欺骗抚养非亲生子女离婚后可否向女方追索抚养费的请示"收悉。经研究,我们认为,在夫妻关系存续期间,一方与他人通奸生育了子女,隐瞒真情,另一方受欺骗而抚养了非亲生子女,其中离婚后给付的抚育费,受欺骗方要求返还的,可酌情返还;至于在夫妻关系存续期间受欺骗方支出的抚育费用应否返还,因涉及的问题比较复杂,尚需进一步研究。就你院请示所述具体案件而言,因双方在离婚时,其共同财产已由男方一人分得,故可不予返还,以上意见供参考。

第七节　主要国家及地区立法现状

一、父母对子女的抚养

（一）父母对子女的抚养义务

父母对于未成年子女的抚养教育,是为《世界人权宣言》和联合国《儿童权利公约》予以充分肯定的父母义务。《世界人权宣言》宣布:儿童有权享受特别照料和协助,深信家庭作为社会的基本单元,作为家庭的所有成员、特别是儿童的成长和幸福的自然环境,应获得必要的保护和协助,以充分负起它在社会上的责任,确认为了充分而和谐地发展其个性,应让儿童在家庭环境里,在幸福、亲爱和谅解的气氛中成长,考虑到应充分培养儿童可在社会上独立生活,并在《联合国宪章》宣布的理想的精神下,特别是在和平、尊严、宽容、自由、平等和团结的精神下,抚养他们成长。1989年11月20日联合国大会通过的《儿童权利公约》第18条第2款规定,为保证和促进本公约所列举的权利,缔约国应在父母和法定监护人履行其抚养儿童的责任方面给予适当协助,并应确保发展育儿机构、设施和服务;第27条规定,缔约国确认每个儿童均有权享有足以促进其生理、心理、精神、道德和社会发展的生活水平;父母或其他负责照顾儿童的人负有在其能力和经济条件许可范围内确保儿童发展所需生活条件的首要责任;缔约国应采取一切适当措施,向在本国境内或境外儿童的父母或其他对儿童负有经济责任的人追索儿童的赡养费,尤其是遇对儿童负有经济责任的人住在与儿童不同的国家的情况时,缔约国应促进其加入国际协定或缔结此类协定以及做出其他适当安排。

很多国家在民法典扶养制度中,均规定有父母对子女的抚养义务,并且这种义务是没有任何条件的。《俄罗斯家庭法典》第80条规定:"1.父母应抚养自己的未成年子女。给未成年子女提供抚养的方式和形式由父母独立确定。父母双方按照本法典第16章的规定有权订立关于抚养自己的未成年子女的协议(给付抚养费的协议)。2. 如果父母不向自己的未成年子女提供抚养,则依照诉讼程序向父母追索未成年子女的生活费(抚养费)。3. 如果父母没有关于给付抚养费的协议,又未给未成年子女提供抚养费,也未向法院提起诉讼时,监护和保护机关有权对未成年子女的父母(父母一方)提起追索抚养费的诉讼。"①《澳大利亚家庭法》在第七章子女中专节规定了"子女的抚养",其第66A条阐明了本节规定的宗旨,指出:"(1)本节的宗旨主要是确保子女从其父母那里得到适当水平的财力支援。(2)本节的特别目的还包括确保下列事项:(a)子女能够从其父母双方的收入、收益能力、财产和资金来源中通过合理的和足够的分担,满足自己的合理需求;并且(b)父母平等地分担对其子女的抚养费用。"第66B条规定:"(1)根据本节的规定,父母负有抚养其子女的基本义务。(2)如果不限制第(1)款规定的一般原则的适用,父母抚养某子女的义务有下列特点:(a)该义务的效力不低于父母抚养其他子女或者另外的人的义务;(b)除了父母必须履行的下列供养义务外,比该父母的其他所有义务均有优先权:(i)该父母(他或者她)自己;(ii)父母有义务抚养的其他未成年人或者另外的人;并且(c)该义务不受下列情形影响:(i)其他任何有义务抚养该子女的人的义务;或者(ii)该子女或另外的人取得确定的抚恤金、津贴或者其他利益等收入的权利。"②《英国家庭法》第11条关于"子女的利益"规定,在离婚诉讼中,法院应考虑子女的抚养,并应将子女的利益放在首位加以考虑。③《菲律宾共和国家庭法》第194条确定了扶养的定义:"扶养是根据相应的家庭财产维持生存、居住、衣着、医疗、教育和交通所必需的一切。本条款所称教育,包括学校教育或专业、商业或职业的培训,可以逾过成年。交通费包括往返学校和工作地点的费用。"④该法第195条界定了扶养范围,父母与其婚生子女、婚生子女的子女和非婚生子女之间的相互扶养包括在内。

多数国家只是规定父母对未成年子女(包括养子女)的抚养义务,但对继父母的抚养义务较少涉及。《澳大利亚家庭法》第66G条规定了某些情形下继父母对继子女的抚养。其主要内容是:"只有在下列情况,子女的继父母对其有抚养义务:(1)该继父母是该子女的监护人,或者依照法院的决议而对该子女有保护权的人;(2)有管辖权的法院以命令决定该继父母负有该义务是适当的。在决定继父母对继子女有抚养义务是否适当的过程中,法院应当考虑下列事项:(1)该子女的相关父母的婚姻存续的长短和情形;(2)继父母和该子女之间的现存的联系;(3)为抚养该子女而所做的现存的安排;(4)如果不考虑就会导致损害或者给个人造成不应有的艰难的任何特别情形。法院在考虑继父母作为抚养义务人的义务时,还

①　《俄罗斯联邦家庭法典》(1995年),鄢一美译,载中国法学会婚姻法学研究会编《外国婚姻家庭法汇编》,群众出版社2000年版,第495页。《俄罗斯联邦家庭法典》在第五编家庭成员的扶养义务中,第十三章专章规定了父母对子女的抚养和子女对父母的赡养。

②　《澳大利亚家庭法》(1994年),田岚、刘智慧译,载中国法学会婚姻法学研究会编:《外国婚姻家庭法汇编》,群众出版社2000年版,第166~167页。

③　《英国家庭法》(1996年),张雪忠、李少平、童付章译,载中国法学会婚姻法学研究会编:《外国婚姻家庭法汇编》,群众出版社2000年版,第11页。

④　《菲律宾共和国家庭法》(1987年),吴引引、韩珺译,载中国法学会婚姻法学研究会编:《外国婚姻家庭法汇编》,群众出版社2000年版,第268页。

应考虑抚养该子女的生父母的主义务正在履行以及能够履行的程度。"①按照本条规定,相对于生父母抚养子女的义务而言,继父母对于继子女的抚养属于从义务,并且,继父母的抚养义务并不限制生父母抚养该子女的主义务。法院在确定继父母作为抚养义务人的义务时,还应考虑抚养该子女的生父母的主义务正在履行以及能够履行的程度。

(二)生活保持义务和照料义务

关于父母对于未成年子女的生活保持义务,各国法律均有明确规定。在《德国民法典》中,父母对未成年子女有提供生活费的义务,未成年的未婚子女即使拥有财产,仍可以财产收入和劳动所得不敷维持生活为由,要求父母提供生活费。② 关于父母的给付能力,《德国民法典》第 1603 条规定:"(1)考虑到其负担的其他义务,不危害其适当扶养即不能给予扶养的人,不负有扶养的义务。(2)父母处于此种境况的,对其未成年的未婚子女,负有将全部可处分的资金平均于自己和子女扶养的义务。未满 21 周岁的未婚成年子女,在父母或者父母一方的家庭生活,并且在接受普通学校教育的,等同于未成年的未婚子女。有其他负有扶养义务的血亲的,不发生此种义务;对于子女,以其扶养可以由自己财产的本金负担为限,亦不发生此种义务。"第 1606 条规定:"照管未成年的未婚子女的父母一方,通常以照料和教育该子女的方式履行其负担的扶养该子女的义务。"③关于扶养标准,第 1610 条规定:"(1)应当给予扶养的标准,依需要扶养之人的生活地位确定(适当扶养)。(2)扶养包括全部的生活需要,以及为从事一项职业所需进行的适当前期教育的费用,对于需受教育的人,亦包括教育费用。"④《瑞士民法典》第 276 条规定:"(1)父母应负担子女的抚养费,其中包括教育、职业培训及子女保护措施的费用。(2)父母应通过保护和教育履行其抚养义务。但如子女未受其照管的,应支付费用以履行其抚养义务。(3)父母仅可在子女依劳动或其他所得可生活自给的限度内,减轻其抚养义务。"⑤我国《澳门地区民法典》第 1729 条规定父母对子女有扶持的义务,"扶持义务包括扶养义务,以及在共同生活期间按各自所拥有之资源而承担家庭负担之义务。"第 1733 条还规定:"父母须为子女之利益而关注子女之安全及健康、供给子女生活所需、安排子女之教育及作为已出生或未出生之子女之代理人,并管理子女之财产。"⑥可见,各国法律中均十分重视父母对于未成年子女的生活保持义务。

关于照料义务,有的国家法律条文以父母有"监护、教育"未成年子女的权利义务的形式做出规定,如《日本民法典》第 820 条规定:"行使亲权人对监护及教育子女享有权利,负有义务"。⑦ 但是随着家务劳动评价的提高,很多国家在法律中专门规定了父母对未成年子女的照顾。如《德国民法典》规定:"父母在照料和教育时,应当考虑子女对独立并且有责任意识

---

① 《澳大利亚家庭法》(1994 年),田岚、刘智慧译,载中国法学会婚姻法学研究会编:《外国婚姻家庭法汇编》,群众出版社 2000 年版,第 170 页。

② 参见《德国民法典》第 1602 条。

③ 《德国民法典》,杜景林、卢谌译,中国政法大学出版社 2014 年版,第 398 页。

④ 同上注,第 400 页。

⑤ 《瑞士民法典》,殷生根、王燕译,中国政法大学出版社 1999 年版,第 78 页。

⑥ 中国政法大学澳门研究中心、澳门政府法律翻译办公室编:《澳门民法典》,中国政法大学出版社 1999 年版,第 441 页、第 442 页。

⑦ 渠涛编译:《最新日本民法》,法律出版社 2006 年版,第 175 页。

的行为之增长的能力和增长的需要。……"①《法国民法典》第 371—2 条规定,"父与母对其子女有照管……的权利与义务。"②再如,《澳大利亚家庭法》第 63E 条规定,子女的监护人对于子女的长期福利有责任,有权对子女的"日常生活进行照料和管束",有权做出与子女的"日常生活照料和管束"有关的决定。③ 英国《未成年人法案》中也多次使用"照料"子女一词。可以说,照料义务是父母对未成年子女必须履行的法定义务之一。

(三)未成年子女生活费的负担方式

《德国民法典》第 1612 条规定:"(1)扶养费必须以支付定期金的方式给予。义务人可以请求许可以其他方式给予扶养费,但以特殊原因证明这样做为正当为限。(2)父母须向未婚子女给予扶养费的,以已就子女利益做必要的考虑为限,父母可以确定以何种方式和就哪一期间预先给予扶养费。(3)定期金必须按月预付。即使权利人在 1 个月内死亡,义务人也负担完的月金额。"④在德国,未成年子女可以依照《标准数额法令》的规定向父母主张生活费的数额。由于将子女按年龄不同分为三个阶段:六周岁以下(第一阶段)、七周岁至十二周岁(第二阶段)和十三周岁以上(第三阶段),因此,不同年龄的子女生活费标准不同。另外,德国的《标准数额法令》每两年修改一次,以适应客观的经济情况。⑤ 关于生活费的欠缴,《德国民法典》第 1613 条还规定,权利人只能自义务人被敦促告知其收入和财产以便于主张生活费请求权之时起,或者从义务人开始迟延之时起,或者生活费请求权进入诉讼之时起,方可要求履行或因不履行而给予赔偿损害。《澳门民法典》第 1846 条就"扶养方式"做出规定:"(一)所提供之扶养,应以按月做出金钱给付之方式定之,但另有协议或法律另有规定,又或有理由采取例外措施者除外。(二)然而,如负扶养义务之人证明不能以定期金方式提供扶养,而仅能以提供其住所及陪伴受扶养人之方式为之,也可命令依此方式提供扶养。"⑥

(四)关于抚养义务的终止

《德国民法典》第 1615 条关于"扶养费请求权的消灭"规定:"(1)以扶养请求权并非针对过去的履行或不履行的损害赔偿,或并非针对在权利人或义务人死亡时到期的、须预先履行的给付为限,扶养请求权在权利人或义务人死亡时消灭。(2)在权利人死亡的情形下,以丧葬费的支付不能从继承人处取得为限,义务人必须负担丧葬费。"⑦《瑞士民法典》第 277 条规定:"(1)父母的抚养义务至子女成年时终止;(2)子女此时尚未完成合理教育的,父母得在其条件许可的限度内,继续履行抚养义务,直至相应的教育得以正式结束。"⑧《澳大利亚家

---

① 见《德国民法典》第 1626 条。
② 《法国民法典》(上册),罗结珍译,法律出版社 2005 年版,第 346 页。
③ 《澳大利亚家庭法》(1994 年),田岚、刘智慧译,载中国法学会婚姻法学研究会编:《外国婚姻家庭法汇编》,群众出版社 2000 年版,第 155 页。
④ 《德国民法典》(第 4 版),陈卫佐译注,法律出版社 2015 年版,第 496 页。
⑤ 王丽萍:《亲子法研究》,法律出版社 2004 年版,第 125 页。
⑥ 中国政法大学澳门研究中心、澳门政府法律翻译办公室编:《澳门民法典》,中国政法大学出版社 1999 年版,第 472 页。
⑦ 《德国民法典》(第 4 版),陈卫佐译注,法律出版社 2015 年版,第 498 页。
⑧ 《瑞士民法典》,殷生根、王燕译,中国政法大学出版社 1999 年版,第 79 页。

庭法》第 66M 条规定:"(1)子女抚养决议的效力在该子女死亡时终止。(2)子女抚养决议的效力在有义务依该决议做出支付的人死亡时终止。……(4)子女抚养决议的效力在该子女被收养或者结婚后终止。"①中国《澳门民法典》第 1854 条规定:"一、扶养义务在下列任一情况下或期间终止:a)义务人或受扶养人死亡;b)扶养人不能继续提供扶养之期间,或受扶养人不再需要扶养之期间;c)扶养权利人严重违反其对扶养义务人之义务。二、扶养义务人死亡或不能继续提供扶养时,不导致受扶养人丧失其对其他同一顺序之扶养义务人或后一顺序之扶养义务人所拥有之权利。"②

二、子女对父母的赡养

《德国民法典》将抚养、扶养和赡养统称为扶养,在第四编亲属法第二章第三节,对扶养的权利义务、范围、程度、顺序等都有规定,特别是关于扶养费的标准、给付方式等规定尤为详细。③《意大利民法典》关于赡养的规定与德国大同小异,其第一编第十三章是有关抚养费、扶养费、赡养费的专门规定。④《法国民法典》第 205 条规定:"子女在父、母或其他直系尊亲属有需要时,应负赡养义务。"第 206 条还规定:"女婿和儿媳也应当并且在相同情形下,对公、婆或岳父、母负相同义务,但是,在产生姻亲关系的夫妻一方及其与另一方配偶的婚姻所生子女均已死亡时,此种义务即告停止。"⑤《瑞士民法典》第 328 条关于"负有扶养义务的人"规定:"(1)直系尊血亲及卑血亲以及兄弟姐妹间,互负扶养义务。但仅以无此帮助生活将陷于贫困者为限。(2)兄弟姐妹间,无充分财力时,不负扶养义务。(3)父母及配偶间的扶养义务,不在此限。"⑥《俄罗斯家庭法典》第 87 条关于"成年子女赡养父母的义务"规定:"1. 有劳动能力的成年子女,应赡养其无劳动能力需要帮助的父母并关心他们。2. 在无给付赡养费协议时,无劳动能力需要帮助的父母的赡养费,依照司法程序向有劳动能力的成年子女追索。3. 向每个子女索取的赡养费的数额,由法院根据父母和子女的物质和家庭状况及其他应注意的各方利益,确定按月应给付的固定数额的货币。……"⑦

受社会福利思想影响,美国、日本等国分别制定《社会保障法》、《老年人福利法》等一系列法律保障老年人生活,但是这些法律主要涉及老年人养老的国家和社会责任,对于家庭赡养特别是子女赡养问题少有涉及。近年来,由于社会养老成本过高以及老年人养老过程中的新问题,一些国家的政府也开始重视家庭赡养的作用,并对家庭养老给予政府补贴。

韩国也有针对老年人的专门立法,主要是将老年人的福利制度和国家的经济社会现实

---

① 《澳大利亚家庭法》(1994 年),田岚、刘智慧译,载中国法学会婚姻法学研究会编:《外国婚姻家庭法汇编》,群众出版社 2000 年版,第 174 页。

② 中国政法大学澳门研究中心、澳门政府法律翻译办公室编:《澳门民法典》,中国政法大学出版社 1999 年版,第 473~474 页。

③ 参见《德国民法典》第 1601~1615 条。

④ 《意大利民法典》,费安玲、丁玫译,中国政法大学出版社 1997 年版,第 123~126 页。有关抚养费和赡养费的规定参见第 433~488 条。

⑤ 《法国民法典》(上册),罗结珍译,法律出版社 2005 年版,第 188 页、第 192 页。

⑥ 《瑞士民法典》,殷生根、王燕译,中国政法大学出版社 1999 年版,第 92 页。

⑦ 《俄罗斯联邦家庭法典》(1995 年),鄂一美译,载中国法学会婚姻法学研究会编《外国婚姻家庭法汇编》,群众出版社 2000 年版,第 497 页。

协调起来。韩国 1981 年制定了《老年人福利法》,并进行了三次修改和完善。该法受到传统儒家文化影响,坚持"先家庭保护、后社会保障"的方针,保护以敬老和孝亲为核心的家族制度,同时,国家和地方政府也充当老年人权利保护的参与者和维护者。

新加坡于 1995 年颁行《赡养父母法》。该法颁行前曾有过一些争议,反对者认为,这是在西方法律框架下,加入了东方孝文化的元素,法律还是不宜介入家庭生活之中。但提案最终还是得到了议会的支持和拥护,最终得以生效。新加坡《赡养父母法》规定的"子女",包括"非婚生子女、收养的子女和继子女"。该法与新加坡现行家庭法规定的父母应对婚生子女、非婚生子女、养子女、继子女(如果被接受为家庭成员)承担抚养义务相一致。[1]《赡养父母法》第 3 条规定:"成年子女必须照顾老年父母。"《赡养父母法》规定:"婚生子女、非婚生子女、收养的子女、继子女"对于其年迈的父母承担扶养责任;该法规定承担赡养父母的义务男女平等,因为该法规定的子女包括儿子、女儿(出嫁和未出嫁的)。[2] 具体而言,60 岁以上的父母如果无法独立生活,而子女又拒绝赡养的,父母可以向法院提起帮助请求,可以申请"赡养令"予以强制执行;60 岁以下的,如果经法院确认患有精神疾病或者其他身体疾病,无独立生活能力时,也可申请。《赡养父母法》第 6 条则规定了未履行法律规定的法律后果,即对赡养生活费的执行方式,法庭有权在必要时规定申请人把赡养费存入银行或购买年金保险计划。

第八节　立法发展趋势

一、统一赡养、抚养、扶养的内涵与适用

世界多数国家的立法例,将亲属间的供养、扶助的权利和义务,统称为扶养。我国亲属立法对于扶养的概念应采取广义含义,即根据扶养权利人和义务人的辈分、年龄等不同情况,将扶养细分为抚养、扶养和赡养。亲属间的扶养是基于血缘、婚姻,在一定亲属范围内(直系血亲、配偶、二亲等内的旁系血亲)的相互扶养权利、相互抚养义务。我们赞同梁慧星主编的《中国民法典草案建议稿附理由·亲属编》一书关于相关法律术语的界定。"扶养为一定范围的亲属之间相互供养、扶助的民事权利义务关系";"抚养是指父母在经济上对子女的供养和在生活上对子女的照料,内容包括负担子女的生活费、教育费、医疗费等";"赡养是指子女对于父母的供养,即在物质上和经济上为父母提供必要的生活条件";"扶助是指子女对父母在精神上和生活上的关心、帮助和照顾"。[3]

二、建立系统、科学、完备的扶养制度

目前,我国关于扶养的立法散见于《民法通则》《婚姻法》《继承法》以及《未成年人保护法》《老年人权益保障法》等法律中。这些法律规定存在若干不足,例如,过于抽象、简略和碎

---

① 徐振华、胡苷用:《新加坡〈赡养父母法〉评介及其对我国的启示》,载《江西社会科学》2012 年第 9 期。
② 徐振华、胡苷用:《新加坡〈赡养父母法〉评介及其对我国的启示》,载《江西社会科学》2012 年第 9 期。
③ 梁慧星主编:《中国民法典草案建议稿附理由·亲属编》,法律出版社 2013 年版,第 335 页、第 345页、第 348 页。

片化,未形成一套完备的扶养法律体系。我国应结合当今世界各国立法的共同趋势,从我国民族传统和现实国情出发,制定完备的扶养法律制度,将亲子扶养的内容纳入扶养法律制度体系中,加以系统、科学、完备的规定。梁慧星教授主编的《中国民法典草案建议稿附理由·亲属编》第 75 章是"扶养制度"的内容,该章说明指出"本章立足于中国当代家庭结构,兼顾中华民族的文化传统和伦理观念,以及我国社会保障体系的现状和发展前景,就扶养关系的主体规范、扶养顺序、扶养方式、扶养的变更和消灭等设立详细的规定,以发挥扶养制度养老育幼的功能"。[①] 王利明教授主编的《中国民法典学者建议稿及立法理由》第七章是关于"扶养制度"的内容,主要内容有:第一,就扶养范围的立法模式,主张采取统一型的立法模式;第二,有关扶养顺序、扶养程度、扶养方式以及扶养变更的规定,主要应当采取列举主义的立法模式而不是概括主义,这是基于我国目前较低的公众法律意识水平、法官专业素质和道德修养现状,但是我们有必要克服列举主义的缺陷并兼采概括注意的优点;第三,关于扶养顺序,主张将不同类型的亲属规定在不同顺序,即四个层次:配偶、直系血亲卑亲属、直系血亲尊亲属、二亲等的旁系血亲;第四,明确区分生活保持义务和生活辅助义务等。[②] 徐国栋教授主编的《绿色民法典草案》第三章是有关"扶养和生活保持"的规定,该学者建议稿主张将"赡养"、"抚养"、"扶养"统称为扶养,扶养义务人的顺位为直系血亲卑亲属、直系血亲尊亲属、兄弟姐妹,扶养权利人的顺位为直系血亲卑亲属、直系血亲尊亲属、兄弟姐妹,其就扶养程度、扶养方法及变更、扶养的终止等事项作了规定。[③]

笔者认为,建立我国系统、科学、完备的扶养制度,首先,必须根植于我国的扶养文化、扶养传统与扶养法律实践,合理界定扶养的内涵和外延,明确扶养法律关系,在民法典婚姻家庭编中专章规定扶养的权利义务主体、扶养顺序、扶养方式、扶养的变更和消灭,构筑系统的扶养制度;其次,必须立足我国社会保障体系建设的实际和发展状况,协调家庭扶养与社会扶养的关系,使两者相辅相成,有机促进,共同推动不同扶养功能科学和有效发挥。

三、构建成年人监护与辅助的"二元"保护模式

我国快速步入老龄社会,"未富先老"是不争的事实。随着市场经济发展,少子女甚至无子女家庭不断增多,家庭小型化使得传统家庭养老面临严峻挑战,代际之间的孝道、赡养、照料老人的观念日益淡化。老年人因生理机能逐渐退化,因智力减退而出现心理落差,使其生理、心理随着年龄的增长而发生巨大变化。关爱未成年人是自然现象,关爱老年人则是文化现象。针对家庭中成年人对子女的关注和关爱远大于对年老父母这一普遍现象,而现行法律法规和司法解释也呈现出重未成年人保护、轻老年人保护的特点,我们应通过加强相关法律法规的制度建设,唤起全社会对老年人的特别关注和保护意识。

与《民法通则》中的监护制度相比,《民法总则》的规定有若干亮点。第一,无民事行为能力或者限制民事行为能力的成年人的范围不再仅局限于《民法通则》中规定的"精神病人",

---

① 梁慧星主编:《中国民法典草案建议稿附理由·亲属编》,法律出版社 2013 年版,第 334 页。
② 王利明主编:《中国民法典学者建议稿及立法理由》,法律出版社 2005 年版,第 375～380 页。
③ 徐国栋主编:《绿色民法典草案》,社会科学文献出版社 2004 年版,第 216～218 页。

并且不再使用"精神病人"这一法律术语①,而是使用了"不能辨认自己行为的成年人"和"不能完全辨认自己行为的成年人";第二,明确规定限制民事行为能力的成年人可以独立实施纯获利益的民事法律行为;第三,填补了《民法通则》的法律漏洞,规定了临时监护、意定监护、监护人资格的撤销与恢复制度;第四,强调指定监护和监护人履行监护职责时,应当尊重被监护人的真实意愿和最有利于被监护人的原则。《民法总则》的这些变化既回应了社会的现实需求,适应社会老龄化的变化,也体现了保障弱者的人文关怀理念。② 但是,《民法总则》只有针对成年人的意定监护制度,而没有相关的辅助等制度,监护制度层次单一,不能满足不同的成年人特别是老年人的需求。日本法中对成年人的保护有三种情况:(1)因精神上的障碍而欠缺辨识事理的能力,并处于常态者,可以启动监护;(2)因精神上的障碍,辨识事理的能力显著不足者,可以启动保佐;(3)因精神上的障碍,辨识事理的能力不足者,可以启动辅助。③ 我国台湾地区民法中也规定了监护与辅助制度,其第 14 条规定,对于因精神障碍或其它心智缺陷,致不能为意思表示或受意思表示,或不能辨识其意思表示之效果者,法院得因本人、配偶、四亲等内之亲属、最近一年有同居事实之其它亲属、检察官、主管机关或社会福利机构之声请,为监护之宣告;第 15-1 条规定,对于因精神障碍或其它心智缺陷,致其为意思表示或受意思表示,或辨识其意思表示效果之能力,显有不足者,法院得因本人、配偶、四亲等内之亲属、最近一年有同居事实之其它亲属、检察官、主管机关或社会福利机构之声请,为辅助之宣告。另外,《民法总则》中规定的意定监护制度本身存在的缺陷,没有规定意定监护协议的登记、公证程序,缺乏程序上的保障。④ 我国《民法总则》已于 2017 年 10 月1 日起施行,民法典分则编起草工作正在紧锣密鼓地进行。针对民法总则关于老年人监护制度的缺陷,如何在民法典分则编中加以补充、完善,是必须思考的重要问题。建议在制订民法典婚姻家庭编中,总结《民法总则》实施以来的监护实践,参考发达国家和地区老年监护立法改革的成果,适应社会老龄化发展的需要,对监护、辅助制度进行重构和完善。笔者呼吁建立监护与辅助相结合的"二元"模式,创设以成年障碍者为保护对象的成年辅护制度,即为无民事行为能力、限制民事行为能力的老年人设监护人;对于其他有精神障碍、心智障碍、身体障碍的老年人必要时设辅助人。同时完善意定监护制度。第一,鉴于意定监护事关被监护人的人身、财产的重大事宜,为保障其真实性、合法性,因此,意定监护协议应当经公证机关公证。第二,意定监护协议关于监护事项的约定,可以为全部监护,也可以部分监护。在部分监护的情况下,没有约定的部分,仍然适用法定监护。第三,为保证意定监护人忠诚、全面、勤勉地履行监护职责,有必要设立监督人制度,监督人可以由被监护人在意定监护协议中指定。另外,关于意定监护协议的成立与生效、多个意定监护人、意定监护人的权利(包括报酬请求权、费用返还请求权等)、意定监护的变更等内容也应当涉及。建立"二元化"的

---

① 2013 年施行的《中华人民共和国精神卫生法》是一部规范精神障碍患者治疗、保障精神障碍患者权益和促进精神障碍者康复的法律,其中用"精神障碍患者"一词代替"精神病人","精神障碍患者"虽较"精神病人"的表述有所进步,但仍有局限性,存在未将"精神障碍"自然人视为普通"社会人"、未尽人文关怀之嫌。

② 王丽萍:《我国法典化民事立法之回顾与展望》,载《山东大学学报》2017 年第 5 期。

③ 山本敬三:《民法讲义Ⅰ-总则》,谢亘译,北京大学出版社 2004 年版,第 51 页,转引自张学军、张镭:《成年监护制度综议》,载《江海学刊》2005 年第 5 期。

④ 杨立新:《我国老年监护制度的立法突破及相关问题》,载《法学研究》2013 年第 2 期。

成年监护与辅助制度,对于尊重成年障碍者本人的意思,保障成年障碍者的人权,彰显人文关怀,保证他们平等、正常地参与社会生活,均具有特别重要的价值。

四、私法自治与公法干预相结合

有学者针对老年人权益保障法修改时增加"常回家看看"的规定指出,这一条款的目的是突出老年人精神需求的重要性,突出其与经济需求、生活需求的并列地位,针对的是老年人精神需求越来越强烈,而家庭和社会对老年人这一需要日益忽视的现实矛盾,也有面对社会道德不足而寄希望于法律支撑道德的考量,所以,立法机关尽管面对'法律替代道德'的责问,仍然在老年法中实现了现代社会立法对民族优秀传统文化的照应。[①] 他进一步提出,公众应当更加关注和积极应对人口老龄化现象,关注"居家为基础、社区为依托、机构为支撑"的社会养老服务体系的构建,包括宜居环境建设、社区养老功能完善等。[②] 笔者认为,当今,对老年人的赡养已不再局限于家庭范围,它更是一个社会性的法律问题。对老年人的赡养除明确子女的法定义务,强调子女对老人经济上供养、生活上照料和精神上慰藉的义务,以及照顾老年人的特殊需要外,更需要从国家和社会角度,在立法中构建"居家为基础、社区为依托、机构为支撑"的社会养老服务体系。

父母有抚养子女的法定义务。他们是子女当然的、第一位的抚养义务人,仅在父母无能力履行此项义务时,才有国家采取社会保障措施的余地。其他亲属之间的扶养也有着社会保障制度无法代替的功能和价值,体现了亲属法对家庭中"弱者"的集中保护。我国在制定民法典婚姻家庭编时,应明确父母抚养子女的义务主体地位、抚养的内容,以及不履行抚养义务的法律后果和社会救济;我国社会保障立法应积极探索在父母抚养子女之外,基于保护未成年人合法权益和儿童利益最大化的原则,发挥国家和社会在未成年人成长与发展中的作用,强调国家对未成年人健康成长的责任,构建有利于未成年人生存、成长与发展的社会保障制度。随着社会发展与进步,社会保障制度的作用日渐凸显。我们应当将家庭责任与国家和社会的责任有机结合起来,构筑我国对未成年人、老年人的社会保障体系,实现老有所依、幼有所养。

---

① 肖金明:《误读"常回家看看"淹没立法真实价值》,载《法制日报》2013 年 7 月 4 日第 4 版。
② 肖金明前引文章,载《法制日报》2013 年 7 月 4 日第 4 版。

第三章
评注第二十二条（子女的姓氏）

> ➡ 第二十二条 子女可以随父姓，可以随母姓。

本条是有关子女姓氏确定的规定。

第一节 立法目的

"姓"是一定血缘遗传关系和家族传承的记号，标记着自然人个体从属的家族血缘系统，也可以说，姓是表示自然人个人同一性的称谓。《辞海》认为，"姓"是指"标志家族系统的称号"，《史记·屈原贾生列传》："屈原者，名平，楚之同姓也"。[①] 还有一个词与"姓"相关，就是"姓氏"，姓与氏本有分别，氏是从姓中衍生出来的分支，夏商周三代，男子称氏，女子称姓。秦汉以后，姓、氏合一，姓氏是姓与氏的合称。在当代，两者的意义相同。子女的姓是其与父母关系身份的标志。在中国历史上，一般子女随父姓，女子婚后在自己的姓前冠夫姓。这与历史上形成的继承制度有关。我国奴隶制社会形成父承子继的继承制度，到封建社会，土地和其他财产都是按照血缘、宗族关系等严格的等级制度进行分配，形成了宗祧继承制度，强调由嫡长子继承，这实际上是按照封建血缘及宗法制度建立的继承制度，而且封建的继承制度还包括身份的继承，如爵位继承、官员袭荫和食封继承等。这些制度都严格要求婚生子女必须随父姓，用以证明其血统和血缘。中华民国时期的民法曾规定子女从父姓，赘夫的子女从母姓。[②] 我国现行《婚姻法》规定，子女可以随父姓，可以随母姓，其立法目的体现在如下三方面。

一、体现男女平等原则之要求

现代社会主义法治之平等价值的实现，离不开法治意识的树立，而"男女平等意识就是法治意识中的重要组成部分"。[③] 男女平等意识在我国现行《婚姻法》中体现为夫妻双方在家庭关系中权利义务平等。《婚姻法》规定子女可随父姓或母姓，这是其确立的男女平等原则的体现，它宣示了夫妻双方对子女姓氏的确定享有同等决定权。

现行《婚姻法》规定子女可随父姓或随母姓，是指子女出生时可以以父亲或母亲的姓作为自己的姓氏，亦即子女可以延续父亲的姓或母亲的姓。这一规定的目的在于，摒弃中国千百年来子随父姓的封建宗族观念和父权为上的封建家族思想，有利于弘扬社会主义法治的

---

① 《辞海》（缩印本），上海辞书出版社1980年版，第1100页。
② 许莉：《〈中华民国民法·亲属〉研究》，法律出版社2009年版，第105页。
③ 王丽萍：《社会性别视角中的法治文化》，载《政法论丛》2015年第3期。

平等和正义价值理念。

二、彰显父母责任与保障子女基本权利

在民法上,自然人是一类独立的民事主体,可以以自己的名义享有权利并承担义务。自然人在具体的民事法律关系中通过姓和名的标识和区别,彼此作为独立的人格来对待。特定的姓名,是自然人作为民事主体资格的外在化表现。我国《民法通则》第 99 条第 1 款规定:"公民享有姓名权,有权决定、使用和依照规定改变自己的姓名,禁止他人干涉、盗用、假冒。"可见,包括姓氏在内的姓名权是自然人终身享有的一项基本权利。

姓氏权是姓名权的重要内容,特别是子女的姓氏是其身份的标志。由于子女在出生后相当长时期内为无民事行为能力人,没有表达自己意思的能力,无法决定自己的姓氏,故出生后,须由父母为其冠姓命名。我国《户口登记条例》规定,婴儿出生后一个月内,由户主、亲属、抚养人或者邻居向婴儿常住地户口登记机关申报出生登记,并将其姓名记入户籍登记簿,在户籍登记簿上登记的姓名为正式姓名。[1] 父母决定未成年子女的姓名,以父母具有完全民事行为能力为前提。有人认为,公民有决定自己姓氏的权利,任何人无权干涉,由父母冠姓,是对子女自己姓氏决定权的否定。[2] 本书认为,子女姓氏权的权利主体为子女本人。子女成年前,该项权利由父母代为行使,但这并不意味着子女丧失了对自己姓氏的决定权和变更权。恰恰相反,子女出生后由父母双方协商确定其姓氏和名字,是父母通过行使对子女姓名的决定权来依法保护未成年子女姓名权的体现,因此,我们不能简单认定父母对未成年子女的冠姓,是对其姓氏权的侵害。子女成年后具备完全意思能力的,有权决定自己的姓氏,可以通过法定程序变更原有姓氏和名字。这同样是法律对子女利益的保护。

第二节 本条的地位与意义

一、本条的地位

父母在子女出生时为其确定姓氏,是父母对未成年子女照护责任的内容,是父母作为子女法定代理人行使其职责的表现。本条规定强调父母对未成年子女的冠姓决定权,同时,子女成年后仍享有姓氏权,有权决定、使用以及变更自己的姓氏。现行《婚姻法》第 22 条与 1980 年《婚姻法》第 16 条[3]的精神是一致的,但删除了原条文中的"也"字,更加突出了父母双方平等享有对子女姓氏的决定权,进一步体现了男女平等和夫妻家庭地位平等的原则。本条既尊重传统习惯,又符合时代发展的趋势和要求。随着时代的进步,男女平等观念已深入人心,不仅子女随母姓的情况日益增多,也出现了为子女取父母"双姓"的现象。这表明以往传统家族式姓氏观念正在逐步被打破,体现了尊重当事人意思自治的民法原则。姓氏的

---

① 参见《中华人民共和国户口登记条例》第 7 条。
② 参见《中华人民共和国婚姻法释义》,网址:http://www.npc.gov.cn/npc/flsyywd/minshang/2002-07/11/content_297449.htm,下载时间:2016 年 11 月 20 日。
③ 1980 年《中华人民共和国婚姻法》第 16 条规定:"子女可以随父姓,也可以随母姓。"

意义还将受到社会风俗、地域色彩等因素的影响,而具有特殊的社会含义。① 应当说本条规定是我国婚姻家庭法律制度中父母子女关系的重要内容,确定了父母对未成年子女的姓氏决定权,为子女姓氏的确定提供了法律依据。

二、本条规定的意义

(一)中国姓氏文化的传承

中国姓氏的出现,是原始社会发展到后期的产物,距今有5000多年历史。作为一个多民族国家,我国姓氏可谓纷繁众多。从主要文献资料可查的姓氏就有6000个左右,目前常见姓氏有2000个左右,不常见姓氏有3500个左右。② 随同姓氏起源发展起来的中国姓氏文化对我国不同朝代和历史时期法律制度的影响不可小觑。随着社会的发展,姓氏不仅直接地体现了中华文化源远流长、博大精深的特点,并且形象地记载了中华民族交流融合、生成生长的历程。姓氏还是血缘继承、人类子孙繁衍传承的重要标志。此外,姓氏还与人们的社会交往密不可分,承载着浓厚的社会、文化和历史意义。随着经济发展和社会文明程度提高,姓氏文化又有了新的发展。"子随父姓"的传统观念逐渐改变,每个人都有选择姓氏的权利,孩子可随父姓,可以随母姓。

(二)男女平等原则的体现

本条规定是《婚姻法》确立的男女平等基本原则的体现,同时强调对妇女权利的维护。现实生活中,大多数家庭中的未成年子女一般都从父姓。本条规定主要意旨是,子女除有权随父姓外,还有权随母姓,从而强调父母双方有平等的照护权。本条同时也为父母确定子女的姓氏提供了一种选择。

(三)随父姓随母姓的社会现实意义

我国经历了从高生育率到低生育率的转变后,人口主要矛盾已不再是人口数量增长过快,而是人口红利消失、临近超低生育率水平、人口老龄化、出生性别比失调等。随着人口主要矛盾的变化,我国人口政策也需做出相应调整,国家因此逐步放开"二胎"生育政策。二胎政策实施后,一些母亲或外祖父母提出让其中的一个孩子随母姓。随母姓可以延续母姓家族的血脉,更为重要的还是传承母姓的家风。③《婚姻法》规定子女可随父姓,可随母姓,为人们选择随父或母姓提供了法律指引,也为民众选择随母姓提供了合法依据。

① 刘敏:《姓氏:汉语中的一类特殊词汇》,载《安顺师专学报》1999年第3期。
② 刘敏:《姓氏:汉语中的一类特殊词汇》,载《安顺师专学报》1999年第3期。
③ 柳哲:《姓氏文化与家风传承》,载《时代金融》2015年第28期。

第三节 条文演变

一、新中国成立前的子女姓氏规定

"中华民国民法亲属编"在亲子关系立法方面全面移植了大陆法系国家立法,但仍带有浓厚的家或家族本位民事立法色彩,在亲子关系中确立了以父权为主的亲权制度。在亲属编立法过程中,作为其立法原则的"先决意见"的第二部分内容为夫妻及子女之间的姓氏,涉及子女姓氏的内容为:"子女从父姓;赘夫之子女从母姓,但得设例外之规定。"①

1930年的"中华民国民法亲属编"(1931年施行)规定了父母对未成年子女所享有的权利及承担的义务,其中,未成年子女的姓氏决定权为父母亲权的主要内容之一。其第1059条规定:"子女从父姓。赘夫之子女从母姓。但另有约定者,从其约定。"②后来,该条内容修改为:"子女从父姓,但母无兄弟,约定其子女从母姓者,从其约定。"③目前,我国台湾地区民法亲属编中仍保留子女称姓的内容,第1059条(子女之称姓)规定:"父母于子女出生登记前,应以书面约定子女从父姓或母姓。子女经出生登记后,于未成年前,得由父母以书面约定变更为父姓或母姓。子女已成年者,经父母之书面同意得变更为父姓或母姓。前二项之变更,各以一次为限。有下列各款情形之一,且有事实足认子女之姓氏对其有不利之影响时,父母之一方或子女得请求法院宣告变更子女之姓氏为父姓或母姓:一,父母离婚者;二,父母之一方或双方死亡者;三,父母之一方或双方生死不明满三年者;四,父母之一方曾有或现有未尽扶养义务满二年者。"④台湾地区关于子女称姓的规定不仅包括未成年子女姓名决定权,还涉及父母协商约定,成年子女姓名变更以及单方变更姓名的规定。同时,其从保护子女利益出发对非婚生子女的称姓亦做出规范性规定。⑤

与"中华民国民法亲属编"同一时期颁行的《中华苏维埃共和国婚姻条例》未涉及未成年子女的姓氏问题。

---

① "先决意见"是为慎重起见,将最有争议的一些问题提请中央政治会议先行决议,并供立法时参考。"先决意见"通常被称为亲属编的立法原则。有关姓氏的具体内容为:夫妻及子女间之姓氏:1.以妻冠夫姓,夫入赘妻家时冠妻姓为原则,但得设例外之规定;2.子女从父姓;3.赘夫之子女从母姓,但得设例外之规定。参见谢振民:《中华民国立法史》,中国政法大学出版社2000版,第779页。
② 许莉:《〈中华民国民法·亲属〉研究》,法律出版社2009年版,第105页。
③ 许莉:《〈中华民国民法·亲属〉研究》,法律出版社2009年版,第209页。1985年台湾地区对"中华民国民法·亲属"进行第一次修改,子女姓氏为本次修正的内容之一。
④ 北大法宝:《台湾民法典》,网址:http://www.pkulaw.cn/fulltext_form.aspx? Db=twd&Gid=939534514&keyword=&EncodingName=&Search_Mode=accurate,下载时间:2016年9月28日。
⑤ 台湾地区"民法·亲属编"第1059条之1(非婚生子女之称姓):"非婚生子女从母姓。经生父认领者,适用前条第二项至第四项之规定。非婚生子女经生父认领,而有下列各款情形之一,且有事实足认子女之姓氏对其有不利之影响时,父母之一方或子女得请求法院宣告变更子女之姓氏为父姓或母姓:一,父母之一方或双方死亡者;二,父母之一方或双方生死不明满三年者;三,非婚生子女由生母任权利义务之行使或负担者;四,父母之一方曾有或现有未尽扶养义务满二年者。"

二、新中国成立后的子女姓氏权立法

新中国成立后,于 1950 年颁行的第一部《婚姻法》中没有关于子女姓氏的条文规定。然而,司法实践中存在着大量关涉子女姓氏的争议。为此,最高人民法院 1951 年 2 月 28 日发布《关于子女姓氏问题的批复》。其中涉及未成年子女姓氏变更问题,它指出"父母离婚,除因协议变更子女姓氏或子女年已长成得以自己意志决定其从父姓或母姓外,并无使其子女改变原用姓氏的必要。"由此可见,子女的姓氏可以由子女自己选择,可以从父姓,也可以从母姓。未成年子女在无表示自己意思能力之时,应遵从民间习惯,其出生时所使用的姓氏不宜改。①

1980 年,我国第二部《婚姻法》(简称"80 年《婚姻法》")明确规定了子女的姓氏问题。其第 16 条规定:"子女可以随父姓,也可以随母姓。"这主要考虑到夫妻双方对其子女的姓氏应有同等的决定权,还考虑到中国人基于传统的子嗣观念,规定子女可从母姓,可一定程度上遏制无节制生育的弊害。

2001 年,国家立法机关对 1980 年的《婚姻法》进行修正。修改后的《婚姻法》第 22 条将原第 16 条"子女可以随父姓,也可以随母姓"中的"也"字去掉。从字面意思看,1980 年《婚姻法》中第 16 条中的"也"字,似乎强调先要从父姓,然后也可以考虑从母姓。现行《婚姻法》第 22 条删去"也"字,进一步贯彻了男女平等原则和夫妻家庭地位平等原则的精神,有利于进一步消除法律中的性别偏见,有利于对女性权利的保护。

第四节　本条规范的构成要件

子女姓氏权包括姓氏决定权、姓氏变更权和姓氏使用权,其内容为:子女出生后"可以"选择随父或随母姓。但本条规定过于原则,现实生活中势必会在条款适用上产生争议。

一、成年子女与未成年子女的姓氏

通常而言,成年子女属于完全民事行为能力人(辨认能力和控制能力有缺陷者除外),②

---

①　1951 年 2 月 28 日,最高人民法院对华东分院做出的《最高人民法院关于子女姓氏问题的批复》的具体内容如下:报告所询子女的姓氏问题,在夫妻关系存续中依一般的情况是不会发生的;询如来文所称,尽可以从民间习惯。如竟有此具体问题发生而父母双方不能达成协议时,自应以子女自己表示的意志为主。子女年幼尚无表示其自己意志的能力时,应从民间习惯,其出生时所用的姓氏不宜改变(将来户籍法有规定后从其规定)。如因离婚而引起对原生子女的姓氏争执,则按父母与子女的血亲关系并不因父母离婚而消灭;在离婚后不论子女随父或随母抚养,均不因此改变父母对原生子女依法律所应负担的抚养责任。父母所负的责任虽可因双方经济情况不同,或子女的长幼而有所不同,但并不能因此说明抚养责任主要属于哪一方面。浙江省院所提'子女年幼不能表示意思者,可暂从主要抚养责任为定',将姓氏依抚养责任而变更,这显然是不妥当的。我们认为父母离婚,除因协议变更子女姓氏或子女年已长成得以自己意志决定其从父姓或母姓外,并无使其子女改变原用姓氏的必要。

②　《民法通则》第 11 条规定:"十八周岁以上的公民是成年人,具有完全民事行为能力,可以独立进行民事活动,是完全民事行为能力人。十六周岁以上不满十八周岁的公民,以自己的劳动收入为主要生活来源的,视为完全民事行为能力人。"因此,我国成年子女一般是指年满 18 周岁的公民。

具备表达自己意思的能力,依法享有姓氏权,有权决定、行使和变更自己的姓氏。因而,成年子女可以自己决定是随父姓还是随母姓,并依法行使姓氏权,且可根据自己的意思变更姓氏。

对未成年子女而言,①父母在子女出生后有权决定子女随父姓或者随母姓。未成年子女,特别是新生婴儿,因其无民事行为能力,父母有权确定其姓氏及名字,这是父母作为法定代理人行使照护权的体现。当子女达到一定年龄成为限制行为能力人时,父母在行使子女姓氏决定权时应尊重子女的意见,征求子女的意思。现实生活中,未成年子女的姓氏,一般由父母双方协商确定,然而,双方协商不成产生冲突时,如何处理就成为比较棘手的问题。我国台湾地区在 2008 年修正亲属法时,有提议父母双方关于子女姓氏指定不能协商一致时,准予以抽签方式决定从父姓或从母姓,不再以父姓作为子女姓氏。② 此种确定子女姓氏的方式,不仅暗合姓氏天然性的要求,也不违男女平等的现代观念,是可行的姓氏确定规则。③ 父母协商行使子女姓氏权时,除考虑有利于未成年人成长、方便使用等因素外,还要在不违背善良风俗前提下,遵循不同民族的风俗习惯。当法无明文规定时,考虑到社会伦理道德,处理冲突时可以参照习惯做法。我国已有法院判决涉及此类问题。

典型案例

何某某诉江门市某保健院姓名权案④

原告何某某的妻子李某某曾在江门市某保健院就医生子。李某某独自给儿子办理出生证明时,将儿子的姓氏确定为随母姓。被告保健院据此出具出生证明。原告要求被告重新办理出生证明,被告以出生证明未存在错误而拒绝重新办理。原告何某某与妻子李某某出具共同声明,请求被告变更出生证明,但其妻子又单独出具律师函,声明非经父母双方同意,不得变更其子出生证明。原告遂起诉保健院,请求变更其子出生证明中的姓名或出具新的出生证明。一审法院判令驳回原告诉讼请求。原告上诉后,二审法院判决结果为:驳回上诉,维持原判。判决书指出,从律师事务所出具的法律意见书内容可见,李某某与何某某在儿子姓名问题上并未达成一致。何某某请求将儿子姓氏改为何姓的诉讼请求应当向李某某主张,现何某某主张保健院侵犯其对儿子的命名权,理据不足,本院不予支持。一审法院判令驳回其诉讼请求并无不当,应予维持。

本案焦点是婚内父母双方就子女姓氏选择发生争议。大家对此有两种看法:第一种意见认为,我国《婚姻法》第 22 条规定:子女可以随父姓,可以随母姓。李某要求婚生小孩随自己姓,符合法律规定,不具有违法性,也不够成对何某的侵权。第二种意见认为,虽然《婚姻法》第 22 条规定子女可以随父姓,可以随母姓,但实践中,未成年子女的姓氏权一般都由父母双方共同协商行使,协商不成,发生矛盾时该如何解决,法律并无明确规定。按照法律适用的原则,法无明文规定者,从习惯。而按照社会现状,婚生子女有随父姓的习惯,因此,法

---

① 未成年子女是成年子女的对称,在我国未成年子女一般是指未满 18 周岁的公民。

② 参见我国台湾地区"法务部"向"行政院"2008 年 10 月 9 日所提的"民法修正草案"。

③ 郭站红:《姓氏立法刍议》,载《中国社会科学院研究生院学报》2009 年第 3 期。

④ 案例来源:北大法宝,http://www.pkulaw.cn/Case/pfnl_118943932.html? match＝Exact(2013)江中法民一终字第 53 号,下载时间:2016 年 11 月 25 日。

院要尽量做好夫妻双方的调解工作,可并列采用父母双方的姓氏,待子女成年后由其自行决定姓氏。

二、父母单方变更未成年子女姓氏的限制

依据《婚姻法》及有关司法解释,变更未成年子女的姓氏应由父母双方协商一致,一方未经他方同意擅自变更未成年子女姓氏的,应当责令恢复原姓氏[1],同时,还应征得有一定判断能力的未成年子女意见。实践中大部分变更子女姓氏的案例都发生在夫妻双方离婚后,一方独自变更子女姓氏,但是否一律责令子女恢复原姓氏,应根据不同情况区别对待。

典型案例

离婚后单方变更子女姓氏的限制[2]

杨某与颜某 1990 年 9 月结婚,婚后双方性格不和,经常发生口角。颜某于 1991 年 9 月向法院起诉与杨某离婚,后撤诉。1992 年 5 月 18 日,颜某生一男孩,夫妻双方为其取乳名"小凯"。由于夫妻感情一直不好,颜某于 1992 年 11 月再次向法院起诉离婚,双方达成离婚调解协议。由于当时"小凯"没有登记户口,法院制作离婚调解书时,在孩子的乳名前冠以父姓,确认孩子姓名为"杨凯",由原告颜某抚养,被告杨某每年 12 月 16 日前一次性给付当年生活费 420 元,至杨凯独立生活时止。判决生效后,杨某从未履行法律文书确定的给付儿子抚养费的义务。

1994 年 1 月 28 日,颜某第一次向所在辖区公安机关为儿子申报户口,取名为"李某伟"。1995 年 2 月 6 日,颜某与李某登记结婚,双方均系再婚。1998 年,市公安机关统一更换户口簿,颜某将孩子的姓名改为"李某平"。李某平自颜某和李某再婚时起一直与双方共同生活,始终不知李某是继父,与继父、爷爷、奶奶等亲属相处很好。2000 年 1 月 10 日,杨某以颜某、李某为被告向法院起诉,请求法院确认二被告更改孩子姓名无效,依法责令二被告恢复儿子的原姓名。原告杨某认为,法院在 1992 年作出的调解书是具有法律效力的文书,在法律文书上出现的孩子姓名是"杨凯",故应依此为准,判决孩子恢复姓"杨"。被告颜某和李某则认为,国家认定一个人是否存在,依据的是公安机关的户口登记,颜某第一次为孩子申报户口时,在公安机关的注册登记上是姓"李",孩子现在也姓"李",不存在更改的问题,并且杨某知道孩子姓"李"已有六年之久,从未提出异议,且从未付过抚养费,故要求法院依法驳回杨某的诉讼请求。

一审法院认为:(1)被告颜某与原告杨某离婚后,首次于 1994 年 1 月为其子申报"李"姓户口时,尚未与被告李某再婚,李某当时并未与原告之子形成法律上的继父子关系,因此,颜某的行为并非最高法院《具体意见》第 19 条所规定的"擅自将子女姓氏改为继父姓氏"的情形。(2)原告在庭审中承认,在与颜某就孩子抚养费进行交涉的过程中,已经知道颜某将孩子姓名更改,且在其后的六年多时间内也从未提出过异议,已超过《民法通则》规定的两年诉讼时效。(3)原告长达七年之久从未支付儿子抚养费,未善尽生父之责,孩子自幼随母亲生

---

① 参见 1993 年最高人民法院《关于人民法院审理离婚案件处理子女抚养问题的若干具体意见》第 19 条。

② 案例来源:焦卫、杨晓霓:《对一起变更子女姓名案的法律思考》,载《法学》2001 年第 1 期。

活,颜某再婚后,又与李某共同生活,现孩子视李某为生父,感情融洽,生活幸福,且自幼儿园、小学入学起已使用"李"姓多年。从有利于未成年子女身心健康、保护其利益出发,如果法院判令改回原姓氏,对孩子的生活、学习和心理健康都不利。基于上述理由,法院判决驳回原告诉讼请求。

三、非婚生子女、养子女、继子女的姓氏

对于非婚生子女的姓氏问题,各国规定存在差别,许多国家规定非婚生子女出生时随母姓。我国《婚姻法》规定非婚生子女享有婚生子女同等的权利。[①] 据此可推定,非婚生子女出生后可随父姓或随母姓。

本条规定对继子女是否适用,我们应区别对待。《婚姻法》第27条第2款规定:"继父或继母和受其抚养教育的继子女间的权利和义务,适用本法对父母子女关系的有关规定。"因此,形成事实上抚养教育关系的继子女可以随继父姓或随继母姓,当然,也可以保留原姓。如果继子女已有辨别能力,应当尊重其意见。继子女年幼时改随继父或继母姓的,其成年后有权利改回原来使用的姓氏。

收养关系中,随着收养的成立,养父母子女关系确立,养父母对于未成年的养子女有照护权,养子女的姓氏问题适用亲生父母子女关系的规定,即:养父母可以改变养子女的姓氏,当然也可以保留原来姓氏。养子女有辨别能力的应当尊重其意愿,养子女成年后有权改变自己的姓氏。根据《婚姻法》第26条和《收养法》第24条、第29条,养子女可以从养父姓或养母姓,也可保留本姓,收养终止时,则恢复与生父母之亲子关系,恢复本姓氏。成年养子女有独立意思能力的,则可通过协商解决。[②]

司法实践中的许多案例为夫妻离婚后再婚,子女改姓继父姓。依法理,形成事实上抚养关系的继子女可以随继父或继母姓,但如果再婚方未经另一方同意而将子女姓氏改随继父或继母姓,应如何处理此类纠纷呢?

典型案例

未成年子女改随继父姓引起的纠纷[③]

刘某林与刘某颖均系北京顺义区居民。双方原系夫妻关系,因性格不和,于1995年经法院调解离婚,婚生女刘某琼随刘某颖一起生活,刘某林每月给付抚养费100元。离婚后刘某林虽生活困难,但仍坚持给付女儿抚养费。1996年1月,刘某颖与张某结婚,双方婚后未

---

① 参见《中华人民共和国婚姻法》第25条第1款。笔者不赞同现行法律将子女分为婚生子女与非婚生子女。关于子女的分类,笔者认为,其应当分为生子女、养子女、继子女等,在此仍然使用非婚生子女的称谓,一为尊重现行法律规定,二为大家阅读方便。

② 《收养法》第26条:"国家保护合法的收养关系。养子女和生父母间的权利和义务,因收养关系的成立而消除。"《收养法》第29条:"收养关系解除后,养子女与养父母及其他近亲属间的权利义务关系即行消除,与生父母及其他近亲属间的权利义务关系自行恢复,但成年养子女与生父母及其他近亲属间的权利义务关系是否恢复,可以协商确定。"

③ 案例来源:李起元、王新民:《女儿改随继父姓 亲生父亲为女儿姓名权告上公堂》,中国法院网2003年6月11日,网址:http://www.chinacourt.org/article/detail/2003/06/id/62886.shtml,下载时间:2016年11月25日。

生育子女。张某待刘某琼像亲生女儿一样，刘某颖感动之余，于 1999 年 7 月在派出所变更刘某琼的姓名为张某琼。刘某林于 2001 年 10 月得知刘某颖私自将女儿改为他姓，十分伤感，遂一纸诉状递交法院，要求被告立即恢复女儿原姓名。被告刘某颖则称，女儿叫张某琼已有三年，且已被同学和老师所接受，如果变更，对孩子的生活、学习会造成一定的影响，故要求驳回原告的诉讼请求。

顺义区法院审理后认为，依照《婚姻法》规定，离婚后，子女无论由父还是母直接抚养，仍是父母双方的子女，父母对于子女仍有抚养和教育的权利和义务。现双方之女虽由刘某颖直接抚养，但刘某林对其女仍有法定的监护权。离婚时，两人已协商一致，双方之女取名刘某琼，离婚后刘某颖未事先征得刘某林同意，擅自将女儿姓氏改从继父姓不妥，刘某颖的这种行为不应受到法律支持，遂判决被告刘某颖于判决生效后 30 日内将双方之女的姓名恢复为刘某琼（以户籍登记为准）。

对于离婚后子女姓氏的变更问题，《婚姻法》虽无明确规定，但最高人民法院 1993 年《关于人民法院审理离婚案件处理子女抚养问题的若干具体意见》（以下简称《具体意见》）第 19 条规定："父母不得因子女变更姓氏而拒付子女抚育费。父或母一方擅自将子女姓氏改为继母或继父姓氏而引起纠纷的，应责令恢复原姓氏。"

该意见确立了一项继父母之姓氏变更的禁止规则，即父或母一方擅自将子女姓氏改为继母或继父姓氏的，应责令恢复原姓氏。肯定之者认为，"《具体意见》第 19 条的规定，有情理、法理上的根据，并不违背《婚姻法》的基本原则，事实上是弥补了《婚姻法》规定的不足"，处理此类纠纷的基点为父母的共同亲权和法律对血缘关系下形成的社会伦理传统的尊重。[①] 质疑者则认为，从立法角度看，这一司法解释违背了《婚姻法》的基本原则，"责令恢复原姓氏"的表述显然带有明显的职权主义色彩，与《婚姻法》的立法本意相悖，与时代发展的趋势也不相符。法院在审理离婚案件中，应全面贯彻保护未成年人合法权益的原则，子女姓氏的变更，不仅涉及离婚一方（父或母）的权利，更主要是涉及子女的权益。处理此类纠纷时，重点应该审查父母一方更改子女姓氏的行为是否有利于子女的身心健康，而不应简单断定将子女姓氏改为继父或继母姓氏，这对子女是不利的，应强行责令恢复原姓氏。[②] 笔者认为，未成年子女的姓氏确定与变更不仅涉及血缘延续、伦理秩序和文化传承，还应尊重父母的平等权利，体现对未成年子女成长的保护。首先，未成年子女的姓氏应在父母协商一致的基础上确定，父母单方无权变更未成年子女姓氏，即使父母离婚，未与子女生活的一方并不因离婚而丧失对子女的监护权，一方变更子女姓氏应当征得另一方同意；其次，未成年子女姓氏变更应当尊重有意思能力的未成年子女的个人意愿。姓氏决定权是自然人享有的基本权利，未成年子女应享有该权利。再次，父母一方擅自将子女姓氏改为继母或继父姓氏的，是否责令恢复原姓氏，应根据具体案件情况，从保护子女最大利益出发予以确定，不可一概而论。对于形成事实上抚养教育关系的继父母子女，如果有意思能力的未成年继子女愿意随继父或继母姓的，应当予以肯认。

---

① 杨洪逵：《单方变更未成年子女姓氏的行为无效——对一起变更子女姓名案的再思考》，载《人民司法》2000 年 12 期
② 焦卫、杨晓霓：《对一起变更子女姓名案的法律思考》，载《法学》2001 年第 1 期。

四、关于选择父母姓氏之外的第三姓问题

子女可以随父姓，可以随母姓，这是法律赋予公民的自由选择权，但子女可否既不随父姓，也不随母姓呢？我国《婚姻法》对未成年子女姓氏选择问题的规定使用的是"可以"，而不是"必须"随父姓、随母姓，因此本条适用过程中会出现既不选择父姓，也不选择母姓，而选择父母姓氏之外第三姓的情形。

典型案例

子女可否在父姓母姓之外任意选择姓氏——全国首例姓氏权行政诉讼案①

2009 年，山东省济南市市民吕某和张某给女儿起了一个既不随父姓也不随母姓的名字——"北雁云依"。子女姓名中的"北雁"系夫妻俩自创的姓氏。他们在为女儿落户时，遭到户籍登记机关的拒绝。《山东省公安厅关于规范常住人口管理若干问题的意见》规定："新生婴儿申报出生登记，其姓氏应当随父姓或母姓"；《山东省卫生厅关于进一步加强出生医学证明使用管理的通知》第 2 条第(三)项也规定：新生儿姓氏应在父姓或母姓之间选择，不得选第三姓。2009 年 12 月 17 日，吕某以女儿"北雁云依"的名义向济南市历下区法院提起行政诉讼，状告户籍登记部门的行政行为侵犯了女儿的合法权益。由于法律适用存疑，法院裁定中止审理。

2014 年 11 月，全国人民代表大会常务委员会通过《关于〈中华人民共和国民法通则〉第九十九条第一款、〈中华人民共和国婚姻法〉第二十二条的解释》。② 2015 年，济南历下区人民法院根据相关法律和这一立法解释，认为本案原告凭个人喜好愿望并创设姓氏，具有明显的随意性，不符合立法解释所规定的正当理由，不应给予支持，一审判决：驳回原告"北雁云依"的要求，确认被告燕山派出所拒绝以"北雁云依"为姓名办理户口登记行为违法的诉讼请求。

由于现行《婚姻法》第 22 条对子女选择随父姓随母姓，使用的是"可以"，而不是"必须"或"应当"，实践中子女可否选择随"第三姓"一直颇受争议。上述案件可见，立法解释公布后，公民姓氏的选择范围显然是扩大了，从原来的从父姓、母姓中选择，扩大为原则上随父姓或母姓，特殊情况下可以选取第三姓。公民原则上随父姓或者母姓符合中华传统文化和伦理观念，符合绝大多数公民的意愿和实际做法。同时，考虑到社会实际情况，公民有正当理由的也可以选取其他姓氏。立法解释列举三种不随父姓母姓的具体情况，增加"有不违反公序良俗的其他正当理由"的一般情形，为解决实践纷争提供了指引。显然，这种有限制地放开父母姓氏之外的其他姓氏选取，体现出了国家法律对公民权利自由和合理诉求的尊重。

---

① 案例来源：《"北雁"：姓氏怎可随意自创——全国首例姓名权行政诉讼案审判纪实》，载《人民法院报》2015 年 5 月 11 日第 3 版。

② 对《民法通则》第 99 条第 1 款、婚姻法第 22 条立法解释内容如下：公民依法享有姓名权。公民行使姓名权，还应当尊重社会公德，不得损害社会公共利益。公民原则上应当随父姓或者母姓。有下列情形之一的，可以在父姓和母姓之外选取姓氏：(一)选取其他直系长辈血亲的姓氏；(二)因由法定扶养人以外的人扶养而选取扶养人姓氏；(三)有不违反公序良俗的其他正当理由。少数民族公民的姓氏可以从本民族的文化传统和风俗习惯。

第五节 重要学术观点与争议

一、姓名权与姓氏权

一般情况下,自然人的姓名由"姓"和"名"组成,这是中国的传统习惯。"姓"最主要的功能是血缘区分,标志一个家族的传承,代表群体性,是身份的标志;"名"则是个人区别于他人的标志或文字符号,具有伦理价值。姓名中的"姓"表达了血缘遗传关系,"名"则体现了人格的独立。故姓名权是人格权的重要内容,姓名权是"公民决定、使用和依照规定改变自己姓名的权利"。[①]

姓名属于自然人在社会中用以代表自身个体和他人区分的文字符号及标记,在群体性社会中具有极为重要的作用。姓名权作为人格权的重要内容,是在一个人的直接存在及其个人生活范围内,承认不受侵犯的权利,姓名不仅涉及人格权,还关涉姓名利益。我国《民法通则》在第五章第四节"人身权"中规定了姓名权。姓名权与生命健康权、肖像权、名誉权、荣誉权、婚姻自主权等在一节中。理论上,人身权一般分为人格权与身份权两类,其将自然人自出生就依法享有的权利,如生命健康权、肖像权、名誉权等归入人格权,将民事主体基于特定身份才享有的权利,如荣誉权等归入身份权。按照这一标准分类,姓名权应作为人格权,为自然人与生俱来的权利。姓名权的主体是自然人,姓名是自然人人身性格特征的重要标志,是自然人姓名权的客体。德国学者拉伦茨指出:"姓名并非是人的身外之物,如同一件东西从一只手交到另一只手,而仅仅是能够使人个体化的一种标志,一个象征,所以它是个人本身所具有的精神财产,一种人格财产。"[②]

姓氏权是姓名权的重要内容,它同时又与父母子女关系密切相关。在姓名权问题上,《民法通则》侧重规定公民享有姓名权;《婚姻法》第22条则侧重表明父母对子女姓氏享有决定权,父母双方有权协商确定子女姓氏。两者并不矛盾。

姓名权的内容包含姓名决定权、姓名变更权和姓名使用权。与姓名权相对应,姓氏权的内容也包含以下三个方面:

1. 姓氏决定权。它是指自然人决定其姓氏的权利。姓氏决定权的行使主体包括自然人本人及未成年人的父母。自然人可以自己决定随父姓或者随母姓。子女在出生时依法由父母决定其姓氏,是父母在照护职责范围内对未成年子女履行监护职责。未成年子女也可以行使姓名决定权,但此项权利行使以有意思能力为前提。

2. 姓氏变更权。姓氏变更权是指自然人变更其姓氏的权利。它源自姓氏决定权,是姓氏决定权中的应有之意。姓氏变更权的行使不得任意为之,必须依法定程序变更。根据规定,变更姓氏需要在户口登记机关办理姓氏变更登记手续。我国《户口登记条例》规定:"未满十八周岁的人需要变更姓名的时候,由本人或者父母、收养人向户口登记机关申请变更登记。十八周岁以上的人需要变更姓名的时候,由本人向户口登记机关申请变更登记。"[③]依据这一条例,自然人未成年(未满18周岁)前,其姓名的变更可由本人或父母、收养人申请办

---

① 马原主编:《民事审判实务》,中国经济出版社1993年版,第208页。

② [德]拉伦茨:《德国民法通论》(上册),王晓晔等译,法律出版社2004年版,第166页。

③ 参见《中华人民共和国户口登记条例》第18条。

理；自然人成年后，仅其本人可申请变更登记。

3. 姓氏使用权。姓氏使用权是指自然人依法使用自己姓氏的权利，但自然人行使姓氏权必须依法进行。[1]

我国《婚姻法》第22条只规定了子女姓氏权问题，并未涉及子女的名字。自然人在出生时要明确其姓名，不仅涉及"冠姓"，还要为其"命名"。实践中，因离婚或变更收养关系而产生的子女姓名变更案件中，被变更的不仅是"姓"，还包括"名"。学者在论述该问题时，有使用姓氏权，讨论姓氏决定权和姓氏变更权的，也有使用姓名权，论述姓名决定权和姓名变更权的。还有学者提出，姓名变更应区分为姓的变更和名的变更，应建立不同的规制模式。[2]有学者将理论与司法实践相结合，建议在《婚姻法》中增加有关保护未成年人姓名权的相关规定，以与《民法通则》相对应，并建议通过立法规定子女姓名权，分别规范子女"姓氏"、子女"名字"的取得与变更；提出明确规定限制民事行为能力人有权选择姓氏，决定自己的姓名。[3]

二、子女姓氏权的性质

子女的姓氏是身份关系的标志，大多数国家都将子女的姓氏权作为亲权的内容。[4] 在王利明教授主持的《中国民法典学者建议稿及立法理由》一书中，第420条［亲权］规定："夫妻对未成年子女有平等的亲权。双方有共同监护、扶养、教育未成年子女的权利和义务。一方因故不能行使亲权的，由另一方行使。未成年子女的姓名由夫妻双方协商确定，可以随父姓，可以随母姓。"[5]也有个别学者未将子女姓氏问题在父母子女关系中予以论述。[6] 姓名权属于人格权范畴，无可争议，姓氏权应属于姓名权的范畴。笔者认为，子女姓氏权基于父母子女关系，为父母照顾权的内容，属于人身照顾权，即子女从出生到未成年之前，父母有权通过协商、确定、变更未成年子女姓氏，但当子女达到一定年龄（如已满十周岁时），应当征求子女意见。[7]

三、子女姓氏权的行使与变更

通常而言，在子女未成年时，父母有权决定、改变未成年子女的姓氏，但子女满一定年龄时，应当征求子女的意见。[8] 子女姓氏确定后，父母协商一致的，也可以变更，但当子女成年

---

① 《中华人民共和国婚姻法释义》，资料来源：http://www.npc.gov.cn/npc/flsyywd/minshang/2002-07/11/content_297449.htm，下载时间：2016年11月20日。

② 张红：《姓名变更规范研究》，载《法学研究》2013年第3期。

③ 焦卫、杨晓霓：《对一起变更子女姓名案的法律思考》，载《法学》2001年第1期。

④ 薛宁兰、金玉珍主编：《亲属与继承法》，社会科学文献出版社2009年版，第208页；杨大文主编：《婚姻家庭法》2008年版，第235页；马忆南：《婚姻家庭继承法》，北京大学出版社2014年版，第144页；蒋月主编：《婚姻家庭与继承法》，厦门大学出版社2014年版，181页。

⑤ 王利明主编：《中国民法典学者建议稿及立法理由 人格权编·婚姻家庭编·继承编》，法律出版社2005年版，第310页。

⑥ 陈苇主编：《婚姻家庭继承法》，群众出版社2012年版，第194页。

⑦ 王丽萍：《亲子法研究》，法律出版社2004年版，第160～161页；王丽萍：《婚姻家庭法律制度研究》，山东人民出版社2003年版，第239页。

⑧ 梁慧星教授主编的《中国民法典草案建议稿附理由·亲属编》第1812条［姓名决定权］规定："父母有权决定、改变未成年子女的姓名。但子女已满十周岁的，应当征求子女的意见。"该《中国民法典建议稿附理由》中认为子女年满一定年龄为年满10周岁。

后,应由其决定是否变更。

第一,理论界对于自然人何时起有权决定自己的姓氏看法不一。有学者认为,自然人对自己姓氏决定权的行使,以其具有民事行为能力为前提,一旦自然人成年,具有完全民事行为能力,就可以决定是继续使用已取姓氏还是另行变更,对此他人不得干涉。[①] 类似的观点还有,在公民未成年时,应由其监护人决定其姓氏,在公民取得完全民事行为能力后,就可以自己决定自己的姓氏。[②] 另有学者认为,公民决定自己的姓氏,需以具有意思能力为前提,一旦未成年公民具有表达自己意愿的意思能力时,监护人不能妨碍其行使姓氏权,而不是等未成年人成年后才能决定自己的姓氏。自然人决定自己的姓氏,以具有意思能力为前提。[③] 依照《民法通则》,未成年人的行为能力细分为限制民事行为能力和无民事行为能力。10周岁以上的未成年人是限制民事行为能力人,可以进行与其年龄、智力相适应的民事活动。他们有权决定自己的姓氏,可以对自己的姓氏做出选择;不满10周岁的未成年人是无民事行为能力人,由其法定代理人代理民事活动。因此,10周岁以下的未成年人的姓氏权,由其监护人行使决定权为妥。还有论述认为,子女满6周岁,在变更姓氏时应当征求子女本人意见。子女年满6周岁的,其姓氏的变更应征得子女本人同意。单方决定、变更子女姓氏的,父亲或母亲自知道或应当知道该单方决定、变更行为一年内,可以请求人民法院恢复子女原姓氏,但若恢复子女原姓氏会损害子女利益的除外。子女年满6周岁的,恢复子女原姓氏应征得子女的同意。[④] 另有观点认为,对于子女姓氏变更之申请主体,子女满18周岁的,由本人申请;子女未满18周岁的,应采意思能力标准,不应简单否决子女本人之姓氏变更权。[⑤]

第二,子女姓名变更是否区分姓氏的变更和名字的变更。学界对此问题的论述较少,主要涉及姓名变更应当将姓的变更与名的变更分开。依照我国传统习惯,"姓"表征家族血缘关系,"名"彰显个人人格,姓的变动多涉及家庭婚姻关系,而名的变动则主要起因于重名、字义粗俗等事由,其中所蕴含的不同法律意义决定了需将姓的变更与名的变更区分开来。由此导致实务中其对姓名变更问题进行了笼统的判断,无法明晰姓名变更的内容与其合理限制范围。[⑥] 变更子女姓名包括变更子女姓氏、变更子女名字或姓和名都变更三种情况。[⑦]

第三,变更未成年子女姓氏的救济。对夫妻单方变更未成年子女姓氏的,法律应当区分不同情况,予以救济。有学者认为,法院应全面贯彻保护未成年人合法权益的原则。夫妻单方变更未成年子女姓氏,不仅涉及父或母的权利,更主要的是涉及子女权益。法院应重点审查父母单方变更子女姓氏之行为是否有利于子女的身心健康,而不应简单地强行责令恢复

① 郑立、王作堂主编:《民法学》,北京大学出版社1995年版,第591页。
② 刘家兴主编:《民事法学》,法律出版社1998年版,第98页。
③ 高言、柴春发主编:《人身权理解适用与案例评析》,人民法院出版社1996年版,第89页;王利明、杨立新、姚辉编著:《人格权法》,法律出版社1997年版,第94页。意思能力是指自然人(公民)判断其行为是否合理的心理上的能力,包括正常的认识与预期力,因自然人(公民)的年龄和神智是否清楚而不同。意思能力是划分自然人行为能力的基础。
④ 任江、张小余:《子女姓名决定、变更权的实证分析与启示——实证主义路径下的我国首部民法立法解释评析》,载《河北法学》2015年第11期。
⑤ 张红:《姓名变更规范研究》,载《法学研究》2013年第3期。
⑥ 张红:《姓名变更规范研究》,载《法学研究》2013年第3期。
⑦ 焦卫、杨晓霓:《对一起变更子女姓名案的法律思考》,载《法学》2001年第1期。

其原姓氏。① 还有文章建议,对于未成年子女的母亲或父亲单方决定变更子女姓氏的,对方在知道或应当知道该方决定变更行为一年内,可以请求人民法院恢复子女的原姓氏。但恢复子女原姓氏有可能损害子女利益的,不得恢复其子女原姓氏。子女年已满六周岁的,恢复原姓氏应征得其同意。②

四、子女随"第三姓"的争论

我国《婚姻法》关于子女姓氏的规定,是"可以"随父姓或随母姓。那么,子女可否既不从父姓,也不从母姓,而随"第三姓"呢?虽然主流意见一致认为③,为子女选取姓氏是父母的相对自由,国家可以对这一自由进行适度限制,但在限制的原则和程度上,学界见仁见智。

学界虽有支持可随第三姓之观点,但主要着眼于避免"重名"及"尊重公民人格自由"。持此观点的学者认为,"不论是从历史看还是从比较法看,'第三姓'都是客观存在的。从姓名的区别功能、重名现象的减少、婚姻、家庭共同体凝聚力的增强、和谐社会的建立等方面看,'第三姓'都应当存在。"④学者还从"第三姓"存在的历史依据、比较法依据和社会学依据三方面论述了第三姓存在的理由。

有学者认为⑤,原则上子女应该在父姓或母姓之间选择,随父姓或者随母姓,都是有血缘关系的,但是选用"第三姓",则违背血缘关系的要求,并且随意选择姓氏会导致家庭观念淡化,给社会的稳定性带来冲击。在法律没有明确规定之前,大家还是不要从"第三姓"。对于现在流行的复合姓氏即父姓加母姓作为孩子姓氏的,仍然在父姓和母姓范围内,可以允许使用。对不能确定血缘关系的自然人,我们应该允许其从其监护人的姓氏。还有学者认为⑥,第三姓原则上应被禁止,仅于特殊情形下方可为之。我国现行立法对姓氏选择是否限于父姓及母姓并不明确,2014 年,全国人大常委会关于姓名权的立法解释公布后,公民姓氏的选择范围显然是扩大了,从之前仅限于父姓或母姓,扩大为原则上随父姓或母姓,特殊情况下可以选取"第三姓",子女的姓氏由原来的两种可能性直接扩张为很多种可能性。但这并不意味着放开"第三姓",公民仍然不能随意创设和选取姓氏。

第六节　相关联的法条

一、基本法律

我国《民法通则》第 99 条第 1 款规定:"公民享有姓名权,有权决定、使用和依照规定改变自己的姓名,禁止他人干涉、盗用、假冒。"《民法总则》第 110 条第一款规定:"自然人享有生命权、身体权、健康权、姓名权、肖像权、名誉权、荣誉权、隐私权、婚姻自主权等权利。"这是

---

① 焦卫、杨晓霓:《对一起变更子女姓名案的法律思考》,载《法学》2001 年第 1 期。

② 任江、张小余:《子女姓名决定、变更权的实证分析与启示——实证主义路径下的我国首部民法立法解释评析》,载《河北法学》2015 年第 11 期。

③ 刘文学:《"取姓既是私事也是公事"》,载《中国人大》2014 年 11 月 16 日。

④ 马桦、袁雪石:《"第三姓"的法律承认及规范》,载《法商研究》2007 年第 1 期。

⑤ 杨立新:《孩子能姓第三姓吗》,载《检察日报》2003 年 6 月 18 日。

⑥ 张红:《姓名变更规范研究》,载《法学研究》2013 年第 3 期。

有关姓名权的一般性规定,而《婚姻法》关于子女姓氏权的内容则属于特别条款。两者既有联系,又有区别。子女姓氏权是姓名权的组成部分,但子女姓氏权又区别于姓名权。姓名权是自然人所享有的具体人格权,自然人享有的决定、变更、使用自己姓名的权利,包括姓氏和名字两方面。子女姓氏权以亲权和血缘关系为基础,是父母子女关系中父母照护权的重要内容,父母有权依其对子女的照护职责,在子女出生时决定其姓氏。《婚姻法》同时承认子女享有姓氏权,但在子女出生及未成年前,其姓氏的确定和变更需通过父母,在父母协商一致的基础上确定,并应尊重有一定意思能力子女的意愿。子女成年以后有权决定、变更自己的姓氏,父母无权干涉。子女姓氏权仅涉及子女的姓氏,而不涉及名字。

我国《收养法》第 24 条规定:"养子女可以随养父或者养母的姓,经当事人协商一致,也可以保留原姓。"本条是针对养子女与养父母的专门性规定,其内容旨在明确养子女的姓氏选择问题。按照《婚姻法》,收养成立后,养子女与生父母的权利义务消除,养父母养子女间形成拟制血亲关系。《收养法》因此允许养子女可以随养父或养母的姓,但又强调相关当事人之间就养子女的姓氏进行协商。

1958 年,第一届全国人民代表大会常务委员会通过《中华人民共和国户口登记条例》。这一条例作为公民户籍登记的法律文件适用至今,随着我国户籍改革的实施,有关户口登记的内容各地也有相应调整。[①]《户口登记条例》关于公民姓氏的规定主要涉及程序性内容,例如,第 7 条规定:"婴儿出生后一个月以内,由户主、亲属、抚养人或者邻居向婴儿常住地户口登记机关申报出生登记。弃婴,由收养人或者育婴机关向户口登记机关申报出生登记。"其第 18 条规定,"公民变更姓名,依照下列规定办理:1. 未满十八周岁的人需要变更姓名的时候,由本人或者父母、收养人向户口登记机关申请变更登记;2. 十八周岁以上的人需要变更姓名的时候,由本人向户口登记机关申请变更登记。"

《户口登记条例》还规定公民的姓名只有经过法律规定的程序,依法进行登记才能具备法律效力,因此,子女出生后,父母为其申报户口时,由公安机关对该子女姓名进行登记,父母方可以该子女名义从事民事活动。此外,公民变更姓名,也不能随意进行,应遵循必要程序。

---

①　我国各地方根据相关法律及《户口登记条例》分别制定了关于子女姓氏登记的地方户籍管理规定,例如:2006 年 12 月 26 日山东省公安厅《关于规范常住户口管理若干问题的意见(试行)》中公民姓氏登记的内容规定:"新生婴儿申报出生登记,其姓氏应当随父姓或母姓。被收养人因收养关系变更姓氏后,其下一代办理出生登记时要求恢复被收养人原来姓氏的,如果收养关系仍然存在,被收养人下一代的姓氏原则上应按被收养人现有姓氏确定;如果收养关系不复存在,被收养人下一代的姓氏可在被收养人恢复原有姓氏的基础上,按被收养人原有姓氏登记。"浙江省公安厅 2008 年 5 月印发的《浙江省常住户口登记管理规定(试行)》第 17 条规定:"户口登记的姓名,应当使用规范汉字,符合公序良俗,可以随父姓或者随母姓"。安徽省公安厅 2014 年 7 月 28 日印发的《安徽省户政管理工作规范》第 21 条〔出生登记项目〕规定:"出生入户申报的姓名,应按照《出生医学证明》记载的姓名办理出生登记。姓名用字应使用《通用规范汉字表》中的字。公民应当随父姓或者随母姓,允许采用父母双方姓氏。申报人要求使用与出生医学证明上不一致的姓名,由父母双方同时到场,并提交双方签字的书面申请,按照申请的姓名予以登记婴儿姓名,同时可将出生医学证明上的姓名作为曾用名登记。少数民族和被批准入籍的公民,可依照本民族或原籍国家的习惯取名,但应在登记栏中填写用汉字译写的姓名。如本人要求填写本民族文字或外文姓名的,可同时在登记栏中填写。弃婴,可由收养人或收养机构按照上述原则为其取名。"

二、全国人大常委会的立法解释

2014 年 11 月 1 日,第十二届全国人民代表大会常务委员会第十一次会议通过《全国人大常委会关于〈中华人民共和国民法通则〉第九十九条第一款、〈中华人民共和国婚姻法〉第二十二条的解释》。作为有关姓名权的首个立法解释,它明确姓名权是公民享有的一项基本民事权利,同时,确立了公民行使姓名权的原则。公民既应当依照《民法通则》和《婚姻法》的规定,还应当遵守《民法通则》第七条确立的原则,即:应当尊重社会公德,不得损害社会公共利益。在中华传统文化中,"姓名"中的"姓",即姓氏,体现着血缘传承、伦理秩序和文化传统,公民选取姓氏涉及公序良俗。公民出生后原则上随父姓或者母姓符合中华传统文化和伦理观念,符合绝大多数公民的意愿和实际做法。同时,考虑到社会实际情况,公民有正当理由的也可以选取其他姓氏。基于这一认识,全国人大常委会对《民法通则》第 99 条第 1 款、《婚姻法》第 22 条的含义作出如下解释:

公民依法享有姓名权。公民行使姓名权,还应当尊重社会公德,不得损害社会公共利益。

公民原则上应当随父姓或者母姓。有下列情形之一的,可以在父姓和母姓之外选取姓氏:

(一)选取其他直系长辈血亲的姓氏;

(二)因由法定扶养人以外的人扶养而选取扶养人姓氏;

(三)有不违反公序良俗的其他正当理由。

少数民族公民的姓氏可以从本民族的文化传统和风俗习惯。

三、最高人民法院司法解释及批复

1980 年,《婚姻法》公布实施后,司法实践中不断出现离婚父母单方变更子女姓氏的案件。针对这些案件,最高人民法院通过批复、司法解释的形式对案件进行指导。下述两个最高人民法院批复均指出,离婚父母单方无权变更子女姓氏,涉及变更子女姓氏的问题,宜通过说服教育息讼。

1981 年 8 月 14 日最高人民法院《关于变更子女姓氏问题的复函》

"辽宁省高级人民法院:

你院［1981］民复 2 号关于变更子女姓氏纠纷处理问题的来函收悉。

据来文所述,陈森芳(男方)与傅家顺于 1979 年 10 月经鞍山市中级人民法院判决离婚。婚生子陈昊彬(当年 7 岁)判归傅家顺抚养,由陈森芳每月负担抚养费 12 元。现因傅家顺变更了陈昊彬的姓名而引起纠纷。

我院基本同意你院意见。傅家顺在离婚后,未征得陈森芳同意,单方面决定将陈昊彬的姓名改为傅伟绩,这种做法是不当的。现在陈森芳不同意给陈昊彬更改姓名,应说服傅家顺恢复儿子原来姓名。但《婚姻法》第 16 条规定:"子女可以随父姓,也可以随母姓"。认为子女只能随父姓,不能随母姓的思想是不对的,因此而拒付子女抚养费是违反《婚姻法》的。如陈森芳坚持拒付抚养费,应按《婚姻法》第 35 条的规定,予以强制执行。对上述纠纷,不要做新案处理,宜通过说服教育息讼,或以下通知的方式解决。"

1993 年 11 月 3 日,最高人民法院《关于人民法院审理离婚案件处理子女抚养问题的若

干具体意见》第 19 条规定："父母不得因子女变更姓氏而拒付子女抚育费。父或母一方擅自将子女姓氏改为继母或继父姓氏而引起纠纷的，应责令恢复原姓氏。"

四、公安部批复及处理意见

公安部针对子女姓氏的变更，于 2005 年分别做出相应的批复和通知。父母单方无权变更子女姓氏，成为处理此类问题的原则；子女姓氏变更应经离婚父母双方协商一致，但对父母一方亡故另一方再婚后要求变更未成年子女姓名的问题，应根据不同情况分别处理。具体内容如下：

《公安部关于父母离婚后子女姓名变更有关问题的批复》

安徽省公安厅：

你厅《关于变更姓名问题的请示》（公办〔2002〕65 号）收悉。现批复如下：根据最高人民法院《关于变更子女姓氏问题的复函》（〔81〕法民字第 11 号）的有关精神，对于离婚双方未经协商或协商未达成一致意见而其中一方要求变更子女姓名的，公安机关可以拒绝受理；对一方因向公安机关隐瞒离婚事实，而取得子女姓名变更的，若另一方要求恢复其子女原姓名且离婚双方协商不成，公安机关应予以恢复。

公安部还对群众连续上访反映父母一方亡故另一方再婚后变更未成年子女姓名问题，做出回应，向各省、自治区、直辖市公安厅、局，新疆生产建设兵团公安局发出《关于父母一方亡故另一方再婚后未成年子女姓名变更有关问题处理意见的通知》，通知具体内容如下：

依据《民法通则》第十一条、第十二条、第十六条、第九十九条和《中华人民共和国户口登记条例》第十八条的规定，对父母一方亡故另一方再婚后要求变更未成年子女姓名的问题，公安机关应当区别以下不同情形，准予当事人及其监护人凭相关证明办理姓名变更手续：

一、以本人的劳动收入为主要生活来源的十六周岁以上未满十八周岁的未成年人，自主决定本人姓名的变更；其父亲和继母，或者母亲和继父要求变更其姓名的，必须征得其本人的同意。

二、十周岁以上的未成年人的父亲和继母，或者母亲和继父经协商同意，要求变更该未成年人姓名的，应当征得其本人的同意。

三、不满十周岁的未成年人姓名的变更，由其父亲和继母，或者母亲和继父协商一致后决定。

第七节　主要国家及地区立法现状

一、国际人权文书的规定

1959 年 11 月 20 日，联合国大会通过的《儿童权利宣言》明确各国儿童应当享有的各项基本权利。其"原则三"规定：儿童应有权自其出生之日起即获得姓名和国籍。[1]《儿童权利宣言》将姓名权作为儿童应当享有的基本权利之一予以明确。

《儿童权利公约》关于儿童姓名权的规定有：儿童出生后应立即登记，并有自出生起获得

---

① 参见联合国大会 1959 年 11 月 20 日第 1386（14）号决议。

姓名的权利,有获得国籍的权利,以及尽可能知道谁是其父母并受其父母照料的权利。《儿童权利公约》第 7 条第 1 款要求:"儿童出生后应立即登记,并有自出生起获得姓名的权利,有获得国籍的权利,以及尽可能知道谁是其父母并受其父母照料的权利。"第 8 条第 1 款指出:"缔约国承担尊重儿童维护其身份包括法律所承认的国籍、姓名及家庭关系而不受非法干扰的权利。"①我国是《儿童权利公约》缔约国,公约保护儿童姓名权利的内容属于我国适用子女姓名权问题的法律渊源,也是应当遵守的基本准则。

二、大陆法系国家关于子女姓氏的规定

《德国民法典》第四编"亲属法"第二章"亲属"第四节是父母子女之间法律关系的一般规定,其内容涉及子女的姓氏、父母子女之间的帮助义务、子女在家庭中的服务义务。②关于子女姓氏,第 1616 条规定:"子女获得其父母的婚姻姓氏作为自己的出生姓氏",第 1617 条又规定:"(1)父母不使用婚姻姓氏,且父母有权共同照顾子女的,父母以对户籍登记机关的表示,将父亲或母亲在表示时所使用的姓氏确定为子女的出生姓氏,在出生被做成证书后做出的表示,必须进行公证认证,父母对出生姓氏的确定也适用于父母的其他子女。(2)父母在子女出生后 1 个月内不做出确定的,家庭法院将确定权托付给父母一方,准用第 1 款的规定,法院可以为确定权的行使而向父母该方指定期间。在该期间届满后,确定权未被行使的,子女获得被委以确定权的父母一方的姓氏,(3)子女不是在国内出生的,仅在父母一方或子女就此提出申请,或有必要将子女的姓氏登记到德国户籍登记薄或官方的德国身份证中时,法院才依第 2 款将确定权托付给父母一方。"

关于自然人姓名变更,《法国民法典》第 61 条规定:"凡能证明有正当利益的人,均可申请改姓。为了避免请求人的某一直系尊血亲或旁系亲属,直至第四亲等所用的姓氏消灭无继之目的,可以申请改姓。"《法国民法典》第 62—3 条对子女姓氏变更做出具体明确的规定,其内容包括:"年满 13 岁的儿童改姓,如不是因确定或变更亲子关系而引起,应经其本人同意。但是,确定或变更亲子关系,只有在成年子女本人同意的情况下,才引起该成年子女'家庭姓氏'的改变。"③

《日本民法典》第 790 条(子女的姓氏)规定:"①婚生子女,称父母的姓氏。但在子女出生前父母已经离婚时,称父母离婚当时的姓氏。②非婚生子女,称母亲的姓氏。"④第 791 条(子女姓氏的变更)规定:"①子女与父亲或母亲的姓氏不同时,子女可以在得到家庭法院许可后,根据户籍法申请登记备案,称其父亲或母亲的姓氏。②因父亲或母亲改姓致使子女与父母姓氏相异时,子女以父母在婚姻中为限,可以不经前项许可,只依户籍法申请登记备案即可称其父母的姓氏。③子女未满十五岁时,其法定代理人可以代为前二项的行为。④依前三款规定已变更了姓氏的未成年子女,可以自达到成年时起一年以内,通过户籍法规定的

---

① 儿童权利公约是第一部有关保障儿童权利且具有法律约束力的国际性约定,该公约于 1992 年 4 月 2 日对中国生效。

② 《德国民法典》(第 4 版),陈卫佐译注,法律出版社 2015 年版,第 499~502 页。

③ 《法国民法典》,罗结珍译,中国法制出版社 2005 年版,第 136~137 页。

④ 渠涛编译:《最新日本民法》,法律出版社 2006 年版,第 166 页。

申请登记备案恢复从前的姓氏。"①关于养子女的姓氏选择，《日本民法典》第810条做出原则性规定："养子女称养父母的姓氏。"②日本《户籍法》第50条规定："子女的名字，应当使用常用平易的文字。常用平易文字的范围，由命令规定。"③

《俄罗斯联邦家庭法典》（1995年）在第四编父母和子女的权利义务下，设第十一章未成年子女的权利，对未成年子女姓名权做出两条规定。第58条规定："1. 子女享有名、父名和姓的权利。2. 如果俄罗斯联邦各主体的法律没有另行规定或者没有不同的民族习惯，由父母协商给孩子起名，父名以父亲的名字命名。3. 子女的姓由父母的姓确定，在父母的姓不同时，如果俄罗斯联邦各主体的法律无不同的规定，则由父母协商以父亲的姓或者母亲的姓命名。4. 如果父母之间对子女的名和（或）姓不能协商一致时，产生的分歧由监护和保护机关解决。5. 如果生父没有确定，按照母亲的意思给孩子起名，父名则按作为婴儿父亲登记的人的名字命名（本法典51条第3款），姓按照母亲的姓。"④第59条对子女名和姓的变更做出规定："1. 子女十四周岁之前，按照父母的共同请求，监护和保护机关根据孩子的利益有权允许给孩子改名，以及用父母另一方的姓变更其原来的姓。⑤ 2. 如果父母分居，而与孩子生活的父母一方希望孩子用自己的姓，监护和保护机关根据孩子的利益并考虑父母另一方的意见解决问题。在不能确定父母一方的住所地、该方的亲权被剥夺、认定其为无行为能力人，以及父母一方无正当理由逃避教育和抚养孩子的情况下，监护和保护机关则可以不考虑该方父母的意见。3. 如果孩子为非婚生，并且依法定程序未确定生父，在孩子的生母提出用她的姓的请求时，监护和保护机关从孩子的利益出发有权允许孩子改用母亲此时所用的姓。4. 年满十周岁的孩子的名字和（或）姓的变更，只有经其同意才能进行。"⑥

《瑞士民法典　亲属编》（1987年）第270条对子女的姓氏选择做出规定："（一）如果生父母已经结婚，子女从父姓。（二）如果生父母尚未结婚，子女从母姓。母由于前次婚姻而拥有复姓的，子女从母的第一个姓。"⑦

《意大利民法典》第262条关于子女的姓氏规定："私生子女采用首先对其认领的生父或者生母的姓氏。在父母同时认领的情况下，私生子女采用生父的姓氏。在亲子关系嗣后得到了生父的承认（参阅第209条）或者生父在生母之后也进行了认领的情况下，私生子女可以在生母的姓氏中加入生父的姓氏或者用生父的姓氏取代生母的姓氏。在私生子女尚未成年的情况下，由法官决定使用生父（参阅第51条）的姓氏。"⑧

埃塞俄比亚等国家的民法典规定子女出生后原则上随父姓，只在特定情形下，才随母

---

① 渠涛编译前引书，第167页。

② 渠涛编译前引书，第170页。

③ 《日本户籍法》，王新华译，中国人民公安大学出版社2003年版，第15页。

④ 《俄罗斯联邦家庭法典》（1995年），鄢一美译，载中国法学会婚姻法学研究会编：《外国婚姻家庭法汇编》，群众出版社2000年版，第485页。

⑤ 此款经1997年11月15日第140期联邦法律修订。

⑥ 《俄罗斯联邦家庭法典》（1995年），鄢一美译，载中国法学会婚姻法学研究会编：《外国婚姻家庭法汇编》，群众出版社2000年版，第485页。

⑦ 《瑞士民法典　亲属编》（1987年），陈苇、杨跃春译，载中国法学会婚姻法学研究会编：《外国婚姻家庭法汇编》，群众出版社2000年版，第327页。

⑧ 《意大利民法典》，费安玲、丁玫译，中国政法大学出版社1997年版，第79页。

姓。例如,《埃塞俄比亚民法典》第 33 条规定:"(1)孩子跟随父亲的姓。(2)如果不知父亲为何人,或者被认为是其父亲的人否认与其存在亲子关系时,孩子从其母姓。(3)第(2)款分规定只有在孩子的父亲的身份已经被法院宣告后才可适用。"① 关于养子女姓氏的取得与变更,《埃塞俄比亚民法典》第 41 条第 1 款规定:"被收养的子女的姓得随收养者的姓。"第 42 条规定:"(1)任何人变更其姓必须以充分的理由向法院提出申请,并得到法院批准。(2)法院在决定是否批准申请时,必须确保此等变更不会损害第三人利益。"②

三、英美法系国家关于子女姓氏权的规定

在美国,具有婚姻法律身份的父母,享有对于子女的全部权利,这种权利不得对抗第三人,父母权利包括:子女的监护权、处罚权、教育决定权、医疗照顾权、宗教教育权,父母得为子女命名,有权管理子女之财产及收益,决定子女之住所,单独获得子女之任何资讯,有权代子女为意思表示,有权决定何人得探视子女,或将子女交由何人照料。相对的,父母也有义务照顾子女、抚养子女、教育子女并提供适当之医疗照顾,有义务约束子女,在父母未尽义务时,需对子女之行为负责。③

在英国,根据习惯,一个人如果是婚生的,则取父姓;如是非婚生的,则取母姓。19 世纪初,普鲁士法、奥地利民法和萨克逊民法中规定,嫡生子冠父姓,私生子冠母姓,弃儿由官吏命名。英国 1989 年的《儿童法》引入父母责任(parental responsibility),第 3 条将父母责任定义为:"父母对子女及其财产依法享有的权利、权力、权限以及承担的义务和责任。"④ 该法第 13 条对于儿童姓名的变更做出如下规定:"(1)有关儿童的居住令生效的,未经对该儿童负有父母责任的人以书面形式一致同意并经法院许可,任何人不得为下列行为:(a)变更儿童的姓名;……。"⑤ 这表明在父母责任中父母有权为子女取名,他人在具有居住令(residence order)或看护令(care order)的情况下,也不得改变该子女的姓氏,除非由负有父母职责的人更改或出具法庭的书面同意文件。

《澳大利亚家庭法》(1994 年)关于源于出生登记的亲权推定,第 66R 条规定:"如果其名字依照联邦、州或者准州或者指定的海外管辖权法以孩子的父(母)亲的名义登入出生登记册或者家庭出生资料登记册并予以保存,该人应被推定为该孩子的父(母)亲。"⑥

菲律宾法律兼具大陆法系和英美法系特征。《菲律宾共和国家庭法》(1987 年)第 174 条规定,婚生子女享有依民法有关姓名规定,可以随父母姓的权利。第 176 条规定:"非婚生子女应当随母姓,由母亲行使亲权,有权根据本法规定获得抚养;非婚生子女的特留份为婚

---

① 《埃塞俄比亚民法典》,薛军译,厦门大学出版社 2002 年版,第 21 页。
② 《埃塞俄比亚民法典》,薛军译,厦门大学出版社 2002 年版,第 22 页。
③ Bartlett,Rethinking Parenthood as an Exclusive Status:The Need for Legal Alternative When the Promise of the Nuclear Family Haw Failed,70 *Va.L.Rev.* 879(1984).
④ 《英国婚姻家庭制定法选集》,蒋月等译,法律出版社 2008 年版,第 138 页。
⑤ 《英国婚姻家庭制定法选集》,蒋月等译,法律出版社 2008 年版,第 143 页。
⑥ 《澳大利亚家庭法》(1994 年),田岚、刘智慧译,载中国法学会婚姻法学研究会编:《外国婚姻家庭法汇编》,群众出版社 2000 年版,第 178 页。

生子女特留份的一半。"①

关于是否允许子女随"第三姓"的问题,各国法律态度不一。法国法、美国法承认第三姓,德国、日本采取"亲子同姓原则"(即子女与父或母同姓),对其不予承认。从我国台湾地区民法典第1059条关于"子女从姓约定与变更"的规定看②,在我国台湾地区,法律不允许子女在父母之外选择随"第三姓"。

第八节 立法发展趋势

一、未成年子女姓氏权的立法原则

未成年子女姓氏权的立法应当遵循亲子法的"子女本位",以此作为立法基础和实践指导。首先,尊重未成年子女意思的原则。无行为能力的未成年子女,由父母行使姓氏权,当未成年子女达到法定年龄,具有表达能力时,应当考虑其意见。其次,不违反公序良俗的原则。正如全国人大常委会法工委副主任信春鹰在为姓名权法律解释作说明时指出的:"姓氏文化是中华传统文化的重要组成部分,公民随父姓或母姓是我国姓氏文化的重要体现,应当得到良好的传承;中华姓氏文化是血缘关系的标志,公民随父姓或者母姓在我国有深厚的伦理基础,社会普遍遵循;世界上的许多国家都通过立法明确子女应当随父姓或者母姓。基于以上这三个方面,通过法律解释,明确公民原则上应随父姓或者母姓,符合中华传统文化和伦理观念,符合绝大多数公民的意愿和实际做法。"③因此,子女姓氏的确定原则上在父亲或母亲的姓氏中进行选择,符合法定情形的,方可选择"第三姓"。再次,遵循保护未成年子女利益的原则。父母子女关系具有权利和义务的双重属性,子女姓氏权既是父母的权利,同时也要以未成年子女利益为依归。1959年,联合国《儿童权利宣言》提出,为保护儿童的利益,制订法律时"应以儿童的最大利益为首要考虑"这一指导原则。因此,我国有关子女姓氏权的立法应继续坚持以"子女本位"为基础,以追求子女最大利益为目的。

二、对夫妻姓氏的平等尊重

对夫妻姓氏的平等尊重是男女平等法治意识在子女姓氏权中的体现,是我国推动全社会树立平等法治意识的重要内容,体现了中国社会的法治完善与时代进步,更是社会主义核心价值观中"平等"要素的内在要求。摒弃男尊女卑的传统封建观念、坚持男女平等原则是我国《婚姻法》的立法目的之一,更是我国宪法原则和基本国策。父母子女关系中,父亲和母

---

① 《菲律宾共和国家庭法》(1987年),吴引引、韩珺译,载中国法学会婚姻法学研究会编:《外国婚姻家庭法汇编》,群众出版社2000年版,第263页、第264页。

② 我国台湾地区民法典第1059条规定:"父母于子女出生登记前,应以书面约定子女从父姓或母姓。子女经出生登记后,于未成年前,得由父母以书面约定变更为父姓或母姓。子女已成年者,经父母之书面同意得变更为父姓或母姓。前二项之变更,各以一次为限。有下列各款情形之一,且有事实足认子女之姓氏对其有不利之影响时,父母之一方或子女得请求法院宣告变更子女之姓氏为父姓或母姓:一、父母离婚者;二、父母之一方或双方死亡者;三、父母之一方或双方生死不明满三年者;四、父母之一方曾有或现有未尽扶养义务满二年者。"转引自陈忠五、施慧玲主编:《考用民法》,台湾本土法学杂志股份有限公司2009年版,第D-065页。

③ 转引自刘文学:《"取姓既是私事也是公事"》,载《中国人大》2014年11月16日。

亲对子女的权利与义务是平等的,《婚姻法》关于"子女可以随父姓,可以随母姓"的规定,从立法上明确了夫妻双方在子女姓氏选择上享有平等的权利,体现了法律对夫妻姓氏的平等尊重。近年来,新生儿选择随父姓还是随母姓的法律纠纷不断出现,这一方面反映出人们夫妻姓氏平等意识的不断增强,另一方面也说明,不平等的性别文化偏见以及传宗接代等思想的影响还根深蒂固。尽管人们开始接受子女随母姓的姓氏选择,但在实际生活中大多数家庭按照传统,仍然坚持以随父姓为主。可见,将字面意义上的"子女可以随父姓,可以随母姓"的法律规定落到实处,变为现实生活中"活着的"法律,需要培育夫妻姓氏平等的法律观念,并使平等意识深入人心,只有如此,方可真正实现对夫妻姓氏的平等尊重。这并非一蹴而就,需随社会进步逐渐得以实现。

三、姓氏权的自由与限制

姓氏是文化进程中标志特定人群血缘系统的遗传性符号,它承载着丰厚的文化内涵。我国的姓氏文化,渊源流长。姓氏文化代表了中华民族各条血缘关系的脉络。同时,姓氏文化又是一种特殊的社会经济资源。姓氏作为构成中华民族文化的重要内容,具有强大的凝聚力和纽带作用。姓氏文化的传承和发展丰富了中国文化的宝库,对于弘扬民族传统文化、提升国家文化软实力和增强民族自豪感具有重大意义。作为特殊文化现象的中华姓氏文化,其重要和丰富的现实意义表现在:"由姓氏文化导出的认祖寻根,体现着中华民族团结的凝聚力与和谐共生的统摄力";"姓氏文化蕴含着民族文明的进取精神";"姓氏文化不仅融入了中华民族的传统文化之中,而且还与人们日常生活发生了密不可分的联系。"①

基于此,子女姓氏应在父姓或母姓间选择,立法原则上不允许选择第三姓。姓氏不可随意创设,因为其不仅是代表自然人的"符号",还是血缘亲属关系的标志,甚至是我国姓氏文化的重要体现。若允许自然人可随意决定自己的姓氏,实践中将会导致重名骤增,造成姓氏混乱,影响社会、家族姓氏以及文化之传承,混淆姓与名的区别。姓氏之创设承载着人们的伦理情感,若任凭个人意愿,随意选取姓氏或者自创姓氏,势必会造成对民族文化传统和伦理观念的极大冲击,既违背社会善良风俗和一般道德要求,也不利于维护社会秩序稳定。

三、健全子女姓氏登记管理制度

我国现行《户口登记条例》颁行于 1958 年,已实施半个多世纪。与条例颁布之初相比,我国社会发生了巨大变化,条例的若干规定已不适应现实需要。行政机关应结合我国当前正在进行的户籍制度改革,制定完备的户籍法律法规。制定户籍法时,对于子女姓氏权保障应从三个方面予以完善:规范姓氏登记内容;完善姓氏登记程序;规制姓氏变更登记。姓氏的登记、变更属于行政机关依法对公民私权的行政确认行为,应当以民事法律上的私权为基础,以民事法律对权利人的设定为依据,以权利人对该权利的民事处分行为为依据。同时,行政机关还应明确成年子女对自己姓氏的决定权,完善父母双方平等行使对未成年子女姓氏权的制度设计,规定变更达到法定年龄、具有限制行为能力的未成年子女的姓氏时,父母应征求该子女的意见,从而预防和减少因父母一方单方变更子女姓氏而引起的纠纷。

---

① 傅金铎:《刍议中华姓氏文化和族谱文化的现代意义》,载《河北省社会主义学院学报》2012 年第 3 期,第 68~69 页。

第四章
评注第二十三条(父母对未成年子女的保护和教育)

> ➡ 第二十三条　父母有保护和教育未成年子女的权利和义务。在未成年子女对国家、集体或他人造成损害时,父母有承担民事责任的义务。

本条是关于父母保护和教育未成年子女的权利和义务之规定。

第一节　立法目的

一、保障未成年子女健康成长

从法律上明确规定父母对未成年子女的保护、教育,才能更好地保护未成年人的合法权利,实现其利益最大化。我国《宪法》第49条第1款规定:"婚姻、家庭、母亲和儿童受国家的保护。"人权是一个人作为人所应当具有的权利,为全体人类"普遍地"拥有。[①] 儿童作为有独立人格的个体[②],在家庭中应受到尊重,在社会中应当与成人同样享有人权。未成年人对权利的渴求,往往源自其权利被忽视或得不到充分保障。我们要突出未成年人的主体地位,而非客体地位,不能因为其弱小而蔑视他们独特的权利需求,应当把未成年人看成是积极、主动、有潜在能力的权利主体,不因其在行使权利上存在能力缺陷而肆意忽视和侵犯其权利。作为"强者"的成年应当正视作为"弱者"的未成年人的要求与利益,以保障未成年人健康发展。父母是子女的最佳保护人,家庭是子女成长的最好环境,未成年人由于年龄、智力、判断能力、控制能力均不及成年人,因此需受到父母保护。法律赋予父母保护和教育子女的权利,意在使父母更好地履行保护、教育未成年子女的义务。

二、履行父母责任

1989年,联合国《儿童权利公约》第18条规定:"缔约国应当尽其最大努力,确保父母双方对儿童的养育和发展负有共同责任的原则得到确认。父母或视具体情况而定的法定监护人对儿童的养育和发展负有首要责任。儿童的最大利益将是他们主要关心的事。"对未成年人权益的保护、教育是当今社会共同关注的问题,法律要求父母承担保护、教育、监督义务,使未成年子女免于遭受不利益甚至侵害,是父母责任的重要目标。

---

　① 　[美]杰克·唐纳利:《普遍人权的理论与实践》,王浦劬等译,中国社会科学出版社2001年版,第1页。
　② 　根据《儿童权利公约》规定:凡18周岁以下者均为儿童,除非各国或地区法律有不同的定义。在我国,其一般指未成年人。

第二节　本条的地位与意义

一、本条规范的地位

我国《婚姻法》第 23 条关于父母对未成年子女的保护教育权,实为有关亲权和监护权的规定。我国《民法通则》《未成年人保护法》等相关法律进一步完善了父母对未成年子女保护、教育的内容。保护和教育未成年子女是有效保障子女身心健康和财产安全的法律依据。它是父母子女关系的重要内容,也是我国现行法上的父母监护权的重要内容。父母作为未成年子女的法定监护人,对未成年子女的保护教育权是父母监护权的重要内容,父母有权在法律范围内对未成年子女予以保护,并通过适当方式进行管教。父母亦有责任保护未成年子女的人身、财产及其他合法权益,保护未成年子女的身体健康,照顾其生活,管理和保护其财产,并对他们进行正确引导和教育。

二、本条规范的意义

(一)有利于保障未成年子女安全与健康成长

"家庭是社会的基本细胞,是人生的第一所学校"。[①]　正如联合国《儿童权利宣言》所揭示的,"儿童因身心尚未成熟,在其出生以前和以后均需要特殊的保护和照料,包括法律上的适当保护";"儿童在一切情况下均应属于首先受到保护和救济之列"。父母对未成年子女的保护和教育主要是通过家庭教育进行的,而家庭教育的不可替代性决定了父母在家庭中对子女进行培养、管教的重要性。[②]　我国《婚姻法》规定的父母对未成年子女的保护和教育,是家庭教育的重要组成部分,也是保护妇女、儿童和老人合法权益原则的重要体现。在家庭中,由于未成年人在生理和心理方面均处于成长发育阶段,认识能力和控制能力均不及成年人,处于相对"弱势"的地位。因此,我们要求父母在抚养子女的过程中除了给子女提供成长发育的物质支持外,还应给予特殊的保护和管教。父母有义务保护未成年子女的人身和财产安全,防止和排除来自自然界的损害以及他人的非法侵害。父母有义务教育子女如何"做人"、"做事",以保证他们受到良好的家庭教育。父母应当采取适当合理的方式管教子女,还应当关注子女成长过程中的心理健康,保证未成年子女在良好的家庭环境中健康快乐地成长。父母在未成年子女人身或财产权利遭受他人损害时,有以法定代理人身份提起诉讼,请求排除侵害、赔偿损失的权利。

(二)有助于预防未成年子女实施违法犯罪行为

法律要求父母对未成年子女进行保护和管教,除了有利于保障未成年人的健康和安全,

[①]　参见习近平:2015 年春节团拜会上的讲话,载新华网 2015 年 2 月 17 日,地址:http://www.chinanews.com/gn/2015/02-17/7072454.shtml,下载时间:2016 年 3 月 5 日。

[②]　家庭教育:是指在家庭生活中,由家长即家庭里的长者(其中主要是父母)对其子女和年幼者实施的教育和影响。参见赵忠心:《家庭教育》,中央广播电视大学出版社 1989 版,第 4 页。

还有利于预防未成年人损害他人和社会利益，预防未成年人犯罪。父母作为子女的第一任老师，应在子女的思想品德、行为规范、生活技能和文化知识等多方面予以正确引导和教诲。法律是人们行为的基本规范和准则，法治教育作为教育的重要内容，应当贯穿于父母教育子女的始终。预防和矫治未成年子女的不良及严重不良行为，家庭教育是不可或缺的重要环节，通过父母管教，及时纠正不良行为，进而预防未成年人犯罪，对保障未成年人的健康成长有重大意义。

（三）这是国家发展和民族复兴的需要

家庭是社会的细胞。父母保护教育未成年子女，促使其健康成长，是社会和谐、国家发展、民族进步的重要保障。家庭教育是对孩子健康成长不可缺少的一种教育，有着学校教育、社会教育无法代替的作用，孩子成长过程中的大部分时间是在家庭中度过的，孩子的全部生活始终与家庭小集体有密切的联系。父母作为孩子的第一任教师，孩子的语言文字学习、心理思想态度、行为举止习惯的养成都受到父母的熏陶和感染，其影响作用非常大。家庭环境具有广泛性、经常性、自然性、偶然性的特点，父母的言行表达着其人生态度，家庭以独有的血缘联系对孩子产生潜移默化而又根深蒂固的影响。家长应不断地学习以提高教育和保护未成年人的水平和能力，为国家培养优秀的接班人。

为督促父母履行监护职责，保障未成年人健康成长，我国《民法通则》第133条规定，在未成年人对国家、集体或他人造成损害时，父母有承担民事责任的义务。父母尽了监护责任的，可以适当减轻民事责任。有财产的无民事行为能力人、限制民事行为能力人造成他人损害的，从本人财产中支付赔偿费用。不足部分，由监护人适当赔偿，但单位担任监护人的除外。2010年实施的《侵权责任法》加重了监护人的责任。为保护被侵权人的合法权益，使其受到的损害能够得到全部赔偿，对于无民事行为能力人或者限制行为能力人赔偿后，其财产不足的部分，需要由监护人给予全部赔偿，而不仅仅给予适当赔偿。具体内容，可参见本章第六节关于《侵权责任法》第32条内容之援引。

第三节　条文演变

我国古代"家族本位"的亲子立法一直延续到清朝末年，《大清律例汇集便览·户律》"辑注"中规定，"一户人口，家长为主"。[①] 家长由家庭中辈分最尊的男性担任，他往往集父权和夫权于一身，在家庭中享有特殊的权利，包括对家庭财产的管理权、对子孙的惩罚权和主婚权等。在清末民初的修律过程中，我国亲属立法取得了很大进展，曾先后制订了三部亲属法草案（民法草案中的亲属编）。三部《大清民律草案亲属编》均是家族本位的立法，在亲子关系和扶养、监护部分保留了以男系家族为主的封建立法痕迹。[②]

1930年的《中华民国民法·亲属》全面移植大陆法系亲权制度，在亲子关系方面，既完成了从"家本位"亲子法向"亲本位"亲子法的转变，又保留了父权优先原则。因此，它有家长权而无现代意义的亲权。《中华民国民法·亲属》确立的父母对未成年子女身份方面的亲权

---

① 张晋藩主编：《中国法制史》，高等教育出版社2007年版，第252页。
② 许莉：《〈中华民国民法·亲属〉研究》，法律出版社2009年版，第85页。

主要是：保护、教养的权利义务及惩戒权。① 所谓保护，是指排除危害，使子女生命不受威胁，生活无忧虑。所谓教养，是指培养子女学识和品德，使之成为有用之才。为防止父母滥用惩戒权而妨害子女身心健康，该法第 1090 条规定，父母一方对未成年子女的管束行为超出必要范围的，构成滥用亲权，法院将依相关亲属之请求，宣告停止其亲权之全部或一部，甚或触犯《刑法》，构成伤害罪或不法拘禁罪。②

随着家长制的衰退，家长权被逐渐削弱，父母子女之间的权利义务得以明确，亲子关系也成为近代亲属法的重要内容。一般认为，亲子关系从传统社会向近代社会变动的标志是由"家本位"转为"亲本位"。在现代社会，亲子关系立法侧重于对未成年子女利益的保护，"子女最大利益原则"为绝大多数国家亲子法认可，亲子关系法由此发展为"子女本位"。

新中国成立后，1950 年的《婚姻法》没有关于父母对子女保护教育权的内容。1980 年的《婚姻法》第 17 条规定："父母有管教和保护未成年子女的权利和义务。在未成年子女对国家、集体或他人造成损害时，父母有赔偿经济损失的义务。"2001 年修改后的现行《婚姻法》第 23 条基本沿用 1980 年《婚姻法》第 17 条的规定，只是将"管教"改为"教育"。它实为亲权（监护权）的规定。其后颁行的《民法通则》《未成年人保护法》等有关法律进一步完善了父母对未成年子女的监护制度。

现行《婚姻法》虽于 2001 年有重大修正，但针对父母子女关系的立法体例和制度架构并未有根本性改变。父母子女关系依旧位于第三章家庭关系中，并置于夫妻权利义务条款之后。对于 1986 年《民法通则》确立的将父母对未成年子女的权利与义务（亲权）纳入监护制度的立法模式，婚姻法修正案也未触及，依然维持着将亲权内容纳入监护制度的"大监护"的立法模式。③

第四节 本条规范的构成要件

一、父母对未成年子女的保护和教育是权利与义务的统一

父母对于未成年子女的保护和教育，既是权利又是义务。保护和教育是权利与义务的统一，属于"义务权"，父母不得任意放弃，并且父亲和母亲都有权利和义务保护与教育其未成年子女。

根据《婚姻法》第 23 条的规定，对未成年子女保护和教育的权利义务由父母双方行使，这也是男女平等和夫妻家庭法律地位平等的体现。我国奴隶社会和封建社会，奉行"父为子纲"、"子不教，父之过"的伦常礼教，对于父母与子女的关系，强调父权和父治，要求子女服从父亲的管治，家中的财产一般由父亲全权支配，子女没有独立的财产，亲权也集中由父方行使。早期的资本主义国家立法也把亲权只授予父亲一方，如 1804 年《法国民法典》第 33 条

---

① 第 1084 条规定："父母对于未成年子女，有保护及教养之权利义务。"第 1085 条规定："父母得于必要范围内惩戒其子女。"转引自许莉：《〈中华民国民法·亲属〉研究》，法律出版社 2009 年版，第 105 页。

② 蒋月：《20 世纪婚姻家庭法：从传统到现代化》，中国社会科学出版社 2015 年版，第 258 页。

③ 蒋月、韩珺：《论父母保护教养未成年子女的权利义务——兼论亲权与监护之争》，载《东南学术》2001 年第 2 期。

规定,父母婚姻存续期间,亲权由父亲单方行使。随着社会的进步,亲权逐渐摆脱家族主义和父权的束缚,许多国家在立法上规定了共同亲权原则,如 1964 年修改后的《法国民法典》第 371—2 条规定:"父母有权保护子女的安全、健康及道德品行。父母对子女负有照管、监督及教育的权利和义务。"[①]

新中国成立后,实现了男女在法律上的平等,夫妻在家庭关系中地位平等。1980 年的《婚姻法》明确规定父母都有管教和保护其未成年子女的权利和义务。1992 年的《妇女权益保障法》第 45 条第 1 款亦明确规定,父母双方对未成年子女享有平等的监护权。2001 年修改后的《婚姻法》同样延续上述规定。依照现行《婚姻法》,不仅父亲有保护与教育子女的权利和义务,母亲同样享有这一权利。

此所谓"保护",是指父母应当保护未成年子女的人身安全和合法权益,预防和排除来自外界的危害,使其身心处于安全状态。《民法通则》第 18 条第 1 款规定的监护人职责包括:"保护被监护人的人身、财产及其他合法权益,除为监护人的利益外,不得处理被监护人的财产。"根据这一规定,父母对未成年子女的保护主要包括人身保护和财产保护两方面。

对未成年子女的人身保护主要包括:照顾未成年子女的生活,保护其身体健康;确保未成年子女人身不受侵害;为未成年子女提供住所等。父母对未成年子女的人身安全负有监护责任,不得让不满 16 周岁的未成年人脱离监护而单独居住。[②] 父母对未成年人不得放任不管,不得迫使其离家出走,放弃监护职责,并且未成年人离家出走的,其父母或者其他监护人应当及时查找,或者向公安机关请求帮助。[③]

对未成年子女的财产保护,主要指对未成年子女的利益管理和财产权益保护,除为未成年子女的利益外,不得处理属于该未成年子女的财产。如果父母未履行监护职责或者侵害未成年子女合法权益,造成未成年子女有损失的,应当赔偿损失。父母对未成年子女的保护还体现在,由父母代理其进行民事活动。根据《民法通则》,未成年人为不具有完全行为能力的人,未成年子女只可以独立进行与其年龄、智力或者健康状况相适应的民事活动,其他活动应当由其父母进行代理,或者经父母同意后进行。当未成年子女的权益受到侵害时,父母有权以法定代理人身份提起诉讼,维护未成年子女的合法权益。

此所谓"教育"侧重于管教之意,是指父母须按照法律和道德要求,采取正确的方法,对未成年子女进行教导,并对其行为进行必要约束,以保障其身心健康。父母应当通过对未成年子女的教育管教,让他们树立自尊、自律、自强意识,增强自我保护和自我约束意识。通过教育帮助未成年子女学会规范自我行为,增强辨别是非和自我保护的能力,自觉抵制各种不良行为及违法犯罪行为的引诱和侵害。未成年子女无论在生理上还是在心理上,都未完全成熟。他们的人生观、世界观也未完全形成,辨别是非和控制自己行为的能力较弱。未成年人极易受到外界不良因素的影响,养成不良习惯,实施不良行为,父母应当加强对其未成年子女的教育,提高他们的心理素质,培养他们的良好品行,增强他们辨别是非的能力。父母对未成年子女的管教,应当从小抓起。儿童时期正是开始学知识、长见识的时期,此时他们思想活跃,但是非观念模糊,好的和坏的事物都容易接受。父母从这个时期开始对未成年子

---

① 《法国民法典》,罗结珍译,中国法制出版社 1999 年版,第 125 页。
② 参见《中华人民共和国预防未成年人犯罪法》第 19 条。
③ 参见《中华人民共和国预防未成年人犯罪法》第 20 条。

女进行理想、道德、法治和爱国主义、集体主义、社会主义教育,可以用真善美正确的观念,占领他们的内心世界,保障他们身心健康成长。当前,社会上仍然存在不少妨害未成年人勤学向上、健康成长的消极因素。如一些企业和场所违法经营,渲染暴力、淫秽、色情内容的非法出版物,吸毒、卖淫等社会丑恶现象沉渣泛起。这些丑恶现象不仅严重地污染了社会风气,危害了未成年人的心理健康,也为未成年人误入歧途、走上犯罪提供了不良土壤。针对这些消极因素的影响,父母应当对未成年子女予以积极的引导和教育,尽可能将消极因素的影响降到最低。父母应当就不良行为的性质、范围、危害等对未成年子女进行专门的预防教育,使其树立防范意识;对于已有不良行为的未成年子女,则应当加强教育约束,制止和纠正其不良行为。

父母应当对子女开展价值观教育和思想品德教育。父母应当根据其能力,同国家、社会、学校一道对其未成年子女进行理想教育、文化教育、纪律和法制教育,进行爱国主义、集体主义和国际主义、共产主义的教育,培养爱祖国、爱人民、爱劳动、爱科学、爱社会主义的公德,反对资本主义、封建主义和其他腐朽的思想侵蚀。[1] 父母应当以健康的思想、品行和适当的方法教育其未成年子女,引导其未成年子女进行有益身心的活动,预防和制止未成年子女吸烟、酗酒、流浪以及聚赌、吸毒、卖淫等不良行为。[2]

法治教育应是父母教育子女的重要组成部分。父母应当立足于教育和保护的目的,预防未成年人犯罪,从小抓起,对未成年人的不良行为及时进行预防和矫治。父母是对子女进行法治教育的直接责任人,父母或者其他监护人应当结合学校法制教育计划,针对具体情况进行教育。按照“预防未成年人犯罪法”的规定根据行为严重的程度,未成年子女不当行为分为不良行为与严重不良行为,父母需要采取不同措施予以积极的教育和引导。针对未成年子女存在的以下不良行为,如旷课、夜不归宿;携带管制刀具;打架斗殴、辱骂他人;强行向他人索要财物;偷窃、故意毁坏财物;参与赌博或者变相赌博;观看、收听色情、淫秽的音像制品、读物等[3],父母应当积极采取预防措施,教育未成年人不得有上述不良行为。针对未成年子女存在的以下严重不良行为,如纠集他人结伙滋事,扰乱治安;携带管制刀具,屡教不改;多次拦截殴打他人或者强行索要他人财物;传播淫秽的读物或者音像制品等;进行淫乱或者色情、卖淫活动;多次偷窃;参与赌博,屡教不改;吸食、注射毒品等[4],父母应当及时制止,采取措施严加管教,必要时通过专门管教机构予以矫正,并主动配合对未成年子女严重不良行为的矫治、教育。

近年来,利用网络对未成年人实施侵害的案件逐渐增多。父母须加强对未成年人生活和学习的日常监管,了解其交友情况,及时发现不良倾向,进行干预和引导,以避免未成年子女人身或财产遭受不法侵害。

---

① 参见《中华人民共和国未成年人保护法》第 3 条。
② 参见《中华人民共和国未成年人保护法》第 3 条。
③ 参见《预防未成年人犯罪法》第 14 条、第 15 条。
④ 参见《预防未成年人犯罪法》第 34 条。

典型案例

利用网络聊天诱骗并杀害未成年少女案①

2013年5月,被告人靳某某通过网上QQ聊天认识了被害人吴某某(女,殁年12岁),靳某某在聊天中谎称自己叫"王某"。同年6月,吴某某在QQ聊天中说自己不想上学了,要找工作,靳某某便让她来找自己。两人见面后,在树林里聊天时,靳某某认为吴某某辱骂自己,便掐住吴某某的脖子致其失去反抗能力,后又将吴某某抱至某地下室,见其已没有呼吸,便将尸体肢解并掩埋。经法医鉴定,吴某某系被扼颈致机械性窒息死亡。

宁夏回族自治区石嘴山市中级人民法院经审理认为,被告人靳某某因琐事对被害人产生不满,采用扼颈的手段致被害人死亡,其行为已构成故意杀人罪。公诉机关指控被告人靳某某犯故意杀人罪事实清楚,证据确实、充分,指控罪名成立。被告人靳某某将被害人杀害后又将尸体进行肢解掩埋,犯罪手段极其残忍,犯罪情节极其恶劣,社会危害性极大,应依法予以严惩,且其有犯罪前科,应酌情从重处罚。依照《刑法》等有关规定,法院判决被告人靳某某犯故意杀人罪,判处死刑,剥夺政治权利终身。

法院宣判后,被告人靳某某不服,提出上诉。宁夏回族自治区高级人民法院经依法开庭审理,裁定驳回上诉,维持原判,并依法报最高人民法院核准。最高人民法院经复核,核准宁夏回族自治区高级人民法院维持第一审以故意杀人罪判处被告人靳某某死刑,剥夺政治权利终身的刑事裁定。

本案是一起通过网络聊天诱骗未成年少女并将其杀害的案件。如今,QQ聊天已成为大部分年轻人生活的一部分。它拉近了人与人之间的时空距离,丰富了人们的业余文化生活,但它在给人们生产生活带来便利的同时,也给不法之徒实施犯罪带来了可乘之机。一些人专门在网上利用QQ寻找侵害对象,实施不法行为,其中,既有利用网络进行诈骗犯罪的,也有利用网络进行暴力犯罪的。涉世未深的未成年人,尤其容易被犯罪分子通过QQ等通讯方式编造的谎言所欺骗、蒙蔽。该案的发生提醒未成年人的父母要关注子女的社交圈,时刻注意防患于未然,确保未成年子女的人身安全。

二、父母以适当方式管教子女的义务

父母虽在法律上有保护、教育子女的权利和义务,但保护、教育子女应当采取文明、适当的方式。2016年3月1日实施的《中华人民共和国反家庭暴力法》第12条规定:"未成年人的监护人应当以文明的方式进行家庭教育,依法履行监护和教育职责,不得实施家庭暴力。"父母对于未成年人子女的保护和教育既是权利也是义务,不得放弃,更不得滥用。父母在管教子女的过程中应采取适当的方式,尊重子女的人格尊严和人身权益;父母管教时应当尊重未成年子女的人格尊严,适应未成年人身心发展的特点,通过多种形式进行教育和管束。虽然在管教过程中,父母可以对未成年子女使用适当的惩戒手段,但不得对其使用暴力或以其他形式进行虐待。如果父母使用对子女身心健康有害的方式,虐待残害子女,情节严重的,

---

① 案件来源:人民法院报最高法院公布八起侵害未成年人合法权益典型案例,发布时间2015年9月1日,http://www.court.gov.cn/zixun-xiangqing-15294.html,下载时间:2016年12月10日。

将构成犯罪,应依法追究刑事责任。现实生活中,父母殴打子女甚至致死的新闻报道屡见不鲜,不少人认为父母在教育过程中打骂孩子是天经地义的事,相当多的父母信奉"不打不成才""棍棒底下出孝子"的古训。错误的管教观念,加之重男轻女思想,父母有恶习、品行不良和精神心理异常等,都是导致父母对子女施暴的原因。由于未成年人相对弱小,一些父母并没有把孩子当成独立个体看待,而是将其当成私有财产,甚至是出气筒、泄愤目标、报复工具。我国《反家庭暴力法》《未成年人保护法》已明确规定禁止监护人对未成年人实施家庭暴力,但在社会观念中尚未完全将"父母打孩子"纳入法治视野下,除非孩子被打致伤、致残、致死,父母很难受到法律制裁。可以说,在干预机制和措施上,我们远没有达到保护未成年人免遭家庭暴力伤害的程度。因此,当父母履行对子女教育义务的方式与国家保障未成年人合法权益的目的之间存在冲突时,我们有必要站在保护未成年人立场上,审视家庭暴力对未成年人的伤害,采取措施制止对未成年人的侵害。国家和社会应当对未成年人给予特殊的关怀和保护,让家长们充分认识棍棒教育的严重后果,积极预防针对未成年人的家庭暴力,对施暴人给予法律制裁;同时,还要采取干预对策,遏制违法行为,保障孩子的生命健康权不受侵害。

典型案例之一

母亲因教育方式不当造成子女伤害案[①]

2014年5月3日下午13时许,被告人刘某因怀疑其子高某某(男,2008年10月13日出生)偷拿家中钱财,遂在出租屋内对高某某进行责问。刘某让高某某把衣服脱光,先用皮带抽打高某某,见他还不承认偷拿家中的钱,刘某更加气愤,又持塑料管持续殴打高某某的头部、背部、四肢等部位,致高某某全身多部位不同程度受伤,直至塑料管折断才停止。当天下午16时许,高某某出现身体不适症状,刘某遂将高某某送至医院抢救。医生抢救时发现高某某已死亡,遂向公安机关报警,刘某于当天在医院内被公安民警带回审查。经查,高某某的死因符合全身体表广泛钝性暴力损伤造成创伤性、失血性休克联合心脏挫裂伤死亡。

广东省潮州市潮安区人民检察院以刘某犯故意伤害罪提起公诉。法院经审理认为,刘某因怀疑儿子偷拿家中钱财而心生气愤,持械故意伤害自己未成年的儿子,致其死亡,其行为已构成故意伤害罪。根据刘某的犯罪事实、性质、情节以及对社会的危害程度,依照《刑法》有关规定,法院认定被告人刘某犯故意伤害罪,判处有期徒刑十年。宣判后,刘某没有上诉,检察院也没有抗诉,判决已经发生法律效力。

本案是一起父母教育未成年子女过程中,因教育方式不当而心生气愤,实施无节制地殴打,致其死亡的案件,是典型的涉家庭暴力刑事案件。根据当前刑事政策,对于因恋爱、婚姻、家庭纠纷等民间矛盾激化引发的犯罪,法院一般酌情从宽处罚,涉及家庭暴力刑事案件也属于"因恋爱、婚姻、家庭纠纷"引发的犯罪。未成年人较成年人而言,缺乏自我保护能力,极易成为家庭暴力侵害的对象,遭受家庭暴力的伤害后果更加严重;司法机关对于针对未成年人实施暴力的被告人,根据案件具体情况,可依法从严惩处。

---

① 案件来源:人民法院报最高法院公布八起侵害未成年人合法权益典型案例,发布时间2015年9月1日,http://www.court.gov.cn/zixun-xiangqing-15294.html,下载时间:2016年12月10日。

据调查,被害人高某某自小在安徽老家由爷爷、奶奶抚养,而被告人刘某夫妇则带女儿在潮州市潮安区打工生活,案发前两三个月刚将被害人高某某带到潮州市潮安区上学。由于外出打工的父母与留守儿童处于长时间分离状态,双方重新一起生活时,无论是在情感上还是在生活习惯上均容易出现分歧,而且外出打工者这一特定群体普遍忙于生计,缺乏教育子女的正确方法,这也是导致本案发生的因素之一。留守儿童迫切需要得到父母耐心、细心、温心的教育和包容。

典型案例之二

南京养母虐打养子案①

被告人李某某与施某某于 2010 年登记结婚,双方婚前各有一女。2012 年下半年,李某某夫妇将李某某表妹张某的儿子即被害人施某(男,案发时 8 周岁)带回南京抚养,施某自此即处于李某某的实际监护之下。2013 年 6 月,李某某夫妇到安徽省某县民政局办理了收养施某的手续。2015 年 3 月 31 日晚,李某某因认为施某撒谎,在家中先后使用竹制"抓痒耙"、塑料制"跳绳"对施某进行抽打,造成施某体表出现范围较广泛的 150 余处挫伤。经南京市公安局物证鉴定所鉴定,施某躯干、四肢等部位挫伤面积为体表面积的 10%,其所受损伤已构成轻伤一级。案发后,公安机关依法从安徽省某县民政局调取了收养人提交的收养材料,其中"收养当事人无子女证明"所盖印章与有权做出证明的单位印章不一致。被害人施某的生父母张某、桂某与被告人李某某达成和解协议,对李某某的行为表示谅解。

公诉机关指控称,被告人李某某采取粗暴教育方式,殴打施某,致其身体损伤程度达轻伤一级,其行为已构成故意伤害罪。对此,李某某的辩护人在法庭上提出以下抗辩理由:公安机关的鉴定程序违法,鉴定结论错误;被告人与被害人生父母达成和解协议;李某某殴打养子的行为仅是家庭内部的教育问题,主观恶性不大,无社会危害性,不应追究刑事责任。本案经审理,合议庭认为,被告人李某某在对被害人施某实际监护的过程中,故意伤害施某的身体,致施某轻伤,其行为已构成故意伤害罪。案发后,被告人李某某确系 2015 年 4 月 4 日经公安机关电话通知后主动到案,并如实陈述了其抽打被害人的行为,其在庭审中虽供述有所反复,但对于用"抓痒耙""跳绳"多次抽打施某的主要犯罪事实能够予以供述,可认定为自首。2015 年 9 月 30 日下午,江苏省南京市浦口区人民法院依法作出一审判决,被告人李某某犯故意伤害罪,判处有期徒刑六个月。

三、父母负有对未成年子女侵权行为承担民事责任的义务

在未成年子女对国家、集体或他人造成损害时,父母有承担民事责任的义务。根据《民法通则》第 133 条,未成年人造成他人损害的,由父母承担民事责任。我国 1980 年的《婚姻法》只规定父母对未成年子女致人损害的,只承担经济赔偿的责任,②2001 年修改《婚姻法》时,立法机关考虑到经济赔偿责任过窄,便将之修改为"承担民事责任"。如此修改,不仅能

---

①　案件来源:赵兴武:《李征琴犯故意伤害罪一审获刑六个月》,载《人民法院报》2015 年 10 月 8 日第 1 版、第 2 版。

②　1980 年的《婚姻法》第 17 条规定:"父母有管教和保护未成年子女的权利和义务。在未成年子女对国家、集体或他人造成损害时,父母有赔偿经济损失的义务。"

充分保护受害一方的合法权益,而且可以增强父母对未成年子女管教的责任感。至于父母承担责任的条件、方法等,应当适用《民法通则》《侵权责任法》等法律的规定。父母尽到监护责任的,可以适当减轻其民事责任;如果未成年子女有自己的财产,造成他人损害时,应首先从其本人财产中支付赔偿费用;不足部分,由父母赔偿。赔偿经济损失是父母对未成年子女的侵权行为承担民事责任的主要方式,此外,依照《侵权责任法》第 15 条,承担侵权责任的方式还包括:(一)停止侵害;(二)排除妨碍;(三)消除危险;(四)返还财产;(五)恢复原状;(七)赔礼道歉等。这些责任方式,可以单独适用,也可以共同适用。

第五节　重要学术观点与争议

一、亲权与监护权之争

《婚姻法》第 23 条的规定实为亲权和监护权的规定。亲权与监护之争在学界有较大影响。亲权是父母对子女权利和义务的总称,包括对未成年子女人身、财产方面的管教和保护的权利义务。监护是一项重要的民事法律制度。[①] 监护有广义和狭义之分,广义的监护制度,是指对一切未成年人和限制民事行为能力及无民事行为能力的成年人的人身和财产权益进行监督和保护的法律规范的总称。狭义的监护制度,是指对无父母或父母不能照护的未成年人(指不在亲权保护下的未成年人),以及其他限制民事行为能力人或无民事行为能力人的人身和财产权益进行监督和保护的法律规范的总称。[②]

我国学界关于亲权与监护之争主要集中在以下两个方面:(1)我国婚姻家庭法律制度中是否存在亲权。学者们认为,我国婚姻家庭中虽从未采用"亲权"一词,但《婚姻法》的"家庭关系"一章关于父母子女权利义务的规定即是"亲权"的内容,属于实质意义的亲权,但现行法规定的内容简单,过于原则,无法适应父母子女关系的复杂性需求。(2)对于亲权与监护的关系,有不同认识。一种观点认为,我国可参照英美法系国家将父母和其他监护人对未成年人的照管统称为监护,父母为法定监护人,监护吸收亲权,建立"大监护"制度;另一种观点则认为,我国宜参照大陆法系国家立法,区分亲权与监护。但现行《民法通则》将亲权纳入监护中,采取了"大监护"的立法体例。[③] 还有观点认为,我国选择以监护方式规定父母对子女的照护也很好,不一定要设立亲权制度。[④] 近年来,多数学者认为我国不应采取"大监护"体例,主张《婚姻法》应采用双轨制解决离婚父母对未成年子女的亲权与监护。[⑤] 从亲权制度与监护制度的本身来看,两者存在着性质、原则、基础、主体范围、权利内容以及保护对象等方面的不同,并且其社会功能也有差异。(1)亲权与监护产生的基础不同。亲权的基础是亲子之间"血浓于水"的亲情关系,是其他人无法取代的、具有伦理基础的父母天职。监护则不

---

① 王歌雅:《扶养与监护纠纷的法律救济》,法律出版社 2001 年版,第 207 页。

② 陈苇:《中国婚姻家庭法立法研究》,群众出版社 2010 年版,第 459 页。

③ 薛宁兰:《我国亲子关系立法的体例与构造》,载《法学杂志》2014 年第 11 期。

④ 朱凡:《没有必要设立亲权制度》,载李银河、马忆南主编:《婚姻法修改论争》,光明日报出版社 1999 年版,第 392～397 页。

⑤ 蒋月、韩珺:《论父母保护教养未成年子女的权利义务——兼论亲权与监护之争》,载《东南学术》2001 年第 2 期。

同,祖父母、兄姐虽然与被监护的未成年人也有血缘关系,但其亲密程度远逊于父母。并且,其他个人或者组织也可以作为未成年人的监护人。因此,监护产生的基础是国家和社会保护儿童的责任。(2)亲权与监护的性质不同。亲权基于父母身份产生,兼具权利和义务的双重属性,是权利和义务的综合体。监护尽管以"权利"形式存在,但它更主要是一种义务,是一种纯社会性义务。(3)亲权与监护的内容有所差别。由父母行使对未成年人的亲权,是父母的天职,亲权人无权要求获得报酬。而监护则不然,监护人依法享有就自己的监护活动请求报酬的权利。[①] (4)亲权与监护的社会功能不同。亲权具有保护未成年人利益、维护家庭共同生活秩序之功能;监护则是为弥补未成年人和成年人行为能力之不足、保护其利益而设。

正如有的学者指出的:"我国现行亲子关系法中以监护制度代替亲权制度,是以一种纯社会性义务的制度,建立在血缘、亲情基础上的社会关系之上,将一种由人类天性使然并得到我国传统文化加以深化的父母儿女之间的爱等同于一般性社会义务,实质上是一种法律制度上的缺失,不能有效地调整现今我国的亲子关系。"[②]因而在立法体例上,亲权与监护应当分别立法。

笔者认为,在立法上区分亲权与监护,实有必要。亲权与监护在性质、主体范围、权利范围以及权利内容等方面存有差异:亲权重视私益,表现为父母对子女人身和财产享有的权利,是一种义务性的权利,属于父母天然的职责,是第一性义务;而监护是一种单纯的义务,强调责任的承担,带有社会公益性的色彩,只能作为亲权行使不能或不力的补充,属于第二性的义务;将亲权与监护合理分离有助于明晰家庭与国家对监护人各自承担责任的界限,增加被监护人的利益,使亲权人更加专注满足被监护人的心理健康、人格发展。[③] 亲权与监护分别立法,不仅有利于亲权制度的建构,使亲权人能正确行使亲权,也有利于监护制度的完善,保护监护人应有的权利,而两种制度各自完善的最终结果,仍然是为了为未成年人提供完整而连续的保护。[④]

应当明确的是:不论我国民事立法采取将亲权制度囊括其中的大监护制度,还是将亲权与监护分别规范,这两项制度都应当以未成年子女利益最大化为出发点,其最终目的都在于保护未成年人合法权益,保证家庭和睦、稳定,使未成年子女能够在家庭和社会的保护与教育下健康成长。

二、父母惩戒权

《婚姻法》第23条规定,父母有保护和教育未成年子女的权利和义务,在行使该项权利和义务时如何对子女进行保护教育,成为无法回避的问题。父母通过不同方式、手段惩罚子女,以达到引以为戒的教育目的,是较为常见的教育子女的方法。但也有少数父母以惩戒的名义而行侵权之实。目前,理论对父母惩戒的研究主要从法学、教育学、社会学和心理学的

① 裴桦:《亲权与监护功能之比较及我国立法之选择》,中国法学会婚姻家庭法学研究会2002年年会论文。
② 马铭:《我国亲子关系法之检讨——以历史、社会伦理为视角》,载《桂林师范高等专科学校学报》2008年第3期,第20页。
③ 陈苇、张志媛:《中国法学会婚姻法学研究会2013年会综述》,载《西南政法大学学报》2014年第1期。
④ 夏吟兰、高蕾:《建立我国的亲权制度》,载《中华女子学院学报》2005年第4期。

角度展开。法学视角的研究主要是涉及父母惩戒的法律性质、地位,父母子女关系以及立法层面。法学界对父母惩戒的法律性质等诸多问题的法理认识还有争议,理论研究亟需进一步深入。首先,惩戒权是否存在或是否为独立性权利。如果存在独立惩戒权,那么如何界定。有学者认为惩戒权并不能作为独立的权利存在,也有学者认为惩戒权为保护教育权之引申并对其进行界定。有学者认为,惩戒权为保护教育权引申的权能,当未成年子女不听从父母管教,犯有劣迹时,法律赋予亲权人在必要范围内得对子女进行适当的惩戒,目的仍然是为教育子女改恶迁善。① 还有学者认为,惩戒权是法律赋予父母对未成年子女在必要时进行一定程度惩戒的权利,是保护、教育延伸的一项权能,是为了保证未成年子女能够健康成长、弃恶从善所必须采取的一种管教措施。② 其次是父母如何把握惩戒的合理限度,从法律上界定是否可行。惩戒必须限定在必要的范围与限度内,不得超越,禁止使用对未成年子女身心健康有害的惩罚手段,否则,视为亲权的滥用,构成撤销亲权的原因,需要承担责任。③ 从教育学、社会学角度研究父母惩戒,主要涉及教育性惩戒的意义和作用,父母体罚与教育体罚问题,用社会学方法探究家庭教育中父母惩戒的社会学意义等。④ 从心理学角度研究主要集中在父母惩戒对未成年子女的心理影响,父母不当惩戒造成的伤害以及未成年子女对父母惩戒的认知和反映等。⑤ 笔者认为,父母惩戒研究涉及法学、教育、心理、社会等多方面,因此,学界对该问题的研究不能仅仅局限于某个领域,要从保护未成年人合法权益出发,以子女为本位,通过正确的家庭教育来促进未成年人健康成长,这也是研究父母惩戒问题的基本出发点。

三、家庭中对儿童的暴力

家庭是儿童生活、学习成长的主要场所,一个人从出生到成年的大部分阶段会在家庭中度过,家庭因此成为儿童遭受家庭暴力的主要场所。屡有发生的家庭暴力案件说明,涉事父母在家庭中并没有将未成年子女当成享有平等权利的人来对待。甚至有父母将孩子视为自己的私有财产,随意处置,把孩子当作赚钱工具,将孩子出卖、出租或携带、强迫孩子乞讨,还有父母动不动就对孩子施加打骂。这些暴力行为与我国《婚姻法》确立的父母对子女保护和教育的义务相悖。我国立法旗帜鲜明地反对家庭暴力,将对儿童的暴力纳入《反家庭暴力法》是理论和实务界的共识。有学者建议,明确界定家庭暴力的定义、范围,建立多元化的社会干预机制和家庭暴力防治体系,制定有利于保护受害者的证据规则,合理分担证据责任,构建系统的家庭暴力法律责任体系。⑥ 有学者认为,应从立法规范警察干预家庭暴力的程序;推广各种宣传教育,增强民众对家庭暴力的认知;建立家庭暴力防治中心和家暴事件数据库;建立信息通报制度,总结家庭暴力案件教训,完善相关制度以及加强干预家庭暴力的

① 李志敏:《比较家庭法》,北京大学出版社 1988 年版,第 232 页。
② 蒋月:《婚姻家庭与继承法》,厦门大学出版社 2007 年版,第 186 页。
③ 余延满:《亲属法原论》,法律出版社 2007 年版,第 457 页。
④ 张淑兰:《父母惩戒的研究综述》,载《中国家庭教育》2007 年第 1 期。
⑤ 张淑兰:《父母惩戒的研究综述》,载《中国家庭教育》2007 年第 1 期。
⑥ 夏吟兰主编:《家庭暴力防治法制度性构建研究》,中国社会科学出版社 2011 年版,第 7 页;夏吟兰:《论我国家庭暴力概念——以反家庭暴力法(征求意见稿)为分析对象》,载《中华女子学院学报》2015 年第 2 期。

研究等。① 还有学者提出,要对受侵害的儿童和老人等设立强制报告、照料和养护服务,以及国家监护等制度。有学者认为,我国目前司法实践中实施的人身保护令,未建立有效的干预机制,具有举证责任困难等局限性,建议建立专门的家事法院与家庭暴力合议庭,并配备专职法官,进一步规范人身保护令的操作流程与模式。还有学者提出,应当构建心理与法律相结合的干预家庭暴力模式,完善司法救济机制。②

我国《反家庭暴力法》明确未成年人遭受家庭暴力的,应当给予特殊保护。同时,未成年人的监护人应当以文明的方式进行家庭教育,依法履行监护和教育职责,不得实施家庭暴力。《反家庭暴力法》全面强化了对未成年人的特殊保护,主要体现在以下几个方面:一是首次规定强制报告制度;二是明确规定文明教育子女,监护人施暴可能被撤销监护人资格;三是设置紧急状态下临时安置制度;四是创设人身安全保护令制度。③ 这些保护未成年人的具体制度,能否发挥预期的效果,还需要制定具体的配套实施办法,确立各相关部门相互配合的联动机制。但现有立法并未将未成年人遭受家庭暴力问题作为重点内容,也未提及对目睹家庭暴力儿童的保护。另外,暴力家庭对未成年子女的影响也没有受到足够的重视,没有区分未成年人与成年人适用的程序和标准,缺少系统性和完整性,这给预防和干预未成年人遭受家庭暴力的实务带来了诸多挑战。

第六节 相关联的法条

一、《中华人民共和国宪法》

我国《宪法》第 46 条规定:"中华人民共和国公民有受教育的权利和义务。国家培养青年、少年、儿童在品德、智力、体质等方面全面发展。"依照这一规定,受教育权是公民享有的一项基本权利,这体现出国家对公民受教育权的宪法保障。我国未成年人作为中华人民共和国公民的一部分当然享有受教育权,同时未成年人的受教育权还受到国家、社会、学校和家庭的特殊保护。《宪法》规定的受教育权是《婚姻法》中父母对未成年子女的教育权利和义务的基础,父母的保护教育权为父母照顾权的重要内容,体现了父母对未成年子女教育的责任与义务。实现未成年子女的受教育权亦为强调父母需对未成年子女履行教育义务。就未成年人而言,其所受到的教育首先来自于家庭,父母是实现和保障未成年人受教育权的第一责任人。因此,作为未成年子女的法定监护人,父母应当对未成年子女进行保护和教育,以保证子女的健康成长。《宪法》除了保障未成年人的受教育权外,还明确了对儿童的国家保护,禁止虐待儿童。我国《宪法》第 49 条规定:"婚姻、家庭、母亲和儿童受国家的保护,禁止破坏婚姻自由,禁止虐待老人、妇女和儿童。"根据这一规定,儿童受到国家的保护,父母在对子女进行教育的过程中应当采取适当的方式,不得损害儿童的合法权益,且禁止虐待儿童和对儿童实施家庭暴力。

---

① 蒋月:《20 世纪婚姻家庭法:从传统到现代化》,中国社会科学出版社 2015 年版,第 539～561 页。
② 陈苇、王巍、杨云:《中国法学会婚姻法学研究会 2014 年会综述》,载《西南政法大学学报》2015 年第 1 期。
③ 方芳:《关于反家庭暴力法强化对未成年人特殊保护的几点思考》,载《人民法院报》2016 年 3 月 2 日第 6 版。

二、基本法律

(一)《中华人民共和国民法通则》

作为民事基本法,我国《民法通则》专门规定有监护制度。现行监护制度是对未成年人和精神病人的人身、财产以及其他合法权益进行监督和保护的一项民事法律制度。[①] 未成年人的父母是第一顺序的监护人,父母承担对子女人身、财产及其他合法权益的监护职责。《婚姻法》规定的父母对未成年子女的保护教育权是父母子女关系的重要内容,尽管我国立法中无亲权概念,但保护教育权实际是亲权制度的内容之一。我国现行民事法律体系采用大监护概念,将亲权内容纳入监护制度中,为全体未成年人统一设定监护。[②] 父母作为未成年人的监护人,应当对未成年人给他人造成的损害承担民事责任。《民法通则》关于父母作为未成年子女法定监护人及其职责的规定如下:

第 16 条第 1 款:未成年人的父母是未成年人的监护人。

第 133 条:无民事行为能力人、限制民事行为能力人造成他人损害的,由监护人承担民事责任。监护人尽了监护责任的,可以适当减轻他的民事责任。有财产的无民事行为能力人、限制民事行为能力人造成他人损害的,从本人财产中支付赔偿费用。不足部分,由监护人适当赔偿,但单位担任监护人的除外。

(二)《中华人民共和国未成年人保护法》

2012 年 10 月 26 日十一届全国人大常委会议通过《全国人民代表大会常务委员会关于修改〈中华人民共和国未成年人保护法〉的决定》,对我国《未成年人保护法》进行第二次修正。"家庭保护"是《未成年人保护法》的重要内容。在家庭保护中,父母承担了主要责任,具体包括:保护未成年人人身健康、关注其心理发展、引导其实施正确行为,积极预防和制止其不良行为,尊重未成年人意见,禁止父母对未成年人实施家庭暴力,禁止虐待、遗弃未成年人。

《未成年人保护法》第二章家庭保护的相关条款如下:

第 10 条:父母或者其他监护人应当创造良好、和睦的家庭环境,依法履行对未成年人的监护职责和抚养义务。

禁止对未成年人实施家庭暴力,禁止虐待、遗弃未成年人,禁止溺婴和其他残害婴儿的行为,不得歧视女性未成年人或者有残疾的未成年人。

第 11 条:父母或者其他监护人应当关注未成年人的生理、心理状况和行为习惯,以健康的思想、良好的品行和适当的方法教育和影响未成年人,引导未成年人进行有益身心健康的活动,预防和制止未成年人吸烟、酗酒、流浪、沉迷网络以及赌博、吸毒、卖淫等行为。

[①] 魏振瀛主编:《民法》,北京大学出版社,高等教育出版社 2000 年版,第 62 页。我国现行监护制度仅针对未成年人和精神病人的监督和保护,随着社会发展和研究深入,现行监护制度显然存在诸多不足,近年学者们提出将成年监护等内容纳入到我国监护制度中,完善我国监护制度。

[②] 蒋月、韩珺:《论父母保护教养未成年子女的权利义务——兼论亲权与监护之争》,载《东南学术》2001 年第 2 期。

第12条:父母或者其他监护人应当学习家庭教育知识,正确履行监护职责,抚养教育未成年人。

有关国家机关和社会组织应当为未成年人的父母或者其他监护人提供家庭教育指导。

第14条:父母或者其他监护人应当根据未成年人的年龄和智力发展状况,在做出与未成年人权益有关的决定时告知其本人,并听取他们的意见。

第16条:父母因外出务工或者其他原因不能履行对未成年人监护职责的,应当委托有监护能力的其他成年人代为监护。

(三)《中华人民共和国侵权责任法》

《民法通则》关于监护人的监护责任为一般规定,而《侵权责任法》是专门规定侵权责任的特别法。未成年人造成他人损害的,应适用《侵权责任法》的规定。父母作为未成年子女的法定监护人,在未成年子女造成他人伤害时,应当承担民事责任,但父母尽到监护责任的,可以减轻侵权责任;对有个人财产的未成年人,从该未成年人财产中支付赔偿费用,不足部分,由父母赔偿。

《侵权责任法》的相关条款如下:

第9条第2款:教唆、帮助无民事行为能力人、限制民事行为能力人实施侵权行为的,应当承担侵权责任;该无民事行为能力人、限制民事行为能力人的监护人未尽到监护责任的,应当承担相应的责任。

第32条:无民事行为能力人、限制民事行为能力人造成他人损害的,由监护人承担侵权责任。监护人尽到监护责任的,可以减轻其侵权责任。有财产的无民事行为能力人、限制民事行为能力人造成他人损害的,从本人财产中支付赔偿费用。不足部分,由监护人赔偿。

(四)《中华人民共和国预防未成年人犯罪法》

《预防未成年人犯罪法》的立法目的是为了保障未成年人身心健康,培养未成年人良好的品行,有效地预防未成年人犯罪。预防未成年人犯罪要立足于教育和保护,从小抓起,对未成年人的不良行为及时进行预防和矫治。《婚姻法》规定的父母保护教育权中便包括父母对未成年子女进行的法治教育和行为的正确引导的内容,这也是父母作为监护人的重要职责。

《预防未成年人犯罪法》的相关条款如下:

第10条:未成年人的父母或者其他监护人对未成年人的法制教育负有直接责任。学校在对学生进行预防犯罪教育时,应当将教育计划告知未成年人的父母或者其他监护人,未成年人的父母或者其他监护人应当结合学校的计划,针对具体情况进行教育。

第14条:未成年人的父母或者其他监护人和学校应当教育未成年人不得有下列不良行为:(一)旷课、夜不归宿;(二)携带管制刀具;(三)打架斗殴、辱骂他人;(四)强行向他人索要财物;(五)偷窃、故意毁坏财物;(六)参与赌博或者变相赌博;(七)观看、收听色情、淫秽的音像制品、读物等;(八)进入法律、法规规定未成年人不适宜进入的营业性歌舞厅等场所;(九)其他严重违背社会公德的不良行为。

第15条:未成年人的父母或者其他监护人和学校应当教育未成年人不得吸烟、酗酒。任何经营场所不得向未成年人出售烟酒。

第16条:中小学生旷课的,学校应当及时与其父母或者其他监护人取得联系。

未成年人擅自外出夜不归宿的,其父母或者其他监护人、其所在的寄宿制学校应当及时查找,或者向公安机关请求帮助。收留夜不归宿的未成年人的,应当征得其父母或者其他监护人的同意,或者在二十四小时内及时通知其父母或者其他监护人、所在学校或者及时向公安机关报告。

第17条:未成年人的父母或者其他监护人和学校发现未成年人组织或者参加实施不良行为的团伙的,应当及时予以制止。发现该团伙有违法犯罪行为的,应当向公安机关报告。

第18条:未成年人的父母或者其他监护人和学校发现有人教唆、胁迫、引诱未成年人违法犯罪的,应当向公安机关报告。公安机关接到报告后,应当及时依法查处,对未成年人人身安全受到威胁的,应当及时采取有效措施,保护其人身安全。

第19条:未成年人的父母或者其他监护人,不得让不满十六周岁的未成年人脱离监护单独居住。

第20条:未成年人的父母或者其他监护人对未成年人不得放任不管,不得迫使其离家出走,放弃监护职责。

未成年人离家出走的,其父母或者其他监护人应当及时查找,或者向公安机关请求帮助。

第21条:未成年人的父母离异的,离异双方对子女都有教育的义务,任何一方都不得因离异而不履行教育子女的义务。

第22条:继父母、养父母对受其抚养教育的未成年继子女、养子女,应当履行本法规定的父母对未成年子女在预防犯罪方面的职责。

第34条:本法所称"严重不良行为",是指下列严重危害社会,尚不够刑事处罚的违法行为:

(一)纠集他人结伙滋事,扰乱治安;

(二)携带管制刀具,屡教不改;

(三)多次拦截殴打他人或者强行索要他人财物;

(四)传播淫秽的读物或者音像制品等;

(五)进行淫乱或者色情、卖淫活动;

(六)多次偷窃;

(七)参与赌博,屡教不改;

(八)吸食、注射毒品;

(九)其他严重危害社会的行为。

第35条:对未成年人实施本法规定的严重不良行为的,应当及时予以制止。

对有本法规定严重不良行为的未成年人,其父母或者其他监护人和学校应当相互配合,采取措施严加管教,也可以送工读学校进行矫治和接受教育。

对未成年人送工读学校进行矫治和接受教育,应当由其父母或者其他监护人,或者原所在学校提出申请,经教育行政部门批准。

第49条:未成年人的父母或者其他监护人不履行监护职责,放任未成年人有本法规定的不良行为或者严重不良行为的,由公安机关对未成年人的父母或者其他监护人予以训诫,责令其严加管教。

第 50 条:未成年人的父母或者其他监护人违反本法第十九条的规定,让不满十六周岁的未成年人脱离监护单独居住的,由公安机关对未成年人的父母或者其他监护人予以训诫,责令其立即改正。

(五)《中华人民共和国反家庭暴力法》

《反家庭暴力法》为家庭暴力受害人设立了较为全面的救济途径,包括家庭纠纷调解、报警求助、申请庇护、申请人身安全保护令,以及起诉追究法律责任等,另设有强制报告制度、公安告诫制度,此为立法的亮点。这部法律的出台开启了我国全面反家庭暴力的新时代。《反家庭暴力法》专门针对儿童特殊保护的条款主要涉及第 5 条第 3 款:"未成年人、老年人、残疾人、孕期和哺乳期的妇女、重病患者遭受家庭暴力的,应当给予特殊保护。"第 12 条:"未成年人的监护人应当以文明的方式进行家庭教育,依法履行监护和教育职责,不得实施家庭暴力。"

三、司法解释

1992 年最高人民法院发布《关于贯彻执行〈中华人民共和国民法通则〉若干问题的意见》,就《民法通则》相关内容作出具体解释。具体条文如下:

第 158 条:夫妻离婚后,未成年子女侵害他人权益的,同该子女共同生活的一方应当承担民事责任;如果独立承担民事责任确有困难的,可以责令未与该子女共同生活的一方共同承担民事责任。

第 159 条:被监护人造成他人损害的,有明确的监护人时,由监护人承担民事责任;监护人不明确的,由顺序在前的有监护能力的人承担民事责任。

第 161 条:侵权行为发生时行为人不满十八周岁,在诉讼时已满十八周岁,并有经济能力的,应当承担民事责任;行为人没有经济能力的,应当由原监护人承担民事责任。

行为人致人损害时年满十八周岁的,应当由本人承担民事责任;没有经济收入的,由扶养人垫付,垫付有困难的,也可以判决或者调解延期给付。

四、多部门联合意见

为切实维护未成年人合法权益,加强未成年人的行政保护和司法保护工作,确保未成年人得到妥善监护和照料,2014 年 12 月 18 日,由最高人民法院、最高人民检察院、公安部、民政部联合发布《关于依法处理监护人侵害未成年人权益行为若干问题的意见》,该意见于2015 年 1 月 1 日起实施,涉及父母责任的具体内容如下:

第 1 条:本意见所称监护侵害行为,是指父母或者其他监护人(以下简称监护人)性侵害、出卖、遗弃、虐待、暴力伤害未成年人,教唆、利用未成年人实施违法犯罪行为,胁迫、诱骗、利用未成年人乞讨,以及不履行监护职责严重危害未成年人身心健康等行为。

第 35 条:被申请人有下列情形之一的,人民法院可以判决撤销其监护人资格:

(一)性侵害、出卖、遗弃、虐待、暴力伤害未成年人,严重损害未成年人身心健康的;

(二)将未成年人置于无人监管和照看的状态,导致未成年人面临死亡或者严重伤害危险,经教育不改的;

(三)拒不履行监护职责长达六个月以上,导致未成年人流离失所或者生活无着的;

（四）有吸毒、赌博、长期酗酒等恶习，无法正确履行监护职责或者因服刑等原因无法履行监护职责，且拒绝将监护职责部分或者全部委托给他人，致使未成年人处于困境或者危险状态的；

（五）胁迫、诱骗、利用未成年人乞讨，经公安机关和未成年人救助保护机构等部门三次以上批评教育拒不改正，严重影响未成年人正常生活和学习的；

（六）教唆、利用未成年人实施违法犯罪行为，情节恶劣的；

（七）有其他严重侵害未成年人合法权益行为的。

第七节　主要国家及地区立法现状

一、国际条约中的相关规定

《儿童权利宣言》（1959年）提出，鉴于儿童因身心尚未成熟，在其出生以前和以后均需要特殊的保护及照料，包括法律上的适当保护。《儿童权利宣言》确立如下相关原则：

原则二：儿童应受到特别保护，并应通过法律和其他方法来获得各种机会与便利，使其能在健康而正常的状态和自由与有尊严的条件下，得到身体、心智、道德、精神和社会等方面的发展。在以此目的制定法律时，立法机关应以儿童的最大利益为首要考虑。

原则四：儿童应享受社会安全的各种利益，应有能健康地成长和发展的权利。为此，各方对儿童及其母亲应给予特别的照料和保护，包括产前和产后的适当照料。儿童应有权得到足够的营养、住宅、娱乐和医疗服务。

原则五：身心或所处社会地位不正常的儿童，应根据其特殊情况的需要给予特别的治疗、教育和照料。

原则六：儿童为了全面而协调地发展其个性，需要得到慈爱和了解，应当尽可能地在其父母的照料和负责下，无论如何要在慈爱和精神上与物质上有保障的气氛下成长。尚在幼年的儿童除非情况特殊，否则不应与其母亲分离。

原则七：儿童的最大利益应成为对儿童的教育和指导负有责任的人的指导原则；儿童的父母首先负有责任。

原则八：儿童在一切情况下均应属于首先受到保护和救济之列。

原则九：儿童应被保护，不受一切形式的忽视、虐待和剥削。

原则十：儿童应受到保护，使其不致沾染可能养成种族、宗教和任何其他方面歧视态度的习惯。我们应以谅解、宽容、各国人民友好、和平以及四海之内皆兄弟的精神教育儿童，并应使他们充分意识到他们的精力和才能应该奉献于为人类服务。

联合国《儿童权利公约》（1989年）确立了与父母保护教育权相关的条款，具体如下：

第16条：1.儿童的隐私、家庭、住宅或通信不受任意或非法干涉，其荣誉和名誉不受非法攻击。2.儿童有权享受法律保护，以免受这类干涉或攻击。

第18条：1.缔约国应尽其最大努力，确保父母双方对儿童的养育和发展负有共同责任的原则得到确认。父母或视具体情况而定的法定监护人对儿童的养育和发展负有首要责任。儿童的最大利益将是他们主要关心的事。

二、大陆法系国家及地区

在大陆法系国家,亲权和监护权是两个不同的概念,有着严格的区分。父母对子女的保护教育权是父母子女关系的内容,是亲权人对未成年子女人身上的权利和义务,通过亲子关系法予以规范。

《法国民法典》在第九编亲权第一章第二节教育性救助措施中,第375条规定,当未成年人的健康、安全或道德品行面临危险,或者其教育条件受到严重影响时,父母有权共同或单独请求少年法官采取教育性救助措施。①

在德国,父母人身照顾权包括了对子女进行照料、教育、监督和决定其居所的权利和义务。《德国民法典》中以"父母照顾权"一词代替"亲权"一词,因为父母照顾权体现了父母对于子女的照顾与保护,而亲权一词则体现了父母的权利。《德国民法典》第1631条(人身照顾的内容和界限)规定:"(1)人身照顾尤其包括照料、教育、监督子女和决定其居所的义务和权利。(2)子女有受非暴力的教育的权利。体罚、心灵上的伤害和其他侮辱性措施是不准许的。(3)家庭法院必须根据申请,在父母进行人身照顾时,在适当情形下支持他们。"②

《意大利民法典》第一编人与家庭第九章315条至342条规定了亲权的内容。亲权由父母双方协商行使,不行使亲权的一方父母有权对未成年子女的培养、教育以及生活条件进行监督。③

《瑞士民法典》规定了父母有照管和教育子女的权利义务,并在决定安排子女生活时考虑与子女年龄相符合的意见。《瑞士民法典》第301条规定:"(一)父母,为维护子女身心健康之目的,应指导对子女的照管和教育,并为其做出必要的决定。但子女自己有行为能力的不受所限。"第302条规定:"(一)父母应依其状况教育子女,并应促进和保护其体育、智育及德育的发展。(二)父母应设法使子女,特别是使那些身体上或智力上有缺陷的子女接受合适的、与其能力及爱好尽可能一致的普通教育或者职业教育。(三)为此目的,父母应当以适当的方式,与学校,必要时,与公共、公益的青年教育及救济机构合作。"④

《俄罗斯联邦家庭法典》在第四编父母和子女的权利和义务中设专节,分别对未成年子女的权利、父母的权利和义务作出规定。第56条关于子女的受保护权利规定:"1. 子女有权维护自己的权利和合法利益。子女权利和合法利益的保护由父母(替代父母的人)实现,而在本法典规定的情况下,由监护和保护机关、公诉人和法院实现。……。2. 子女有权维护自己的权利而不遭父母(替代父母的人)滥用。在子女的权利和合法利益被侵犯时,包括父母(或其中一方)不履行或者不适当履行培养、教育子女的义务或者滥用亲权时,子女有权独立地向监护和保护机关提出保护其权利的请求,而年满十四周岁的孩子有权独立地诉诸法院。"⑤第63条就父母对子女培养和教育的权利和义务,第64条就父母对子女保护的权利和义务,分别作出规定。

---

① 《法国民法典》(上册),罗结珍译,法律出版社2005年版,第360~369页。
② 《德国民法典》(第4版),陈卫佐译注,法律出版社2015年版,第506页。
③ 《意大利民法典》,费安玲、丁玫译,中国政法大学出版社1997年版,第92~98页。
④ 《瑞士民法典》,殷生根、王燕译,中国政法大学出版社1999年版,第83~84页。
⑤ 《俄罗斯联邦家庭法典》(1995年),鄢一美译,载中国法学会婚姻法学研究会编:《外国婚姻家庭法汇编》,群众出版社2000年版,第484页。

《日本民法典》亲属编设专章规定亲权。关于亲权的效力,第 820 条规定:"行使亲权的人对监护及教育子女享有权利,负有义务。"①关于亲权的丧失,第 834 条规定:"父亲或母亲滥用亲权或有严重劣迹时,家庭法院根据子女亲属或检察官的请求,可以宣告其亲权丧失。"②《日本民法典》在侵权行为一章规定了未成年人的责任能力和监督人责任。第 712 条规定:"未成年人给他人造成损害,如果是因为不具备足以辨识自己的行为责任的智能,则不对其行为负赔偿责任";按照第 714 条规定,无责任能力人对第三人造成损害的,由对其负法定监督义务人承担赔偿责任,但监督义务人未怠于履行义务的,不在此限。③ 2006 年,日本新的《教育基本法》第 10 条对家庭教育的内容作出规定:"1. 父母及其他监护人在儿童教育上负有首要的责任,要使儿童掌握生活上必要的习惯,同时,努力培养其自立精神,谋求其身心和谐发展。2. 国家和地方公共团体必须尊重家庭教育的自主性,努力采取必要措施援助监护人的家庭教育,如向其提供学习机会和信息等。"④

我国台湾地区民法第 1084 条第 2 款规定:"父母对于未成年之子女,有保护及教养之权利义务。"第 1085 条规定:"父母得于必要范围内,惩戒其子女。"⑤2003 年 2 月 6 日,我国台湾地区颁行《家庭教育法》。该法第 2 条规定:"本法所称家庭教育,系指具有增进家人关系与家庭功能之各种教育活动,其范围如下:一,亲职教育;二,子职教育;三,两性教育;四,婚姻教育;五,伦理教育;六,家庭资源与管理教育;七,其他家庭教育事项。"⑥2004 年 2 月 13 日,台湾地区又颁行《家庭教育法实施细则》,以推进家庭教育,用亲职教育取代传统的家庭教育。⑦

我国《澳门民法典》在第四卷亲属法第三编亲子关系第二章亲子关系之效力中,对父母子女的义务做出原则性规定:"一、父母与子女应互相尊重、帮助及扶持。二、扶持义务包括扶养义务,以及在共同生活期间按各自所拥有之资源而承担家庭负担之义务。"(第 1729 条)⑧在亲权一节,第 1733 条对亲权之内容做出规定:"一、父母须为子女之利益而关注子女之安全及健康、供给子女生活所需、安排子女之教育及作为已出生或未出生之子女之代理人,并管理子女之财产。二、子女应服从父母,然而,父母应视乎子女之成熟程度而在重要之家庭事务上考虑子女之意见,并承认子女有自主能力安排自己之生活。"第 1734 条规定:"父母供给子女生活所需之义务及承担子女在安全、健康及教育上开支之义务,按子女能以其工

---

① 渠涛编译:《最新日本民法》,法律出版社 2006 年版,第 175 页。
② 渠涛编译前揭书,第 177 页。
③ 渠涛编译前揭书,第 151～152 页。
④ 日本新的《教育基本法》于 2006 年 12 月 15 日由日本第 165 届国会(临时会议)审议通过,并于 2006 年 12 月 22 日正式公布并同时施行。参见《日本新〈教育基本法〉(全文)》,载《外国教育研究》2009 年第 3 期。
⑤ 参见北大法宝:《台湾民法典》,网址:http://www.pkulaw.cn/fulltext_form.aspx? Db=twd&Gid=939534514&keyword=&EncodingName=&Search_Mode=accurate,下载时间:2016 年 9 月 28 日。
⑥ 参见北大法宝:《家庭教育法》,网址:http://www.pkulaw.cn/fulltext_form.aspx? Db=twd&Gid=939539676&keyword=家庭教育法 &EncodingName=&Search_Mode=accurate,下载时间:2016 年 9 月 28 日。
⑦ 所谓亲职教育,根据《家庭教育法实施细则》第 2 条规定,是指增进父母职能之教育活动。
⑧ 中国政法大学澳门研究中心、澳门政府法律翻译办公室编:《澳门民法典》,中国政法大学出版社 1999 年版,第 441 页。

作所得或其他收益承担该等负担之限度而获解除。"①

三、英美法系国家及地区

在英美法系国家和地区,法律对亲权和监护权不加区分,其认为监护的职责包括亲权,统称为监护权。

英国父母有照顾和监督子女的权利与职责,父母是自然的监护人。通常父母的权利和职责包括:照顾和监督;探望权;保护和抚养;惩戒权;保证子女接受教育;接受子女家务服务的权利以及财产管理权等。根据1933年《青少年法》的规定,父母应当保护未成年人不受到忽略、虐待以及其他身体上或精神上的伤害,父母的抚养义务更是法定的职责。②

在美国,父母作为子女的自然监护人在子女未成年时有权对其人身和财产进行照护,包括对子女的抚养、教育和人身保护以及财产的管理。③ 澳大利亚关于父母子女权利义务的规定主要在《澳大利亚家庭法》《子女供养(费用确定)法》以及《子女福利法》中,包括了父母对子女日常生活的照料和约束,并有保护子女的义务,保护子女不受虐待、有病得到治疗以及保护子女不因为遗弃、屈从等行为受到心理方面的伤害。④

在我国香港地区,《未成年人监护条例》规定了未成年人的管教和教养问题。其第13章第3条"一般原则"中规定:

(1)有关未成年人的管养或教养问题,以及有关属于未成年人或代未成年人托管的财产的管理问题,或从该等财产所获收益的运用问题

(a)在任何法院进行的法律程序中(不论该法院是否第2条所界定的法院)

(i)法院须以未成年人的福利为首要考虑事项,而考虑此事项时须对下列各项因素给予适当考虑——

(A)未成年人的意愿(如在顾及未成年人的年龄及理解力,以及有关个案的情况后,考虑其意愿乃属切实可行者);及

(B)任何关键性资料,包括聆讯进行时社会福利署署长备呈法院的任何报告;及(ii)在上述管养、教养、财产管理或收益运用等问题上,法院无需从任何其他观点来考虑父亲的申索,是否较母亲的申索为优先,或母亲的申索是否较父亲的为优先;(由1982年第69号第2条代替)(b)除(c)段所适用者外,母亲所享有的权利及权能,与法律赋予父亲的相同,而父亲及母亲双方的权利及权能同等,并可由其中一方单独行使;(由1993年第17号第19条修订)

(c)凡有关的未成年人为非婚生子女者——

(i)则母亲所具有的权利及权能,与该未成年人若是婚生则该母亲凭借(b)段而具有的权利及权能一样;

(ii)父亲所具有的权利及权能(如有的话),只为该名父亲根据(d)段作出申请后法院所

---

① 中国政法大学澳门研究中心、澳门政府法律翻译办公室编:《澳门民法典》,中国政法大学出版社1999年版,第442页。

② 参见1933年英《青少年法》第1条;《英国婚姻家庭制定法选集》,蒋月等,译法律出版社2008年版,第8页。

③ 陈苇主编:《外国婚姻家庭法比较研究》,群众出版社2006年版,第309~310页。

④ 陈苇主编:《外国婚姻家庭法比较研究》,群众出版社2006年版,第312页。

命令者;(由 1993 年第 17 号第 19 条增补)(d)原讼法庭或任何区域法院法官,在接获申请后,如信纳申请人为某名非婚生子女的父亲,则可发出命令,示明申请人具有某些或所有假若该未成年人为婚生时法律所赋予他作为父亲的权利及权能。(由 1993 年第 17 号第 19 条增补;由 1998 年第 25 号第 2 条修订)(2)第(1)(a)款对根据第(1)(d)款提出的申请有效。(由 1993 年第 17 号第 19 条代替)①

香港地区《未成年人监护条例》第 18 条关于"监护人的权力"规定:

(1)除第(2)款另有规定外,根据本条例所委任的监护人,除充任有关未成年人的人身监护人外,更有监护该未成年人产业的监护人的一切权利、权力及职责,尤其有权以其个人名义,为该未成年人的利益而接收及追讨该未成年人有权接收或追讨的财产,不论该等财产属何性质或位于何处。

(2)第(1)款的规定,并不限制或影响原讼法庭概括委任或为某个目的而委任任何人为未成年人产业的监护人的权力。如该未成年人已有专管其产业的监护人,第(1)款即不适用于根据本条例所委任的监护人。(由 1998 年第 25 号第 2 条修订)②

香港地区《未成年人监护条例》中规定了父母作为监护人对于子女的保护和教育包括人身权和财产权两个方面。此外,条例中还规定了管养及赡养令,以保护未成年人的合法权益。

第八节 立法发展趋势

一、用"父母照护权"③取代"亲权"

基于现代亲子关系立法的"子女本位",我国应借鉴德国法的父母照顾权概念,用父母照护权代替亲权,并对父母照护权与监护做出区分。

父母照护权是父母对未成年子女照顾、保护、教育的义务和权利的总称,其内容包括人身照护权和财产照顾权。这一概念更能体现以子女为本位,更强调父母对于未成年子女的照顾、保护、教育的义务,更恰当地展示出这种权利的性质。父母照护权名为权利,实际上以为子女谋利益为目的,是利他性的权利,是一种"义务权"。④ 相反,在亲权这一名词中,"亲"的意思是指父母,亲权即父母对于未成年子女的权利,使用"亲权"一词容易产生子女服从于父母、父母管理子女、父母支配子女之联想。虽然现在各国的亲权制度强调了对于子女利益的保护,但是既然亲权是"排除他人,在肩负哺育、监护、教育子女责任的意义上的权利,其内容是谋求子女的福利,不是谋求父母的利益,还要适当行使对于子女及社会的义务"⑤,为名

---

① 参见:北大法宝:《第 13 章 未成年人监护条例》,网址:http://www.pkulaw.cn/fulltext_form.aspx?Db=hkd&Gid=922748438&keyword=&EncodingName=&Search_Mode=accurate,下载时间:2016 年 9 月 28 日。
② 参见:北大法宝:《第 13 章 未成年人监护条例》,网址:http://www.pkulaw.cn/fulltext_form.aspx?Db=hkd&Gid=922748438&keyword=&EncodingName=&Search_Mode=accurate,下载时间:2016 年 9 月 28 日。
③ 这里的"父母照护权",与梁慧星主编:《中国民法典草案建议稿附理由·亲属编》(法律出版社 2013 年版)中的"父母照顾权"一词含义相同
④ 王丽萍:《亲子法研究》,法律出版社 2004 年版,第 152 页。
⑤ [日]铃木初代:《应尽照顾被保护人的私人义务——以应尽监护未成熟子女的父母的义务为中心》,陈同花译,载于《外国法译评》2000 年第 2 期。

符其实,称"父母照护权"更为恰当。

虽然父母对未成年子女的抚养和照料义务,同样基于社会性抚育的要求,但是,在家庭中,父母对子女的培养教育和保护是其他任何组织、社会团体和国家无法替代的。父母照护权以保护子女利益为目的,其主要内容为子女人身及财产方面的照顾和保护。父母照护权也更能体现婚姻家庭法律制度以子女为本位的立法指导思想,更强调父母对未成年子女的照顾、保护、教育,因此,父母应为了子女的最佳利益,全面发展儿童的个性、才能、智力和体力。[①] 父母照护权,是基于父母的身份并依据法律直接规定而产生的利他性权利,是父母对于未成年子女的照顾、保护、教育的义务和权利,它包括对子女的人身照护权和财产照护权两个方面。子女具有民事权利能力,是独立的民事主体,而不是受父母照护权支配之下的"物",因此,父母照护权不是支配权,不是权利人利己的支配权和处分权。相反,针对父母照护权,子女有权要求父母对他们予以尊重以及全面考虑子女的生理、心理及人格的需要。[②] 父母照护权不是利己的,而是一种以关心照顾他人为特点的权利,是一种以法律的形式、为了子女利益而行使的权利,它实际上是一种义务,是"义务权"。[③] 正是缘于这种义务的性质,父母照护权专属于未成年人的父母,并且父母行使照护权时必须依法进行,不得滥用,也不得抛弃。父母照护权是一项亲属权,有别于财产权。作为亲属权,其"不能为经济的估计,且必须权利人履践伦理上之义务,而始克享受者,故与财产权大异其趣"。[④]

"为了子女的幸福"和"保护子女最大利益"是各国法律对父母照护权行使的基本要求。父母照护权需父母双方享有,共同行使。父母双方处理有关未成年子女的问题,应当协商,以有利于子女利益为原则。父母意见发生分歧时,应协商一致方可行使照护权;父母双方未就未成年子女的某重大事项取得一致意见时,任何一方均有权请求法院裁判;当子女满法定年龄时,父母行使照护权应尊重其意见,特别是在教育、职业许可等重大问题的决策上,应考虑未成年子女的才智、爱好、志向,使他们有表达意愿的自由。由于亲子之间隔着一代的时间,在变迁激烈的社会,他们接触着不同的社会环境,发生理想上的差别亦为常见。[⑤] 因此,父母行使照护权,在有关子女重大事项的决定上,应尊重子女意见,但未成年人意见与其根本利益相抵触的除外。父母照护权的行使还受到父母承担义务的限制,即父母在行使权利时要考虑到子女的福利和发展,以便子女具有真正的人格。[⑥] 父母不得滥用照护权,不得以行使照护权为名侵害未成年子女合法的人身权益和财产权益。"这种利他主义观点,可以从父母经常为孩子做出牺牲的行为中得到证明:父母为照顾孩子花费大量时间;为孩子教育和

---

①　Carol Bellamy, Human Rights and the Rights of the Child. In *Taking Action for Human Rights in the Twenty-First Century*. Pp.132. 1998. UNCSCO Publishing.

②　[德]卡尔·拉伦茨:《德国民法通论》(上),王晓晔、邵建东、程建英、徐国建、谢怀栻译,法律出版社 2003 年版,第 283 页。

③　[德]格恩胡贝尔(Gernhuber):《亲属法教科书》。转引自卡尔·拉伦茨:《德国民法通论》(上),王晓晔、邵建东、程建英、徐国建、谢怀栻译,法律出版社 2003 年版,第 283 页。

④　梅仲协:《民法要义》,中国政法大学出版社 1998 年版,第 34 页。

⑤　费孝通:《生育制度》,商务印书馆 1999 年版,第 161 页。

⑥　[德]卡尔·拉伦茨:《德国民法通论》(上),王晓晔、邵建东、程建英、徐国建、谢怀栻译,法律出版社 2003 年版,第 305 页。

健康花费金钱……。当然,也有些父母虐待自己的孩子,比如殴打孩子等"①,因此,立法有必要对父母照护权的内容、行使原则、父母滥用照护权的剥夺与限制、父母照护权的恢复、父母照护权的终止进行明确规定。② 我国民法典亲属编应以子女最佳利益为核心,基于国情、社情、家情,确立法院干预的具体情形。

二、重视家庭教育,推进"家庭教育促进法"立法

家庭是社会最基本的单位,承担着抚育幼儿\帮助青少年走向社会的重要职能,家庭教育是学校教育、社会教育的基础。2010 年 7 月 29 日经国务院审议通过并正式发布的《国家中长期教育改革和发展规划纲要(2010—2020)》第 62 条明确规定完善教育法律体系,制定家庭教育等法律。根据纲要的规定,我国应制定符合家庭教育文化传统并体现现代教育特色的《家庭教育促进法》,对家庭教育进行规范,为家庭教育提供服务和积极引导,完善我国的教育法律体系,保障未成年人受到良好的家庭教育。家庭教育促进法的重点内容应包括:家庭教育的界定、家庭教育的基本原则、家庭教育的工作机制,以及针对留守、流动、流浪儿童和残疾、经济困难儿童的家庭教育,规定特别措施和明确的法律责任等。③

三、关于保护和教育未成年人的国家责任与社会责任

《反家庭暴力法》是对我国自 1995 年以来反家庭暴力和儿童保护的学术研究、相关实践的总结。它的出台实现了国家、社会介入家庭暴力,使得家庭不再是封闭的孤岛,家庭暴力侵权行为不再是家务私事,营造了全社会关注家庭暴力问题和制止家庭暴力的良好氛围,畅通了公权力干预家暴行为的渠道。该法的实施有益于预防和依法处置家庭暴力,强化反家庭暴力的工作力度,提高全社会反家庭暴力的意识和能力,进而实现维护平等、和睦、文明的家庭关系,保护家庭成员合法权益的目标。

虽然我国颁行《反家庭暴力法》体现着时代的进步,但反家庭暴力的立法完善仍在路上。未来我国应当以《反家庭暴力法》为起点,全面完善《婚姻法》《未成年人保护法》等有关法律法规,以未成年人的成长发育和心理健康为出发点,保障未成年人在良好的家庭环境中健康成长,并体现对未成年人优先保护的原则,实现对未成年人的婚姻家庭法保护与社会法保护相结合。目前,针对实践中仍然存在的争议问题,我们需结合《反家庭暴力法》的具体实施,制定相应的司法解释和地方实施办法,就《反家庭暴力法》中的原则性规定出台地方性切实可行的实施办法,才能真正将《反家庭暴力法》落到实处。鉴于针对未成年人家庭暴力的行为主体往往与未成年人之间具有特殊的亲密关系,相关部门在干预家庭暴力行为时应当多方面权衡利弊,把握好干预的程度与范围,同时在全社会范围内下大力气强化反家庭暴力的教育和宣传力度,特别是在经济文化相对落后的地区,使人们更多地了解法律禁止和保护的内容,以有利于切实保障未成年人合法权益,努力让每个家庭和睦幸福,促进整个国家的法治进步。

再者,相关立法应突出国家和社会对未成年人的监护义务和责任。随着社会的发展、新问题的不断出现,未成年人监护不再限于家庭内部或亲属之间,国家的干预进入监护领域。

---

① 〔美〕加里·斯坦利·贝克尔:《家庭论》,王献生、王宇译,商务印书馆 1998 年版,第 438～439 页。
② 梁慧星主编:《中国民法典草案建议稿附理由·亲属编》,法律出版社 2013 年版,第 221 页。
③ 王春霞:《孟晓驰委员建议:尽快制定家庭教育促进法》,载《中国妇女报》2015 年 3 月 4 日第 1 版。

国家干预作为实现儿童最大利益的手段,得到社会普遍接受经历了一定的过程。在此之前,家庭自治被认为符合儿童的基本利益。在国家对儿童监护的介入方面,其对儿童监护事务的相应安排较多地通过司法手段实现,亦即以司法干预为核心。[①] 有学者建议,修订和完善现行法院组织法,规定监护法院的建制,赋予监护法院作为监护权力机关和监护监督机关的职责和权限。[②] 国家通过司法干预,成为处于困境的未成年人的监护主体,由民政部门或专门的监护机构具体承担监护未成年人的职责,并通过立法明确监护权限和范围。同时,立法机关应理清国家监护与个人或家庭监护的关系,构建未成年人的国家监护制度,明确国家的监护职责。惟其如此,方能更好地保护未成年人的合法权益。当然,对于未成年人监护的国家干预应当在必要的范围内,家庭监护仍然为未成年人监护的基本形式,国家监护更多地体现为监督和必要时的干预。在当下中国,家庭监护是基础,国家监护是必要的补充。只有处理好国家监护与家庭监护的关系,才能真正实现儿童利益的最大化。

---

① 冯源:《儿童最大利益原则下监护事务的国家干预标准》,载《北京社会科学》2016 年第 3 期。
② 刘金霞:《建立我国监护的公权干预机制研究》,载《西部法学评论》2013 年第 1 期

第五章
评注第二十四条第二款(父母子女相互继承权)

> ➡ 第二十四条第二款　父母和子女有相互继承遗产的权利。

本款规定是关于父母和子女有相互享有继承遗产的权利。

第一节　立法目的

一、奠定亲子间相互享有继承权的法律基础

继承权是自然人依照法律规定或者被继承人生前所立的合法有效遗嘱,无偿取得死者遗产的权利。我国《婚姻法》在家庭关系一章明确规定父母和子女间有相互继承遗产的权利,亲子继承权是父母和子女享有的法定权利,这种权利是以血缘和亲属关系为基础的,是父母子女关系的重要内容之一。基于血缘关系而取得继承权,是世界各国立法通例。各国立法无一例外地按照血缘关系的远近确定法定继承人的范围,通常父母、子女均在法定继承人的范围之内。我国《婚姻法》亦是如此,在法律上明文规定了父母与子女间的相互继承权。

三、明确亲子间享有平等的继承权

父母子女间平等的继承权,意指子女有平等继承父母遗产的权利,父母也有平等继承子女遗产的权利。在同一亲等、同一继承顺序中,不论是儿子还是女儿,不论是父亲还是母亲,均享有同等的继承权。亲属间继承权的享有不因性别而有所区别。

20 世纪中叶以来,男女平等原则逐渐成为许多国家婚姻家庭法律制度的重要原则之一。值得注意的是,女性享有继承权是一个从无到有、从有限继承到与男性平等享有财产继承权的漫长而曲折的过程。中国传统封建社会以宗祧继承为主体,只有男性享有财产继承权,女性继承权受到了极大限制。近代,随着社会进步和女权运动的不断深入,女性法律地位逐渐提高,女性继承权、平等继承权问题逐渐引起关注。我国上世纪 30 年代的"中华民国民法"继承编便规定妇女同男性一样享有平等的财产继承权。

新中国成立后,确立法律面前人人平等原则。现行《宪法》第 48 条规定:"中华人民共和国妇女在政治的、经济的、文化的、社会的和家庭的生活等各方面享有同男子平等的权利。"《婚姻法》《继承法》均以男女平等为原则。无论继承人是男性还是女性,均享有平等的财产继承权利。每一顺序的法定继承人中既有男性又有女性,无论儿子或女儿,父亲或母亲,无论是对岳父母尽了主要赡养义务的丧偶女婿,还是对公婆尽了主要赡养义务的丧偶儿媳,都一律平等地作为法定继承人。无论是已婚还是未婚的女性,无论是参加社会工作还是从事家务劳动的女性,均享有与男性平等的继承权。法定继承人继承顺序的确定,也不因男性女

性而有所区别。在亲等相同的情况下,适于男性的继承顺序,同样适于女性;适于父系的继承顺序,同样适于母系。在同一顺序的法定继承人中,男女继承遗产的份额,原则上是均等的。①

第二节　本条的地位与意义

一、亲子相互继承权的地位

父母和子女互为最亲近的直系血亲,这决定了他们之间当然可作为法定的继承人,各国法律均明确规定了父母子女间的相互继承关系,确立了父母、子女依法享有继承对方遗产的权利。该项权利非因法定事由,不得被剥夺。父母子女相互继承权以双方的血缘关系(包括自然血亲和法律拟制血亲)为依据,并受法律保护。当父母子女间的相互继承权受到侵害时,受到侵害的一方有权依法行使恢复继承权的请求权。

二、亲子相互继承权的意义

父母与子女之间是最亲近的亲属,当父母或子女死亡,赋予对方继承死者遗产,符合人性,也利于安慰生者。可以说,亲子相互继承权是亲子间基于身份关系而产生的基本和重要的权利。亲子相互继承权,还是保护父母子女财产权益的体现,本条规定与《继承法》规定相呼应,共同为父母子女的相互继承权奠定了基础。

亲子相互继承权的规定,有其针对性,它是保护妇女、儿童和老人合法权益原则的体现。我国《宪法》第49条规定:"婚姻、家庭、母亲和儿童受国家的保护……父母有抚养教育未成年子女的义务,成年子女有赡养扶助父母的义务。"养老育幼是家庭的重要的社会功能,明确亲子相互继承权更有利于保护儿童、老人的合法权益。我国《未成年人保护法》第52条第1款规定:"人民法院审理继承案件,应当依法保护未成年人的继承权和受遗赠权。"如果被继承人为成年人,其死亡后,老年父母、未成年子女可能因为被继承人的死亡而陷入生活困境,需要靠被继承人的遗产维持生活。因此,明确父母子女的相互继承权有利于保障老年人、未成年人的合法权益。

平等是法律追求的重要价值之一,法律规定父母子女平等享有继承权,父方和母方都有权利继承子女的遗产,儿子和女儿都有权利继承父母的遗产,这体现了继承权男女平等的继承法的基本原则。《婚姻法》规定,父母子女的相互继承权,有利于广大人民群众正确地对待和解决继承问题,同时还有利于人民法院正确处理继承案件。此外,亲子相互平等的继承权对发扬养老育幼的道德风尚、维护家庭关系和睦、推进社会主义法治建设都具有重要意义。

第三节　条文演变

一、新中国成立前的亲子继承权立法

继承制度是人类历史上最古老、最基本的社会制度之一。早在原始氏族公社时期便有

---

①　王丽萍主编:《婚姻家庭继承法学》,北京大学出版社2010年版,第246页。

继承的萌芽。法律意义上的继承是随着私有制的出现而逐步确立的。血缘关系和婚姻关系是确立继承关系的基础，家庭关系对遗产继承有着重要的影响。传统的继承实际上是指家族成员之间，由法和家族传统加以规范的，具有强制性、制度性的行为。它包括身份继承和财产继承，并以家族主义为核心。我国传统社会中的继承制度就包括了身份继承和财产继承两方面。身份继承又包括宗祧继承（亦称为祭祀继承）与封爵继承。我国古代以家长制和宗法等级制度为主体，继承制度体现在大宗和小宗的男子之间、父祖与子孙之间，财产继承和身份继承合为一体，并且财产继承融入身份继承之中，成为身份继承的附庸。我国传统的礼制和律例均贯彻父系宗法主义。

殷商后期，嫡长子继承制出现。秦汉至唐朝是中国封建社会由确立到兴盛的时期，继承制度也得到了显著发展。这一时期除沿袭"嫡长子继承制"外，对于一般的财产采取诸子平分原则，女儿没有继承权，女儿出嫁时从父母处得到的嫁妆被视为一种生前继承，未出嫁的在室女可以获得父母的部分财产。

中国封建财产继承以宗祧继承为前提，因此，遗产的继承只限于男性直系卑亲属。遗产分割的原则是"诸子均分"，无论嫡出庶出。亲女只有在"户绝"的情况下才有权承受遗产。寡妇再嫁，不得携走夫家财产。守志之妇，虽可暂时承受丈夫的遗产，但仍须听凭族长立嗣，实际上也没有继承权。清末修律，制定民法继承编草案，在法定继承中，亲女的顺序列于亲子、夫或妻、直系尊亲属、亲兄弟、家长之后，为最末位。《大清民律草案》第五编继承第1468条规定："无前二条之继承人者，依下列次序定应承受遗产之人：一，夫或妻；二，直系尊属；三，亲兄弟；四，家长；五，亲女。直系尊属应承受遗产时，以亲等近者为先。"[1]在继承编中，其规定法定继承人包括妻和亲女，并且妻子在继承顺序中先于父母、亲兄弟。这虽有一定的进步性，但总体上看，继承编草案的宗法伦理色彩依然浓厚，内容大多承袭了我国封建固有的法律制度。

南京国民政府制定民法草案时，承认女儿有财产继承权，配偶继承遗产的次序不应后于直系卑亲属，主张废除封建遗制和宗祧继承制。1931年的"中华民国民法"继承编废除封建宗法遗制和宗祧继承，实行继承权男女平等，注重维护子女的独立法律人格，并明确规定了女儿的财产继承权。

二、新中国成立后的亲子继承权立法

新中国成立后，1950年的《婚姻法》专章规定了"父母子女间的关系"，其中，第14条规定："父母子女有互相继承遗产的权利。"这表明，父母有权继承子女的遗产，子女亦有权继承父母的遗产。该规定成为当时处理亲子继承问题的法律依据。1951年4月的《中央人民政府法治委员会办公厅关于子女继承权问题的函复》指出，已嫁女性对于父母遗产的继承，不论父母死亡是在《婚姻法》公布之前或之后，均应享有继承权。[2] 1979年2月2日，最高人民法院《关于贯彻执行民事政策法律的意见》规定："被继承人的遗产，首先应由其配偶、子女和父母继承。"[3]

---

① 杨立新点校：《大清民律草案 民国民律草案》，吉林人民出版社2002年版，第188页。
② 转引自程维荣：《中国继承制度史》，东方出版中心2006年版，第456页。
③ 转引自刘素萍主编：《婚姻法学参考资料》，中国人民大学出版社1989年版，第155页。

1985 年颁行的《中华人民共和国继承法》明确了父母和子女间的继承关系,规定父母、子女在法定继承中同属于第一顺序的继承人。我国 1980 年新的《婚姻法》重申了 1950 年《婚姻法》精神,第 18 条第 2 款规定"父母和子女有相互继承遗产的权利";2001 年修改后的现行《婚姻法》第 24 条第 2 款保留了父母和子女有相互继承遗产权利的规定。可见,建国以来,相关立法在父母子女相互享有平等的财产继承权方面是一以贯之的。

第四节　本条规范的构成要件

古罗马法学家盖尤斯在《论行省告示》第 6 编中提出:"遗产继承(hereditas)不是别的,而是对已故者的权利之概括承受(successio in uneversum ius)。"①死者遗留下来的财产和财产权利,被称为遗产。遗留财产的死者,被称为被继承人。保罗在《论告示》第 19 编中提到:"对已故者的权利进行概括继承的人被称为继承人(heredis loco)。"②我国民法学界关于"继承"的涵义,观点不一。一般认为,继承是指自然人死亡后,其遗留的个人合法财产依照法律的直接规定或者被继承人生前的有效遗嘱,无偿转移给其近亲属所有的法律制度。③继承遗产或者有权继承遗产的人被称为继承人。

继承权是自然人依照法律规定或者被继承人生前所立合法有效遗嘱,无偿取得死者遗产的权利。在继承开始之前,继承权为继承期待权,又称"应为继承人之权利";继承开始后即被继承人死亡后,继承权为继承既得权,又称"继承人之权利"。

在我国,继承权的主体是自然人。根据《婚姻法》第 24 条第 2 款,子女可以继承其父母的遗产,父母可以继承其子女的遗产。父母与子女之间相互的继承权,以双方之间的身份为依据。父母、子女都是被继承人的最亲近的直系血亲,他们之间有着极为密切的人身关系和财产关系,同为第一顺序的法定继承人,彼此享有同等的继承权。根据现行《继承法》,配偶、子女、父母同属第一顺序继承人;同一顺序的继承人继承遗产的份额,一般应当均等。但是,在特殊情况下,同一顺序继承人的继承份额并非绝对均等,如对生活有特殊困难又缺乏劳动能力的继承人,分配遗产时,应当有所照顾;对被继承人尽了主要抚养义务或者与被继承人共同生活的继承人,分配遗产时,可以多分;有抚养能力和有抚养条件的继承人,不尽抚养义务的,分配遗产时,应当不分或者少分等。

一、父母对子女遗产的继承权

父母对子女遗产的继承权源于父母子女间存在的直系血亲关系或法律拟制的亲子关系两种情形。享有继承权的父母,包括生父母、养父母、有抚养关系的继父母和人工生育子女的父母。父母相互间继承死亡子女遗产的权利是平等的。

---

① ［意]桑德罗·斯奇巴尼选编:《婚姻·家庭和遗产》,费安玲译,中国政法大学出版社 2001 年版,第 235 页。原文:Nihil est aliud "hereditas" quam successio in universum ius quod defunctus habuit.
② ［意]桑德罗·斯奇巴尼选编:《婚姻·家庭和遗产》,费安玲译,中国政法大学出版社 2001 年版,第 235 页。原文:Hi,qui in universum ius succedunt,heredis loco habentur.
③ 王丽萍主编:《婚姻家庭继承法学》,北京大学出版社 2010 年版,第 239 页。

（一）亲生父母的继承权

亲生父母子女之间的关系，是自然血亲关系。父母对亲生子女遗产的继承权不受父母性别的影响；父母婚姻关系的变化，也不影响他们与子女之间的关系，因此，即便父母离婚，不与子女共同生活的一方，也有权继承其子女的财产。如果，生父母有抚养能力和抚养条件，但未尽抚养子女的义务，在分配子女遗产时，应当不分或者少分。这体现了权利义务相一致原则的要求。

（二）养父母的继承权

养父母是指收养他人子女为自己子女的人。养父母与养子女相互间虽不具有自然血亲关系，但基于收养这一法律行为，他们之间确立了拟制的父母子女关系，相互之间负有法定的抚养和赡养的义务。基于此，养父母与生父母处于同等的继承地位。收养关系合法成立并有效，是养父母遗产继承权存在的关键。只要养父母子女之间的收养关系没有解除，继承权就存在。养父母离婚后，双方仍然应对养子女履行抚养义务，并有权继承养子女的遗产。

（三）继父母的继承权

继父母与继子女之间不是血亲关系，而是姻亲关系。只有具备一定条件，继父母才能享有对继子女遗产的继承权，即：他们之间形成实际的抚养关系。继父母如果尽了抚养义务，与继子女之间产生一种类似拟制血亲的关系，即尽了抚养义务的继父母在继承上与亲生父母处于相同的法律地位。如果继父与生母离婚，继子女随生母生活，继父不再履行抚养继子女义务的，则继父不享有继子女的财产继承权。同理，如果继母与生父离婚，继子女随生父生活，继母不再履行抚养继子女义务的，则继母不再享有对继子女财产的继承权。

（四）父母对人工生育子女财产的继承权

随着科学技术的进步，日益普遍的人工生育现象引发出复杂的法律问题。1991年，最高人民法院在《关于夫妻关系存续期间以人工授精所生子女的法律地位的函》中指出："在夫妻关系存续期间，双方一致同意进行人工授精，所生子女应视为夫妻双方的婚生子女，父母子女之间权利义务关系适用婚姻法的有关规定。"[1]照此，父母双方对该类子女的遗产依法享有继承权。即便是夫妻双方一致同意利用他人精子进行人工授精并使女方受孕后，男方反悔但女方坚持生育的，不论子女是否在夫妻关系存续期间出生，都应视为该对夫妻的婚生子女，双方对于该子女的遗产也享有继承权。

典型案例

父母法定继承权案[2]

原告姜某某、张某某系夫妻关系。二原告的长子张某洲于2002年1月意外身故，被告

---

[1] 周道鸾主编：《中华人民共和国最高人民法院司法解释全集》，人民法院出版社1994年版，第1145页。

[2] 案例来源：北大法宝网：姜秀云诉黑某某继承纠纷案，网址：http://www.pkulaw.cn/Case/pfnl_117451519.html? match＝Exact，下载时间：2016年3月7日。

黑某某系张某洲妻子。被继承人张某洲的遗产有:住房一套,某公司股权440元、债券1760元;被继承人张某洲与被告黑某某共同共有的财产若干。上述共有财产中的一半为被继承人张某洲的遗产,该房屋现由被告黑某某居住,财产由被告黑某某掌管使用;被继承人张某洲生前与黑某某共同向二原告借款48,200元。现二原告与黑某某就被继承人张某洲的遗产分割发生纠纷,诉至法院。

法院审理认为,二原告与被告同为死者张某洲的第一顺序法定继承人,依法享有同等的继承权。被继承人张某洲生前所购房地产、债权、债券及其与被告在婚姻关系存续期间所得财产中的一半为其遗产,依法应由二原告与被告继承。被继承人张某洲生前所负债务,可用其遗产先行清偿。二原告请求将现值60,214元的房地产,判归二原告所有,用于清偿被继承人张某洲生前所欠二原告的48,200元债务。其剩余价款12,014元和2200元的债权、债券及被继承人张某洲与被告在婚姻关系存续期间所得财产中的一半依法由二原告和被告继承的主张,于法有据,法院予以支持。被告请求将房地产判归其所有,但又无意清偿被继承人生前所负债务和补偿给二原告应得的房地产的折价款,其主张,法院不予支持。文检鉴定结论证实,二原告所持的署名为张某洲的两张借条,均为被继承人张某洲生前亲笔所写,二原告请求判决由被告承担文检鉴定费的主张成立,法院予以支持。因被继承人张某洲生前所购房地产不宜分割,且没有判为二原告与被告共有的基础,只能采取折价分割的方法进行分割。法院根据《继承法》第3条、第10条第1款和第2款、第26条、第29条、第33条的规定,判决继承人张某洲的遗产由其父母姜某某、张某君和妻子黑某某共同继承,并对遗产依法进行了分割。

本案涉及父母的法定继承权问题。在张某洲去世后,其父母姜某某、张某某和妻子黑某某为法定的第一顺序继承人,平等享有继承张某洲遗产的权利。

二、子女对父母遗产的继承权

依我国继承法和相关司法解释,享有继承权的子女,包括亲生子女、养子女、有抚养关系的继子女,以及人工生育子女。未成年子女和成年子女都享有对父母遗产的继承权,成年子女有赡养能力和赡养条件,但未尽赡养义务的,在分配父母遗产时,应当不分或者少分。此外,我国继承法还确立了代位继承和保留胎儿应继份制度。

(1)亲生子女的继承权

亲生子女不论男女、已婚未婚、随父姓还是随母姓,均平等地享有对父母遗产的继承权。在我国,特别是在偏远落后地区,受重男轻女封建思想影响,存在着忽视或取消已婚女儿继承权的现象。按照《婚姻法》和《继承法》相关规定,这种做法是错误的。还有一种现实状况是,女儿出嫁后,按照当地风俗习惯,多由兄弟们主要承担赡养父母的义务,已婚女儿在父母去世后往往不要求继承父母财产或者少分遗产,这种情况可视为已婚女儿主动放弃继承权或者继承人协商分割遗产,当然,这应当出于已婚女儿的完全自愿,如果其主张对父母遗产继承权的,应当支持。这既符合《继承法》权利义务相一致原则,也符合一般情况和不少地区的风俗习惯。[①]　值得注意的是,我们不能因此认为出嫁女儿没有对父母遗产的继承权,进而

否认法律对已婚妇女继承权的保护。

亲生子女,包括婚生子女和非婚生子女。我国《婚姻法》第25条第1款对于非婚生子女的法律地位有明确规定,即"非婚生子女享有与婚生子女同等的权利,任何人不得加以危害和歧视。"又据《继承法》第10条,婚生子女和非婚生子女,对亲生父母的遗产都享有同等的继承权。因此,我们不能基于子女出生在婚外而剥夺其继承父母遗产的权利。

(二)养子女的继承权

养子女是指被收养的子女,收养他人子女为自己子女的人为养父母。收养关系一经确立,养子女与养父母之间形成法律上的父母子女关系,同时,养子女与生父母之间的权利义务关系消除。这样,养子女可以继承养父母的财产,但不能继承生父母的财产。如果抚养关系解除,养父母与养子女之间的抚养关系中断,未成年养子女与生父母间的关系恢复,该子女享有对生父母财产的继承权;由于成年养子女与生父母的关系是否恢复由当事人决定,因此,成年养子女是否享有继承权应视具体情况而定。另外,根据最高人民法院《关于贯彻执行〈中华人民共和国继承法〉若干问题的意见》(以下简称"执行继承法意见")第19条规定,"被收养人对养父母尽了赡养义务,同时又对生父母扶养较多的,除可依继承法第十条的规定继承养父母的遗产外,还可依继承法第十四条规定分得生父母的适当的遗产"。《执行继承法意见》还对收养孙子女的继承作出解释,第22条规定:"收养他人为养孙子女,视为养父母与养子女的关系的,可互为第一顺序继承人。"

典型案例

子女被他人收养后可否继承生父母遗产①

原告纪某治,被告纪某琴,原告和被告间系同胞姐妹关系,因房屋继承纠纷,原告向福建省厦门市开元区人民法院提起诉讼。

原被告双方的生父纪某山、生母陈某共同建置座落在厦门市厦禾巷26号4层楼房一幢,产权登记在其母陈某名下。被继承人生有2男2女,长子纪某河、次子纪某顺于解放前去台湾谋生,至今下落不明;长女纪某治,自幼被他人收养;次女纪某琴,长期与生母陈某共同生活。诉争的楼房1、3、4层由国家改造,2层由陈某和被告纪某琴居住。后来,被改造的3、4层楼房落实政策退还,由陈某出租。原告纪某治虽自幼被他人收养,但在成年后仍与生母保持来往,生活上多方给予关照。陈某晚年生病期间,纪某治前往护理。1986年1月,陈某去世,原告与被告共同主持安葬。之后,原告提出继承、分割陈某遗产楼房,被告不同意,双方发生纠纷。经亲友和居民委员会调解,被告同意支付6000元补偿原告。后因被告反悔,原告即向开元区人民法院起诉。

开元区人民法院审理认为:厦禾巷26号楼房2、3、4层,系被继承人纪某山、陈某的遗产,依照《继承法》第10条第2款的规定,应由其法定第一顺序继承人纪某琴、纪某河、纪某顺共同继承;纪某河、纪某顺去台湾至今下落不明,其继承份额应予保留。纪某治自幼送他

---

① 案例来源:北大法宝网,网址:http://www.pkulaw.cn/case/pfnl_117507160.html? keywords=%E7%BB%A7%E6%89%BF&match=Exact,下载时间:2016年12月15日。

人收养,并与养父母保持收养关系,依照《婚姻法》第 20 条第 2 款关于"养子女与生父母之间的权利和义务,因收养关系的成立而消除"的规定,原告不能作为被继承人的法定继承人,因此也不能继承被继承人陈某的遗产。但是,鉴于原告长期对被继承人陈某给予生活上关照和经济上扶助,依照《继承法》第 14 条关于"继承人以外的对被继承人扶养较多的人,可以分给他们适当的遗产"的规定,被告可以分给原告适当的遗产。被告提出愿以 6000 元作为抵偿原告可以分得被继承人遗产的份款,应予支持;至于付款期限,可以酌情缩短。为便于被告修缮楼房,被告要求原告交还楼房产权证是合理的。法院于 1987 年 8 月 31 日判决如下:一,座落在厦禾巷 26 号楼房的第 2、3、4 层,由被告纪某琴和去台湾的纪某河、纪某顺共同继承;二,被告纪某琴应补偿原告纪某治人民币 6000 元,于本判决生效时交付 2000 元,生效 6 个月时交付 2000 元,生效 1 年时交付 2000 元,原告应在被告付清上述款后将诉争房屋产权证交给被告。

　　原告纪某治不服,以被继承人陈某并没有将她送人收养,而且对其尽了较多的义务,以要求依法继承陈某的遗产为由,向厦门市中级人民法院提出上诉。厦门市中级人民法院审理认为:上诉人纪某治自幼由他人收养,依法与生母的权利义务关系消除,不能作为法定继承人继承被继承人的遗产。但上诉人对被继承人生前扶养较多,被继承人去世后,上诉人与被上诉人共同对其安葬,依法可适当分得陈某的遗产。根据上诉人对被继承人生前扶养的情况,分给上诉人的遗产金额偏低,可适当增加。据此,法院于 1988 年 6 月 1 日判决:维持原审判决第一项;第二项变更为:纪某琴、纪某河、纪某顺共同补偿纪某治可适当分得房价款人民币 8000 元,该款在纪某河、纪某顺未实际管业之前,先由纪某琴支付。纪某琴应在本判决生效后 6 个月内先付 4000 元,余款在 1 年内付清。纪某治应在纪某琴付清上列款后,将诉争房屋的产权证交由纪某琴保存。

　　（三）有抚养关系的继子女的继承权

　　我国《婚姻法》第 27 条第 2 款规定:"继父或继母和受其抚养教育的继子女间的权利和义务,适用本法对父母子女关系的有关规定。"继父母子女是基于夫妻双方离婚后再婚而产生的亲属关系。继子女与继父或继母之间形成了抚养和赡养关系的,继子女对继父或继母的财产有继承权;如果继父与生母或继母与生父离婚,继父或继母不再抚养继子女,原继子女也不再赡养原继父母的,原继子女便不享有对原继父母财产的继承权。还应注意的是,因为亲生父母子女之间的自然血亲关系不因父母离婚而消灭,因此,形成抚养关系的继子女在继承继父母遗产的同时,仍然有权继承自己生父母的遗产。但是,如果有赡养能力和赡养条件的继子女对其生父或生母未尽赡养义务的,分配遗产时,可以对其少分或不分。作为继承人的继子女,无论性别、已婚未婚,都平等地享有继承权。

　　（四）胎儿的继承与人工生育子女的继承权

　　关于胎儿的继承问题,我国《继承法》第 28 条规定:"遗产分割时,应当保留胎儿的继承份额。"因此,被继承人在分割遗产时,应当为胎儿保留继承份额。我国台湾地区民法典亲属编则赋予胎儿享有继承权,为胎儿保留应继份,胎儿的母亲为遗产分割的代理人。① 胎儿是否享有继承能力和继承权,学者们有不同认识。但是保护胎儿利益已成为理论界的共识,"视为"具有民事权利能力的提出,为保护胎儿利益提供了可能。② 遗产分割时保留胎儿的继承份额,如果胎儿出生时是死体的,由被继承人的继承人继承所保留的份额;如果胎儿出生后死亡的,由婴儿(即出生的胎儿)的继承人,即母亲继承所保留的份额。

关于人工生育子女对父母遗产的继承权问题,前述最高人民法院《关于夫妻关系存续期间以人工授精所生子女的法律地位的函》明确人工授精所生子女是夫妻双方的婚生子女,父母子女之间的权利义务关系适用《婚姻法》的有关规定。因此,一方面,夫妻双方对该类子女的遗产依法享有继承权,另一方面,人工生育的子女对父母双方的遗产同样享有继承权。即便男方反悔但女方坚持生育的,不论该子女是否在夫妻关系存续期间出生,都应视为夫妻双方的婚生子女,他们对于夫妻双方的遗产均享有继承权。

典型案例

人工授精所生子女继承权纠纷案③

李某与郭某某系夫妻关系,郭某阳为李某与郭某某的儿子,郭某某因病死亡后,其儿子郭某阳出生。郭某和、童某某系被继承人郭某某的父母。原告李某认为位于江苏省南京市某住宅小区的 306 室房屋,是其与被继承人郭某某的夫妻共同财产。郭某某的遗产应当由她、儿子郭某阳与郭某某的父母郭某和、童某某等法定继承人共同继承。被告郭某和、童某某辩称:儿子郭某某生前留下遗嘱,明确将 306 室赠予他们,故该房产不适用法定继承。李某所生的孩子与郭某某不存在血缘关系,郭某某在遗嘱中声明他不要这个人工授精生下的孩子,他在得知自己患癌症后,已向李某表示过不要这个孩子。李某自己坚持生下这个孩子,因此,应该由李某对孩子负责,不能将孩子列为郭某某的继承人。

法院经审理查明:1998 年 3 月 3 日,原告李某与郭某某登记结婚。2002 年,郭某某以自己的名义购买了涉案建筑面积为 45.08 平方米的 306 室房屋,并办理了房屋产权登记。2004 年 1 月 30 日,李某和郭某某共同与南京军区南京总医院生殖遗传中心签订了人工授精协议书,对李某实施了人工授精,后李某怀孕。2004 年 4 月,郭某某因病住院,其在得知自己患癌症后,向李某表示不要这个孩子,但李某不同意人工流产,坚持要生下孩子。5 月20 日,郭某某在医院立下自书遗嘱,声明他不要这个人工授精生下的孩子,并将 306 室房屋赠与其父母郭某和、童某某。郭某某于 5 月 23 日病故。李某于当年 10 月 22 日产下一子,取名郭某阳。江苏省南京市秦淮区人民法院于 2006 年 4 月 20 日作出一审判决:涉案的

① 参见我国台湾地区民法典第 1166 条。北大法宝:《台湾民法典》,网址:http://www.pkulaw.cn/fulltext_form.aspx? Db = twd&Gid = 939534514&keyword = &EncodingName = &Search_Mode = accurate,下载时间:2016 年 9 月 28 日。

② 王姝:《胎儿权益保护写入民法总则草案》,网址:http://news.sina.com.cn/c/2016-06-27/doc-ifxtmses1045103.shtml,下载时间:2016 年 9 月 28 日。

③ 案件来源:最高人民法院指导案例第 50 号"李某、郭某阳诉郭某和、童某某继承纠纷案",由最高人民法院审判委员会讨论通过,2015 年 4 月 15 日发布,http://www.court.gov.cn/shenpan-xiangqing-14248.html,下载时间:2015 年 12 月 10 日。

306 室房屋归原告李某所有;李某某于本判决生效之日起 30 日内,给付原告郭某阳 33442.4 元,该款由郭某阳的法定代理人李某保管;李某于本判决生效之日起 30 日内,给付被告郭某和 33442.4 元、给付被告童某某 41942.4 元。一审宣判后,双方当事人均未提出上诉,判决已发生法律效力。

本案争议的焦点主要有两点:一是郭某阳是否为郭某某和李某的婚生子女;二是在郭某某留有遗嘱的情况下,对 306 室房屋应如何析产继承。关于争议焦点一,前述最高人民法院复函已表明,在夫妻双方一致同意进行人工授精所生的子女,应视为夫妻双方的婚生子女。郭某某因无生育能力,签字同意医院为其妻子李某施行人工授精手术,该行为表明郭某某具有通过人工授精方法获得其与李某的共同子女的意思表示。因此,郭某阳是郭某某和李某的婚生子女。我国《民法通则》第 57 条规定:"民事法律行为从成立时起具有法律约束力。行为人非依法律规定或者取得对方同意,不得擅自变更或者解除。"因此,郭某某在遗嘱中否认其与李某所怀胎儿的亲子关系,是无效民事行为。法院应当认定郭某阳是郭某某和李某的婚生子女。关于争议焦点二,我国《继承法》第 5 条规定:"继承开始后,按照法定继承办理;有遗嘱的,按照遗嘱继承或者遗赠办理;有遗赠扶养协议的,按照协议办理。"被继承人郭某某死亡后,继承开始。鉴于郭某某留有遗嘱,本案应当按照遗嘱继承办理。《继承法》第 26 条还规定:"夫妻在婚姻关系存续期间所得的共同所有的财产,除有约定的以外,如果分割遗产,应当先将共同所有的财产的一半分出为配偶所有,其余的为被继承人的遗产。"最高人民法院《执行继承法意见》第 38 条也规定:"遗嘱人以遗嘱处分了属于国家、集体或他人所有的财产,遗嘱的这部分,应认定无效。"登记在被继承人郭某某名下的 306 室房屋,已查明是郭某某与李某在婚后取得的夫妻共同财产。郭某某死亡后,该房屋的一半应归李某所有,另一半才能作为郭某某的遗产。郭某某在遗嘱中,将 306 室全部房产处分归其父母,侵害了李某的财产所有权,遗嘱的这部分应属无效。此外,依照《继承法》第 19 条,遗嘱应当对缺乏劳动能力又没有生活来源的继承人保留必要的遗产份额;依照《继承法》第 28 条,遗产分割时,应当保留胎儿的继承份额。郭某某在立遗嘱时,明知妻子怀有身孕,而没有在遗嘱中为胎儿保留必要的遗产份额,该部分遗嘱内容无效。综上,在扣除应当归李某所有的财产和应当为胎儿保留的继承份额之后,郭某某遗产的剩余部分才可以按遗嘱确定的分配原则处理。

(五)代位继承人的继承权

代位继承是指被继承人的子女先于被继承人死亡,继承开始后,由被继承人子女的晚辈直系血亲代替其继承被继承人遗产的制度。[1] 依照《继承法》第 11 条,被继承人的子女先于被继承人死亡的,由被继承人子女的晚辈直系血亲代位继承。代位继承人一般只能继承其父亲或者母亲有权继承的遗产份额。代位继承是法定继承的延伸,为法定继承的重要组成部分,不适用于遗嘱继承。代位继承权是代位继承人享有的法定权利。但理论界对于代位继承权的性质仍存在着"固有权说"与"代表权说"的分歧。依照最高人民法院《执行继承法意见》第 28 条,继承人丧失继承权的,其晚辈直系血亲不得代位继承。可见,我国制定继承法时关于代位继承权的性质问题采取的是代表权理论,即代位权人所享有的代位继承权是

---

[1]　陈苇主编:《婚姻家庭继承法学》,群众出版社 2012 年版,第 347~348 页。

基于被继承人的继承权的,但有不少学者主张代位继承权应采固有权说。① 代位继承人仅限于被继承人的子女的晚辈直系血亲。最高人民法院《执行继承法意见》第 25 条进一步指出,晚辈直系血亲为符合法定条件的孙子女、外孙子女、曾孙子女、外曾孙子女,不受辈数的限制。另外,最高人民法院《执行继承法意见》第 26 条还规定:"被继承人的养子女、已形成扶养关系的继子女的生子女可代位继承;被继承人亲生子女的养子女可代位继承;被继承人养子女的养子女可代位继承;与被继承人已形成扶养关系的继子女的养子女也可以代位继承。"由此可见,生子女和养子女都可以依法成为代位继承人。

典型案例

随母改嫁子女的代位继承权②

王某学(原审被告)、王某刚(原审第三人)、王某贤(原审第三人)三位上诉人,因继承一案,不服黑龙江省哈尔滨市道外区人民法院(84)第 621 号民事判决,向哈尔滨市中级人民法院提起上诉。哈尔滨市中级人民法院经审理查明:三上诉人与被上诉人王某德(原审原告人)系叔侄、姑侄关系。被继承人王某远、李某岭夫妇分别于 1963 年、1984 年死亡。二位被继承人在婚姻存续期间生育王某学、王某芳、王某昌、王某贤、王某刚五名子女。王某昌早已死亡,无配偶和子女。王某芳于 1954 年死亡,有配偶和婚生子女王某德、王某文和王某霞。1967 年,王某芳之妻带三名子女改嫁。王某芳之妻虽然带子女改嫁,但在被继承人李某岭在世时,经常来往,关心照顾其生活,过年过节还去探望,送食品。被继承人李某岭死亡时,被上诉人王某德送去 70 元,与三位上诉人王某学、王某刚、王某贤共同料理丧事。被继承人遗有道外区南十四道街 135 号院内 83.507 平方米房产,由王某学、王某刚和案外人周某某分别居住。被继承人李某岭死亡后,被上诉人王某德,以要求代位继承被继承人所遗房产为由,向道外区人民法院提起诉讼。原审法院认定,三上诉人同被上诉人,对被继承人都尽了赡养义务,均是合法继承人,故判决将被继承人的所遗 83.507 平方米房产,由三上诉人与被上诉人平均继承,各继承 20.877 平方米。根据房产的结构(间数)和当事人居住现状,房产实际分割如下:王某学继承 21.487 平方米,王某刚继承 21.8 平方米,王某贤继承 19.96 平方米,王某德兄妹三人代位继承 20.88 平方米。多出的平均继承份额部分,以款相抵,王某学、王某刚、王某德三人共补 82.5 元,由王某贤所得。对以上判决,三上诉人不服,以被上诉人王某德之父对被继承人未尽赡养义务,王某德兄妹系晚辈血亲,无权继承被继承人遗产为由提起上诉。

哈尔滨市中级人民法院审理认为:被上诉人之父王某芳,虽然先于被继承人死亡,但在

---

① 马忆南:《婚姻家庭继承法学》,北京大学出版社 2014 年版,第 285~286 页。关于代位继承权的性质,该书赞成固有权说,并从自然人民事权利能力的基本原理、代位继承人固有的继承人资格以及被代位继承人的继承顺序和继承份额三方面论述,认为固有权说既符合民法法理,又符合各国立法实践。杨立新教授亦赞同这种观点。参见杨立新:《家事法》,法律出版社 2013 年版,第 468 页。张玉敏教授在《代位继承比较研究》一文中证明了采取固有权说的合理性。参见张玉敏:《代位继承比较研究》,载《中央政法干部管理学院学报》1997 年第 3 期。

② 案例来源:北大法宝:王某学等三人与王远德继承案,网址:http://www.pkulaw.cn/case/pfnl_1970324837041199.html? match=Exact,下载时间:2016 年 3 月 5 日。本案为最高人民法院公布案例。

生前对被继承人尽到了赡养义务,应当享有继承权利。至于被上诉人是王某芳的晚辈直系血亲,按照我国有关法律规定,有权代位继承其父应得的遗产份额。因此,原审判决根据当时双方赡养被继承人的经济能力,以及在遗产分割后,有利于生活需要和不损害使用的情况,将该项遗产平均分配是适当的。法院遂判决驳回上诉,维持原判。

第五节　重要学术观点与争议

对继承问题的研究一直是我国民法学界研究的薄弱环节。专门论述父母子女相互继承权问题的文章较少,相关问题还有待进一步研究和探讨。

一、应否区分子女与父母的继承人顺序

关于法定继承人的范围和顺序,近几年,学界讨论得较多,其中子女与父母的继承顺序是争论最为激烈的热点问题。

多数学者支持将父母列为第一顺序继承人。有学者主张,伴随着我国计划生育政策的实施,独生子女家庭的增多,人口老龄化加速,"未富先老"的特点明显。为了贯彻继承法养老育幼的原则,避免被继承人的遗产无人继承又无人受遗赠,我国应当在原有两个继承顺序的基础上,增加一个继承顺序,将四代以内的其他直系或者旁系血亲增列为第三顺序的继承人,以发挥遗产的扶弱济困功能。① 由此,法定继承可包括三个顺序:配偶、子女、父母为第一顺序;孙子女、外孙子女、兄弟姐妹、祖父母、外祖父母为第二顺序;四代以内的其他直系或者旁系血亲为第三顺序。但其须遵循顺位在先的优先继承原则,即继承开始后,由前一顺序继承人继承,没有前一顺序继承人继承的,由后一顺序继承人继承。② 在法定继承中,子女和父母仍在第一顺序。另外,就子女与父母来说,有的地方有"一代养一代"的习俗,如果在被继承人死亡后,有子女而父母不能继承遗产,会使父母生活陷入困境,不利于保护老年人的合法权益。因此,其规定子女与父母为同一顺序继承人,兄弟姐妹与祖父母、外祖父母为同一顺序继承人,是妥当的。③ 在我国人口老龄化严重的背景下,考虑到我国社会保障制度不完善的现状,父母作为第一顺序的法定继承人,可以缓解人口老龄化带来的赡养问题。④ 有学者认为,《继承法》规定继承人和继承顺序还需要考虑被继承人与继承人之间的经济和情感联系以及权利义务关系等因素。

也有不少学者反对将父母列为第一顺序继承人,建议将父母列为第二顺序继承人。有学者建议,修法时应将继承人顺位做出调整,将子女列为第一顺序,父母列为第二顺序,兄弟姐妹列为第三顺序(兄弟姐妹死亡的,由其子女代位继承),祖父母、外祖父母列为第四顺序。⑤ 他们认为,子女及其直系晚辈血亲应当优先于父母的继承顺序,子女及其直系晚辈血亲作为第一顺序法定继承人,父母作为第二顺序法定继承人,这样可使遗产通过子女及其直

---

① 王歌雅:《论继承法的修正》,载《中国法学》2013年第6期。
② 王歌雅:《〈继承法〉修正:体系建构与制度选择》,载《求是学刊》2013年第2期。
③ 郭明瑞:《完善法定继承制度三题》,载《法学家》2013年第4期。
④ 郭明瑞、房绍坤、关涛:《继承法研究》,中国人民大学出版社2003版,第73页。
⑤ 陈苇、冉启玉:《完善我国法定继承人范围和顺序的立法思考》,载《法学论坛》2013年第2期。

系晚辈血亲向下传递,保留在被继承人的后代家庭中。这不仅符合我国民间的继承习惯,也与世界大多数国家和地区立法相一致。同时,对被置于后面继承顺序而未能参加继承的受被继承人扶养的父母以及祖父母、外祖父母的晚年生活保障,可以通过设立特定遗产(包括遗产中供受扶养人日常生活使用的物品和住房)的终身使用权的方式,予以妥善地解决。[①]也有学者认为,从被继承人意愿和我国民间传统习惯角度看,应当将父母规定为第二顺序的继承人。[②] 有学者建议遗产继承顺序分为五层:第一顺序为子女及孙子女、外孙子女;第二顺序为父母;第三顺序为兄弟姐妹;第四顺序为祖父母、外祖父母;第五顺序为侄子女、外甥子女。并且配偶的顺序不固定,其可依序与第一、二、三顺序继承人一并继承。同一顺序中的继承人,亲等近者先继承。[③] 还有人认为,将父母规定为第一顺序法定继承人,实为加重继承的赡养功能,忽视被继承人的主观意志。为了实现尊重被继承人意志与保障父母权益的兼顾,较为合理且正当的解决方案是,使父母的继承地位退居于子女之后,成为第二顺序的法定继承人。[④]

二、继父母与继子女之间的继承权问题

关于继子女与继父母间的继承权问题,学者中也存有争议。有学者认为,应当废除继子女对继父母的继承权,理由是它会损害到继父母生子女的利益,因此主张废除。在继父母抚养了继子女后,法律还强行规定继子女有权继承继父母的遗产,这也许会违背当事人的意愿。[⑤] 继子女的继承权虽有利于保护继子女的利益,但忽视了血缘关系在亲属权利义务关系中的重要作用,无视现实生活秩序,并高估了法律制度对生活秩序的塑造能力。因此,这非但不能得到普遍遵守,反而会带来一些消极后果,给有未成年子女的男女再婚造成困难。[⑥] 也有学者主张保留该制度,认为继父母子女的相互继承权是我国《继承法》的特色。还有学者认为,从确定继承人范围应基于婚姻关系和血缘关系角度而言,继子女不应享有继承权,以收养取代有扶养关系的"继子女"的继承权不失为一种办法,这也是域外立法所采取的。由于我国收养条件严格,并考虑到家庭共同生活的事实,我们建议保留继父母子女间的继承权。[⑦]

三、丧偶儿媳与丧偶女婿的继承权问题

依照我国《继承法》第 12 条,丧偶儿媳对公婆、丧偶女婿对岳父母尽了主要赡养义务的,作为第一顺序继承人。如此规定之目的是为更好地赡养老人。对于尽了主要赡养义务的丧偶儿媳或丧偶女婿是否应为法定继承人,学界有两种不同观点:一种观点认为,这一规定较

---

① 陈苇,杜江涌:《我国法定继承制度的立法构想》,载《现代法学》2002 年第 3 期。

② 张玉敏:《法定继承人范围和顺序的确定》,载《法学》2012 年第 8 期。

③ 杨立新主编:《继承法修订入典之重点问题》,中国法制出版社 2015 年版,第 264 页。详见该书附录《中华人民共和国继承法编(草案)》建议稿,该建议稿由杨立新教授与杨震教授共同主持编纂。

④ 郑倩、房绍坤:《父母法定继承顺位的立法论证》,载《东北师大学报(析学社会科学版)》2015 年第 3 期。

⑤ 陈苇、冉启玉:《完善我国法定继承人范围和顺序的立法思考》,载《法学论坛》2013 年第 2 期。

⑥ 张玉敏:《法定继承人范围和顺序的确定》,载《法学》2012 年第 8 期。

⑦ 郭明瑞:《完善法定继承制度三题》,载《法学家》2013 年第 4 期。

为公平合理,有利于年老的公婆、岳父母获得生活上的照料和精神上的安慰,有利于发扬中华民族的美德、发挥家庭的扶养职能,体现了权利义务的一致性。①

另有观点认为,应当废除这一条款。规定丧偶儿媳、女婿的继承权是将本应由道德调整的问题纳入到了法律调整的范畴,适用《继承法》有关酌情分得一定遗产的规定,同样可以保护此类丧偶儿媳和女婿的合法权益,因此,不宜将其纳入法定继承人的范围。② 将丧偶儿媳或者丧偶女婿规定为第一顺序法定继承人,违反了世界各国普遍遵守的姻亲不能做继承人的原则。他们赡养公婆或者岳父母是一种美德和善行,对他们的高尚道德和付出应当给予肯定和褒扬,但不宜将他们列为法定继承人。我国《继承法》应当通过酌给遗产制度,对尽了主要赡养义务的丧偶儿媳或者丧偶女婿予以肯定和褒扬,被继承人也可以通过立遗嘱给他们部分甚至全部遗产。③ 因此,立法不应再将丧偶儿媳或女婿列为继承人。丧偶儿媳对公婆或丧偶女婿对岳父母尽了主要赡养义务,形成事实上的扶养关系的,可依关于继承人以外的人可适当分得遗产的规定给予适当补偿。④ 我国《继承法》规定丧偶儿媳和女婿的继承权目的是好的,但其最大弊端是不符合我国的继承传统。有学者提出,我国在修改《继承法》时,将第12条规定改为:丧偶儿媳对公婆或丧偶女婿对岳父母尽了主要赡养义务,没有代位继承人的,可作为第一顺序继承人。⑤

典型案例

尽了主要赡养义务的丧偶儿媳的继承权⑥

郭某某有二子郭甲、郭乙,其妻已过世。父子三人居住在祖上留下的老屋中(2001年,郭某某将老屋加固翻新并办理房产权证)。2002年,郭甲与兰某结婚,2003年,两人生育男孩郭某,2005年,郭甲不幸遭遇车祸丧生,家庭负担全落在兰某身上。兰某除农作劳动外,精心照料孩子和公公郭某某的饮食起居,一直未再嫁。2009年,郭某某因病痛离开人世,留下祖产房屋一幢,共六间。不久,郭乙要求分割房屋,主张哥哥郭甲之子郭某分3间,兰某作为郭某的监护人享有居住权,另外3间归自己所有。兰某不服小叔子的安排,遂诉至法院。

一审法院审理认为,郭某享有代位继承权,应当继承其父郭甲应继承的遗产份额;原告兰某作为丧偶儿媳,为公公养老送终,尽了主要赡养义务,根据我国现行《继承法》第12条规

---

① 刘春茂:《中国民法学·财产继承》,中国人民公安大学出版1990年版,第229～230页。

② 陈苇、冉启玉:《完善我国法定继承人范围和顺序的立法思考》,载《法学论坛》2013年第2期。

③ 张玉敏:《法定继承人范围和顺序的确定》,载《法学》2012年第8期。

④ 梁慧星主编:《中国民法典草案建议稿附理由·继承编)》,法律出版社2013年版,第38页。梁慧星教授建议稿未规定尽了主要赡养义务的丧偶儿媳和女婿的继承权,对于形成事实抚养关系的适用关于继承人以外的可适当分得遗产的人的规定(建议稿第1957条)给予适当补偿。建议稿第1957条规定:"下列继承人以外的人可以分得适当的遗产:(一)依靠被继承人生前继续抚养的缺乏劳动能力又没有生活来源的;(二)对被继承人扶养较多的;(三)其他与被继承人有特别关系的。"

⑤ 郭明瑞:《完善法定继承制度三题》,载《法学家》2013年第4期。另外,王利明教授主持的《中国民法典学者建议稿继承编》也建议允许在没有代位继承人时作为第一顺序法定继承人参加继承,有代位继承人时则可按照遗产酌给请求权的规定请求分得部分遗产。

⑥ 案例来源:北大法意网:丧偶儿媳尽责赡养理应享有继承权,网址:http://www.lawyee.org/Case/Case_Hot_Display.asp? RID=215902&KeyWord=,下载时间:2016年3月7日。

定,应作为第一顺序继承人参与继承,享有相应份额的遗产继承权。

四、人工生育子女的继承权问题

随着现代科学技术的迅猛发展,人工生殖技术日益成熟,通过人工生育的子女已不罕见,由此引发诸多法律问题。就继承权而言,传统继承观念将血缘关系作为判断的标准,但通过人工生殖技术出生的子女,则存在着可能与自己法律上的父亲或母亲无血缘关系的情形,对此,已出版的民法典亲属编专家建议稿规定:依法采用人工生殖技术生育的子女,以同意采取该方式生育子女的男女为父母。[①] 但现实中也存在非经夫妻双方协议,单方实施人工生育的情形,这也有待立法做出相应规范。还有一种情形是:被继承人死亡后,生存配偶利用其生前保留的精子受孕生育,此类子女的继承权该如何保护。有学者认为,不能将在这种情形下出生的子女确定为继承人。从理论上说,继承人须有继承能力,若承认这种情形下出生的子女为继承人,则会发生配偶一方违反被继承人遗愿的情况,且在有其他继承人的情况下,若承认这种亲子关系,会以配偶一方的意志而侵害其他继承人的权益。[②]

第六节　相关联的法条

一、《中华人民共和国宪法》

我国《宪法》第 13 条第 2 款规定:"国家依照法律规定保护公民的私有财产权和继承权。"宪法明确对公民继承权的国家保护,婚姻法关于父母和子女有相互继承遗产权利的规定,肯定了他们间的相互继承权,是对宪法保护公民财产继承权的进一步规范,体现了对父母、子女合法权益的保护,是家事法领域对宪法原则的充分体现。

二、基本法律

(一)《中华人民共和国民法通则》

我国《民法通则》和《中华人民共和国民法总则》第 76 条规定:"公民依法享有财产继承权。"[③]这些是公民享有继承权的一般性规定,奠定了父母子女间的继承权的基础。

(二)《中华人民共和国继承法》

《继承法》规定了自然人死亡后遗产转移的基本规则,是民事法律制度的重要部分。我国《继承法》在法定继承中对父母子女间的相互继承作出规定,明确了他们在法定继承中的继承人顺序,阐释了父母、子女的范围,分别对婚生子女、非婚生子女、养子女和有扶养关系的继子女的继承问题,以及父母、养父母和有扶养关系的继父母的继承问题作出规定。其第二章"法定继承"的相关内容如下:

---

① 梁慧星主编:《中国民法典草案建议稿附理由·亲属编)》,法律出版社 2013 年版,第 224 页。
② 郭明瑞:《完善法定继承制度三题》,载《法学家》2013 年第 4 期。
③ 《民法总则》第 124 条规定"自然人依法享有继承权。自然人的合法和私有财产,可以依法继承。"

第 10 条:遗产按照下列顺序继承:

第一顺序:配偶、子女、父母。

第二顺序:兄弟姐妹、祖父母、外祖父母。

继承开始后,由第一顺序继承人继承,第二顺序继承人不继承。没有第一顺序继承人继承的,由第二顺序继承人继承。

本法所说的子女,包括婚生子女、非婚生子女、养子女和有扶养关系的继子女。

本法所说的父母,包括生父母、养父母和有扶养关系的继父母。

本法所说的兄弟姐妹,包括同父母的兄弟姐妹、同父异母或者同母异父的兄弟姐妹、养兄弟姐妹、有扶养关系的继兄弟姐妹。

第 11 条:被继承人的子女先于被继承人死亡的,由被继承人的子女的晚辈直系血亲代位继承。代位继承人一般只能继承他的父亲或者母亲有权继承的遗产份额。

第 12 条:丧偶儿媳对公、婆,丧偶女婿对岳父、岳母,尽了主要赡养义务的,作为第一顺序继承人。

第 13 条:同一顺序继承人继承遗产的份额,一般应当均等。

对生活有特殊困难的缺乏劳动能力的继承人,分配遗产时,应当予以照顾。对被继承人尽了主要扶养义务或者与被继承人共同生活的继承人,分配遗产时,可以多分。

有扶养能力和有扶养条件的继承人,不尽扶养义务的,分配遗产时,应当不分或者少分。

继承人协商同意的,也可以不均等。

第 14 条:对继承人以外的依靠被继承人扶养的缺乏劳动能力又没有生活来源的人,或者继承人以外的对被继承人扶养较多的人,可以分给他们适当的遗产。

三、司法解释、批复

(一)司法解释

1985 年 9 月 11 日,最高人民法院《关于贯彻执行中华人民共和国继承法若干问题的意见》对涉及养父母子女、继父母子女及尽了主要赡养责任的儿媳、女婿的继承权问题在法定继承部分作了补充规定,进一步完善了亲子继承的内容。具体如下:

19. 被收养人对养父母尽了赡养义务,同时又对生父母扶养较多的,除可依《继承法》第十条的规定继承养父母的遗产外,还可依《继承法》第十四条的规定分得生父母的适当的遗产。

20. 在旧社会形成的一夫多妻的家庭中,子女与生母以外的父亲的其他配偶之间形成扶养关系的,互有继承权。

21. 继子女继承了继父母遗产的,不影响其继承生父母的遗产。

继父母继承了继子女遗产的,不影响其继承生子女的遗产。

22. 收养他人为养孙子女,视为养父母与养子女的关系的,可互为第一顺序继承人。

26. 被继承人的养子女、已形成扶养关系的继子女的生子女可代位继承;被继承人亲生子女的养子女可代位继承;被继承人养子女的养子女可代位继承;与被继承人已形成扶养关系的继子女的养子女也可以代位继承。

29. 丧偶儿媳对公婆、丧偶女婿对岳父、岳母,无论其是否再婚,依《继承法》第十二条规定作为第一顺序继承人时,不影响其子女代位继承。

(二)最高人民法院的批复

最高人民法院于 1986 年 2 月 13 日针对收养子女的继承权问题作出《关于土改后不久被收养的子女能否参加分割土改前的祖遗房产的批复》,其具体内容为:

河南省高级人民法院:

你院〔1985〕豫法民字第 5 号《关于经土改确权的祖业房产能否按参加土改的人口分析以确定遗产范围的请示报告》收悉。

据你院报告称,被继承人马××家有十六间祖遗房屋,土改时由其母马韩氏、马××夫妇及其次女、三女(长女土改前已出嫁)五口人填登了土地房产证。一九五三年马××收马 dd 为养子(当时一岁)。三个女儿离开家庭后,在经济和生活方面对父母各自尽了赡养扶助义务。一九八三年前,马韩氏及马××夫妇先后去世,为分割处理十六间祖遗房屋,三个女儿与养子发生纠纷。

经我们研究认为:对土改已确权的房屋,一般应以确定的产权为准,由参加土改的家庭成员进行析产,其中被继承人应得的份额属于遗产。本案讼争的房屋系祖遗房产,土改时没有变动;马 dd 土改后不久被收养,以后对该房屋长期进行了使用和管理。根据此案的具体情况,我们可按马家参加土改的人口加上养子共六人先行析产,然后确定马××夫妇的遗产数额。马××夫妇从析产中所得的份额及马××继承其母马韩氏的份额属于他们的遗产,其三个女儿及养子都有继承权。至于每人继承份额多少,应视具体情况合理确定。

第七节　主要国家及地区立法现状

各国立法大都规定了父母及子女的继承权,但对于父母子女间的继承权、法定继承顺序、继承范围等,规定不尽一致。

一、子女对父母遗产的继承权

各国法律均规定子女作为与父母最近的直系卑亲属,是第一顺序的法定继承人,但对于子女范围的界定,各国立法有一定差异。

(1)非婚生子女继承权

关于非婚生子女继承权,各国规定不尽一致。在美国,根据《统一遗嘱检验法典》第 2—114 条,无论父母的婚姻地位如何,子女是父母双方的子女。所有州都允许非婚生子女继承母亲的遗产,生母与非婚生子女间的继承关系被承认;父亲遗产的继承,不同州采取不同规定。约 1/3 州采纳了 1973 年的《统一父母身份法》,非婚生子女对其生父,只要父母双方后来结婚,父亲承认该子女为自己的子女、法院宣布、父亲死亡后有证据证明为其父母的子女时,该非婚生子女享有继承权。[1] 英国血亲继承人包括了非婚生子女,根据 1976 年《准证法》的规定,经准证的子女如同婚生子女享有同样的权益。[2]

---

[1] 　陈苇主编:《外国继承法比较与中国民法典继承编制定研究》,北京大学出版社 2011 年版,第 294 页。
[2] 　陈苇主编前揭书,第 293 页。

在法国,非婚生子女享有与婚生子女平等的继承权。《法国民法典》第756条~第764条专门规定了由非婚生亲子关系产生的继承权,第756条规定:"非婚生亲子关系,仅在其已经依法确立时,始创设继承权利。"第757条规定:"一般来说,非婚生子女,对其父与母以及其他直系尊血亲的遗产,对其兄弟姐妹或其他旁系亲属的遗产,享有与婚生子女相同的权利。"[①]德国在1997年12月的《子女身份改革法》《非婚生子女在继承法上的平等》等法律中,已经彻底消除了非婚生子女与婚生子女的继承差别。《日本民法典》第900条关于法定应继份额规定:"同一顺位的继承人有数人时,其继承份额按照下列各号的规定确定:……。四、子女、直系尊亲属或兄弟姐妹有数人时,各自的继承份额相等。但非婚生子女的继承份额为婚生子女继承份额的二分之一;……。"[②]由此可见,日本继承法对于生父母尚有婚生子女的,经认领的非婚生子女对父母遗产的应继份额是婚生子女的二分之一。

在我国香港地区,被依法确立婚生地位的非婚生子女、被依法领养的非婚生子女,以及经生父依法认领的非婚生子女,均享有与婚生子女同等的继承权。不具有上述情形的非婚生子女则被推定为生父及与生父有亲属关系的人均不存在,即他们对于生父及其近亲属的遗产无继承权。[③] 具体内容可见1997年6月30日颁布的香港《无遗嘱者遗产条例》。其第3A条(关于非婚生地位人士的推定)规定:"(1)为施行本条例,非婚生地位人士被推定在其去世时其父亲并不尚存,而透过其父亲与其有亲属关系的人亦并不尚存,除非相反证明成立。(2)第(1)款的推定不适用于以下的人—(a)属《婚生地位条例》(第184章)第2条所指获确立婚生地位人士的人;(b)根据《婚生地位条例》(第184章)被当作为或被视为具婚生地位的人;(c)根据以下各项的受领养人—(i)根据《领养条例》(第290章)作出的领养令;(ii)香港法律承认为有效的领养;(d)在其他方面根据法律被视为具婚生地位的人。"[④]香港地区1997年6月30日发布、2006年4月20日开始执行的《未成年人监护条例》第3(1)条有关未成年人的管养或教养问题,以及有关属于未成年人或代未成年人托管的财产的管理问题,或从该等财产所获收益的运用问题—(c)规定:"凡有关的未成年人为非婚生子女者—(i)则母亲所具有的权利及权能,与该未成年人若是婚生则该母亲凭借(b)段而具有的权利及权能一样;(ii)父亲所具有的权利及权能(如有的话),只为该名父亲根据(d)段作出申请后法院所命令者;"(d)规定:"(d)原讼法庭或任何区域法院法官,在接获申请后,如信纳申请人为某名非婚生子女的父亲,则可发出命令,示明申请人具有某些或所有假若该未成年人为婚生时法律所赋予他作为父亲的权利及权能"。[⑤]

在我国台湾地区,民法典第1065条(非婚生子女之认领)规定:"非婚生子女经生父认领者,视为婚生子女。其经生父抚育者,视为认领。非婚生子女与其生母之关系视为婚生子

① 《法国民法典》(上册),罗结珍译,法律出版社2005年版,第585页。
② 渠涛编译:《日本民法典》,法律出版社2006年版,第195页。
③ 陈苇、宋豫主编:《中国大陆与港、澳、台继承法比较研究》,群众出版社2007年版,第245页。
④ 参见北大法宝:《第73章　无遗嘱者遗产条例》,网址:http://www.pkulaw.cn/fulltext_form.aspx? Db=hkd&Gid=922748446&keyword=&EncodingName=&Search_Mode=accurate,下载时间:2016年9月28日。
⑤ 参见北大法宝:《第13章　未成年人监护条例》,网址:http://www.pkulaw.cn/fulltext_form.aspx? Db=hkd&Gid=922748438&keyword=&EncodingName=&Search_Mode=accurate,下载时间:2016年9月28日。

女,无须认领。"①第 1138 条(法定继承人及其顺序)规定:"遗产继承人,除配偶外,依左列顺序定之:一,直系血亲卑亲属;二,父母;三,兄弟姊妹;四,祖父母。"第 1139 条(第一顺序继承人之决定)规定:"前条所定第一顺序之继承人,以亲等近者为先。"②因此,学者认为台湾地区非婚生子女经其父认领或自幼抚养的,有权与婚生子女平等地继承遗产。③ 在我国澳门地区,非婚生子女享有与婚生子女同等的继承权。④《澳门民法典》第 1657 条规定:"一,母亲与子女之亲子关系因出生之事实而产生,并按照第一千六百五十八条至第一千六百八十四条之规定而确立。二,推定母亲之丈夫为孩子之父亲;如属非在婚姻关系中所产生之亲子关系,则父亲身份须通过确认而确立。"⑤

(2)继子女的继承权

关于继子女的继承权,多数国家和地区的立法大都认为继子女与继父母之间不享有继承权。例如,我国香港地区《无遗嘱者遗产条例》第 2(2)、(3)条、第 3A 条、第 4 条规定死者的子女及其后嗣为法定继承人,子女包括婚生子女、非婚生子女以及养子女,未规定继子女的继承权。我国澳门地区民法典把收养分为完全收养和不完全收养两种情况,并且分别作相应规定,对于继子女,澳门地区不承认其继承权。我国台湾地区民法典未对继子女的继承权作专门规定,学者认为,根据司法解释,继子女无继承权。⑥ 只有少数国家和地区有条件地承认继子女的继承权。例如,《越南民法典》第 682 条规定:"继子女和继父或继母之间相互有如同生子女同生父母之间的扶养关系时,可相互继承遗产并可依照本法典第六百七十九条和六百八十条的规定继承遗产。"⑦

(3)养子女的继承权

有些国家和地区不承认养子女与养父母之间的关系为拟制血亲关系,因而相互间没有继承权,例如,法国、德国、瑞士。还有些国家如越南、阿根廷等将养子女与养父母之间的关系视为拟制血亲关系,相互间享有继承权。《越南民法典》第 681 条规定:"养子女与养父母可相互继承遗产并可根据本法典第六百七十九条、第六百八十条的规定继承遗产。"⑧《阿根廷民法典》第 3569 条(附加)规定:"收养人对被收养人进行继承,但被收养人自其血缘家庭无偿受领的财产除外。被收养人的正统直系卑血亲,有权对收养人进行代位继承。"⑨我国香港《无遗嘱者遗产条例》第 2 条(2)规定:"为施行本条例,任何人——(a)根据《领养条例》(第

---

① 参见北大法宝:《台湾民法典》,网址:http://www.pkulaw.cn/fulltext_form.aspx? Db＝twd&Gid＝939534514&keyword＝&EncodingName＝&Search_Mode＝accurate,下载时间:2016 年 9 月 28 日。

② 参见北大法宝:《台湾民法典》,网址:http://www.pkulaw.cn/fulltext_form.aspx? Db＝twd&Gid＝939534514&keyword＝&EncodingName＝&Search_Mode＝accurate,下载时间:2016 年 9 月 28 日。

③ 刘文:《继承法比较研究》,中国人民公安大学出版社 2004 年版,第 93 页。

④ 张平华、刘耀东:《继承法原理》,中国法制出版社 2009 年版,第 167 页。

⑤ 中国政法大学澳门研究中心、澳门政府法律翻译办公室编:《澳门民法典》,中国政法大学出版社 1999 年版,第 422 页。

⑥ 史尚宽先生指出:"继父母子女关系,系直系姻亲,非直系血亲,故妾之子女,对于妻之遗产,及妻之子女对于妾之遗产,无继承权(三十七年院解字第 3791 号)。前夫之子女,对于后父(继父)之遗产,前妻之子女对于后妻(继母)之遗产,亦无继承权。"参见史尚宽:《继承法论》,中国政法大学出版社 2000 年版,第 54 页。

⑦ 《越南民法典》,米良译,云南大学出版社 1998 年版,第 170～171 页。

⑧ 《越南民法典》,米良译,云南大学出版社 1998 年版,第 170 页。

⑨ 徐涤宇译注:《最新阿根廷共和国民法典》,法律出版社 2007 年版,第 758 页。

290 章)作出的领养令受领养;(b)受领养而该条例第 17 条适用于该领养;或(c)在 1973 年 1 月 1 日前按照中国法律及习俗在香港受领养,该人即须被视作领养人的子女,而非任何其他人的子女,与该受领养人的所有关系须据此推演",明确受领养的养子女为法定继承人。[①]

二、父母对子女遗产的继承权

父母是子女的直系血亲尊亲属,与子女之间的关系最为密切。各国民法均将父母列为法定继承人,享有对子女遗产的继承权,但对父母在法定继承人中的继承顺序的规定有所不同。将父母列为法定继承第一继承顺序的国家有越南、蒙古等,将父母列为第二继承顺序的国家和地区有法国、德国、日本、英国、美国、瑞士等国家,以及我国香港、澳门和台湾地区。此外,大部分国家的继承立法均否认继父母与继子女之间的遗产继承权,越南等少数国家立法承认继父母与继子女之间的遗产继承权。我国承认有抚养关系的继父母可以继承继子女的遗产,且不影响其继承亲生子女的遗产。我国香港规定生父母和养父母为法定继承人,未规定继父母的继承权。对于非婚生子女的遗产,非婚生子女的生母依法享有继承权,生父则无继承权,但是已认领了非婚生子女的生父依法享有继承权。我国台湾地区将生父母和养父母确定为法定继承人,而继父母不享有继承权。养父母对于养子女有继承权,但在收养关系尚未终止前,本生父母对于出养子女之遗产无继承权。父母离婚后再婚的不影响其继承权。非婚生子女的生母对非婚生子女的遗产享有继承权,非婚生子女的生父对于准正或业已认领的非婚生子女的遗产享有继承权。

第八节　立法发展趋势

在我国,随着社会发展,出现了财富积累增多、贫富差距加大的现象,加之人口老龄化、独生子女家庭的阶段性增加、失独家庭增多,这些都影响着人们的继承观念和继承习惯。父母子女之间是最亲近的直系血亲关系,是家庭组成的核心,他们相互享有继承权是法定财产继承的主要部分。鉴于我国《婚姻法》和《继承法》对父母子女相互继承权规定得过于原则,已不适应现实生活的需要,在民法典的立法进程中完善父母子女间的相互继承权实为必要。亲子相互继承权的立法完善,有利于保证子女健康成长,保障父母老有所养,促进家庭和睦,促进亲子相亲相爱,发扬尊老爱幼、互助互让的中华民族的传统美德。

一、切实贯彻继承权平等原则

平等是我国社会主义核心价值观的重要内容。作为我国继承法原则之一的平等,在父母子女继承权问题上不限于男女间的继承权平等,还应包括父母子女平等享有相互继承权、亲生子女间继承权平等(笔者反对将子女分为婚生子女与非婚生子女,因而反对表述为:婚生子女与非婚生子女的继承权平等)、兄弟姐妹间继承权平等、母系亲属与父系亲属继承权平等等内容。目前,在我国现实生活中,性别歧视(直接歧视和间接歧视)还以不同的方式存

---

① 参见北大法宝:《第 73 章　无遗嘱者遗产条例》,网址:http://www.pkulaw.cn/fulltext_form.aspx? Db＝hkd＆Gid＝922748446＆keyword＝＆EncodingName＝＆Search_Mode＝accurate,下载时间:2016 年 9 月 28 日。

在着,因此,法律确定的平等原则,只是"字面意义上的规定",体现了形式上的平等。近年来,我国学者对民众继承习惯的调查表明,"重父系亲,轻母系亲"的传统继承观念仍然存在,通过立法明确继承权平等,有现实意义。①

"雏既壮而能飞兮,乃衔食而反哺"②,是维系社会及家庭走向和谐、温馨和安宁的重要力量。父母享有对子女遗产的继承权,体现了平等的法治原则。父母与子女享有平等继承权,也符合我国实际。子女之间享有平等的继承权,子女除亲生子女外,养子女、有扶养关系的继子女,都享有完全平等的继承权。子女中不论是儿子还是女儿,不论儿女是否结婚、离婚,对父母的遗产均享有平等的继承权。随着科技进步,以非自然生殖方式出生的人口增多,法律应适用社会发展需要赋予人工生育子女以平等继承权,协调其与其他继承人之间的利益平衡,从而彰显法律的人文关怀、人权保障与公平正义。我国未来民法典继承编可规定:经被继承人生前同意通过人工生殖技术孕育并出生的人,为该被继承人的亲生子女,依法享有平等继承权。

总之,贯彻继承权平等原则是法治进步的体现。落实平等原则不仅需要立法完善与法制宣传教育,更需要人们树立平等观念,彻底转变传统的继承偏见,将平等的价值观念内化于心、外化于行。

二、充分发挥遗产的育幼和养老功能

爱子女是一种生物现象,而爱父母则是一种文化现象。有学者针对法定继承的民间态度进行了社会调查,结果显示,更多的人愿意把自己的遗产留给自己的晚辈直系血亲,将遗产留给子女的比例明显高于留给父母。③ 我们未来民法典继承编中应当适应民众观念,体现联合国《儿童权利公约》确立的儿童权利优先原则,将子女列为第一顺序的法定继承人,以充分发挥遗产的育幼功能。

遗产的养老功能也不能忽视。我们应当保护父母对子女遗产的继承权,重视其作为血亲继承人的利益。绝大部分父母在子女成年前,基于"利他"精神为子女无条件付出,并且在子女成年后,仍实际负担其大学教育、成家立业的费用,甚至在子女成家后还承担起辅助抚养孙子女、外孙子女的责任,可谓倾其所有、呕心沥血。对父母而言,在其年老患病丧失劳动能力后,成年子女依旧是家庭养老资源重要的、不可替代的提供者。我国在人口老龄化日益严峻的社会背景下,应当虑及社会保障制度不完善的客观情况,确保父母实际享有对子女遗产的继承权,以缓解人口老龄化带来的赡养问题,父母应当作为第二顺序的法定继承人继承遗产。

三、亲子继承中的权利义务相一致原则

亲子间的继承与血缘关系和姻亲关系相连接。随着社会发展进步,平等、自由观念会影响人们的婚姻家庭观念,其继承观念也必然会随着婚姻家庭观念的转变而变化。因此,亲子

---

① 陈苇主编:《当代中国民众继承习惯调查实证研究》,群众出版社 2008 版,第 67 页。
② 参见《初学记·鸟赋》。
③ 王丽萍:《我国〈继承法〉法定继承规定的民间态度——山东省民间继承习惯调查研究》,载《甘肃政法学院学报》2007 年第 3 期。

间的继承权制度应当反映民众意愿,尊重民众选择。同时,亲子继承应当体现权利和义务相一致原则,这也是法律的公平价值之体现。通过立法规范继承约定,不仅是权利和义务相一致原则的要求,也体现出子女对生存父母的尊重,有利于养老和减少继承纠纷。因此,法律应当对继承契约有相应规定,支持继承人之间关于权利义务相一致的继承约定。另外,我们应当完善遗产酌分请求权制度,在被收养人对养父母尽了赡养义务,同时又对生父母扶养较多的情况下,收养人除可继承养父母的遗产外,还可分得生父母的适当遗产。

此外,对于丧偶儿媳和丧偶女婿对公婆或者岳父母尽了主要赡养义务的情形,我们认为,他们不应作为第一顺序的法定继承人继承公婆或岳父母遗产,而应作为对被继承人尽了主要扶养义务的人,可适当分得被继承人的遗产,即,可以通过法律规定遗产酌分请求权制度,体现权利义务相一致的原则①,而不是让他们以法定继承人身份继承公婆或岳父母的遗产。

　　① 陈苇主编:《外国继承法比较与中国民法典继承编制定研究》,北京大学出版社 2011 年版,第81 页。

➡第二十五条　非婚生子女享有与婚生子女同等的权利,任何人不得加以危害和歧视。

不直接抚养非婚生子女的生父或生母,应当负担子女的生活费和教育费,直至子女能独立生活为止。

第一节　立法目的

非婚生子女是与婚生子女相对应的概念。学界普遍认为,非婚生子女是指没有婚姻关系的男女所生之子女,具体如,男女未婚同居期间所生子女、已婚男女与第三人发生婚外性关系所生子女等。[①]　对于在无效婚姻或撤销婚姻中出生的子女,目前,大多数国家认定其为婚生子女。[②]

历史上,各国法律基于宗教、道德、习俗等原因,区别对待非婚生子女和婚生子女,非婚生子女的法律地位低下,诸多权利受到限制。早在古罗马时期,就有婚生子和私生子之分。早期的罗马法只承认宗亲,不承认血亲,因此,若父母无婚姻关系,子女与父母之间便不发生法律上的亲属关系。后来基于生母恒定原则,非婚生子女只与生母在法律上有母子关系,由生母负担抚养义务。[③]　中世纪,非婚生子女是被诅咒的"种子"。当时的法律将"私生子"与强盗、盗贼列为同一范畴,将其作为"法外人"处理,其结果必然是杀害、遗弃非婚生子女现象盛行。[④]　这一古代法律文化也影响到近代大陆法系和英美法系国家的民事立法。[⑤]

当代,基于平等和人权保障理念,各国在法律中逐渐消除了对非婚生子女的歧视性对待,通过法律的宣示性规定和相关制度规则设计,肯定非婚生子女具有与婚生子女同等的法

[①]　参见李志敏主编:《比较家庭法》,北京大学出版社 1988 年版,第 216 页;杨大文主编:《亲属法》,法律出版社 2004 年版,第 223 页;王洪:《婚姻家庭法》,法律出版社 2003 年版,第 232 页;巫昌祯、夏吟兰主编:《婚姻家庭法学》,中国政法大学出版社 2007 年版,第 136 页。

[②]　薛宁兰:《婚姻无效制度论——从英美法到中国法》,载《环球法律评论》2001 年夏季号,第 211 页、第 214 页;王洪前引书,第 232 页;余延满:《亲属法原论》,法律出版社 2007 年版,第 391 页。

[③]　程朝璧:《罗马法原理》,法律出版社 2006 年版,第 411 页。

[④]　林秀雄:《婚姻家庭法之研究》,中国政法大学出版社 2001 年版,第 217～218 页。

[⑤]　例如,1804 年的《法国民法典》规定非婚生子女不得请求其父认领,只许其母认领;对乱伦子、奸生子,父母均不得认领,即便父母结婚,他们也不能取得婚生子女的资格。英国早期普通法将私生子称为"无亲之子",他们与父母均不发生法律上的亲子关系。当时的私生子与贫民、流浪者相同,依英国《济贫法》由教区抚养。参见李志敏主编:《比较家庭法》,北京大学出版社 1988 年版,第 216 页;何勤华主编:《英国法律发达史》,法律出版社 1999 年版,第 326 页。

律地位,促使他们与亲生父母形成法律上的亲子关系,受到来自父母双亲的扶养和照护。

我国现行《婚姻法》第 25 条针对歧视非婚生子女的法律传统,宣示非婚生子女具有平等的法律地位,敦促亲生父母履行抚育职责,保障未成年子女的基本权益。

一、宣示非婚生子女具有平等的法律地位

新中国成立之初,宣布废除旧法统,婚姻家庭立法延续了革命根据地时期的立法传统。从 1950 年《婚姻法》开始,历次婚姻立法和修法一以贯之地保持对非婚生子女同等对待和特别保护的态度,专条对非婚生子女法律地位作出规定。[①] 现行《婚姻法》第 25 条第 1 款是非婚生子女法律地位的原则性规定,强调我国法律同等对待婚生子女和非婚生子女,本款所谓的"任何人",既包括自然人,也包括法人或其他社会组织。自然人,既包括非婚生子女的亲生父母及其他亲属,也包括与非婚生子女没有血缘关系的其他自然人。他们均不得危害和歧视非婚生子女。在亲属权利方面,法律关于子女享有的各项权利,如受抚养权、受教育权、受保护权、继承权等[②],非婚生子女无差别地同等享有。

二、强调生父母的抚育责任,保障未成年子女的生存权

现行《婚姻法》第 25 条第 2 款特别强调"不直接抚养非婚生子女的生父或生母,应当负担子女的生活费和教育费,直至子女能独立生活为止。"这是从父母责任角度,突出亲生父亲、母亲在法律上负有同等的抚养教育非婚生子女的义务,使其能够健康成长。因此,当亲生父亲或母亲不履行抚养义务时,子女享有请求他们给付抚养费的权利;同理,成年的非婚生子女对生父母亦负有赡养和扶助的义务。本条规定凸显了我国《婚姻法》平等与非歧视的立法理念和保护儿童合法权益的原则精神。

总之,现行《婚姻法》第 25 条符合当代以子女为本位的亲子关系立法理念,其目的旨在从法律上消除对非婚生子女的歧视与不平等待遇,强调亲生父母共同承担对非婚生子女的抚育责任,以促进这些儿童的身心健康。

第二节　本条的地位与意义

"法律面前人人平等"、"子女最佳利益"、"血统真实与身份安定的平衡"是当代法律调整亲子关系的基本原则。我国现行《婚姻法》第 25 条第 1 款关于"非婚生子女享有与婚生子女同等的权利,任何人不得加以危害和歧视"的规定,是从法律上消除对非婚生子女的歧视,宣示其具有平等法律地位的原则性规定。它在亲子关系法中居于统领地位,具有引领我国亲子关系法价值导向的作用。

本条规定意义多重,主要有如下三方面:

1、符合国际人权文书确立的平等/非歧视原则要求

---

① 具体见 1950 年《婚姻法》第 15 条,1980 年《婚姻法》第 19 条,以及经 2001 年修正后的现行《婚姻法》第 25 条。

② 依我国《继承法》第 10 条,非婚生子女与婚生子女同等享有对父母遗产的继承权。

联合国成立以来的一系列国际人权文书关注对非婚生子女的平等保护。1948年的《世界人权宣言》呼吁平等对待所有儿童,其第25条第2款指出:"一切儿童,无论婚生或非婚生,都应享受同样的社会保护。"1959年联合国大会通过的《儿童权利宣言》确立了儿童权利无差别平等保护原则。1966年联合国"人权两公约"专条禁止对儿童的"出生"歧视。具体而言,《公民权利和政治权利国际公约》第24条第1款规定:"每一儿童应有权享受家庭、社会和国家为其未成年地位给予的必要保护措施,不因种族、肤色、性别、语言、宗教、国籍或社会出身、财产或出生而受任何歧视。"《经济、社会和文化权利国际公约》第10条第3款规定:"应为一切儿童和少年采取特殊的保护和协助措施,不得因出身或其他条件而有任何歧视。"

1989年联合国《儿童权利公约》第2条第1款继续重申禁止基于儿童的出生或其他身份的差别对待,其第3条第1款还指出:"关于儿童的一切行动,不论是公私社会福利机构、法院、行政当局或立法机构执行,均应以儿童的最佳利益为一种首要考虑。"联合国儿童权利委员会认为,本条确立的儿童最佳利益原则与公约第2条非歧视原则、第6条最大限度地存活和发展原则、第12条尊重儿童意见原则共同构成公约的四项基本原则。[1] 其中,儿童最佳利益原则是核心原则,是各缔约国处理儿童事务时应当"首要考虑"的。《儿童权利公约》确立了一个重要理念,即:儿童是独立的权利主体,他们享有权利并应得到国家保护。儿童最佳利益是所有涉及儿童的行为应首要考虑的指导性原则,凡与儿童权利有关的规定都应以该原则为前提。[2] 从亲子关系角度看,家庭中的儿童即是"未成年子女",故此,在家庭法中称这一原则为"未成年子女最佳利益原则",这更能突出其所规范的社会关系——亲子关系的性质与范围。

《儿童权利公约》第7条、第8条是有关儿童身份权的规定。"儿童身份权"包括一系列权利,如在法律上承认儿童的家庭关系,儿童自出生起获得姓名的权利,获得国籍的权利,获得父母照料的权利等。[3] 公约第7条第1款指出,儿童享有"尽可能知道谁是其父母并受其父母照料的权利。"对于非婚生子女而言,知悉父母双亲常通过子女认领制度实现,这必然涉及父母子女各方的利益,如发生冲突,孰重孰轻的取舍,应以儿童最佳利益为首要考虑。通常认为,儿童最佳利益首先应由父母加以保证,当儿童利益与父母利益发生冲突,可能限制儿童权利时,国家应提供适当的协助和保护。

我国现行《婚姻法》第25条将非婚生子女与婚生子女同等对待,规定生父与生母负有给付非婚生子女生活费与教育费的义务。这是从非婚生子女利益出发的立法,符合中国加入的上述联合国人权公约的原则与具体要求,有利于实现非婚生子女利益的最大化。

2、体现我国亲子法从"亲本位"向"子女本位"的转变

法律随社会变迁而变化。世界范围内,亲子法起初以家族为中心,后以父母为中心,20世纪以来演进为以子女为中心。"子女本位"的亲子法以父母履行责任与义务,保障子女最佳利益为特征。当代亲子法的这一价值取向超越法系和社会制度,成为亲子关系法发展的世界性趋势。与之相适应,非婚生子女的法律地位也从受虐待和歧视的"无亲之子"阶段,到

---

① 柳华文主编:《儿童权利与法律保护》,上海人民出版社2009年版,第11页。

② 徐显明主编:《国际人权法》,法律出版社2004年版,第396页。

③ 白桂梅、王雪梅主编:《人权知识 未成年人权利读本》,湖南大学出版社2012年版,第36页。

被消极肯定的"形式平等"阶段,以及当今一些国家采取积极肯定的"实质平等"阶段。①

现行《婚姻法》第 25 条基于保障"未成年子女最佳利益"的考虑,强调生父与生母均负有照顾、保护非婚生子女的义务,属于"子女本位"的亲子法。这一规定彰显了平等与非歧视是我国亲子关系立法的基本价值取向,符合时代精神和世界范围内亲子法的发展趋势,体现了我国亲子法由"亲本位"向"子女本位"的转变。

3、维护家庭稳定与促进子女身心健康

婚姻家庭作为社会关系的特定形式,是一种至今尚不能完全被替代的协调个体利益和社会利益的有效基础结构,担负着多项社会职能。② 受传统观念影响,现实中仍存在着非婚生子女因父母"过错"而遭受歧视和不平等待遇的情形。这些儿童出生后,无法得到来自父母和家庭的关爱,在社会生活中遭受种种"白眼",恶劣的生长环境极易使他们形成暴力倾向,犯罪比例因此较高,成为严重的社会问题。③ 父母是子女的第一任教师,父母子女关系的稳定、家庭环境的和谐,事关未成年子女的身心健康。我们在法律上设置一定规则确定亲子关系时,固然应当坚持尊重科学结论的原则,但更不应忽视对婚姻家庭安宁与稳定的维护,以及对未成年子女最佳利益的考量。④

本条规定坚持新中国婚姻家庭立法的一贯立场,彻底否定传统观念及制度对非婚生子女的歧视与不平等待遇。它对于转变歧视非婚生子女的社会偏见,推动公众观念转变,促进社会文明进步,都具有积极意义。

第三节　条文演变

纵观中国法律史,法律对非婚生子女的态度经历了由歧视到初步保护,并走向全面保护三个阶段。

一、中国古代法律中的非婚生子女

在我国古代,非婚生子女仅指"奸生子"和"婢生子",他们往往被贬称为"私生子"。封建制法律对"婢生子"和"奸生子"倍加歧视。在继承方面,唐宋时期,家产不能确定其有份额;元代则嫡子得四、庶子得三、奸生子及婢生子各得一;明清两代,"原则上妻妾婢生之子均分,奸生子减半,如果妻妾婢均无子,奸生子与嗣子均分家产,如果无嗣子,则奸生子继承全部家产。"⑤清末颁行的《大清现行刑律》规定"奸生子"、"婢生子"不得继承宗祧。财产继承的份额:"奸生子、婢生子,依子量予半分"。⑥ 另一方面,虽然旧律无任意认领规定,但《左传》却有私生子认领的记载:"鲁叔孙穆子初避侨如之难,奔齐,及庚宗遇妇人私为食而宿焉。适

---

① 黄娟:《从歧视走向平等——非婚生子女法律地位的变迁》,载《政法论坛(中国政法大学学报)》2006 年第 4 期。

② 曹诗权主编:《婚姻家庭继承法学》,中国法制出版社 2008 年版,第 5 页。

③ 余延满:《亲属法原论》,法律出版社 2007 年版,第 393 页。

④ 孟令志:《论亲子关系的确定》,载夏吟兰、龙翼飞、郭兵、薛宁兰主编:《婚姻家庭法前沿——聚焦司法解释》,社会科学文献出版社 2010 年版,第 222 页。

⑤ 史尚宽:《亲属法论》,中国政法大学出版社 2000 年版,第 534 页。

⑥ 转引自杨大文主编:《亲属法》,法律出版社 2004 年版,第 223 页。

齐,娶国氏生孟丙仲壬。后庚宗妇以私子来见,名曰牛,使为竖"。① 明清律例已有生父搜索的规定,即强制认领,但条件非常严格,如"奸生男女,责付奸夫收养",但"其非奸所捕获,及指奸者,勿论"②,意即除通奸者被当场抓获的外,一般不得搜索生父。这使得奸生子由生父收养的情形极为罕见。

非婚生子女在封建社会中的法律地位卑微,其主要原因有三:(1)私有财产制度日益发达后,男性权力强化,形成父权社会,在封建社会,父亲的身份地位可以继承,所以极端重视合法之亲子关系,即婚生亲子关系。(2)我国古代社会受宗法制度和伦理观的影响,重视礼教,对婚外性行为极尽鄙视,这自然殃及非婚生子女。(3)因私有财产制度发达,故在继承法上,婚生子女与非婚生子女利益相互冲突。③ 法律通过贬低非婚生子女的地位,以保护婚生子女的继承权。

二、中国近代法律中的非婚生子女

中国亲属法的近代化开端于 20 世纪初,以清末法制改革,制定《大清民律草案》为标志。北洋军阀政府时期主要沿用清代立法,如《大清现行刑律》中有关婚姻家庭的律条。④ 关于非婚生子的财产继承份额,当时的律条规定:"嫡庶子男分析家财田产不问妻妾所生以子数均分。奸生之子依子量与半分,如别无子立应继之人为嗣,与奸生子均分。无应继之人,方许承继全分。"⑤依这一规定,一般情况下,嫡子与庶子是不论地位平均继承财产的,非婚生之子只能继承他们应继份额的一半;若没有其他后代,非婚生之子可以得到均分的机会;如果继承人中只有非婚生之子,他便可以继承全部家产。这说明在财产继承方面,非婚生子的地位低于嫡子和庶子。只在没有其他继承人的情况下,非婚生子方有继承全部家产的可能,并且上述规定所言"非婚生子",不包括非婚生的女儿。

1930 年颁布的"中华民国民法"是中国近代史上得以颁行的民事立法。它借鉴德国民法典五编制体例,专设亲属一编,在法律形式上实现了中国亲属法的近现代转型。⑥ 在具体内容上,"中华民国民法"废止妾制,废除宗祧继承,不承认名分恩义上的亲子关系,使得传统法制中的嫡子(妻生子)、庶子(妾生子)、嗣子(过继子)、义子等名称不复存在,代之以只对父母子女做两类划分,即:基于出生的事实形成的自然血亲的父母子女关系和基于法律行为形成的养父母子女关系。⑦ 在因出生而形成的自然血亲的亲子关系中,它又将子女分为婚生子女和非婚生子女。为此,其第 1061 条规定:"称婚生子女者,谓由婚姻关系受胎而生之子女。"可见,认定婚生子女应从四方面衡量:(1)其父母有婚姻关系存在;(2)该子女为其父亲的妻子所生;(3)确系在婚姻关系存续期间受胎;(4)须为其母之夫的血统。由是推之,所谓"非婚生子女",是指在婚姻关系之外受胎所生的子女。

---

① 徐朝阳:《"中国"亲属法溯源》,第 147 页。转引自林秀雄:《婚姻家庭法之研究》,中国政法大学出版社 2001 年版,第 177 页。

② 转引自林秀雄:《婚姻家庭法之研究》,中国政法大学出版社 2001 年版,第 177 页。

③ 陈棋炎:《亲属·继承法基本问题》,台湾瑞明印刷厂 1980 年版,第 215 页。

④ 肖爱树:《20 世纪中国婚姻制度研究》,知识产权出版社 2005 年版,第 145 页。

⑤ 法学教材编辑部、《婚姻法教程》编写组:《婚姻立法资料选编》,法律出版社 1995 年版,第 116 页。

⑥ 杨大文主编:《亲属法》,法律出版社 2004 年第 4 版,第 208 页。

⑦ 陈棋炎、黄宗乐、郭振恭:《民法亲属新论》,台湾三民书局 2006 年第 5 版,第 261 页。

在制度构成上，"中华民国民法"全面移植大陆法系德国、瑞士、日本等国民法，一方面通过规定子女受胎期间（第1062条）、婚生子女的推定及否认制度（第1063条）对婚生子女做出严格界定；另一方面则通过非婚生子女准正制度（第1064条）和非婚生子女认领制度（第1065条、第1066条、第1067条、第1069条、第1070条）对非婚生子女的婚生化做出完整的制度设计。其内容主要包括：关于非婚生子女的准正，第1064条规定："非婚生子女，其生父与生母结婚者，视为婚生子女。"关于非婚生子女的认领，第1065条规定："Ⅰ.非婚生子女经生父认领者，视为婚生子女。其经生父抚育者，视为认领。Ⅱ.非婚生子女与其生母之关系视为婚生子女，无需认领。"关于非婚生子女的强制认领，第1067条规定："Ⅰ.有下列情形之一者，非婚生子女之生母，或其他法定代理人，得请求其生父认领；一，受胎期间生父与生母有同居之事实者；二，由生父所作之文书可证明其为生父者；三，生母为生父强奸或略诱成奸者；四，生母因生父滥用权势成奸者；Ⅱ.前项请求权，自子女出生后五年间不行使而消灭。"第1069条关于非婚生子女认领的溯及效力，规定："非婚生子女认领之效力，溯及于出生时。但第三人已得之权利，不因此而受影响。"[①]如此等等，打通了法律对非婚生子女如婚生子女般保护的通道。就此而言，这一时期的亲子关系立法较之中国传统社会立法有很大进步。史尚宽先生曾对"中华民国民法"在非婚生子女问题上的制度改革评价道："我民法基于婚生子女、非婚生子女同等待遇之原则，虽有婚生子女与准婚生子女之别，其间权利义务并无差异，可谓极进步之立法。"[②]

与此同时，中国共产党领导下的革命根据地婚姻立法对非婚生子女的法律地位和权利保护亦作出专门规定。1931年的《中华苏维埃共和国婚姻条例》（简称《苏维埃婚姻条例》）在第六章"未经结婚登记所生小孩的抚养"中，专条规定："未经登记所生的小孩，经证明后，由男子负担小孩生活费的三分之二，即第四章之第十一条至第十五条均通用。"《苏维埃婚姻条例》第四章第11条至第15条是有关夫妻离婚后子女抚养的规定，例如，离婚后对子女的抚养，以男方抚养为原则，只有"男女都愿意抚养，则归女子抚养。"（第11条）对于归女方抚养的子女，"由男子负担小孩必需的生活费的三分之二，直到十六岁为止"。（第14条）这表明，苏区婚姻立法已经开始重视在非婚姻关系中出生的未成年子女的利益保护。在《苏维埃婚姻条例》基础上，1934年的《中华苏维埃共和国婚姻法》（简称《苏维埃婚姻法》）颁行。《苏维埃婚姻法》继续设专章保护非婚生子女权益，其第19条规定："一切私生子得享受本婚姻法上关于合法小孩的一切权利，禁止虐待、抛弃私生子。"1942年的《晋察冀边区婚姻暂行条例》第23条规定："禁止杀害私生子，私生子之生父，经其生母指出证明，其生父须负责带领，与正式子女有同等地位。"到1946年的《陕甘宁边区婚姻条例》，已不使用"私生子"一词，代之以"非结婚所生之子女"，对非婚生子女法律地位的表述也更为概括。其第13条指出："非结婚所生之子女与结婚所生之子女，享受同等权利，不得歧视。"[③]比较而言，在非婚生子女法律地位及权利保障方面，革命根据地时期的婚姻家庭立法较南京国民政府的婚姻家庭立法在内容和立法技术方面显得更为简洁和具有原则性。

---

① 以上法条引自陈忠五、施慧玲主编：《考用民法》，台湾本土法学杂志股份有限公司2009年版，第D-074～D-077页。

② 史尚宽：《亲属法论》，中国政法大学出版社2000年版，第554页。

③ 刘素萍主编：《婚姻法学参考资料》，中国人民大学出版社1989年版，第30页、第38页。

三、新中国法律对于非婚生子女的保护

新中国成立以来,从 1950 年的《婚姻法》,到 1980 年的《婚姻法》,再到 2001 年的《婚姻法》修正案,均使用婚生子女与非婚生子女的称谓,但赋予了非婚生子女与婚生子女平等的法律地位。

1950 年的《婚姻法》是废除漠视子女利益的封建主义婚姻家庭制度,建立保护子女合法利益的新民主主义婚姻家庭制度(即社会主义婚姻家庭制度)的基本法。[①] 它继承革命根据地时期的婚姻立法传统,对非婚生子女地位做专条规定,第 15 条第 1 款规定:"非婚生子女享受与婚生子女同等的权利,任何人不得加以危害或歧视。"在用语和文字表达上,本条不再使用"私生子"一词,而改用"非婚生子女"这一较为中性的词语。本条对非婚生子女法律地位的表述也更为概括和周严,例如,虐待、遗弃、杀害都是侵害非婚生子女权利的具体表现形式,本条用"危害或歧视"囊括了各种侵害非婚生子女利益的行为。1950 年的《婚姻法》第 15 条第 2 款明确了生父的抚育责任,规定:"非婚生子女经生母或其他人证物证证明其生父者,其生父应负担子女必须的生活费和教育费全部或一部分,直至子女十八岁为止。如经生母同意,生父可将子女领回抚养。"本款将生父身份确定和生母同意作为生父行使对子女照顾权的前提条件。尽管这尚不构成完整的子女认领制度,却点明了该项制度的主要内容,可以说它是我国子女认领制度的雏形。[②] 总之,消除社会和家庭中对非婚生子女的歧视,确立平等的新型亲子关系是 1950 年《婚姻法》的特色之一。

1980 年的《婚姻法》是建国以来颁行的第二部婚姻法。在非婚生子女法律地位和权利保护方面,它继承 1950 年《婚姻法》的立法精神与主要内容,第 19 条分两款规定:"非婚生子女享有与婚生子女同等的权利,任何人不得加以危害和歧视。""非婚生子女的生父,应负担子女必要的生活费和教育费的一部或全部,直至子女能独立生活为止。"与 1950 年的《婚姻法》相比,本条第 1 款在个别用词上有所修正,其第 2 款的用语则更为简洁,明确了生父负有对非婚生子女抚养和教育的义务,但在本条表述中,已寻不到子女认领制度的踪影,这使得生父与子之间如何实现各自的权利,缺乏制度的通道。2001 年修订后的现行《婚姻法》第 25 条第 2 款进一步明确"不直接抚养"非婚生子女的"生父或生母"对其都有抚养教育义务,从而确立了亲生父亲和母亲共同承担对非婚生子女的抚育责任。

第四节　本条规范的构成要件

《婚姻法》第 25 条在保障非婚生子女权益方面具有非常重要的作用,它包含非婚生子女享有与婚生子女同等的权利、任何人不得歧视和危害非婚生子女、不直接抚养非婚生子女的生父或生母应当给付生活费和教育费三层意思。

一、非婚生子女享有与婚生子女同等的权利

依现行《婚姻法》第 21 条、第 23 条、第 24 条,父母子女间的权利义务体现在抚养、教育、

---

① 巫昌祯:《我与婚姻法》,法律出版社 2001 年版,第 7 页。
② 薛宁兰:《我国亲子关系立法的体例与构造》,载《法学杂志》2014 年第 11 期。

保护、赡养扶助、相互继承遗产等方面。本条规定非婚生子女享有与婚生子女同等的权利,即非婚生子女不论生父母是否具有婚姻关系,一律平等享有父母子女之间的权利,依法承担对父母的义务。在法律上,权利和义务是相辅相成的。本条只明文规定非婚生子女应当享有与婚生子女同等的权利,意在突出非婚生子女与婚生子女具有同等的法律地位,保障其权益,并不意味着非婚生子女只享有权利而不承担相应义务。

有学者主张本条所谓"同等的权利",是指非婚生子女享有与婚生子女同样的人格权和财产权,而不能认为非婚生子女与其父母间的权利和义务完全适用婚姻法关于父母子女关系的规定。大多数学者则认为,这一理解不符合本条立法本意。[①] 非婚生子女作为公民,与婚生子女一样,其基本人格尊严、人身权利及财产权利均受宪法保护。非婚生子女与生父母的权利和义务,原则上应适用《婚姻法》关于父母子女关系的规定。目前,已有德国、埃塞俄比亚、越南、澳大利亚等国在法律上取消了"非婚生子女"称谓,以"亲生子女"代之。这不只是称谓词汇的简单改变,而且深层次地反映出当代法律对非婚生子女的全面保护,使其与婚生子女处于同等的法律地位,在法律上既享有权利,也承担相应义务。这是当代亲子关系法发展的必然趋势。

典型案例

王某某诉柴某探望权纠纷案——莫让孩子受到再一次的伤害[②]

原告王某某(男)与被告柴某(女)2012 年 10 月 6 日按照农村习俗举行结婚仪式,并开始同居生活。2013 年 9 月 12 日,女儿王某瑶出生,不久,王某某与柴某解除同居关系。王某某与柴某曾因非婚生女儿王某瑶的抚养权纠纷诉至法院,2015 年 6 月 2 日,鹤壁市浚县人民法院判决王某瑶暂随被告柴某生活,成年后随父随母由其自择。2015 年 7 月 20 日,原告王某某因探望权纠纷再次向法院起诉。法院依照《中华人民共和国婚姻法》第三十八条第一款、第二款规定,判决原告王某某自判决生效之日起,每月第一周周日上午 9 时至下午 17 时探望女儿王某瑶一次,被告柴某应予以协助。

本案中,原告王某某与被告柴某只举行结婚仪式,并未到婚姻登记机关办理结婚登记,因此,双方不存在法律上的婚姻关系。他们同居期间生育的女儿王某瑶,属于非婚生子女。依照《婚姻法》第 25 条,王某瑶依法享有与婚生子女同等的权利;不直接抚养她的生父王某某负有扶养教育的义务。同时,作为父亲,王某某享有对女儿王某瑶的探望权。本着既不影响王某瑶正常生活,又能增加她同父亲的沟通交流,减轻她因父母解除同居关系而带来的家庭破碎感,以及既有利于子女今后身心健康成长,又能维护原告合法权利的原则,法院应当支持原告诉求。在确定探望王某瑶的时间和方式上,法院应从有利于子女身心健康、不影响其正常生活和学习的角度,做出灵活多样、简便易行的判决,以便于当事人行使权利和法院

---

① 夏吟兰、蒋月、薛宁兰:《21 世纪婚姻家庭关系新规制——新婚姻法解说与研究》,中国检察出版社2001 年版,第 113 页。

② 选自最高法发布婚姻家庭纠纷典型案例 30 例(2015 年 11 月 19 日),http://blog.sina.com.cn/s/blog_637616b70102vwe5.html。

有效执行。总之,本案审理法院准用《婚姻法》第38条①做出如上判决,既符合法理,也符合保护非婚生子女权益的立法本意。

二、任何人不得歧视和危害非婚生子女

歧视,是指没有给予非婚生子女与婚生子女相同的平等对待;危害,是指对于非婚生子女的人身或财产施加侵害的行为,如伤害、虐待等作为的侵害行为,以及负有法定扶养、监护、看护责任的父母、其他监护人等,不履行抚养教育等作为义务的遗弃行为。它们都是本条禁止的行为。

现实生活中,歧视和危害非婚生子女的传统意识还一定程度地存在着,影响着部分人的言行,致使溺死、遗弃等残害非婚生子女的行为时有发生,严重威胁着非婚生子女的生存;生父或生母不履行抚育子女的法定义务,甚至将年幼子女弃之不顾,陷于危险境地的事件也时有发生。本条明确禁止来自社会和家庭的歧视与危害,表明我国婚姻法保护非婚生子女权益的坚定立场。

典型案例

单亲妈妈离家不归饿死两幼女——乐燕故意杀人案②

被告人乐燕,女,1991年12月9日生,无业。乐燕自幼由祖父母抚养,16岁左右离家独自生活,有多年吸毒史,曾因吸毒被科以行政处罚。2011年1月,乐燕生育女儿李梦某(生父不详)后,与李文某同居。2012年3月,乐燕又生育女儿李某。2013年2月27日李文某因犯罪被羁押后,乐燕便依靠社区发放的救助和亲友邻居的帮扶,抚养两个女儿。

乐燕沉溺于毒品,疏于照料两个女儿。她曾离家数日,大女儿李梦某因饥饿独自跑出家门,被社区干部和邻居发现,将两个幼女送往医院救治,乐燕于当日将两个女儿接回家中。2013年4月底的一天下午,乐燕将两个幼女再次置于住所的主卧室内,留下少量食物、饮水,用布条反复缠裹窗户锁扣并用尿不湿夹紧主卧室房门以防女儿跑出。之后,她即离家不归。乐燕离家后曾多次向当地有关部门索要救助金,领取后即用于在外吸食毒品和玩乐,直至案发一直未回过家。

6月21日,社区民警到乐燕家探望时,通过锁匠打开房门后发现李梦某、李某已死于主卧室内。经法医鉴定,两个被害人无机械性损伤和常见毒物中毒致死的依据,不排除其因脱水、饥饿、疾病等因素死亡。6月21日,公安机关将乐燕抓获归案。经司法鉴定,乐燕系精神活性物质(毒品)所致精神障碍,作案时有完全刑事责任能力。

江苏省南京市人民检察院以被告人乐燕犯故意杀人罪提起公诉。南京市中级人民法院经审理认为,被告人乐燕做为两被害人的生母,对其负有法定的抚养义务。乐燕具备抚养能力,但怠于履行对两个年幼女儿的抚养和照料义务,造成两个被害人死亡,后果特别严重。鉴于被告人乐燕审判时系怀孕妇女,且归案后认罪态度较好,审理法院依照刑法规定,认定

---

① 现行《婚姻法》第38条规定:"离婚后,不直接抚养子女的父或母,有探望子女的权利,另一方有协助的义务。行使探望权利的方式、时间由当事人协议;协议不成时,由人民法院判决。"

② "最高人民法院公布五起侵犯儿童权益犯罪典型案例",载《人民法院报》2014年5月29日,第3版。

被告人乐燕犯故意杀人罪,判处无期徒刑,剥夺政治权利终身。

2013年,本案发生后,舆论哗然,社会关注。被告人乐燕自幼与父母分离,未接受良好教育,这种幼年经历影响到她对两个年幼孩子抚养照料的方式与程度。对未成年子女悉心照料,使他们免遭饥饿困冻,乃为人父母遵循的基本人伦准则和应尽的法定义务。父母个人的受教育程度、经济条件乃至境遇,均不能成为逃避对未成年子女抚养照料的法定义务、漠视生命的理由。本案凸显出国家和社会应当进一步加强对未成人的家庭保护与社会救助。

三、不直接抚养非婚生子女的生父或生母有给付生活费和教育费的义务

《婚姻法》第21条第2款所言"生活费",是指满足非婚生子女日常生活及医疗服务所需的必要费用;"教育费",则是指非婚生子女接受学校教育及培训所需的学费、杂费等费用;"不直接抚养"是指生父母没有与非婚生子女固定地生活在一起。通常,由于父母没有合法的婚姻关系,不在一起共同生活,非婚生子女往往只与生父母中的一方共同生活,该方在与子女共同生活的过程中付出较多时间、精力和财力,履行法定抚养教育义务。未直接与子女共同生活的一方没有在日常生活中履行法定义务,故法律特别要求其履行给付生活费和教育费的义务。如果非婚生子女的生父和生母均未与其共同生活,并且不能主动履行给付义务,子女可依据《婚姻法》第21条第2款,有权要求父母付给抚养费,甚至可通过民事诉讼,依法强制父母履行给付义务。

本条款所言"独立生活",是指非婚生子女能够依靠自己的劳动收入或其他收入满足本人全部正当需求所需的费用。即本人年满十八周岁并具有完全民事行为能力,依法具有独立生活能力;如果子女因继续求学或健康原因等不能独立生活的,生父和生母依法应当继续提供生活费和教育费,直到其能够独立生活为止。

典型案例

王某与晁某某同居关系子女抚养纠纷案[①]

王某(女)与晁某某(男)于2011年5月租房同居生活。当年年底,王某在医院生产,得子晁某一。王某在准备给晁某一办理户籍登记时,得知晁某某尚未离婚,双方遂发生矛盾。2013年7月5日,晁某某与王某签订如下协议:儿子晁某一由王某抚养;晁某某每月支付儿子抚养费3000元,至其满18周岁时止,晁某某有对儿子探视的权利。2013年7月24日,王某与晁某某重新签定协议:晁某某一次性给付王某儿子的生活费、抚养费等共计270,000元;给付行为完成,双方断绝一切关系。协议签定当日,晁某某即通过银行给王某转账270,000元。2013年10月1日,王某告知晁某某自己怀孕5个月,次年初,王某在医院生下女儿晁某二。

2014年3月,王某向江苏省新沂市人民法院起诉,要求抚养与被告晁某某同居期间生育的一双儿女晁某一和晁某二;被告晁某某支付原告王某生育晁某二住院期间的医疗费用9562元;一次性支付两个孩子的抚养费1080,000元(每名子女按照每月2500元,自子女出

---

① 江苏省新沂市人民法院民事判决书(2014)新民初字第00898号,选自"中国裁判文书网",http://www.court.gov.cn/zgcpwsw/jiangsu/jssxzszjrmfy/ms/201502/t20150203_6532957.htm。

生时起算至子女成年时止)。

一审中,被告晁某某要求对晁某一、晁某二是否为其子女进行亲子鉴定。法院委托相关机构鉴定的过程中,晁某某未到鉴定机构提取检材,亲子鉴定未能进行。一审法院综合原告王某提供的证据,确认晁某某与晁某一、晁某二之间存在亲子关系。法院依照我国《婚姻法》及相关司法解释做出如下判决:(1)原告王某与被告晁某某同居期间生育的晁某一、晁某二由原告王某抚养。(2)被告晁某某于本判决生效后 10 日内给付原告王某生育晁某二时住院的医疗费用 5000 元。(3)被告晁某某自 2014 年 1 月 5 日起至 2014 年 6 月 4 日止,每月给付晁某二抚养费 500 元,共计 2500 元,该款于判决生效后 10 日内支付给原告王某;被告晁某某自 2014 年 7 月起,每月 5 日前给付晁某二当月抚养费 500 元,至晁某二独立生活时止。(4)驳回原告王某其他诉讼请求。

原告王某以一审判决被告每月支付女儿 500 元抚养费过低为由,提出上诉。二审法院审理后认为,一审判决符合法律规定,故对上诉人的主张不予支持,并做出终审判决:驳回上诉,维持原判。

本案所涉两个未成年的非婚生子女受父母扶养权最终获得司法保护,与审理法院认定事实清楚、适用法律得当直接相关。本案在审理过程中,法院根据被告晁某某的申请,依法委托相关机构启动亲子鉴定程序,被告不予配合后,法院依据最高人民法院《适用婚姻法解释(三)》第 2 条第 2 款[①],综合原告王某提供的证据,确认被告与两个子女之间存在亲子关系。在此基础上,一、二审法院以《婚姻法》第 21 条第 2 款、第 25 条为依据,认定原告和被告均负有对两个未成年的非婚生子女抚养教育的义务,并判决不直接抚养两个子女的生父晁某某负担子女的生活费和教育费,直至子女独立生活时为止。

第五节　重要学术观点与争议

20 世纪 90 年代以来,我国学界对非婚生子女法律保护议题的关注,集中在非婚生子女称谓、准正制度存废、子女认领制度构建三个方面。

一、关于"非婚生子女"称谓

在修改现行《婚姻法》期间,我国学者针对 20 世纪 60 年代以来,埃塞俄比亚、美国、德国等国法律不再强调子女的婚生性,取消婚生子女与非婚生子女称谓的最新动向,并从儿童最大利益原则角度,对我国《婚姻法》使用婚生子女与非婚生子女的称谓进行反思,发出我国应在法律中取消"婚生子女"与"非婚生子女"区分的呼声。[②] 其理由主要是:(1)将子女做婚生与非婚生区分,会造成社会对非婚生子女的歧视,不利于切实保护"非婚生子女"在家庭关系中的最大利益。法律不再强调子女的婚生性,使所有子女在法律上的地位不受父母有无婚

---

① 　最高人民法院适用婚姻法解释(三)第 2 条第 2 款指出:"当事人一方请求确认亲子关系,并提供必要证据予以证明,另一方没有相反证据又拒绝做亲子鉴定的,人民法院可以推定请求确认亲子关系一方的主张成立。"

② 　陈苇:《中国婚姻家庭法立法研究》,群众出版社 2000 年版,第 315 页;陈明侠:《关于父母子女、祖孙和兄弟姐妹关系制度的完善》,载《中华女子学院学报》2002 年第 4 期。

姻关系的影响,这既平等保护了所有子女的合法权益,又体现了当代法律的儿童本位视角。① (2)我国现行《婚姻法》一方面将子女分为婚生子女与非婚生子女,另一方面又强调对于非婚生子女的保护。它虽顾及非婚生子女利益,却难谓彻底。② (3)因传统法律对子女做婚生与非婚生区分,使得婚生推定制度的基础、目的和功能不合时宜。③

学者们以此为基础,进一步反思传统法上的亲子关系确认制度做婚生子女推定与否认制度、非婚生子女认领与准正制度区分的合理性,认为这"不仅有悖于法律对子女平等保护的原则,也大大偏离了这一制度设立的初衷。"④对子女作婚生与非婚生区分,既不符合《儿童权利公约》第2条第1款确立的禁止差别待遇原则所强调的不得因儿童本人的出生或其他身份而有任何差别,也不利于实现儿童的最佳利益。其建议"在《婚姻法》中取消'非婚生子女'的称谓,……司法实践中确实需要作出区分的,可借鉴德国立法模式,从父母角度分为'有婚姻关系的父母所生的子女'和'无婚姻关系的父母所生的子女'"。⑤

与此同时,亦有反对取消对子女作"婚生"与"非婚生"区分的声音。一者认为,"婚生子女与非婚生子女只是一种称谓,与是否采取区别对待或歧视政策并无必然联系。"许多国家"之所以采取这种分类,主要在于其仍具有法律意义,如亲子关系认定的规则不尽相同。"⑥二者主张,"只要婚姻制度存在,婚生子女与非婚生子女在名分上的区别就会存在,两者在亲子关系的确定方法上就有不同"。⑦

在构建我国民法典亲子关系确认制度的讨论中,学者多主张,我国民法中不应再出现"非婚生子女"这一概念。⑧ 2002年,中国法学会婚姻家庭法学研究会提交立法机关的民法典婚姻家庭编(亲属编)专家建议稿,对子女不再作"婚生子女"与"非婚生子女"区分,而统称为"亲生子女"。其主要意图在于,"彻底实现立法者在法律条文及现实生活中消除对非婚生子女与婚生子女的区别对待的立法思想,保障非婚生子女的合法权益。"⑨这一主张得到学界普遍赞同,认为我国民法典婚姻家庭编将子女统称"亲生子女",体现了子女不因出生而有

---

① 陈苇:《中国婚姻家庭法立法研究》,群众出版社2000年版,第356~357页。

② 王丽萍:《亲子法研究》,法律出版社2004年版,第48页。

③ 王洪:《从婚生推定到父性推定——确认亲子关系的新思维》,载夏吟兰、龙翼飞、郭兵、薛宁兰主编《婚姻家庭法前沿——聚焦司法解释》,社会科学文献出版社2010年版,第245页。

④ 薛宁兰、解燕芳:《亲子关系确认制度的反思与重构——基于婚姻法司法解释的讨论》,载《中华女子学院学报》2011年第2期。

⑤ 陈苇、谢京杰:《论"儿童最大利益优先原则"在我国的确立——兼论〈婚姻法〉等相关法律的不足及其完善》,载《法商研究》2005年第5期。

⑥ 余延满:《亲属法原论》,法律出版社2007年版,第392页。

⑦ 王洪:《婚姻家庭法》,法律出版社2003年版,第238页。

⑧ 何立新:《我国非婚同居立法规制研究》,法律出版社2010年版,第362~363页;孟令志:《论亲子关系的确立》,载夏吟兰、龙翼飞、郭兵、薛宁兰主编《婚姻家庭法前沿——聚焦司法解释》,社会科学文献出版社2010年版,第222页。

⑨ 陈明侠:《关于父母子女、祖孙和兄弟姐妹关系制度的完善》,《中华女子学院学报》2002年第4期。

所区别的平等原则和以子女为本位的立法理念。① 已出版的三个中国民法典草案学者建议稿中②,有学者建议稿不将子女分为婚生与非婚生,其理由是:"取消婚生子女与非婚生子女的划分,是亲子法贯彻'子女本位'的必然要求。"③

二、准正制度的存废

准正制度是自罗马法以来,大陆法系国家普遍确立的保护非婚生子女的制度。英美法系国家自 1926 年英国颁行准正法后开始继受这一制度。它是指已出生的非婚生子女因生父母结婚或司法宣告而取得婚生子女地位的制度。④《意大利民法典》第 280 条将准正的含义界定为:"准正是赋予婚外所生子女以婚生子女资格的行为,可以在私生子女的生父与生母事后结婚的情况下或者由法官宣告取得婚生子女资格。"⑤目前,保留这一制度的国家法律关于准正要件的规定并不一致。

我国《婚姻法》一直未规定非婚生子女的准正。学界对我国要否设立这一制度认识不一。20 世纪 90 年代中后期研讨婚姻法修改时,始有学者撰文探讨准正制度。我国"应避免外国一些国家关于准正、认领等过于繁琐的规定","应规定非婚生子女因父母结婚而自然取得婚生子女地位,视为父母共同认领。"⑥其理由主要是:我国现行《婚姻法》已经确立非婚生子女具有与婚生子女同等的地位,"无论是因生父母事后结婚,还是生父母分别认领,其法律地位与婚生子女全无任何差别,……,所以不必要再单设什么准正制度。"⑦还有学者以立法不应再对子女作婚生与非婚生的区分为由,提出非婚生子女的准正制度将没有存续的必要。⑧ 也有学者从法解释学角度,对现行《婚姻法》第 25 条第 1 款含义作出解读,认为"非婚生子女地位已由法律赋予,父母事后结婚与否,不影响子女身份关系的获取,亲子关系以血统论。"⑨

主张设立非婚生子女准正制度的学者们认为,未来在我国立法中设立准正制度,是法律顺应客观形势变化,使生父母取得对非婚生子女的法定监护资格,切实保障非婚生子女权益

① 薛宁兰:《婚姻家庭法向民法典的回归与完善——2002 年婚姻家庭法学研究会年会综述》,载中国法学会编:《法学研究动态》2002 年第 11 期。
② 已出版的中国民法典草案学者建议稿有:梁慧星主编:《中国民法典草案建议稿》(法律出版社2003 年版);徐国栋主编:《绿色民法典草案》(社会科学文献出版社 2004 年版);王利明主编:《中国民法典草案建议稿及说明》(中国法制出版社 2004 年版)。这两个版本的学者建议稿仍将子女做婚生与非婚生区分,并设婚生子女推定与否认制度、非婚生子女认领与准正制度。
③ 梁慧星主编:《中国民法典草案建议稿附理由 亲属编》,法律出版社 2006 年版,第 132 页。
④ 史尚宽:《亲属法论》,中国政法大学出版社 2000 年版,第 554 页;王洪:《婚姻家庭法》,法律出版社2003 年版,第 235 页;余延满:《亲属法原论》,法律出版社 2007 年版,第 392 页。
⑤ 《意大利民法典》,费安玲、丁玫译,中国政法大学出版社 1997 年版,第 83 页。
⑥ 刘素萍、陈明侠:《健全我国亲子法制度》,载巫昌祯、杨大文主编:《走向 21 世纪的中国婚姻家庭》,吉林人民出版社 1995 年版,第 160 页。
⑦ 杨大文主编:《亲属法》,法律出版社 1997 年版,第 255 页。
⑧ 陈苇、靳玉馨:《建立我国亲子关系推定与否认制度研究》,载梁慧星主编:《民商法论丛》(第 27卷),金桥文化出版社(香港)有限公司 2003 年版,第 246～247 页。
⑨ 孟令志:《论亲子关系的确定》,载夏吟兰、龙翼飞、郭兵、薛宁兰主编:《婚姻家庭法前沿——聚焦司法解释》,社会科学文献出版社 2011 年版,第 226 页。

的需要,并有利于在涉外法律关系中保护我国非婚生子女的利益,使我国亲属制度与国际接轨。[1] 针对上述主张不设准正制度学者的观点,反对这一观点的学者指出,这不但把非婚生子女的准正与认领混为一谈,而且把生父母结婚作为认领的原因,其不当之处显而易见。承认非婚生子女的准正仍然有其社会实益。[2] 再者,准正的非婚生子女并不一定具备认领的条件,因为准正的非婚生子女可能与其母之夫之间并无血缘联系。[3]

三、子女认领制度的构建

认领,是指通过法定程序由认领人确认非婚生子女为己身所出的行为。认领一般分为自愿认领和强制认领。虽然我国现行《婚姻法》未设立子女认领制度,学术界却对这一制度的构成持续地展开着讨论。

(一)自愿认领

多数国家法律规定仅生父为非婚生子女的认领人。生母因子女出生即可确认,无需经认领程序;少数国家如日本、意大利民法则规定父或母均可为认领人。[4] 对此,我国学者有不同见解:一者认为,认领人仅为生父。[5] 非婚生子女与生母的关系,应遵循罗马法"谁分娩即谁为母亲"之原则,依出生分娩事实而发生法律上的母子女关系,无需生母认领或法院裁判,强制生母认领。二者认为,除生父外,生母亦可做认领人。这主要是指子女不随生母生活的情形,如出生登记中未载明谁是母亲、母亲抛弃子女、第三人迫使母亲与子女分离等。此种情况下,法律应规定母亲可经过认领或经权利人的请求由法院强制其认领子女,从而确立母亲与子女的身份。[6]

子女认领是重要的身份法行为,其有效要件如何,是学界争论的焦点。(1)认领人是否应具有完全民事行为能力。有学者主张认领人须具有完全民事行为能力。[7] 有的则认为,由于认领行为是一种特殊的身份行为,不宜准用一般民事法律行为理论,不适用《民法通则》的规定,只要认领人与非婚生子女具有真实的血缘关系,一旦认领,即使认领人的行为能力

---

① 王丽萍:《非婚生子女认领与准正制度初探》,载《法学家》1997 年第 3 期;杨玲、杨遂全:《论市场经济条件下的私生准正问题》,载《法商研究》1999 年第 4 期。

② 王洪:《婚姻家庭法》,法律出版社 2003 年版,第 238 页。

③ 余延满:《亲属法原论》,法律出版社 2007 年版,第 394 页。

④ 见《日本民法》第 779 条,《意大利民法》第 250 条。

⑤ 王洪:《婚姻家庭法》,法律出版社 2003 年版,第 234 页;余延满:《亲属法原论》,法律出版社 2007 年版,第 395 页。此外,梁慧星主编《中国民法典草案建议稿》第 1727 条,王利明主编《中国民法典学者建议稿》第 456 条,中国法学会婚姻法学研究会《婚姻家庭法(法学专家建议稿)》第 75 条均采取此种观点。

⑥ 王丽萍:《亲子法研究》,法律出版社 2004 年版,第 71 页;杨大文主编:《亲属法》(第四版),法律出版社 2004 年版,第 227 页;陈雪萍:《关于我国非婚生子女认领制度的几个问题》,载《社会科学》2005 年第 7 期,第 62 页;陈雪萍:《我国民法典中应确立非婚生子女认领制度》,载《湖北社会科学》2005 年第 6 期,第 147 页;黄娟:《非婚生子女认领制度的理论建构》,载《东岳论丛》2006 年第 5 期,第 59 页;覃海蓬:《非婚生子女认领制度的若干理论研究》,载《广西民族大学学报(哲学社会科学版)》,2013 年第 3 期,第 155 页。

⑦ 陈明侠:《亲子法基本问题研究》,载梁慧星主编《民商法论丛》(第 6 卷),法律出版社 1997 年版,第 26 页。

欠缺,均不得撤销。① 第三种观点则认为,从认领制度设立的宗旨出发,认领人只需具有意思能力即可,无须为完全民事行为能力人。心神丧失之人非于恢复常态时所谓的认领,或无意识形态、精神错乱中所为的认领,都属无效。② (2)关于认领的意思表示。对于意思表示的方式,有学者认为应采明示③;有的主张既可采用明示的方式,也可以采用推定方式,如生父自愿承担了非婚生子女的抚养教育责任。④ 当认领的意思表示有瑕疵时,如认领人被欺诈或胁迫,其能否主张撤销认领。对此,有学者认为,意思表示真实是认领行为的有效要件之一,认领人的意思表示不真实或受胁迫等,可能导致认领被申请撤销。⑤ 自愿认领类似于收养制度,当事人认领的意思表示有瑕疵,应享有相应的撤销权。⑥ 持不同见解的学者认为,认领是确立亲子关系的亲属身份行为,亲属身份行为重视血缘关系的真实性,因而其意思表示应受到一定的限制。只要认领人与非婚生子女有真实的血缘关系,一旦认领,即便认领人的意思表示是受欺诈、胁迫或错误的结果,也不得撤销。⑦ 还有一种观点认为,出于保护非婚生子女合法权益的目的,只要认领人与被认领人之间存在真实的血统上的父母子女关系,认领便不得撤销;如果认领人因受欺诈或胁迫等原因认领了非自己血统的子女,便可以该认领违反其意思表示真实为由,依法主张该认领行为无效。⑧

(二)强制认领

关于强制认领请求权人的范围,我国学者的见解并不统一。有的认为应为生母、成年的非婚生子女⑨;有的则认为应为生母或其他法定代理人,以及成年子女⑩;还有的认为其应为非婚生子女、生母或者其他法定代理人。并且,生父自愿认领被拒绝时,生父亦可成为请求权人;对于弃婴或者父母离散的未成年非婚生子女,经公安机关查找到生父母,而生父或生母拒不承认时,公安机关或者民政部门亦可以作为请求权人。⑪

关于认领请求权的期间限制,一种观点认为,为保护子女利益,认领请求权不应受法定

---

① 王洪:《婚姻家庭法》,法律出版社 2003 年版,第 237~238 页。

② 余延满:《亲属法原论》,法律出版社 2007 年版,第 397 页。

③ 王丽萍:《亲子法研究》,法律出版社 2004 年版,第 72 页。

④ 陈明侠:《亲子法基本问题研究》,载梁慧星:《民商法论丛》(第 6 卷),法律出版社 1997 年版,第 27 页;余延满:《亲属法原论》,法律出版社 2007 年版,第 397 页。

⑤ 王丽萍:《亲子法研究》,法律出版社 2004 年版,第 71 页。

⑥ 覃海逢:《非婚生子女认领制度的若干理论研究》,载《广西民族大学学报(哲学社会科学版)》,2013 年第 3 期,第 156 页。

⑦ 陈明侠:《亲子法基本问题研究》,载梁慧星主编《民商法论丛》(第 6 卷),法律出版社 1997 年版,第 26 页;王洪:《婚姻家庭法》,法律出版社 2003 年版,第 237~238 页;黄娟:《非婚生子女认领制度的理论建构》,载《东岳论丛》2006 年第 5 期,第 59 页。

⑧ 余延满:《亲属法原论》,法律出版社 2007 年版,第 398 页。

⑨ 王利明主编:《中国民法典学者建议稿》第 456 条,中国法制出版社 2004 年版,第 67 页。

⑩ 见梁慧星主编:《中国民法典草案建议稿》,第 1728 条;中国法学会婚姻法学研究会:《婚姻家庭法(法学专家建议稿)》,第 75 条。

⑪ 王洪:《婚姻家庭法》,法律出版社 2003 年版,第 238 页;余延满:《亲属法原论》,法律出版社 2007 年版,第 400 页;黄娟:《非婚生子女认领制度的理论建构》,载《东岳论丛》2006 年第 5 期,第 59 页。

期间的限制①,因为父母子女之间的身份关系不可能因期间的经过而改变,再者,请求权人是否提起认领之诉,可能基于保护隐私等多方面的考虑。② 另一种观点则认为,认领请求权应受法定期间的限制。③ 非婚生子女的生母必须在法定期间内行使认领请求权,督促生母早日行使强制认领请求权以尽早确定生父,生父确定后就应对非婚生子女承担法定抚养义务。有学者建议,考虑到亲子关系的终身性,我国《婚姻法》对此不宜做过短的规定,但强制认领请求权的时效,从非婚生子女成年起算,最长不超过 20 年。④

第六节　相关联的法条

在非婚生子女法律地位及合法权益保障方面,除现行《婚姻法》第 25 条外,我国《宪法》《刑法》《继承法》,以及相关司法解释也有相应规定。

一、《中华人民共和国宪法》

我国《宪法》第 33 条规定:"凡具有中华人民共和国国籍的人都是中华人民共和国公民。中华人民共和国公民在法律面前一律平等。国家尊重和保障人权。任何公民都享有宪法和法律规定的权利,同时必须履行宪法和法律规定的义务。"这一条款确立了法律面前人人平等的宪法原则,明确指出国家尊重和保障人权。平等既是一项宪法原则,也是一项基本的宪法权利。作为一项宪法原则,它对所有宪法权利都有指导和规范作用,任何一项宪法权利中都蕴含着平等的内涵,所有公民一律平等地享有权利、履行义务。宪法的平等条款不仅具有规范功能,还具有其他法律无法替代的宣告功能,正因如此,宪法又被称作一国的人权宣言。⑤

对非婚生子女而言,宪法确立的公民享有的平等权和国家对人权的保障义务,同样适用于他们。国家负有采取措施使其免遭来自家庭和社会的双重歧视的义务。因此,《婚姻法》第 25 条之规定符合宪法精神,它是"法律面前人人平等"、"国家尊重和保障人权"宪法原则的具体化。

二、《中华人民共和国刑法》

与《婚姻法》第 25 条第 2 款"任何人不得歧视和危害非婚生子女"相关联的刑事犯罪主要是虐待罪、遗弃罪和故意杀人罪等。《刑法》设立这些罪名,为保护非婚生子女人身安全提供了强有力保障。生父母或者他人实施虐待、遗弃、溺婴等危害非婚生子女生命健康行为而构成犯罪的,应当按照《刑法》有关规定,追究其刑事责任。

---

① 杨大文主编:《亲属法》,法律出版社 1997 年版,第 256 页;王洪:《婚姻家庭法》,法律出版社 2003 年版,第 238 页。

② 余延满:《亲属法原论》,法律出版社 2007 年版,第 404 页。

③ 具体见王利明主编《中国民法典学者建议稿及说明》一书第 67 页,其第 456 条与中国法学会婚姻法学研究会《婚姻家庭法(法学专家建议稿)》第 75 条均主张认领请求权应受三年法定期间的限制。

④ 覃海逢:《非婚生子女认领制度的若干理论研究》,载《广西民族大学学报(哲学社会科学版)》2013 年第 3 期,第 156 页。

⑤ 马玲:《宪法权利解读》,中国人民公安大学出版社 2009 年版,第 136~138 页。

关于虐待罪,我国《刑法》第 260 条规定:"虐待家庭成员,情节恶劣的,处二年以下有期徒刑、拘役或者管制。犯前款罪,致使被害人重伤、死亡的,处二年以上七年以下有期徒刑。"我国刑法学者认为,该条将虐待罪的行为主体限定为"共同生活的同一家庭成员,即虐待人与被虐待人之间存在一定的亲属关系或收养关系。"[1]从亲属法角度看,家庭成员是彼此具有一定权利义务关系的近亲属,如夫妻、父母子女、兄弟姐妹、祖孙等。非婚生子女常与生母共同生活,而与生父生活在不同家庭,当然,这并不排除相反的情形。无论非婚生子女与亲生父母是否存在共同生活关系,彼此之间的天然血缘联系使得法律承认他们之间具有权利义务关系,一方对另一方实施虐待行为,情节严重的,将构成虐待罪。2015 年 8 月 29 日,第十二届全国人民代表大会常务委员会第十六次会议通过的《中华人民共和国刑法修正案(九)》第 19 条指出,在刑法第 260 条后增加一条,作为第 260 条之一,即:"对未成年人、老年人、患病的人、残疾人等负有监护、看护职责的人虐待被监护、看护的人,情节恶劣的,处三年以下有期徒刑或者拘役。"[2]同年 10 月,最高人民法院、最高人民检察院发布《关于执行〈中华人民共和国刑法〉确定罪名的补充规定(六)》,将第 260 条之一规定的犯罪定名为"虐待被监护、看护人罪"。[3] 该罪将行为主体扩展到家庭成员以外的,对包括未成年人在内的上述人群负有监护、看护义务的个人或组织。再者,依照《刑法》第 260 条之一第 3 款,实施本罪行为同时构成其他犯罪的,依照处罚较重的规定定罪处罚。具体而言,当行为人与被监护、被看护的人是家庭成员时,行为人的虐待行为便同时触犯虐待被监护、看护人罪与虐待罪。由于前者的法定刑高于后者,应按虐待被监护、看护人罪论处。可见,这一新增罪名对不在父母照护之下的未成年非婚生子女权益的保障也会发挥作用。

关于遗弃罪,我国《刑法》第 261 条规定:"对于年老、年幼、患病或者其他没有独立生活能力的人,负有扶养义务而拒绝扶养,情节恶劣的,处五年以下有期徒刑、拘役或者管制。"遗弃罪保护的法益是被害人生命、身体的安全,换言之,该罪是对被害人的生命、身体产生危险的行为。其行为对象是"年老、年幼、患病或者其他没有独立生活能力的人",可总括为"没有独立生活能力的人"。本罪不要求行为对象与行为主体之间必须具有亲属关系,但条文中所谓的"负有扶养义务而拒绝扶养",表明该罪的行为主体既包括父母、子女等负有法定扶养义务的家庭成员,又包括因收留或收治孤儿、老人、精神病患者等而依法产生扶养义务的儿童福利院、养老院、精神病院、医院等,以及先前行为使他人生命、身体处于危险状态的人等。我国刑法学者认为,对本罪所谓的"扶养义务"不能仅从亲属法层面理解,而应作出符合法益保护目的的解释。行为人"除了提供生存所必需的条件外,在其生命、身体处于危险状态的情况下,必须给予救助,更不能将其置于危险境地。"[4]因之,"拒绝扶养"体现为:行为人不给需要扶养的人提供经济供给,不给予必要照料;行为人将需要扶养的人移至危险场所;行为人离家出走,使应受其扶养的人得不到照料、救助等方面。

① 张明楷:《刑法学》,法律出版社 2016 年版,第 913 页。
② 刑法修正案(九)第 19 条还规定:"单位犯前款罪的,对单位判处罚金,并对其直接负责的主管人员和其他直接责任人员,依照前款的规定处罚。""有第一款行为,同时构成其他犯罪的,依照处罚较重的规定定罪处罚。"
③ 该项规定自 2015 年 11 月 1 日起施行。
④ 张明楷:《刑法学》,法律出版社 2016 年版,第 866 页。

未成年的非婚生子女由于年幼而无独立生活能力,常会成为被父母等遗弃的对象。如果父或母将其丢弃不管,导致其生命、健康处于危险状态或造成实际损害时,将构成遗弃罪或者故意杀人罪。遗弃罪与故意杀人罪在性质与法益侵害程度方面相差较大,前者不要求行为人希望或放任被害人死亡,但要求行为人对被害人生命、身体的危险持希望或放任态度;后者则要求行为人希望或者放任被害人死亡。[①] 2015年3月2日,最高人民法院、最高人民检察院、公安部、司法部联合发布的《关于依法办理家庭暴力犯罪案件的意见》第17条指出:"要根据被告人的主观故意、所实施行为的时间与地点、是否立即造成被害人死亡,以及被害人对被告人的依赖程度等进行综合判断。对于只是为了逃避扶养义务,并不希望或者放任被害人死亡,将生活不能自理的被害人弃置在福利院、医院、派出所等单位或者广场、车站等行人较多的场所,希望被害人得到他人救助的,一般以遗弃罪定罪处罚。对于希望或者放任被害人死亡,不履行必要的扶养义务,致使被害人因缺乏生活照料而死亡,或者将生活不能自理的被害人带至荒山野岭等人迹罕至的场所扔弃,使被害人难以得到他人救助的,应当以故意杀人罪定罪处罚。"显然,本章第四节所列典型案例—"单亲妈妈离家不归饿死两幼女"案的被告人乐燕的行为属于后一种情形。她明知将两个年幼女儿锁闭家中,无人抚养照料,必会导致她们因缺少食物和饮水而死亡,却仍将她们置于封闭房间内,仅留少量食物和饮水,离家长达一个多月,从而导致其死亡。主观上,她具有放任两个年幼女儿死亡的间接故意;客观上,她的遗弃行为造成两个被害人死亡的结果,其行为应构成故意杀人罪,而不是遗弃罪。

三、《中华人民共和国继承法》

关于法定继承人的范围和顺序,我国《继承法》第10条规定:"遗产按照下列顺序继承:第一顺序:配偶、子女、父母。第二顺序:兄弟姐妹、祖父母、外祖父母。继承开始后,由第一顺序继承人继承,第二顺序继承人不继承。没有第一顺序继承人继承的,由第二顺序继承人继承。本法所说的子女,包括婚生子女、非婚生子女、养子女和有扶养关系的继子女。本法所说的父母,包括生父母、养父母和有扶养关系的继父母。本法所说的兄弟姐妹,包括同父母的兄弟姐妹、同父异母或者同母异父的兄弟姐妹、养兄弟姐妹、有扶养关系的继兄弟姐妹。"本条不仅明确父母子女相互为第一顺序继承人,还对"子女"的范围作出解释,不论是婚生子女、非婚生子女,还是养子女、有扶养关系的继子女,都是本条所言的"子女",都享有作为第一顺序法定继承人继承父母遗产的权利。

这一规定符合宪法精神,也与《婚姻法》第25条立法目的一致。非婚生子女对父母遗产享有与婚生子女同等的继承权,进一步体现了我国法律对子女不作区分,平等对待的价值取向。

四、最高人民法院的司法解释

现行《婚姻法》并没有对非婚生子女做出界定。早在1974年,最高人民法院通过复函形式对非婚生子女的含义做了基本界定,为司法实践中认定非婚生子女提供了明确依据。1974年最高人民法院《关于对非婚生子女解释的复函》指出:"根据原中央人民政府法制委

---

① 张明楷前引书,第867页。

员会一九五三年三月十九日《有关婚姻问题的若干解答》中'非婚生子女系指非夫妻关系的男女所生的子女'的解释，……未婚男女，或已婚男女与别人发生不正当性行为所生的子女，都是非婚生子女。"①这一解释带有明显的道德评价，可概而言之，所谓非婚生子女，是没有婚姻关系的男女所生的子女。

关于非婚生子女与父母身份的确认，我国《婚姻法》一直没有确立诸如外国法上的准正与认领制度。对于司法实践中出现的亲子关系确认纠纷，人民法院多通过有关证据如亲子鉴定，来证明子女与父亲有无血缘关系。为此，1987年6月15日，最高人民法院《关于人民法院在审判工作中能否采用人类白细胞抗原做亲子鉴定问题的批复》指出："对要求做亲子关系鉴定的案件，应从保护妇女、儿童的合法权益，有利于增进团结和防止矛盾激化出发，区别情况，慎重对待。对于双方当事人同意做亲子鉴定的，一般应予准许；一方当事人要求做亲子鉴定的，或者子女已超过三周岁的，应视具体情况，从严掌握，对其中必须做亲子鉴定的，也要做好当事人及有关人员的思想工作。"批复还指出："人民法院对于亲子关系的确认，要进行调查研究，尽力收集其他证据。对亲子鉴定结论，仅作为鉴别亲子关系的证据之一，一定要与本案其他证据相印证，综合分析，做出正确的判断。"

1998年最高人民法院《关于确认非婚生子女生父中男方拒做亲子鉴定如何处理的答复》指出："在确认非婚生子女案件中，应当由原告承担举证责任，被告（男方）如果否认原告证明的结论，应提供相应的证据，若其不能证明自己不是非婚生子女的生父，法庭认为有必要的，可以要求其进行亲子鉴定。如果被告拒绝做亲子鉴定的，法庭可以根据查证属实并排除第三人为非婚生子女生父的证据，推定原告的诉讼请求成立。"依此，在非婚生子女认领之诉中，如果原告拒绝做亲子鉴定，人民法院可以根据"查证属实并排除第三人为非婚生子女生父的证据"，做出不利于被告的判决。这一证据规则有利于非婚生子女尽快获得生父认领，有利于对其利益进行保护。

2011年最高人民法院《关于适用〈中华人民共和国婚姻法〉若干问题的解释（三）》（以下简称《婚姻法解释三》）进一步将上述适用于非婚生子女认领之诉中的证据推定规则扩展至婚生子女否认之诉，其第2条规定："夫妻一方向人民法院起诉请求确认亲子关系不存在，并已提供必要证据予以证明，另一方没有相反证据又拒绝做亲子鉴定的，人民法院可以推定请求确认亲子关系不存在一方的主张成立。""当事人一方起诉请求确认亲子关系，并提供必要证据予以证明，另一方没有相反证据又拒绝做亲子鉴定的，人民法院可以推定请求确认亲子关系一方的主张成立。"

婚生子女否认之诉和非婚生子女认领之诉，均属亲子关系确认之诉。此类诉讼由于直接证据的缺乏和亲子关系证明责任的高标准，使得亲子鉴定成为认定或否定亲子关系的关键性证据。②《婚姻法解释三》第2条对此类身份关系确认之诉中证据推定规则的规定，符合最高法院先前司法解释中有关民事诉讼证据的推定规则③，为此类案件审理提供了基本依据。

---

① 转引自刘素萍主编：《婚姻法学参考资料》，中国人民大学出版社1989年版，第205页。
② 奚晓明主编：《最高人民法院婚姻法司法解释（三）理解与适用》，人民法院出版社2011年版，第24页。
③ 参见2002年最高人民法院《关于民事诉讼证据规则的若干规定》第75条。

第七节　主要国家及地区立法现状

在当代,未成年子女最佳利益是各国亲子关系立法遵循的基本原则。子女作为独立的法律主体,不再是父母权利的客体。基于此种立法价值,一些国家及地区不断修订已有法律,颁行专门立法,努力消除法律中的歧视,致力于非婚生子女与婚生子女法律地位的同等化,通过设立相应制度确认非婚生子女与生父母及其他血亲的亲属关系,使其依法享有继承权、受抚养权等相应权利。

一、大陆法系主要国家或地区立法

(一)法国

当年,拿破仑对于非婚生子女的态度①,决定了 1804 年《法国民法典》的基本走向,即:非婚生子女不具有平等的法律地位。当时的法国民法典仅规定有生父的任意认领(第 336 条);非婚生子女可请求生母认领,但不得请求生父认领(第 340 条,第 341 条);对于因乱伦或通奸所生子女,父母均不得认领,即使父母结婚,这些子女也不能取得婚生子女资格(第 335 条、第 342 条);经认领的非婚生子女不得主张婚生子女的权利(第 342 条);非婚生子女经认领后,始享有继承父母遗产的权利,但其应继份额为婚生子女的三分之一(第 756 条、第 757 条)。②

20 世纪以来,在非婚生子女地位确认和认领制度方面,法国对旧民法典的相关内容做出一系列修正。1972 年 1 月 3 日的法律确立了非婚生子女与婚生子女具有平等的地位。1993 年,修改后的《法国民法典》第 329 条规定:"非婚生子女,只要依法确立亲子(女)关系,均可取得婚生子女资格。"为此,法典确立了非婚生子女的准正与认领制度。第 330 条规定:"非婚生子女取得婚生子女资格,得因父母结婚,或者依法院裁判而发生。"③此为非婚生子女取得婚生子女资格的准正制度。具体而言,依第 331~332 条,父母事后结婚的,非婚生子女当然取得婚生子女资格,该资格自父母结婚之日起产生效力,他们依法获得婚生子女的权利与义务,并在子女出生证书备注栏中予以记载。依第 333 条,须经法院裁判而取得婚生子女资格的,是针对父母双方不可能结婚,但子女已取得非婚生子女身份的情形。此时,由父母一方或双方向法院提出申请,法院经裁判,宣告该子女获得婚生子女资格。1993 年修改后的《法国民法典》关于非婚生子女认领制度的规定,包括了生父的自愿认领与法院的强制认领两种方式。法典第 335~339 条是自愿认领的规定,第 340~341 条确立了强制认领的条件、请求权人(仅限于子女本人)、请求权的有效期间(子女出生后 2 年内或者成年后 2 年

---

① 拿破仑的两句话代表出当时社会主流观念对非婚生子女的态度:"知悉私生子之双亲,对社会并无利益","给予私生子继承资格违反道德"。转引自林秀雄:《婚姻家庭法之研究》,中国政法大学出版社 2001 年版,第 218 页。

② 《拿破仑法典》(法国民法典),李浩培、吴传颐、孙鸣岗译,商务印书馆 1983 年版,第 43~44 页、第 101 页。

③ 《法国民法典》(上册),罗结珍译,法律出版社 2005 年版,第 290 页。以下条文均引自本书。

内)等内容。

《法国民法典》除通过设立准正与认领制度搭建非婚生子女取得婚生子女资格的制度桥梁外,还为尚未确立父子女关系的非婚生子女确立相应的制度保障。1972 年修改后的《法国民法典》第 342 条,专门为这类非婚生子女设定补助费请求权。第 342 条第 2 款规定,子女未成年期间,可随时向其母怀孕期间与之有共同生活关系的人提起支付补助费的诉讼;如果子女在未成年期间没有提起,可在成年后 2 年内提起。此类补助费实为对这类子女的抚养费。依第 342—3 条,如果被告在诉讼中被证明有过错,法官还可判令其支付保证子女生活与教育的补偿金。补偿金由公益组织或法院指定的委托人代为收取。《法国民法典》第 342—3 条第 2 款关于此种补偿金由"儿童社会援助基金、经认定具有公益性质的慈善事业(组织)或法院确定的受委托人"代为收取的规定,凸显了国家公权力对非婚生子女的特别保护。

(二)德国

1900 年颁行之初的《德国民法典》为严格区分婚姻和婚姻之外的关系,达到将婚姻作为唯一合法伴侣形式的目的,尽量削弱非婚生子女的法律地位。其第 1589 条第 2 款指出:"非婚生子女和其父亲不具有亲属关系。"非婚生子女的生父虽然承担对不满 16 岁子女的抚养义务,但在其他方面与子女并无任何法律关系;对生母而言,子女具有婚生子女地位,但她必须与其他监护人共同行使对子女的照顾权,并且不享有法定监护权。①

第二次世界大战后,随着德国家庭结构变化和人们对夫妻及父母作用看法的转变,德国家庭法得以彻底修改。1949 年的德国《基本法》承袭 1919 年德国魏玛共和国宪法之精神②,确立非婚生子女与婚生子女平等的原则。德国亲子法改革的主要依据是《基本法》第 6 条第 5 款,该条款指出:"法律应为非婚生子女提供与婚生子女同等身心发展机会和社会地位。"在联邦宪法法院推动下,德国展开对民法典相关条文的违宪审查,并颁布专门法,推动家庭法改革。1969 年通过的《非婚生子女法律地位法》首先进行了法律术语改革,用"婚外(unehelich)"代替"非婚(nichtehelich)",非婚生子女的称谓被彻底废除。同年,饱受责难的民法典第 1589 条第 2 款被删除,法律开始承认非婚生子女与其生父具有亲属关系;1981 年,其宣布民法典第 1705 条违宪;1991 年,其认为民法第 1738 条第 1 款与基本法抵触,等等。从 1998 年 7 月 1 日起,德国民法典不再区分婚生子女与非婚生子女,取而代之的是"父母在子女出生时相互结婚的"和"父母在子女出生时未相互结婚的"。《德国民法典》中有关准正制度的规定,即第 1722~1740 条被废止。

为构建统一的亲子关系法,1997 年德国对亲子法作出全面修订。统一的亲子关系法由四部法律组成:③第一,1997 年《修改子女权利法》规定了子女的出身、姓氏、交往权和收养

---

① 具体见《德国民法典》第 1708 条、第 1705 条、第 1707 条,这些条款现已被废止。引自《德国民法典》(第 4 版),陈卫佐译注,法律出版社 2015 年版,第 517 页。

② 1919 年德国《魏玛宪法》第 121 条规定:"对于非婚生子女,应以法律规定,使其身体的、精神的及社会的发育,与婚生子女受同一之待遇。"转引自史尚宽:《亲属法论》,中国政法大学出版社 2000 年版,第 551 页。

③ [德]罗伯特·霍恩、海因·科茨、汉斯·G·莱塞:《德国民商法导论》,楚建译,中国大百科全书出版社 1996 年版,第 360 页。

权等问题;第二,1997年《辅佐关系法》,废除对非婚生子女的强制性官方保佐。其规定子女无论婚生还是非婚生,在确认父亲身份和主张扶养请求权等事务中,均可申请青少年局进行辅佐。新的官方辅佐完全出于自愿,有照顾权的父母一方可以自行决定是否申请官方辅佐;第三,1997年《继承权平权法》,规定非婚生子女对父亲及父系亲属享有完全的继承权;第四,1998年《统一未成年子女扶养权利法》,规定婚生子女和非婚生子女均可通过简易程序主张扶养费。

从1998年7月1日起,《德国民法典》不再对子女做婚生与非婚生区分,民法典第1591条至第1600e条关于生母和生父身份的确认适用于所有子女。[1] 例如,子女与其生母的关系,可基于母亲分娩的事实推定,无需认可(第1591条)。存在父亲身份承认的子女包括成年子女、未成年子女、出生前的子女(胎儿)(第1592条、第1594条、第1596条)。父亲身份的承认,须经母亲同意,如果母亲在此范围内对子女不享有父母照顾权,承认必须经子女同意(第1595条)。承认和同意必须以公开方式做成证书(第1597条);承认、同意和撤回在不具备认领所规定的要件时,自始不发生效力(第1598条),生母、子女等有权否认生父,特殊情况下可以自行否认生父身份或由法定代理人否认(第1600、1600a条)。

为进一步明确子女在亲子关系确认上的主体地位,实现其最佳利益,德国联邦法院确认:"知悉自我基因出生是子女的一项具有高度人身属性的权利。"[2]在德国联邦法院敦促下,2008年3月《德国民法典》增加第1598a条,规定,为查明子女的血缘出身,父亲、母亲、子女均享有要求对方允许进行基因血缘检测,并提取适合检验的基因样本的请求权;如果亲子鉴定明显会构成对未成年子女最佳利益的侵害,家庭法院应终止该项程序。

(三)中国台湾地区

自1985年以来,几经修改的我国台湾地区"民法亲属编"并未取消婚生子女与非婚生子女的划分,而是通过修改、废止、增加若干条款来完善对非婚生子女的认领制度,使之能够依法获得婚生子女资格,并享有同等的法律权利。在此,我们仅以认领制度的改革为例,阐述台湾地区立法现状。

1. 任意认领制度。该项制度是1930年制定民法典时设立的制度。民法典第1065条一直适用至今,并得到台湾学者赞誉[3],他们认为第1065条第1款对生父的主动认领,规定非婚生子女"其经生父抚育者,视为认领"是法律注重生父抚育的事实,有利于非婚生子女权益保障的表现;而本条第2款认为非婚生子女与生母当然成立准婚生子女关系,无需认领的规定,对于他们之间亲子关系的确认是客观公允和干脆明快的。

2. 强制认领制度的改革。其他大陆法系国家立法对于强制认领的原因,多采概括主义,请求权人只要能证明亲子关系存在,即可请求认领。而1930年的"中华民国民法"第1067条则采列举主义,具有法条所列四种情形之一的,请求权人才能请求生父认领。为贯彻客观主义立法精神,维护非婚生子女权益,本条经1985年、1999年、2007年三次修改,对强制认领原因的规定,最终摒弃列举主义,改采概括主义。同时其取消法条第2款对请求权

---

① 《德国民法典》(第4版),陈卫佐译注,法律出版社2015年版,第488页下脚注[1]。

② [德]迪特尔·施瓦布:《德国家庭法》,王葆莳译,法律出版社2010年版,第293~294页。

③ 林秀雄:《婚姻家庭法之研究》,中国政法大学出版社2001年版,第225~226页。

有效期间的限定,代之以生父死亡后,请求权人亦可请求认领。现第 1067 条规定:"有事实足认其为非婚生子女之生父者,非婚生子女或其生母或其他法定代理人,得向生父提起认领之诉。前项认领之诉,于生父死亡后,得向生父之继承人为之。生父无继承人者,得向社会福利主管机关为之。"2007 年修法还删除了第 1068 条,该条以生母受胎期间"与他人通奸或为放荡之生活者"作为排除适用强制认领的法定理由,这实为以生母的不道德行为,剥夺非婚生子女请求生父认领的权利,其"不但与保护非婚生子女利益之意旨不符,亦违反男女平等原则。为保护非婚生子女之权益及符合男女平等原则,应以科学方法确定生父,故本条无规定必要"。[1]

3. 认领的效力。台湾学者认为,认领的效果体现在两方面:(1)在亲属法上,该子女与生父、生母及其他血亲均发生亲属关系;(2)在继承法上,该子女作为继承人的顺序与应继份与婚生子女完全相同。关于认领的溯及力,民法典第 1069 条规定:"非婚生子女认领之效力,溯及于出生时。但第三人已得之权利,不因此而受影响。"可见,无论任意认领还是强制认领,均具有溯及力,其效力及于子女出生之时,但法律又对溯及力做必要的限制。例如,非婚生子女出生后随生母姓的,认领后可改随父姓,但如果该子女在认领前已被收养而随养父母姓的,则不受认领效力的影响。再者,认领后生父对于未成年子女的亲权不具有溯及力,即生父的亲权从认领生效时开始。[2] 针对非婚生子女经认领后,父母对其权利义务应如何行使或负担尚无明文规定的缺漏,1996 年台湾地区民法典增设第 1069 条之一,规定:"非婚生子女经认领者,关于未成年子女权利义务之行使或负担,准用第一千零五十五条、第一千零五十五条之一及第一千零五十五条之二之规定。"该条允许准用的三个法条均是夫妻离婚后对于未成年子女权利义务行使与负担的规定,可见,非婚生子女一旦被认领,即取得婚生子女的地位。

二、英美法系主要国家或地区立法

(一)英 国

早期英国的普通法称非婚生子女为"无亲之子",他们与生父或生母均不发生法律上的亲子关系。[3] 20 世纪以来,英国家庭法在亲子关系方面有一系列变革,例如,指导父母子女关系的原则由父权至上转变为儿童权益至上;国家公权力对儿童保护的介入日益深入,父母在法律上的权利与子女最佳利益相比居于次要地位。

1926 年,英国颁行《准正法》,建立非婚生子女因生父母嗣后结婚而取得婚生身份的准正制度。但是,依照这一法律,非婚生子女准正是有条件的,即生父母在子女出生时与他人没有婚姻关系,否则,即使生父母日后结婚,该子女亦不能取得婚生子女身份。这表明当时的准正制度不适用于父母通奸所生子女,法律对于非婚生子女的保护依然不彻底,依旧道德色彩鲜明。1976 年,英国修改《准正法》,删除其中的歧视性规定,第 2 条规定:"非婚生子女

---

[1] 陈忠五、施慧玲主编:《考用民法》,台湾本土法学杂志股份有限公司 2009 年版,第 D-077 页。

[2] 史尚宽:《亲属法论》,中国政法大学出版社 2000 年版,第 583 页;陈棋炎、黄宗乐、郭振恭:《民法亲属新论》(第五版),台湾三民书局 2006 年版,第 307~308 页。

[3] 李志敏主编:《比较家庭法》,北京大学出版社 1988 年版,第 216 页。

的父亲、母亲与另一个人结婚的,如果非婚生子女的父亲在结婚时,居住在英格兰和威尔士之住所的,只要该子女存活的,该婚姻就应当自结婚之日起准正该子女为婚生子女。"① 关于子女准正后的人身权利和义务,该法第 8 条规定:"有关扶养、扶助其本人或者其他人的,准正为婚生子女之人享有同等权利,负担同等义务……本法关于或者涉及婚生子女的损害、赔偿、生活费、津贴和其他方面的请求之规定,均以同样方式适用于准正为婚生之人。"②

在财产继承方面,1926 年的《准正法》承认非婚生子女与生母相互享有一定限度(有条件)的继承权,即:生母无生存之婚生直系卑亲属,并且未就其财产立遗嘱的,非婚生子女对生母遗产取得财产继承权;在非婚生子女无遗嘱死亡亦无生存配偶或婚生直系血亲卑亲属时,生母亦享有对其遗产的继承权。③ 1969 年的家庭法改革令大幅度地改善了非婚生子女在财产继承方面的权利:对于无遗嘱继承,非婚生子女与生父母相互享有继承权,准许死者之非婚生子女请求自遗产中分出维持其生活的合理费用。1987 年的家庭法改革令进一步明确了对非婚生子女的非歧视原则,第 1 条第 1 款规定:"在本法和本条生效后通过的制定法和所制作的法律文件中,对于两个人之间的任何关系的理解(不管是如何表述的),不应考虑他们任何一方的父亲与母亲是否已经相互结婚或者曾经在任何时候相互结婚,但有相反意思表示的除外。"④ 该法案还对 1925 年的遗产管理法做出修正,第 18 条第 1 款指出:"《1925 年遗产管理法》第四章(关于无遗嘱财产的分配)涉及(表明)任何两个人之间的关系的,应根据上述第 1 条解释。"由此可以推断,在英国,非婚生子女继承生父母遗产的方式与婚生子女趋于相同。

关于生父认领,依英国 1957 年的《确认生父程序法》和 1975 年的《子女法》,非婚生子女的生母或其他监护人有权提起确认生父之诉;被依法判定为该子女之父者,应支付子女出生时的费用,给付抚养及教育子女的费用,直至子女满十三岁或者继续到十六岁,必要时可延长至子女满二十一岁为止;子女在法院裁判前死亡的,被推定的父亲应当支付丧葬费。⑤

(二)美国

20 世纪 60 年代以来,美国的司法和立法对非婚生子女的态度发生了重大变化。

在司法方面,自 1968 年以来,美国最高法院依照联邦宪法第十四修正案平等保护条款和第五修正案正当程序条款⑥,在 30 多起案件中做出非婚生子女在所有方面享有与婚生子女相同权利的判决,并将非婚生子女列于联邦宪法保护之下,一些州的法律也随之因歧视非婚生子女而被宣布违宪。⑦ 其后的 20 年间,最高法院在一系列案件中明确了未婚父亲对子女是否享有监护权的裁判标准,即"未婚父亲并不必然享有与其子女保持亲子关系的权利。

---

① 《英国婚姻家庭制定法选集》,蒋月等译,法律出版社 2008 年版,第 91 页。

② 同上注,第 93 页。

③ 李喜蕊:《英国家庭法历史研究》,知识产权出版社 2009 年版,第 236 页。

④ 《英国婚姻家庭制定法选集》,蒋月等译,法律出版社 2008 年版,第 129 页。

⑤ 吴启宾:《非婚生子女待遇立法研究》,载《法学丛刊》第 103 期。

⑥ 第一个具有里程碑意义的案件是 1968 年莱维诉路易斯安纳州案(Levy v. Louisiana)。联邦最高法院推翻了该州否认非婚生子女享有获得生母被非法致死的赔偿金请求权的规定。参见[美]约翰·威特:《西方法律和宗教传统中的非婚生子女》,钟瑞华译,人民出版社 2011 年版,第 165 页。

⑦ 参见夏吟兰:《美国现代婚姻家庭制度》,中国政法大学出版社 1999 年版,第 95 页。

相反,宪法赋予每位父亲的权利范围有赖于他与子女实质上的特定关系。"①1978 年,在奎琳纽因诉瓦尔科特案(Quilloin v.Walcott)中,奎琳纽因先生在子女出生后的 11 年间从未与他们一起生活,也未寻求对其进行监护,并采取措施使子女地位合法化,他的出现仅为阻止子女被继父收养。最终,联邦最高法院判定乔治亚州允许未经生父同意的收养合宪。但在次年卡班诉默罕默德一案(Caban v.Mohammed)中,卡班先生与子女一起居住并抚养他们,针对继父提出的收养请求,他主张自己对子女的监护权。为此,联邦最高法院判定纽约州不能认可该案中继父的收养行为,因为子女的生父卡班先生在收养前已与其子女"建立实质的亲子关系"。1989 年,最高法院在迈克尔·海诉吉罗德·迪案(Michael H. v. Gerald D.)中,增加了另一个标准,即,一旦母亲与他人结婚,各州便无需认可未婚父亲确认父亲身份的诉讼主张。这表明,"血缘关系和经证实的抚养关系,在完整的婚姻面前,也不足以确立对父亲身份的宪法保护。"②

立法方面,美国州法律全国统一委员会于 1973 年颁布的《统一父母身份法》(Uniform Parentage Act,简称 UPA),是有关非婚生子女法律地位最重要的联邦立法。作为标志性立法,它宣布所有未成年子女应被平等对待,而不论其父母婚姻状况。这部法律不再使用"非婚生子女"一词,代之以"没有推定父亲的子女"。这表明美国联邦立法确立了所有子女(无论婚生还是非婚生)与生父母之间的权利义务完全平等的无区分原则。1973 年的《统一父母身份法》关于确认生父的方法主要有:父母之间存在婚姻关系;子女出生后,被指认的生父与生母结婚或者以其他方式承认该子女;被指认的生父将孩子带回家,并作为自己的子女在公开场合出现;被指认的生父通过正式文件得知其为孩子的生父,而未对孩子的生母做出否认。可见,"父母的婚姻关系只是推定父母子女关系的方法之一,而不是划分婚生子女与非婚生子女的根据。"③《统一父母身份法》还承认生父与生母签订的,以其保证给付子女抚养费为代价,生母不再依法提出确认生父要求的协议的效力。④ 截止 2000 年 12 月,1973 年的《统一父母身份法》在美国 19 个州生效。

从 20 世纪 80 年代开始,各州采用父亲身份登记的方式,解决生母通过送养放弃对未成年子女权利后,生父又主张父亲身份的问题。20 世纪 90 年代,人工辅助生育和代孕协议开始在美国逐渐增多。期间,州法律全国统一委员会曾颁布若干法律,如 1988 年的《推定父亲和未知父亲统一法》和《人工辅助生育子女地位统一法》等,它们因各州不采纳或很少采纳而收效甚微。2000 年,委员会综合上述各法内容,颁布新的《统一父母身份法》。平等对待非婚生子女,是 1973 年《统一父母身份法》的标志性特征。美国律师协会认为 2000 年的《统一父母身份法》在某些方面未将非婚生子女与婚生子女充分地平等对待,从而提出未满足未成年子女法定需求的异议,致使委员会在 2002 年对这部新法做出修订。目前,2000 年的《统一父母身份法》(2002 年修订)已成为委员会解决父母身份问题的官方推荐文本。⑤ 2000 年

---

① 〔美〕哈里·D.格劳斯,大卫·D.梅耶:《美国家庭法精要》,陈苇等译,中国政法大学出版社 2010 年版,第 90 页。

② 《美国家庭法精要》,第 91 页。

③ 黄娟:《从歧视走向平等——非婚生子女法律地位的变迁》,载《政法论坛(中国政法大学学报)》2006 年第 4 期。

④ 夏吟兰前引书,第 97 页。

⑤ See *Uniform Parentage Act* Prefatory Note.

的《统一父母身份法》共计九章九十三条,内容包括:总则、亲子关系、父亲的自愿认领、父亲身份登记、亲子鉴定、裁判父亲身份的程序、人工(辅助)生育子女、代孕协议、附则。

(三)中国香港

在我国香港,非婚生子女与婚生子女的法律地位平等,任何人不得歧视非婚生子女。香港通过非婚生子女的准正、领养、认领制度,使之获得婚生地位,并保护其平等享有子女的各项权利。

根据香港 1971 年的《婚生地位条例》第 3 条和第 8 条,非婚生子女的父母在子女出生后结婚的,其父亲在结婚当日以香港为居籍或在当日已经与香港有密切联系,可凭这一婚姻确立该子女的婚生地位;如果其父亲在结婚时以香港以外的一个国家为其居籍或有密切联系,而该国承认该婚姻可使非婚生子女取得婚生地位的,其凭此确立的婚生地位在香港即得到承认。① 香港 1952 年的《领养条例》第 5 条第(3)款规定,非婚生的幼年人可由其生父或生母向法院申请领养,一旦法院作出领养令,领养的生父或生母与非婚生幼年人的关系完全等同于父母与婚生子女的关系。香港法律允许生父或生母领养自己的非婚生子女,这增加了他们取得婚生地位的途径。1993 年,新的《父母与子女条例》允许非婚生子女向法院申请父母身份、婚生地位或确定婚生地位的宣告,从而扩大了非婚生子女取得婚生地位的机会。②

在香港,父亲和母亲的身份确认需要依照《生死登记条例》向登记机关申请登记。非婚生子女母亲身份的推定自非婚生子女出生起被确认,而非婚生子女父亲的身份确认一般自其获得父亲身份在生死册上登记姓名开始。但生父要在登记册上记录自己的名字,需得到该子女母亲的同意,并且一同申请登记。如果母亲一方能够提供书面声明,承认该男子为子女的父亲,她可单独申请登记父亲的名字。因此,非婚生子女的父亲要获得对其子女的监护权和抚养权,一般需将自己名字登记在生死册上,方具有对外效力。③

依照香港《父权鉴定诉讼程序条例》,确认父母子女身份后,生父每周应支付不超过 500 元的非婚生子女抚养费和教育费。该费用一般支付至子女 16 岁时为止,但如果子女满 16 岁后仍在继续上学、接受职业培训,或者子女有生理、心理缺陷等疾病的,可延长至子女 21 岁时为止。此外,非婚生子女的生父还应支付该子女出生时花费的医疗费用、子女出生后死亡的殓葬费,以及生母向法院请求确认生父所支付的诉讼费。④

第八节　立法发展趋势

当代,"子女本位"是亲子关系法的基本价值取向。中国乃至世界主要国家及地区有关非婚生子女法律地位的立法已经发展到完全的平等保护(实质平等)阶段。⑤ 我国现行《婚

① 转引自王叔文等主编:《最新香港民商法律(婚姻家庭法卷)》(下),人民法院出版社 1997 年版,第 757 页、第 759 页。
② 马忆南:《内地与香港非婚生子女法律地位比较研究》,载《法学家》1996 年第 5 期,第 67 页。
③ 汤振东:《香港与内地亲子关系相关制度对比研究》,载《韶关学院学报·社会科学》2012 年第 3 期。
④ 龙翼飞:《香港家庭法》,河南人民出版社 1997 年版,第 58~59 页。
⑤ 黄娟:《从歧视走向平等——非婚生子女法律地位的变迁》,载《政法论坛(中国政法大学学报)》2006 年第 4 期。

姻法》第 25 条确立的法律原则很进步,但其也存在缺陷:一是,依旧对子女做婚生与非婚生划分;二是,尚未确立包括子女认领制度在内的统一的亲子关系确认制度。未来,我国民法典亲属编立法需展开对亲子关系的制度性变革。

一、消除法律术语和制度构成中的不合理区分

法律强调子女的婚生性,会造成社会对"非婚生子女"的歧视,不利于切实保护子女在家庭关系中的最大利益。既然我国《婚姻法》已经明确婚生子女与非婚生子女权利平等,任何人不得歧视和虐待,再在法律上区分子女是否为婚生,便没有实际意义,也不符合现代亲子法的发展趋势。在法律中取消"婚生子女"与"非婚生子女"的划分,是从子女最佳利益出发,消除歧视的表现。我国民法典亲属编中不宜再出现"非婚生子女"这一概念,无论子女婚生与否,在法律上均称其为"亲生子女"。

反对取消"非婚生子女"称谓者的主要理由是:法律对这两类亲子关系认定的规则不同。笔者认为,这一认识存在着将对子女做婚生与非婚区分与亲子关系认定规则的关系因果颠倒的误区。因为传统法强调子女的婚生性,才会将亲子关系确认制度做婚生与非婚生的不同设计。当法律不再对子女做这一区分,亲子关系确认制度便可实现统一,回归其意在确立父母子女之间身份的初始目的。因此,取消对子女做婚生与非婚的区分,对于真正实现我国亲子关系立法的"子女本位"具有突破意义。惟其如此,方可重新建构当代的以子女为本位的亲子关系确认制度。

就非婚生子女的准正制度而言,它是历史的产物,以法律不承认婚生与非婚生子女具有同等法律地位为前提。不可否认,这一制度确立之初以保护非婚生子女为目的,曾被认为是"巧妙地将尊重正式婚姻与保护非婚生子女二理念相连接,而具有奖励、促进非婚生子女之生父母正式结婚之功能。"[①]然而,以当代亲子法的子女本位理念衡量传统法的制度设计时,除了反思对子女做婚生与非婚生区分的合理性外,我们还要进一步审视传统法关于非婚生子女与其亲生父母亲子身份确认制度的构成,尤其是准正制度,是否能够真正促进非婚生子女与婚生子女的实质平等。有学者曾主张我国立法应保留婚生子女与非婚生子女称谓,"以准正制度作为非婚生子女取得婚生地位的法律途径"[②]若干年后,其认识已发生根本性改变,认为"传统婚生推定制度的基础、目的和功能也已经不合时宜,纠其根源,法律上区分婚生、非婚生子女恐怕难逃其咎。"他主张"废除二者的区别,将其统称为'亲生子女',废弃婚生推定中的婚生性推定,保留其父性推定,并与传统法中的非婚生子女认领合并为新形态的父性推定制度,将是最好的做法。"[③]

二、建立统一的亲子关系确认制度

将自然血亲父母子女关系中的子女统称为"亲生子女"意义重大。法律术语的这一变动将带来我国亲子关系立法的诸多制度性变化。

---

① 陈棋炎、黄宗乐、郭振恭:《民法亲属新论》(第五版),台湾三民书局 2006 年版,第 285 页。

② 王洪:《婚姻家庭法》,法律出版社 2003 年版,第 237 页。

③ 王洪:《从婚生推定到父性推定——确认亲子关系的新思维》,载夏吟兰、龙翼飞、郭兵、薛宁兰主编:《婚姻家庭法前沿——聚焦司法解释》社会科学文献出版社 2010 年版,第 245 页。

（一）制度的称谓

亲子关系确认制度是外国法上的制度,我国法律中一直阙如。已有研究对统一的亲子关系确认制度进行了积极探索,但存在着对改造后的制度称谓不统一、制度构成论证不充分等缺憾。① 关于这一制度的称谓,目前存在着三种叫法:一是将之分为子女亲生否认制度和子女亲生认领制度两部分;二是将之分为亲子关系的推定制度、亲子关系推定的否认制度和亲子关系的认领制度三部分;三是称之为亲子关系推定与否认制度,子女认领制度居于次要位置。②

笔者认为,传统制度中的婚生推定与否认、非婚生认领与准正,都是关于自然血亲亲子关系的确认制度,其区别主要是适用对象不同。而婚生否认制度不过是法律为保证婚生推定的客观真实性,实现亲子之间利益平衡所做的制度安排,其本身还是婚生推定制度的组成部分。再者,如果这一制度的构成中缺少有关亲子关系推定的基本规则,那么,亲子关系的否认制度将成为无源之水,无木之本。因此,亲子关系的推定是这一制度构成中不可或缺的内容。由于传统的婚生推定制度以父母婚姻为本,强调子女的婚生性,其称谓中不宜再冠以"婚生"二字。以"子女本位"立法理念观之,未来我国民法典亲属编中的"亲子关系确认制度"宜由"亲子关系的推定、否认和子女认领"三部分组成。

（二）制度的内涵

亲子关系的推定,实为父母亲身份的确定。子女是夫妻双方的子女,基于夫妻平等理念和怀孕与生育由妇女单方承担的事实,亲子关系的推定便不只是父亲身份的推定,也应包括母亲身份的确定,并且首先是母亲身份的确定。尤其当代的人工生育技术被普遍应用,打破了罗马法"生母恒定"原则,是提供卵子或胚胎的妇女为母,还是生孩子的妇女为母,需要法律首先明确母亲身份的认定标准。1998年修改后的《德国民法典》增加了母亲身份认定的规定,第1591条指出:"子女的母亲是生该子女的女子。"这表明,通常,法律上的母亲是生育子女的女性。③

关于父亲身份推定和亲子关系否认规则的确立,我国民法典亲属编应积极借鉴当今各国及地区立法中体现"子女本位"理念的做法。例如,《埃塞俄比亚民法典》第745条规定,非婚同居中受孕或出生的孩子以与其母亲同居的男子作为父亲,另外,其第742条关于推定的普遍性和怀孕期间的规定,同样适用于此种推定。再如,对于否认权人的范围,许多立法例将否认权人范围限于被推定的父亲,甚或赋予夫妻双方。这实为忽视子女主体性的表现,不符合子女最佳利益原则的要求。我国台湾地区民法亲属编第1063条第2款的变迁是一个很好的例证。1930年制定民法典时,该条规定:"如夫能证明于受胎期间内未与妻同居者,得提起否认之诉。"1985年,这一条款被修改为:"如夫妻之一方能证明妻非自夫受胎者,得

① 薛宁兰:《改革开放三十年中国亲子法研究之回顾与展望》,载陈苇主编:《改革开放三十年(1978——2008)中国婚姻家庭继承法研究之回顾与展望》,中国政法大学出版社2010年版,第232页。
② 薛宁兰、解燕芳:《亲子关系确认制度的反思与重构》,载《中华女子学院学报》2011年第2期。
③ 《埃塞俄比亚民法典》也有类似规定,其第739条规定:"母子关系产生于出生的单纯事实。"《埃塞俄比亚民法典》,薛军译,中国法制出版社2002年版,第147页。

提起否认之诉。"2007 年,本条改为:"夫妻之一方或子女能证明子女非为婚生子女者,得提起否认之诉。"

改造后的子女认领制度,主要针对因通奸、强奸等耦合关系所生子女的亲子关系确立。自愿认领属于身份法律行为,不得代理。子女的认领可针对父母双方。被认领的子女死亡的,若其有直系血亲卑亲属,基于对继承权的保护,亦可认领。① 生父自愿认领的,子女或其生母有权予以否认;子女成年后,生父或生母自愿认领的,须子女本人同意。如果认领行为有瑕疵,如意思表示不真实或受欺诈、胁迫,则可依民法可撤销法律行为的规定向人民法院申请撤销。同时,自愿认领的意思表示应当采用书面形式。生父、生母或子女要求公证的,还应办理公证手续。认领不得附条件或附期限。自愿认领生效后,亲子关系溯及于子女出生之时。

强制认领是法院以判决方式确认亲子关系的制度。明确强制认领请求权人是其重要内容,法律可规定"未成年子女的生母或者其他法定代理人,有权向人民法院提出强制生父认领之诉。成年子女也有权提出强制生父认领之诉。"②从保护子女利益角度出发,原则上,法律不对认领请求权做法定期间限制,但对已死亡生父认领请求权的行使应有法定期间的限制,以保护子女和其他继承人的财产继承权。法院作出确认亲子关系的判决后,于判决生效之日起,溯及子女出生时,亲子关系确定。

---

① 孟令志:《论亲子关系的确定》,载夏吟兰、龙翼飞、郭兵、薛宁兰主编:《婚姻家庭法前沿——聚焦司法解释》,社会科学文献出版社 2011 年版,第 226～227 页。

② 课题负责人梁慧星:《中国民法典草案建议稿附理由 亲属编》,法律出版社 2013 年版,第 237 页。

第七章
评注第二十六条、第二十七条(养父母子女、继父母子女)

➡ **第二十六条** 国家保护合法的收养关系。养父母和养子女间的权利和义务,适用本法对父母子女关系的有关规定。

养子女和生父母间的权利和义务,因收养关系的成立而消除。

第二十七条 继父母与继子女间,不得虐待或歧视。

继父或继母和受其抚养教育的继子女间的权利和义务,适用本法对父母子女关系的有关规定。

第一节 立法目的

在社会生活层面,除了自然血亲形成的亲子关系之外,还存在收养行为创设的养父母子女关系,以及再婚父母与前婚子女形成的继父母子女关系。在法律制度层面,肯认这些由法律行为或法律事实而创设的拟制亲子关系,明确拟制亲子关系中各方当事人的法律地位和权利义务,是婚姻家庭法律体系不可缺少的内容。

一、肯认拟制亲子关系

(一)保护合法收养关系

收养是自然人依照法律规定的条件和程序领养他人的子女为自己的子女,从而使得收养人和被收养人之间形成法律拟制的亲子关系的民事法律行为。收养是对相关主体的人身财产关系产生重要影响的民事法律行为,涉及对未成年人的抚养教育、对老年人的赡养扶助、财产继承等一系列法律问题。若法律对收养行为缺乏规范、对收养关系缺乏保护,会带来很多社会问题:1. 引发一些真实或虚假的遗弃婴儿事件,相关行为人意图达到规避抚养义务或计划生育政策的目的。2. 因收养而产生的子女上学、就业、迁移户口、继承财产等许多涉及相关主体重要权益的现实问题得不到解决。3. 不法分子利用部分社会成员急于收养子女的心理进行拐卖人口、买卖儿童等犯罪活动。[①] 保护合法的收养关系能够规范收养法律行为、有效打击拐卖儿童犯罪行为、保护收养法律关系各方主体的合法权益、确认和维护养父母子女间的法律关系,使无依无靠的孤儿或家庭生活困难的儿童通过被收养获得更好的成长环境和抚养教育条件,同时也使缺少子女陪伴的收养人获得精神慰藉和亲情依靠,有助于维系家庭稳定、促进社会和谐。

[①] 参见 1991 年司法部副部长金鉴在第七届全国人民代表大会常务委员会第二十次会议上所作《关于〈中华人民共和国收养法(草案)〉的说明》,http://www.law-lib.com/fzdt/newshtml/20/20050722220418.htm。

(二)增进再婚家庭亲子关系

再婚家庭亲子关系是指子女在父母再婚后与继后母或继父形成的亲子法律关系,又称继父母子女关系。继父母子女关系的产生有两种情况:一是在亲生父母一方死亡后,生存父母一方再婚,子女与生存父母一方的再婚配偶形成的亲子关系;二是在亲生父母离婚后,父母一方或双方再婚后,子女与再婚的父或母的另一方配偶所形成的亲子关系。由于缺乏天然的血亲关系,且又置身于重组家庭环境,继父母子女关系的维系和发展面临更多的困难和挑战。在法律层面明确肯认继父母子女关系,有利于促进再婚家庭的融合与建构,实现再婚家庭的和谐与发展。社会学将这种重构家庭关系的路径描述为:"每个家庭成员都要遵循被规定的角色模式,从而保证家庭生活的规范化,做到有规可遵、有章可循,实现家庭的整合。"①

二、明确拟制亲子关系法律效力

明确拟制亲子关系的法律效力,旨在确立养父母子女之间、继父母子女之间各自的权利义务关系,实现拟制亲子关系的制度功能。

(一)养父母子女关系

收养效力是收养目的的直接反映。收养目的既包括当事人在收养法律行为中的具体目的,也包括收养法律规范的立法宗旨和制度功能。收养行为的目的无疑是使收养人与被收养人之间产生法律拟制的亲子关系,而收养制度则面临是否奉行被收养人完全融入收养家庭、断绝与其原生家庭法律关联的立场。

根据《婚姻法》第 26 条,收养既是养父母、养子女间权利义务借以发生的法律事实,又是生父母、生子女间权利义务借以终止的法律事实:(1)收养人与被收养人之间确立与亲生父母子女同等的法律关系,收养人拥有养父母的法律身份和法律地位,被收养人拥有养子女的法律身份和法律地位,双方各自承担父母和子女的权利与义务,相互尊重,相互照顾,共享亲情之暖与天伦之乐;(2)养子女与生父母间的权利义务因收养关系的成立而消除,送养人失去法律上的父母身份和地位,不再对被送养人承担监护、抚养、教育等责任和义务,也不再享有要求被送养人在其年老体弱时予以赡养、照护的权利和利益。

(二)继父母子女关系

较之由自然血亲形成的原生家庭,再婚形成的组合家庭中,家庭成员之间更易产生利益冲突和情感隔阂,通过法律规范明确继父母子女关系有助于减少利益纷争、增进情感融合。根据《婚姻法》第 27 条,继父母与继子女之间的法律关系主要从两个层面来把握:(1)互相之间不得虐待或歧视。歧视主要表现为不尊重、不平等的态度和立场,而虐待则是指以作为或不作为的形式对家庭成员进行折磨或摧残,使其在精神上、肉体上遭受损害的违法行为。虐待的形式多种多样,如打骂、恐吓、冻饿、限制人身自由,拒绝供应必要的衣食或放任疾病恶化等。这些违法行为与家庭暴力的形式具有一定的相似性,最高法院关于适用婚姻法司法

---

① 邓伟志、徐榕:《家庭社会学》,中国社会科学出版社 2001 年版,第 105 页。

解释(一)规定,持续性、经常性的家庭暴力,构成虐待。(2)形成抚养教育关系的继父母子女之间确立与亲生父母子女同等的法律关系,继父母和继子女各自享有和承担父母和子女的权利与义务,共同实现重组家庭的经济、文化等职能。

第二节　本条的目的与意义

肯认养父母子女关系、继父母子女关系具有与自然亲子关系同等的法律效力,其法理基础在于:养父母子女关系、继父母子女关系均系通过特定法律行为或法律事实创设的拟制亲子关系,而法律拟制的要旨正在于通过制度赋权使异者趋同,赋予符合法律规定的、本无自然亲子关系的当事人以亲子法律地位及相关权利义务。法律对拟制亲子关系的肯认与保护有利于为未成年人谋福祉,保障各方当事人的权益,也有利于构建完整家庭关系并促进代际伦理关系。

一、法理基础

(一)特定法律行为或法律事实创设拟制亲子关系

依照自然事实与法律事实的区分,父母子女关系可分为两种:(1)基于出生事实和自然血缘而产生的自然血亲父母子女关系,包括婚生父母子女关系和非婚生父母子女关系。这类父母子女关系始于子女出生、终于父母或子女死亡,由于其产生的依据是出生事实而非法律行为,此种血缘关系不能通过协议或单方声明而解除。(2)基于收养、结婚等法律行为和抚养事实而产生的拟制血亲父母子女关系,包括养父母子女关系和形成抚养关系的继父母子女关系。合法收养行为是依法创设拟制父母子女关系的法律行为,理应产生当事人所期待的法律效果,该法律效果的内容是使本无父母子女关系的收养人和被收养人之间产生与亲生父母子女关系同等的身份关系和财产关系。而生父母一方与继父母一方的再婚行为及继父母一方对继子女的抚养和教育事实则由于符合法律规定的条件而使继父母子女之间产生与亲生父母子女关系同等的身份关系和财产关系。拟制亲子关系产生的依据是法律行为和一定的法律事实,因此在符合法律规定的情形下是可以解除的。区分自然亲子关系和拟制亲子关系是基于自然事实与法律事实的分离和差异,但区分的目的应当有利于保护和调整特殊类型的亲子关系,即将拟制血亲的父母子女关系和自然血亲的父母子女关系在法律上做同等对待和处理。

(二)拟制亲子关系具有与自然亲子关系同等的法律效果

法律拟制是法律规范社会生活、创设法律关系的一种路径,其核心要义在于通过法律的能动作为进行赋权。拟制亲子关系正是此种调整方式的典型表现,法律拟制亲子关系的功用在于实现与自然亲子关系同等的法律效果。自然亲子关系中,父母和子女基于其各自的法律地位享有相应的权利和义务,那么,拟制亲子关系中,各方当事人亦应享有相应的法律地位和权利义务,这样拟制亲子家庭方得以具有与自然亲子家庭同样的功能和内容,实现家庭成员之间相互尊重相互照顾,共享亲情之暖与天伦之乐。因此,《婚姻法》第26条和第27条分别规定,养父母与养子女之间、形成抚养教育关系的继父母与继子女之间的权利和义务,适用本法对父母子女关系的有关规定。

二、社会意义

(一)有利于为未成年人谋福祉

完整的家庭、温暖的亲情是未成年人的最好成长环境。在经由收养、再婚而重新组合的家庭中,通过法律重构亲子关系能够为未成年的家庭成员提供与原生家庭同样的权利保障,从而使其获得较好的抚养教育条件,实现未成年人的最佳利益。

就养父母子女关系而言,由于收养制度的首要社会功能是解决未成年社会成员脱离家庭或失去供养的社会问题,因此,保障未成年人的健康成长体现在我国《收养法》的诸多具体规定中:(1)在被收养人的条件方面,将下列不满14周岁的未成年人列为被收养的对象:丧失父母的孤儿,查找不到生父母的弃婴和儿童,生父母有特殊困难无力抚养的子女;(2)为保证被收养的未成年人健康成长,规定收养人应当具有扶养教育被收养人的能力;(3)严禁借收养名义买卖儿童;(4)自收养关系成立之日起,养父母与养子女间的权利义务关系,适用法律关于父母子女关系的规定。

就继父母子女关系而言,由于家庭中婚姻关系的变故、成员间血亲关系的缺失,继父母与继子女间可能会产生歧视、戒备与敌意等负面情绪,这种家庭环境和氛围往往会对未成年人形成现实的、严重的甚至不可逆转的身体或精神伤害。《婚姻法》明确规定"继父母与继子女间,不得虐待或歧视",正是着眼于防范和消除上述不利因素,有利于为重组家庭中各方当事人尤其是未成年人谋福祉。

(二)有利于保障各方当事人合法权益

对拟制亲子关系的保护,不仅有利于实现未成年人的最佳利益,也有利于保护其他当事人的合法权益。无论是养父母子女关系还是继父母子女关系,法律赋予养子女和继子女以子女的权利与地位,同时也赋予养父母和继父母以父母的权利与地位,保障其享有接受养子女或继子女赡养、扶助等合法权益。

收养关系中的当事人较为复杂,涉及收养人、被收养人和送养人,保护合法收养关系、明确收养法律效力有利于保障各方当事人法律权益的平等实现。保障被收养人和收养人合法权益的原则体现在我国《收养法》的如下规定中:(1)被收养人一般应为不满14周岁的处于特殊生活状况下的未成年人;(2)收养人一般须年满30周岁,无子女,并具备扶养教育被收养人的能力;(3)生父母送养子女,须双方共同送养;有配偶者收养子女,须夫妻共同收养;(4)收养人、送养人要求保守收养秘密的,其他人应当尊重其意愿,不得泄露。对于送养人而言,保护其合法权益主要表现为确保收养法律行为遵循平等自愿原则,在现行《收养法》中主要体现为下列规定:(1)收养人收养与送养人送养,须双方自愿;收养年满10周岁以上未成年人的,应当征求被收养人的同意。(2)收养人与送养人可以协议解除收养关系,如果养子女年满10周岁以上的,应当征得本人同意。(3)收养关系当事人各方或者一方要求办理收养公证的,应当到有资格的公证机构办理收养公证。

(三)有利于构建完整家庭关系和促进代际伦理关系

在更为宏观的社会层面上,保护合法收养关系、明确拟制亲子关系的法律效力有利于将处于失孤失养状态、脱离家庭环境或家庭成员不足的个体重新凝聚在家庭单元中,使孤单的个体融入家庭、残缺的家庭恢复完整,有利于整个社会的和谐与稳定。同时,从人类社会学视角来看,重构家庭关系实际上是在本无血缘关系的不同代际群体之间构建起共同生活、互相扶助的机制,有利于促进代际伦理关系和代际群体融合。

第三节　条文演变

一、我国收养制度沿革及《婚姻法》相关条文演变

(一)我国古代收养制度及其近代化

作为安置弃儿孤儿、建构完整家庭的一种模式,收养制度古已有之。古希腊、古罗马时期都普遍存在收养现象,我国古代也有男子无子则"立嗣"的传统。所谓"立嗣",又称"过继"、"过房"等,指无子的男子可立宗族中同辈分其他男子之子为"嗣子",以完成继承宗祧的家族使命。如果被立为嗣子的人是亲生父的独子,则原生家庭和收养家庭可以约定"兼祧",即两个家庭各自为该男子娶妻,分别实现传宗接代的目的。习俗上还有"继绝"的做法,即年轻男子早亡,生前无子且未立嗣,则其配偶或尊长可代其立嗣,以免出现家族绝后的情形。可见,嗣子承担着重要的家族使命,因而享有较高的地位。"乞养"的情形则有所不同,这种收养模式是非亲属间收养,以宗族的视角而言是异姓收养,主要解决孤儿失养的社会问题。在乞养的情形下,收养人和被收养人互相之间称为义父母和义子女,重在突出双方之间的道义关系,而与宗族权益无涉,所以,义子女的地位和重要性都远逊于嗣子。[1]

清末各种新思想传入中国,对于传统收养制度有所动摇,到了南京国民政府时期,法制局制定的亲属法和继承法典废除传统立嗣收养,更加关注被收养人的利益,民国时期始改行现代收养制度。这一时期,收养制度的发展与近代民法的法典化进程是基本一致的。当时民法亲属编有五个版本,从收养制度来看可分为两类:其一为晚清民律草案亲属编、1915年(民国四年)的民律亲属编草案以及1925年(民国十四年)民律草案中的收养制度,将子女分为嫡子、庶子、嗣子、私生子等;其二为1928年(民国十七年)亲属法草案与1930年(民国十九年)公布的民法亲属编,废除了传统分类方法,按照现代分类标准将子女分为婚生子女、非婚生子女、养子女等,并专章规定了收养制度。[2]

(2)新中国收养法律制度的确立

新中国建立后,《婚姻法》及相关司法解释一度构成收养法律制度的主体内容,直到《收养法》于20世纪90年代初出台。1950年颁布的《婚姻法》直接规定养父母子女关系与父母子女关系相同,但是缺乏对收养的条件、程序和效力的具体规定。最高人民法院通过针对个

---

[1]　薛宁兰、金玉珍主编:《亲属与继承法》,社会科学文献出版社2009年版,第223页。

[2]　刘志慧:《民国时期收养制度的变迁》,中国政法大学2006年硕士学位论文。

案的批复处理司法实践中遇到的一些具体问题。1972 年,最高人民法院公布《关于贯彻执行民事政策法律的意见》,系统规定了收养的条件和程序。1980 年颁布的新《婚姻法》对收养关系的法律效力予以明确。1984 年,最高人民法院《关于贯彻执行民事政策法律若干问题的意见》增加事实收养的规定,补充规定了解除收养的条件及其法律后果。1991 年颁布、1992 年 4 月 1 日正式实施的《收养法》是新中国首部集中、系统调整收养关系的实体法,标志着我国收养立法趋于完善。1998 年 11 月,第九届全国人大常委会第五次会议通过了《关于修改〈中华人民共和国收养法〉的决定》,修正后的《收养法》放宽了收养条件、完善了收养程序,自 1999 年 4 月 1 日生效起沿用至今。从当前的法律制度体系来说,《收养法》承担着调整收养法律关系的主要使命,《婚姻法》的相关规定偏于原则,主要着眼于父母子女关系的调整。

（三）养父母子女关系在《婚姻法》中的体现及其演变

1950 年的《婚姻法》第 13 条第 2 款规定:"养父母与养子女相互间的关系,适用前项规定。"这里的"前项规定"即指本条第一款,其内容为:"父母对于子女有抚养教育的义务;子女对于父母有赡养扶助的义务;双方均不得虐待或遗弃。"从理念上说,该法条已初步确立养父母子女关系比照适用父母子女关系有关法律规范的制度模式,但是从规范分析的角度来说,"前项规定"仅指向第一款关于父母子女间抚养教育、赡养扶助的内容,不能辐射到其他关于父母子女关系的规定,比如该法第 14 条规定的"父母子女有互相继承遗产的权利"。立法的不周延可能会带来法律适用方面的困扰。经过调整,1980 年的《婚姻法》第 20 条即分两款对养父母子女法律关系进行了全面概括,第一款规定:"国家保护合法的收养关系。养父母和养子女间的权利和义务,适用本法对父母子女关系的有关规定。"第二款规定:"养子女和生父母间的权利和义务,因收养关系的成立而消除。"2001 年,我国修订《婚姻法》时对上述内容作了原封不动的保留。[①]

二、我国继亲制度概况及《婚姻法》相关条文演变

（一）我国古代继亲制度概况

在我国古代,继亲制度从属于整个封建宗法制度,继亲属之间的法律关系实取决于各方当事人在家庭及家族中的地位。值得注意的是,由于奉行男尊女卑的道德理念,男子续娶是常有之事,妇女再婚的情形却殊为罕见。子女一般依父亲的血统为归属,即从父不从母[②],而且"女儿"的角色几乎在传世文献中消隐,所以,古代继亲关系主要关注的是继母与继子之间的关系,但各朝代在改嫁之风、律法规定方面还是存在一些差异的。秦时盛行改嫁,称继子女为"假子",继父、继母则分称为"假父、假母"。《秦律·法律答问》中载:"父盗子,不为

---

① 2001 年修订后的《婚姻法》第 26 条规定:"国家保护合法的收养关系。养父母和养子女间的权利和义务,适用本法对父母子女关系的有关规定。养子女和生父母间的权利和义务,因收养关系的成立而消除。"

② 张国刚:《家庭史话》,社会科学文献出版社 2012 年版,第 70 页。

盗。今段(假)父盗段(假)子,可(何)论? 当为盗。"①即是因为"假子"与"假父"间不存在血缘关系,故不以亲族法相待。但到了汉代,时人所注典籍《仪礼·丧服》言"继母如母",并解释"继母何以如母",其根据在于"继母之配父,与因母同,故孝子不敢殊也。"②这既是对继母法律地位的概括,又是对继亲关系的概括,意指继母接替前室之正妻地位,③须尽抚育子女之义务,也有接受供养之权利,而晚辈子嗣包括继子女均应以孝道敬之。在社会现实层面,继母与继子彼此之间是否和睦相处各尽其分,则与个体道德伦常修养有关,既有很多继母对遗孤视同己出、悉心照料的史料索引,也有不少继母虐待遗孤排斥继子的文献记载。尤其是封建家族讲究嫡庶有别,继室之子的地位往往被前室之子屈抑,由此导致继母因利益之争而嫌憎继子也是常事。近代以来,中国社会急剧动荡,虽有编纂民法典的尝试,却对继亲关系鲜有关注。但是新中国建立后的婚姻家庭立法秉持革命立场,旗帜鲜明地主张亲子关系的一统化,在某种意义上暗合了"继母如母"所蕴含的家庭伦常,可谓传统文化、中华礼仪的传承与发展。

(二)继父母子女关系在《婚姻法》中的体现及其演变

1950 年的《婚姻法》没有出现"继父母""继子女"的称谓,对继父母子女关系的规定分散在第 15 条、第 16 条和第 22 条中,主要体现为保障子女受抚养的权益。其第 15 条第 1 款和第 2 款是关于非婚生子女权益的规定,第 3 款针对未婚先育的母亲与非婚生子女之生父以外的"他人"结婚的情形,规定:"生母和他人结婚,原生子女的抚养,适用第 22 条的规定。"而第 22 条本身是针对女方再行结婚的情形,以"新夫"的自愿为前提,对子女生活费和教育费的负担在生父和继父之间进行分配。这两条规定可以概括为,生母与生父之外的男性缔结婚姻关系的,其夫可自愿承担原生子女的抚养费用,否则仍由生父承担抚养义务。第 16 条则以禁止性条款规定继父母不得虐待或歧视继子女。

1980 年的《婚姻法》显然对 1950 年的《婚姻法》相关规定进行了整合,不仅提炼出统一的"继父母"和"继子女"称谓,而且对继父母子女间的法律关系做出了概括性规定。第 21 条首先强调继父母与继子女间不得虐待或歧视,继而区分出形成抚养教育关系的继父母子女关系,规定此类主体间适用父母子女关系法律规范。④ 2001 年,我国对《婚姻法》修订时原样保留了这一规定,未作任何修改。⑤

---

① 转引自黄金山:《汉代家庭成员的地位和义务》,载《历史研究》1988 年第 2 期。

② 李学勤主编:《十三经注疏·仪礼注疏(下)》,[汉]郑玄注,[唐]贾公彦疏,彭林整理,王文锦审定,北京大学出版社 1999 年版,第 565 页。

③ 虽然继母承继前室之正妻地位,但继子服丧礼仪方面会表现出继母与前室地位的差别。据《礼记注疏卷第五十七·服问第三十六》载:"传曰:'母出则为继母之党服,母死则为其母之党服'为其母之党服,则不为继母之党服。"参见《十三经注疏》整理委员会整理,[汉]郑玄注,[唐]孔颖达疏,龚抗云整理、王文锦审定:《礼记正义(十三经注疏)》,北京大学出版社 2000 年版,第 1797 页。

④ 1980 年《婚姻法》第 21 条规定:"继父母与继子女间,不得虐待或歧视。继父或继母和受其抚养教育的继子女间的权利和义务,适用本法对父母子女关系的有关规定。"

⑤ 2001 年修订后的《婚姻法》第 27 条规定:"继父母与继子女间,不得虐待或歧视。继父或继母和受其抚养教育的继子女间的权利和义务,适用本法对父母子女关系的有关规定。"

第四节　本条规范的构成要件

一、拟制亲子关系的成立与解除

对于由收养行为创设的养父母子女关系,认定拟制亲子关系是否成立的关键在于收养行为是否符合法律规定的实质要件和程序要件;对于由再婚行为和抚养教育事实而形成的继父母子女关系,再婚行为需符合法律规定的结婚条件和程序要求,同时应能够认定继父或继母与继子女之间存在抚养教育的事实,如此方可在继父母与继子女之间适用《婚姻法》关于父母子女关系的有关规定。通过收养行为拟制的收养关系可以依照一定的法律程序予以解除,而通过结婚行为和抚养教育事实拟制的继亲关系一般不可解除,尤其是在继子女未成年的情形下,如有特殊原因需要解除继亲关系,须由人民法院视具体情况做出是否准许解除的调解或判决。

（一）养父母子女关系的成立与解除

1. 合法收养的条件与程序

符合法定实质要件和程序要件的收养行为才能形成合法收养关系,若非如此,则不能实现当事人所意欲达成的法律效果,亦不能受到法律的保护。我国《收养法》对于收养的法律要件有非常细致的规定。

（1）收养成立的实质要件

①普通收养关系成立的条件

这是指一般情形下成立收养关系必须具备的实质有效条件。我国《收养法》主要是从被收养人、送养人、收养人的条件和收养合意四个方面作出规定。

根据我国《收养法》第4条的规定,通常情况下,被收养人必须同时具备两个条件:第一,年龄未满14周岁;第二,生父母双亡的孤儿,或是查找不到生父母的弃婴和弃儿,或是生父母虽在,但因特殊困难无力抚养的子女。

根据我国《收养法》第5条的规定,下列公民、组织可以作为送养人:第一,孤儿的监护人。但监护人送养受其监护的孤儿须受我国《收养法》第13条规定的限制,即:"监护人送养未成年孤儿的,须征得有抚养义务的人同意。有抚养义务的人不同意送养、监护人不愿意继续履行监护职责的,应当按照《中华人民共和国民法通则》的规定变更监护人。"这里所说的有抚养义务的人,是指我国《婚姻法》第28条、第29条中所说的有负担能力的祖父母、外祖父母和兄、姊。第二,社会福利机构。社会福利机构通常是指儿童福利院或康复院等由民政部门设立的,专门收容、抚养暂时无法查明生父母或监护人的弃儿或孤儿的社会组织。第三,有特殊困难无力抚养子女的生父母。其通常是指父母由于经济困难、患有严重疾病或其他客观原因无力抚养孩子的情形。关于生父母送养子女的问题,我国《收养法》第10条第1款规定:"生父母送养子女,须双方共同送养。生父母一方不明或者查找不到的可以单方送养。"第18条规定:"配偶一方死亡,另一方送养未成年子女的,死亡一方的父母有优先抚养的权利。"

根据我国《收养法》第6条和其他相关条款的规定,收养人应同时具备这样几个方面的条件:第一,无子女;第二,有抚养教育被收养人的能力,这种能力主要是指收养人须具有完全民事行为能力,具备抚养被收养人的必要经济条件,具有良好的道德品质,能够从物质生活和教育等方面为被收养人提供必要的条件;第三,未患有在医学上认为不应当收养子女的疾病;第四,年满30周岁。关于收养人方面的条件,我国《收养法》还有几项特殊的规定,如第9条规定:"无配偶的男性收养女性的,收养人与被收养人的年龄应当相差40周岁以上。"第10条第2款规定:"有配偶者收养子女,须夫妻共同收养。"

收养关系的成立,以有关当事人的意思表示一致为其必要条件。根据我国《收养法》第11条的规定,收养人收养与送养人送养须双方自愿,收养年满10周岁以上的未成年人还应征得被收养人的同意。

②特殊收养关系成立的条件

作为收养条件一般规定的例外,我国《收养法》规定在若干具体情形下可以适当放宽收养条件。这些例外情形主要包括四种:

其一,亲属间收养三代以内同辈旁系血亲的子女。根据《收养法》第7条的规定,亲属间收养三代以内同辈旁系血亲的子女(即兄弟姊妹的子女、堂兄弟姊妹的子女、表兄弟姊妹的子女),有下列特殊规定:第一,作为送养人的生父母即使无特殊困难、有抚养能力,也可将其子女送养;即使被收养人不属于生父母没有能力抚养的子女,也可以被送养。第二,无配偶的男性收养三代以内同辈旁系血亲的子女,可以不受年龄相差40周岁以上的限制。第三,被收养人可以不受不满14周岁的限制。第四,华侨收养三代以内同辈旁系血亲的子女,还可以不受收养人无子女的限制。

其二,收养孤儿、残疾儿童或者查找不到生父母的弃婴和儿童。《收养法》第8条第2款规定:"收养孤儿残疾儿童或者社会福利机构抚养的查找不到生父母的弃婴和儿童可以不受收养人无子女和收养一名的限制。"

其三,继父母收养继子女。根据《收养法》第14条的规定,继父母收养继子女的,适用下列特殊规定:第一,继父母可以收养14周岁以上的继子女,被收养人可以不受满14周岁的限制。第二,由于未与子女共同生活的生父(母)履行抚养义务的方式事实上已经改变,所以,生父(母)即使没有抚养子女的经济困难,也可以将子女送养。第三,收养人可以不受无子女及夫妻年满30周岁的限制。第四,收养人可以不受收养一名的限制。

其四,隔代收养。最高人民法院于1984年在《关于贯彻执行民事政策法律若干问题的意见》中指出:"收养人收养他人为孙子女,确已形成养祖父母与养孙子女关系的,应予承认。解决收养纠纷或有关权益纠纷时,可依照《婚姻法》关于养父母与养子女的有关规定,合情合理地处理。"

(2)收养成立的程序要件

依照我国《收养法》第15条的规定,成立收养关系的法定程序是收养登记程序,同时以收养协议及收养公证为补充。

①收养登记程序

《收养法》第15条第1款明确规定:"收养应当向县级以上人民政府民政部门登记。收养关系自登记之日起成立";第2款规定:"收养查找不到生父母的弃婴和儿童的,办理登记的民政部门应当在登记前予以公告。"办理收养登记的机构为县级以上的民政部门及其设立的派出机构。

②收养协议和收养公证

《收养法》第15条第3款规定:"收养关系当事人愿意订立收养协议的,可以订立收养协议。"第4款规定:"收养关系当事人各方或者一方要求办理收养公证的,应当办理收养公证。"可见,收养协议和收养公证并非收养的法定形式要件,而是由当事人自主选择的。

2. 养父母子女关系的解除

(1)解除收养关系的条件和程序

我国《收养法》第26条规定:"收养人在被收养人成年以前,不得解除收养关系,但收养人、送养人双方协议解除的除外,养子女年满10周岁以上的,应当征得本人同意。收养人不履行抚养义务,有虐待、遗弃等侵害未成年养子女合法权益行为的,送养人有权要求解除养父母与养子女间的收养关系。送养人、收养人不能达成解除收养关系协议的,可以向人民法院起诉。"根据这一规定,解除收养关系可以根据不同情况,分别采取协议解除方式和诉讼解除方式。

①协议解除收养关系的条件和程序

采取协议方式解除收养关系,必须符合下列条件:①收养关系当事人双方同意解除收养关系。这里的"双方同意"是指:第一,收养人即养父母同意解除收养关系;第二,被收养人即养子女已经成年时,须经该养子女本人同意;第三,被收养人未成年时,须征得送养人同意;被收养人年满10周岁以上的,还应征得本人同意。②收养关系当事人对收养关系存续期间所形成的家庭共有财产已做出合法的分割。③收养关系当事人对缺乏劳动能力又缺乏生活来源的养父母或养子女的生活安置,以及养父母要求养子女补偿收养期间支出的生活费和教育费问题已做出合理解决。

关于协议解除收养关系的程序,《收养法》第28条规定:"当事人协议解除收养关系的,应当到民政部门办理解除收养关系的登记。"适用该条法律规定办理解除收养关系的登记时,当事人应当到收养人户籍所在地的县级以上人民政府民政部门提出解除收养关系的申请。

②诉讼解除收养关系的条件和程序

采取诉讼方式解除收养关系的条件是:①收养人不履行抚养义务,有虐待、遗弃等侵害未成年养子女合法权益行为的,送养人要求解除养父母与养子女的收养关系,但送养人与收养人不能达成解除收养关系协议的,送养人可以向人民法院提起诉讼。②养父母与成年养子女关系恶化,无法共同生活的,养父母与成年养子女不能达成解除收养关系协议的,双方均可以向人民法院起诉解除收养关系。

关于诉讼解除收养关系的程序,收养关系当事人应当依照《中华人民共和国民事诉讼法》的有关规定,向有管辖权的人民法院提起解除收养关系的民事诉讼。对收养人不履行抚养义务,有虐待、遗弃等侵害未成年养子女合法权益行为的,送养人要求解除养父母与养子女间的收养关系,人民法院应当予以解除。对养父母与成年养子女关系恶化,无法共同生活的,一方要求解除收养关系,人民法院应当予以解除。人民法院依法解除收养关系,可以根据具体案件情况分别采取调解方式或者判决方式。

(2)解除收养关系的法律后果

①解除收养关系后的人身关系和财产关系

根据《收养法》第29条规定,收养关系解除后,养子女与养父母之间的身份和权利义务关系即行消除,彼此不再具有抚养教育、管教保护、赡养扶助和继承遗产的关系。同时,养子女与养父母的其他近亲属间的权利义务关系也随之消除。

收养关系解除后,未成年的养子女与生父母及其他近亲属的权利义务关系自行恢复。但成年养子女与生父母及其他近亲属间的权利义务关系是否恢复,可以由成年养子女与生父母协商确定。

②解除收养关系后养父母的补偿请求权

按照《收养法》第30条的规定,解除收养关系后,在不同的情况下,养父母享有一定的财产补偿请求权。第一,收养关系解除后,经养父母抚养的成年养子女,对缺乏劳动能力又缺乏生活来源的养父母,应当给付生活费。第二,因养子女成年后虐待、遗弃养父母而解除收养关系的,养父母有权要求养子女补偿收养期间支出的生活费和教育费。第三,生父母要求解除收养关系的,养父母有权要求生父母适当补偿收养期间支出的生活费和教育费。但因养父母虐待、遗弃养子女而导致收养关系解除的,养父母无权要求生父母补偿收养期间养子女的生活费和教育费。

典型案例

养母诉养子解除收养关系纠纷案①

原告钱某(女)与被告史某(男)系养母子关系。原告钱某诉称,史某成年后便对她态度恶劣,长期不尽赡养义务,并有遗弃、虐待行为。原告离家居住在外,被告阻止她回家取物并加以指责,现双方已无法维持收养关系,故要求解除双方的养母子关系。原告承租的本市××号公房可在不变更租赁关系的前提下,由原告或被告使用,使用房屋的一方应给予另一方按市场租赁价格一半计算的租金。被告应返还原告自1964年收养关系确立时起至被告满18周岁时止支出的生活费与教育费共计人民币18,000元。

被告史某辩称,原告所述并非事实,双方之间并无矛盾,被告没有遗弃、虐待原告的行为。原告离家也是因被告结婚而出于自愿,且原告也未要求住回来,今后被告将尽到赡养义务以维持双方的养母子关系,故不同意原告的诉讼请求。

法院经审理查明,被告自幼即由原告与丈夫(已故)收养为儿子,共同生活于原告的租赁户名之本市××号公房,该房屋内现有原告、原告女儿钱某某、被告、被告女儿肖某四人户籍。现原告离家另居他处。上述事实,有本市××号公房的《租用公房凭证》与《居民户口簿》及双方当事人的陈述予以证实。

法院认为,原被告之间的养母子关系存续时间较长,彼此应已建立起一定的养母子情谊,双方均应珍惜这份来之不易的感情。只要双方今后均能以家庭为重,彼此增加交流与沟通,在生活中做到互谅互解,双方关系是可以得到改善的。尤其被告表示原告因其结婚而居住至他处,更加体现出原告对被告的深厚母爱,被告应珍惜原告的养育之恩,以实际行动获得原告谅解。据此,依照《中华人民共和国婚姻法》第26条的规定,法院判决:原告钱某要求解除与被告史某之间养母子关系的诉讼请求不予支持。案件受理费减半,收取人民币165

---

① 本案例根据"北大法宝"提供的真实案例改编,[法宝引证码]:CLI.C.506265。

元,由原告钱某负担。

收养法律关系由适格当事人依照法律规定通过收养法律行为创设。收养法律关系一旦成立,即在当事人之间确立父母子女的权利义务关系,养父母具有与亲生父母同样的权利和义务,养子女则具有与亲生子女同样的权利和义务。此种权利义务关系的重要内容之一即是养父母抚养和教育养子女,养子女赡养和扶助养父母。在把握养父母子女关系与亲生父母子女关系具有同等法律效力这一基本原则的前提下,我们也要认识到收养法律关系由收养法律行为创设,因而在符合法律规定的条件下是可以解除的,这是收养法律关系与亲生父母子女关系的不同之处。在个案研判中,究竟是维护收养关系还是解除收养关系,这需要结合具体案情和法律规定进行权衡。本案主审法官对解除收养持谨慎立场,更加倾向于维护既有收养关系,体现出将拟制亲子关系与自然亲子关系作同等对待的理念。

(二)继父母子女关系的确认与解除

1. 继父母子女关系的确认
(1)再婚行为应符合法律规定的结婚条件和程序要求
①结婚的条件

结婚的条件,又称为结婚的实质要件,包括结婚的必备条件和结婚的禁止条件。结婚的必备条件,又称结婚的积极要件,是指当事人结婚时必须具备的法定条件。根据我国现行《婚姻法》的规定,结婚必须具备以下三个条件:其一,必须具有结婚的合意。结婚的合意是指当事人双方确立夫妻关系的意思表示真实一致。我国《婚姻法》第5条规定:"结婚必须男女双方完全自愿,不许任何一方对他方加以强迫或任何第三者加以干涉。"其二,必须达到法定的结婚年龄。法定婚龄,是指法律规定的准予结婚的最低年龄。《婚姻法》第6条规定:"结婚年龄,男不得早于22周岁,女不得早于20周岁。晚婚晚育应予鼓励。"凡当事人双方或一方未达到法定婚龄的,婚姻登记管理机关不予登记。其三,必须符合一夫一妻制。一夫一妻是婚姻制度的基本原则,是结婚的必备条件,法律禁止重婚。根据我国《婚姻登记管理条例》的有关规定,申请结婚登记的当事人已有配偶的,婚姻登记管理机关不予登记。对于构成重婚罪的,应依照《刑法》的规定,追究其刑事责任。

结婚的禁止条件,又称结婚的消极要件或婚姻障碍,是指当事人结婚时不得具有法律规定的禁止结婚的婚姻障碍。根据我国《婚姻法》的规定,结婚的禁止条件包括两个方面:其一,禁止结婚的血亲。《婚姻法》第7条规定,直系血亲和三代以内的旁系血亲禁止结婚。根据这一规定,凡出自同一祖父母、外祖父母的血亲,除直系血亲外,都是三代以内的旁系血亲,禁止通婚,具体包括:兄弟姐妹,包括同父同母的全血缘的兄弟姐妹、同父异母或同母异父的半血缘的兄弟姐妹;伯、叔、姑与侄、侄女,舅、姨与甥、甥女;堂兄弟姐妹、表兄弟姐妹。其二,禁止结婚的疾病。法律禁止患有特定疾病的人结婚,目的在于防止和避免疾病的传染和遗传,保护婚姻当事人的利益和社会利益。《婚姻法》第7条还规定,患有在医学上认为不应当结婚疾病的人禁止结婚。哪些属于在医学上认为不应当结婚的疾病?目前,其主要依据《母婴保健法》和《传染病防治法》的相关规定,主要包括一些严重遗传性疾病、医学上认为影响结婚和生育的传染病以及有关的精神病等。

②结婚的程序

结婚的程序,又称为结婚的形式要件,是法律规定的缔结婚姻所必须履行的法定手续。

我国结婚实行登记制,也就是结婚必须履行登记程序。《婚姻法》第 7 条规定:"要求结婚的男女必须亲自到婚姻登记机关进行结婚登记。符合本法规定的,予以登记,发给结婚证,取得结婚证,即确立夫妻关系。"

根据《婚姻登记管理条例》的有关规定,办理结婚登记的机关,在城市是街道办事处或者市辖区、不设区的市人民政府的民政部门,在农村是乡、民族乡、镇的人民政府。

婚姻登记管理机关的管辖范围,原则上以当事人的户籍为依据,当事人双方的户口在同一地区的,到当地婚姻登记管理机关办理结婚登记。当事人双方的户口不在同一地区的,可到任何一方户口所在地的婚姻登记管理机关办理结婚登记。

结婚登记的程序分为申请、审查和登记三个环节。其要求结婚的双方当事人必须亲自到一方户口所在地的婚姻登记管理机关申请结婚登记,不得由他人代理。

(2)继父母子女之间存在抚养教育的事实

根据继父母子女关系的特点和模式,可将继父母子女关系区分为三种类型:(1)名分型,即继父母子女之间仅存在直系姻亲关系,而无抚养教育关系。这种情形下,生父(母)与继母(父)再婚时,继子女已经成年,因而独立生活,或者继子女虽未成年,但其生活教育费用由生父母提供。(2)共同生活型,即继子女与继父母共同生活,双方之间存在抚养教育事实。这种情形下,继父母承担未成年继子女的全部或部分生活教育费用,而成年继子女则对继父母进行长期的赡养和扶助(此种情形下可否认定双方存在抚养教育关系尚有争议——笔者注)。(3)收养型,即继父(母)经生父(母)同意,收养继子女为养子女,双方之间形成养父母子女关系。这种情形下,继父母子女关系被养父母子女关系取代,适用法律关于养父母子女关系的规定。[①]

《婚姻法》第 27 条第 1 款关于"继父母与继子女间,不得虐待或歧视"的规定应适用于上述各种继父母子女关系。相互尊重是家庭成员的基本行为准则,歧视则是不尊重对方、采取差别对待的态度和立场的表现,损害对方人格或其他方面的权益,也不利于构建和谐的家庭关系。虐待是指以作为或不作为的形式对家庭成员进行打骂、恐吓、冻饿、限制人身自由,拒绝供应必要的衣食或放任疾病恶化等折磨或摧残,使其在精神上、肉体上遭受损害的违法行为。根据最高人民法院关于适用婚姻法司法解释(一)的规定,持续性、经常性的家庭暴力,构成虐待。

《婚姻法》第 27 条第 2 款是专门就上述第二种类型继父母子女关系进行的规定,即存在抚养教育关系的继父母子女关系适用《婚姻法》对父母子女关系的有关规定。那么,何种情形下可认定继父母子女之间存在抚养教育关系呢?法律对此没有具体规定,司法解释文件迄今也未进行详细说明。实践中,司法实务界(法官、律师等)倾向于从严掌握认定标准,通常考虑三个方面的因素:(1)继子女未成年;(2)继父母子女共同生活;(3)抚养教育事实持续较长时间。但是这种抚养教育事实需要持续多长时间才能被认定为抚养教育关系?这往往取决于法官对具体案情及双方权利义务均衡状况的判断和评估,比如通常一年、两年的抚养教育事实是不够充分的,但如果抚养教育期间系因子女成年自立而终止则可能不影响对抚养教育关系的认定。除此之外,也有观点认为,成年继子女对继父母的长期赡养扶助也属于广义的抚养,亦应被纳入确认继父母子女之间成立拟制亲子关系的事实。但这种观点多限

[①] 薛宁兰、金玉珍主编:《亲属与继承法》,社会科学文献出版社 2009 年版,第 220 页。

于学界的探讨和倡导。

继母诉继子赡养纠纷案①

原告陈某与被告丁某的父亲系夫妻关系。原告诉称：多年来原告与被告的父亲一同将被告抚养成人，并供其上学，娶妻生子。被告的生父去世后，被告便拒绝赡养原告。原告陈某向法院起诉，请求依法判决被告履行赡养义务，并每月给付原告赡养费 550 元。诉讼费由被告承担。

被告丁某不同意赡养原告。理由为：原、被告之间没有形成抚养关系，故自己没有赡养原告的义务。原告有三个亲生子女（两个女儿、一个儿子），他们均已成家，应由其亲生子女赡养原告。原告在娘家有责任田，由其儿子耕种，有生活来源。被告恳请法院驳回原告的全部诉讼请求。

法院经审理查明：原告陈某与被告的父亲于 1989 年 2 月 1 日结婚（两人均为再婚），结婚以后在当地邮电所居住生活。被告丁某是其父亲的三儿子，未与原告共同居住生活。另查明：丁某 1987 年 7 月高中毕业，1988 年 3 月在邮政局上班（当时为临时工）。上述事实，有原被告双方陈述、证人证言、毕业证、工作时间证明等证据予以证实。

法院认为，原告与被告之父再婚时，丁某已满 17 周岁，并已参加工作，且未与原告共同生活，原被告之间没有血缘关系且没有形成抚养教育关系，原告请求其履行赡养义务于法无据。依照《中华人民共和国婚姻法》第 27 条第 2 款之规定，法院判决驳回原告陈某的诉讼请求。案件受理费 50 元，由原告陈某负担。

继父母子女之间拟制亲子关系的认定，不仅需要生父（母）与继母（父）有婚姻关系，还需要继父母与继子女之间存在抚养教育事实。在司法实践中，认定继父母子女间存在抚养教育事实通常着眼于如下因素：继子女未成年；继子女与继父母共同生活，继父母承担继子女的全部或部分抚养教育费用，或者承担全部或部分抚养教育义务；继父母抚养教育继子女的事实存续足够长的时间。这里，所谓"足够长的时间"往往取决于法官对具体案情的把握和判断，三年、五年不等，仅在继子女成长至成年的情形下方认可期间较短（如一年）的抚养教育事实形成抚养教育关系。本案中，原告与被告的父亲结婚时，被告已满 17 周岁，有独立的生活来源，且未与原告共同生活。依据这些事实，我们能够明晰地得出结论：原告与被告之间不存在稳定的、长期的抚养教育关系，因此，双方当事人之间不适用法律规定的父母子女权利义务关系。原告可以向被告提供道义扶助，但双方之间不存在具有强制执行力的法律义务。

2. 继父母子女关系的解除

继父母子女关系以继父（母）与生母（父）的结婚行为和继父母对继子女的抚养教育事实为基础，因此不能随意解除。具体分析如下：其一，如果继子女尚未成年，继亲家庭承担着抚养和教育继子女的职能，稳定的家庭关系和家庭环境对继子女的成长至关重要，因此，继父母子女关系不宜随意解除；其二，如果继子女已经成年，继父母对继子女的抚养教育事实及双方之间的继亲关系已经固化，继子女理应承担赡养继父母的法律义务，此时解除继父母子

---

① 本案例根据"北大法宝"提供的真实案例改编，[法宝引证码]：CLI.C.2295448。

女关系显然有碍于公平。有鉴于此,最高人民法院曾于1986年作出《关于继母与生父离婚后仍有权要求已与其形成抚养关系的继子女履行赡养义务的批复》①,明确了接受抚养教育的继子女对继父母承担的赡养扶助义务不因继父母与生父母离婚而消除,继而最高法院于1988年作出《关于继父母与继子女形成的权利义务关系能否解除的批复》,认为"继父母与继子女已形成的权利义务关系不能自然终止,一方起诉要求解除这种权利义务关系的,人民法院应视具体情况作出是否准许解除的调解或判决。"②

司法实践中,如下情形可向人民法院请求解除继亲关系:一是生父母与继父母离婚的,可以请求解除已形成的抚养关系。最高人民法院1993年发布《关于人民法院审理离婚案件处理子女抚养问题的若干具体意见》③,规定生父与继母或生母与继父离婚时,对受其抚养教育的继子女,继父与继母不同意继续抚养的,仍应由生父母抚养。二是继子女已经成年但与继父母的关系恶化,经当事人请求,人民法院可以解除他们之间的权利和义务关系,但是对于已丧失劳动能力、生活困难的继父母,继子女仍有义务承担其生活费用。这是在继父母子女关系恶化的情形下解除双方身份关系但维护继父母生活保障的一种法律路径。

二、拟制亲子关系的法律效力

《婚姻法》第26条、第27条对养父母子女关系和有抚养教育事实的继父母子女关系的处理准则是相同的,即适用本法关于父母子女关系的规定。这就是说,拟制亲子关系成立后,当事人之间的权利和义务与自然血亲的父母子女关系相同。我国《婚姻法》关于父母子女关系的规定有:父母对子女有抚养教育的义务,不得虐待和遗弃子女,当父母不履行抚养义务时,未成年或不能独立生活的子女有要求父母给付抚养费的权利;子女对父母有赡养扶助的义务,不得虐待和遗弃,父母无劳动能力或生活困难,有权要求已经成年并独立生活的子女给付赡养费;父母有保护和教育未成年子女的权利和义务,在未成年子女对国家、集体或他人造成损害时,父母有承担民事责任的义务;父母和子女有相互继承遗产的权利。这些都完全适用于拟制亲子法律关系。

此外,拟制亲子关系也使得养子女与养父母的近亲属、继子女与(有抚养教育关系的)继父母的近亲属之间形成相应的拟制血亲关系:养子女或继子女与养父母或继父母的父母之间形成拟制的祖孙关系,与养父母、继父母的其他子女之间形成养兄弟姐妹或继兄弟姐妹关系。在一定条件下,他们之间产生扶养、监护和继承等方面的权利与义务。此外,养子女、继子女与养父母、继父母的兄弟姐妹之间也形成拟制的旁系血亲关系。较之继父母子女关系,因收养而产生的亲属关系要更加完全和彻底,这表现在:(1)养子女与生父母及其近亲属之间的权利义务关系因收养而解除。我国立法奉行养子女完全融入收养家庭、断绝与生父母的法律关系的立场。当收养关系成立后,养子女即脱离生父母的监护而成为养父母的子女,

---

① 参见《最高人民法院关于继母与生父离婚后仍有权要求已与其形成抚养关系的继子女履行赡养义务的批复》(1986民他字第9号)。

② 参见《最高人民法院关于继父母与继子女形成的权利义务关系能否解除的批复》(1987民他字第44号)。此文件于2013年1月18日被废止,但其关于继父母子女关系不能随意解除的指导原则仍对司法实践持续产生影响。

③ 参见《最高人民法院关于人民法院审理离婚案件处理子女抚养问题的若干具体意见》(最高人民法院审判委员会第603次会议讨论通过)。

养子女与生父母之间的权利义务关系解除,相互之间不再承担扶养等义务,也不再享有继承等权利。同时,养子女与生父母的近亲属间(包括养子女与生祖父母和生外祖父母之间以及与自然血亲的兄弟姐妹之间等)的权利义务关系亦因收养关系的成立而解除。养父母具有与生父母完全相同的法律地位和法律权利,成为具有指导意义的基本准则。实践中,民政部门在认定收养关系时面临一个具体的考量:收养人可否基于其父母身份再次将被收养人送养?江苏省民政厅曾于2009年向民政部发函咨询这一问题,民政部办公厅的复函认为可以。① 其背后的法理基础在于:养父母完全具有与生父母同样的法律地位和法律权利,因此在符合法律相关规定的情形下也可以作为送养人送养其养子女。(2)养子女与养父母的近亲属之间具有与自然血亲的近亲属相同的权利义务关系。如我国《继承法》第10条规定法定继承人和继承顺序时,明确释明"子女"、"父母"、"兄弟姐妹"包括"养子女"、"养父母"、"养兄弟姐妹"。《最高人民法院关于贯彻执行〈继承法〉若干问题的意见》(以下简称最高人民法院关于贯彻继承法的意见)第26条还规定,"被继承人的养子女"、"被继承人亲生子女的养子女"、"被继承人养子女的养子女"、"与被继承人已形成扶养关系的继子女的养子女"均可代位继承。"可见,养子女具有与生子女完全同等的法律地位。

继父母子女关系的特殊性则表现在:(1)继父母子女之间的拟制亲子关系并不产生解除继子女与其生父母之间亲属关系的法律效果。换言之,继子女在与继父母之间确立拟制亲子关系的同时,可以保持其与生父母之间的自然亲子关系,同时享有继子女和亲生子女的法律地位和权益,而且继子女的地位与权益适用《婚姻法》关于亲生子女地位与权益的相关规定。但是,如果继父母合法收养继子女,则适用养父母子女的法律规范,继子女与其生父母及其近亲属间的权利义务关系解除。但需注意的是,形成拟制亲子关系后,养子女或继子女与生父母及其他亲属间基于血缘联系而发生的自然血亲关系仍然存在,消除的只是法律上的权利义务关系。所以,与自然血亲有关的法律规定,如直系血亲和三代以内旁系血亲禁止结婚等,在适用上不受拟制亲子关系的影响。(2)继子女与(有抚养教育关系的)继父母的近亲属之间的权利义务关系与自然血亲的近亲属并不完全相同。如我国《继承法》第10条规定法定继承人和继承顺序时,释明"子女"、"父母"、"兄弟姐妹"包括"有扶养关系的继子女"、"有扶养关系的继父母"、"有扶养关系的继兄弟姐妹",这表明继兄弟姐妹之间的法定继承权并非因继父母与继子女之间存在抚养教育关系而自动取得,而是取决于继兄弟姐妹之间是否存在扶养关系。根据最高人民法院关于贯彻继承法的意见第26条,"已形成扶养关系的继子女的生子女"、"与被继承人已形成扶养关系的继子女的养子女"可代位继承。换言之,与"已形成扶养关系的继子女"形成扶养关系的继子女不享有代位继承权。可见,虽然具有抚养教育关系的继父母子女之间具有与生父母子女关系同等的法律地位,但此种情形下继子女与继父母的近亲属之间的法律关系与自然血亲同等近亲属之间的法律关系却存在一定的差别。

---

① 参见《民政部办公厅关于收养人因生活困难不能继续抚养被收养人有关问题的复函》(民办函〔2009〕177号)。

第五节 重要学术观点与争议

一、关于养父母子女关系

《婚姻法》第 26 条对养父母子女关系进行了总括式的规范,而收养的条件、程序、效力等具体规定则着重体现在《收养法》中,因此,相关学术争议也大多针对《收养法》的法律条文展开。对于《婚姻法》第 26 条本身的理解与适用而言,争点主要集中于:事实收养的效力及其处理;应否引入不完全收养制度。

(一)事实收养的效力及其处理

事实收养是指符合法律规定的实质要件,当事人以父母子女关系长期共同生活,周围群众也认为其是父母子女关系,但未办理收养手续的收养。[①] 关于事实收养的法律效力,《最高人民法院关于贯彻执行民事政策法律若干问题的意见》([1984]法办字第 112 号)第 28 条曾规定:"亲友、群众公认,或有关组织证明确以养父母与养子女关系长期共同生活的,虽未办理合法手续,也应按收养关系对待。"但是 1992 年 4 月 1 日实施的《收养法》第 15 条第 1 款规定:"收养查找不到生父母的弃婴和儿童以及社会福利机构抚养的孤儿的,应当向民政部门登记。"1998 年修订后的《收养法》第 15 条第 1 款进一步明确:"收养应当向县级以上人民政府民政部门登记。收养关系自登记之日起成立。"从法律规定来说,确立收养关系应符合法律规定的条件,并办理收养登记手续,否则不具有法律效力。但长期以来,我国仍存在大量的私自收养未办理收养登记的情形。有多位学者认为,其中一个重要原因是《收养法》关于收养实质要件的规定过于严格,收养程序复杂,不利于收养关系的成立,因此,他们主张放宽收养的实质条件,简化收养程序,引入收养关系时效取得制度,即具备子女身份的占有和一定期间的持续经过这两个要件的事实收养产生与法定收养相同的法律后果。[②]

(二)建立不完全收养制度

所谓不完全收养,又称简单收养,是指收养关系建立后,养子女与生父母间仍保留一定的权利义务,并未完全丧失亲子关系。[③] 有学者指出,"现代国际社会的收养立法呈现出以完全收养为主的趋同化走势……最主要的原因在于许多国家认为,完全收养比简单收养能更好地保护儿童的最大利益,特别是在收养不可撤销时表现得更加突出。……但这并不意味着简单收养就消失了,这只是表明了一种发展趋势,即完全收养从过去不存在或存在范围较小到渐趋普及和发展的壮大过程。我国的收养立法与司法实践顺应了国际收养法这一潮流,1991 年制定的《收养法》和 1998 年修订后的新《收养法》,以及有关部门在处理涉外收养

---

① 蒋月:《婚姻家庭与继承法》,厦门大学出版社 2007 年版,第 192 页。
② 雷春红:《欠缺法定要件收养关系的法律规制——以浙江省为样本》,载《西部法学评论》,2014 年第 1 期;张如曦、崔建华、靳羽:《事实收养关系的司法认定与处理机制》,载《人民司法》2010 年第 6 期。
③ 李志敏主编:《比较家庭法》,北京大学出版社 1988 年版,第 255 页。

的实践过程中均在不断强化和夯实完全收养的法律地位。"①尽管如此,仍有多位学者从不同角度建议,在立法上确认不完全收养制度,作为对完全收养制度的补充。有观点认为,不完全收养可适用于如下情形:被收养人为成年人、三代以内同辈旁系血亲的子女或已满14周岁不满18周岁的未成年人;单身公民收养子女等。② 另有观点认为,对于继父母收养继子女的,实行不完全收养制度更为合理,建议立法应予确认,并对特殊收养行为(包括亲属间的收养、继父母收养继子女、隔代收养、单方送养与单方收养、转收养等问题)作出具体规定。③

二、关于继父母子女关系

在学界,对于《婚姻法》第27条如何理解和适用,其迄今仍存争议:第1款关于"继父母与继子女间,不得虐待或歧视"的规定应适用于所有类型的继父母子女关系还是仅适用于部分类型的继父母子女关系?第2款关于继父母子女抚养教育关系的认定,究竟利于继父母抑或是继子女?立法应增强还是放松对继父母子女间法律关系的调整和干预?

有观点认为,《婚姻法》第27条第1款是普遍适用的禁止性条款,无论是姻亲性质的继父母子女,还是拟制血亲性质的继父母子女都不得虐待和歧视;《婚姻法》第27条第2款在认定继父母子女关系时的考量依据单一且失于宽泛,易造成当事人权利义务失衡。该观点认为,继子女在与生父母保持亲子关系的同时又与继父母形成抚养关系,生父母的抚养责任得以减轻,继子女却因承担对生父母和继父母的双重赡养义务而处于不利处境,另一方面,在有劳动能力且生活能够自给的继父母难以享受继子女赡养利益的情形下,受到继父母抚养教育的继子女有权继承继父母的遗产也是有失公允的。因此,持该观点的学者主张,鼓励继父母通过收养方式与继子女建立拟制血亲关系,引进国外不完全收养机制,解决亲生父母不愿放弃与子女的亲子关系时的继父母子女关系问题,并认为立法应明确形成事实上的拟制血亲关系的条件和期限,尤其应注重当事人的合意。④ 另有观点认为,《婚姻法》第27条第1款中的"继父母""继子女"应作限缩解释,仅指共同居住生活的继父母子女;本条本款将"受其抚养"作为适用《婚姻法》"对父母子女关系的有关规定"的前提,不利于保护儿童的合法权益。如将这一前提条件解释为"正在受其抚养",便会使得继父母掌握是否确立抚养教育关系的主动权,将不利于保护未成年继子女的利益;如将这一前提条件解释为"曾经受其抚养",又会加重继子女的赡养义务,亦有碍于继子女的利益。持该观点的学者主张,虽然《婚姻法》第27条第2款在具体措辞和立法技术上有不妥之处,但其强化继父母子女关系的立场是值得赞同的,建议通过立法直接赋予继父或继母以监护人的资格,保护被监护人利益和社会公共利益,同时补充规定成年继子女是限制行为能力或无行为能力的继父或继母的监护人。⑤

---

① 蒋新苗、佘国华:《国际收养法走势的回顾与展望》,载《中国法学》2001年第1期。

② 王歌雅:《关于我国收养立法的反思与重构》,载《北方论丛》2000年第6期。

③ 吴国平、吴锟:《孤残儿童救助及其收养立法完善研究》,载《黑龙江省政法管理干部学院学报》2014年第2期。

④ 杨晋玲:《继父母子女关系的法律调适》,载《思想战线——云南大学人文社会科学学报》2001年第4期。

⑤ 张学军:《试论继父母子女关系》,载《吉林大学社会科学学报》2002年第3期。

此外,虽然目前司法实践中倾向于将继父母子女间抚养教育的事实作狭义解释,认为继子女未成年是继父母子女间形成抚养教育关系的要件之一,但亦有学者主张成年继子女对继父母进行赡养扶助应当被认定为《继承法》第 10 条所界定的"有扶养关系的继子女",因而承担赡养义务的继子女应享有继承权。[①] 对照《婚姻法》第 27 条第 2 款,这显然是从广义角度认定继父母子女间的抚养教育关系。

三、关于构建体系化的亲子法律制度

近年来,编纂民法典的社会呼声和立法举措有力地推动了民事法律制度的体系化构建,由此整合各类亲子关系,建构统一的、整体的亲子法律制度也成为研究热点。有学者基于对民法典体系下婚姻家庭法之基本架构与逻辑体例的研究指出,养父母子女关系是亲子关系的一种重要类型,是亲属关系的重要内容,收养制度应体系化地回归民法典中的婚姻家庭法,具体可做如是安排:借鉴大陆法系国家的立法模式,将收养法作为婚姻家庭法的一部分,列于父母子女关系之后,视为确认建立亲子关系的法律路径之一,体现收养关系与亲子关系之间的逻辑性;同时,考虑到中国婚姻家庭立法的传统和收养制度及内容的相对独立性,应当将收养制度单列一章,体现收养关系的独特性。[②]

另有学者指出:以大陆法系主要国家立法改革为镜鉴,我国民法典应设专章规定亲子关系法,以消除一切形式的歧视,实现未成年子女的最佳利益,促进家庭关系平等、和睦、稳定为宗旨,并确立子女间的平等、不区分原则和未成年子女最佳利益原则。具体来说,其体例结构可分为四节:第一节"父母与亲生子女";第二节"父母与养子女、继子女";第三节"收养";第四节"父母子女的权利与义务"。[③] 这些创见对于推动亲子法律制度的体系化建构具有非常重要的指导意义和参考价值。

第六节　相关联的法条

《婚姻法》第 26 条和第 27 条分别对养父母子女关系、继父母子女关系做出总括性规定,其主旨在于通过法律拟制赋予养父母子女和存在抚养教育关系的继父母子女具有与自然血亲的父母子女关系相同的权利义务内容。就此而言,存在于宪法、法律、行政法规和地方性法规中,有关父母子女权利义务及行为规范的法条都与拟制亲子关系法律问题具有一定的相关性,例如《中华人民共和国刑法》中关于虐待家庭成员犯罪行为的定罪量刑条款、《中华人民共和国未成人保护法》中关于未成年家庭成员的权益保护条款等。

但是《婚姻法》第 26 条和第 27 条在行文中都使用了"本法对父母子女关系的有关规定"。这一用语蕴含着限缩适用的立法倾向,这里仅列示与《婚姻法》适用及拟制亲子关系主题具有不可分割关联的相关条文,包括《收养法》《继承法》这两部法律文件及有关司法解释文件的相关规定。其中,《收养法》中有大量条文规定收养关系的条件、程序、解除等,这些内容前已述及,似无必要再将条文本身全部列示于此,故此仅摘引与《婚姻法》第 26 条最相关、

---

① 吴国平:《有扶养关系的继父母关系的认定及其继承权问题》,载《中华女子学院学报》2015 年第 5 期。
② 夏吟兰:《民法典体系下婚姻家庭法之基本架构与逻辑体例》,载《政法论坛》2014 年第 5 期。
③ 薛宁兰:《我国亲子关系立法的体例与构造》,载《法学杂志》2014 年第 11 期。

最切近的关于养父母子女关系的条款(第 23 条)以及规定继父母收养继子女的条款(第 14 条)。《继承法》中关于子女和父母继承权益的条文也为数不少,这里仅摘引直接规定养父母子女、有扶养关系的继父母子女享有继承权的条款(第 10 条)。

另外,虽然司法解释在我国并不具有正式的法律效力,但其对于细化法律规范、指导司法实践、预判诉讼结果具有不可替代的作用和意义,因此也成为明晰当事人权利义务边界的重要参考文件。有鉴于此,下文也有针对性地摘引了有助于理解和适用《婚姻法》第 26 条和第 27 条的一些司法解释和批复文件(摘录)。

一、基本法律

我国《继承法》第 10 条是关于法定继承人和法定继承顺序的规定,其中第 3 款、第 4 款和第 5 款分别规定:"本法所说的子女,包括婚生子女、非婚生子女、养子女和有扶养关系的继子女。""本法所说的父母,包括生父母、养父母和有扶养关系的继父母。""本法所说的兄弟姐妹,包括同父母的兄弟姐妹、同父异母或者同母异父的兄弟姐妹、养兄弟姐妹、有扶养关系的继兄弟姐妹。"这些条款释明"子女"包括"养子女和有扶养关系的继子女","父母"包括"养父母和有扶养关系的继父母",可见养父母子女之间、有扶养关系的继父母子女之间具有与自然血亲同等的法律地位与法律权利。同理,"兄弟姐妹"包括"养兄弟姐妹",说明经收养形成的拟制旁系血亲具有如同自然旁系血亲一样的法律效果。但应注意的是,仅"有扶养关系的继兄弟姐妹"才具有如同自然旁系血亲一样的法律地位,继父母子女之间的扶养关系并不能使得继兄弟姐妹互为彼此的第二顺位法定继承人。

我国《收养法》第 14 条规定:"继父或者继母经继子女的生父母同意,可以收养继子女,并可以不受本法第四条第三项、第五条第三项、第六条和被收养人不满十四周岁以及收养一名的限制。"这是关于继父母收养继子女的法律条件,明显比一般收养要宽松,其目的在于促成继父母子女更好地融入重组家庭。具体来说,《收养法》第 4 条第 3 项规定的是不满 14 周岁的未成年人为"生父母有特殊困难无力抚养的子女"可以被收养,第 5 条第 3 项规定的是"有特殊困难无力抚养子女的生父母"可以作为送养人,第 6 条规定收养人应同时具备"无子女"、"有抚养教育被收养人的能力"、"未患有在医学上认为不应当收养子女的疾病"、"年满 30 周岁"这些条件;按照前引《收养法》第 14 条的规定,继父或继母经子女的生父母同意收养继子女可以不受所有这些规定的限制,而且也不受被收养人不满 14 周岁以及收养 1 名的限制。

我国《收养法》第 23 条分两款规定收养的法律效果,其具体内容为:"自收养关系成立之日起,养父母与养子女间的权利义务关系,适用法律关于父母子女关系的规定;养子女与养父母的近亲属间的权利义务关系,适用法律关于子女与父母的近亲属关系的规定。""养子女与生父母及其他近亲属间的权利义务关系,因收养关系的成立而消除。"本条内容与《婚姻法》第 26 条的规定高度一致,并且对"养子女与养父母的近亲属间的权利义务关系"进行了规定,进一步明确收养关系具有完全的拟制效力,使得养子女与养父母及其近亲属之间具有与自然血亲同等的法律关系。

二、相关司法解释及批复文件

(一)最高人民法院《关于贯彻执行民事政策法律若干问题的意见》

1984年最高人民法院《关于贯彻执行民事政策法律若干问题的意见》(以下简称"执行民事政策法律若干意见")基于司法实践的需要对双方收养、事实收养、解除收养等问题进行了详细的规定。1992年的《收养法》施行后,双方收养原则、收养登记原则等得以强化,收养关系成立及解除的条件和程序等也都有更加细致的规定。自然,与《收养法》相冲突的司法解释不再适用,但是对于《收养法》没有明确规定的法律问题,最高法院"执行民事政策若干意见"的相关规定仍然具有重要的参考价值,尤其是其第27条、第28条和第29条对事实收养问题的规定。实践中有为数不少的司法案例援引第28条认定《收养法》公布之前的事实收养关系成立,第28条规定:"亲友、群众公认,或有关组织证明确以养父母与养子女关系长期共同生活的,虽未办理合法手续,也应按收养关系对待。"第27条主要针对生父母彼此之间、养父母彼此之间合意的认定进行了细致的规定,该条第2款、第3款分别规定:"生父母中有一方不同意的,收养关系不能成立。生父或生母送养时,另一方明知而不表示反对的,应视为同意。""养父母中有一方在收养时虽未明确表示同意,但在收养后的长期共同生活中,已形成了事实上的收养关系的,应予承认。夫或妻一方收养的子女,另一方始终不同意的,只承认与收养一方的收养关系有效。"第29条规定收养孙子女的比照养父母子女关系处理,其具体内容为:"收养人收养他人为孙子女,确已形成养祖父母与养孙子女的关系的,应予承认。解决收养纠纷或有关权益纠纷时,可依照《婚姻法》关于养父母与养子女的有关规定,合情合理地处理。"

(二)最高人民法院《关于贯彻执行〈中华人民共和国继承法〉若干问题的意见》

鉴于我国《继承法》第10条关于拟制血亲继承权的规定在具体实践中还存在操作性和细节性的问题,1985年最高人民法院《关于贯彻执行〈中华人民共和国继承法〉若干问题的意见》(以下简称"执行继承法若干意见")第21条～第26条对拟制血亲之间是否享有继承权或代位继承权做出详尽规定:

"执行继承法若干意见"第21条分两款从两个方面明确继父母与继子女互相之间享有的继承权不影响其各自在自然血亲关系中的继承权,具体内容为:"继子女继承了继父母遗产的,不影响其继承生父母的遗产。""继父母继承了继子女遗产的,不影响其继承生子女的遗产。"意见第22条规定:"收养他人为养孙子女,视为养父母与养子女的关系的,可互为第一顺序继承人。"收养他人为养孙子女是事实收养的一种情形。该条款明确指出,以养祖父母、养孙子女的名义进行收养,视为养父母子女关系的,当事人之间互为第一顺位法定继承人。意见第23条分两款规定被收养人在兄弟姐妹关系中的第二顺位继承资格,具体内容为:"养子女与生子女之间、养子女与养子女之间,系养兄弟姐妹,可互为第二顺序继承人。""被收养人与其亲兄弟姐妹之间的权利义务关系,因收养关系的成立而消除,不能互为第二顺序继承人。"这是指,因收养而形成的拟制血亲关系效力大于旁系血亲,故养兄弟姐妹互为第二顺位法定继承人,而被收养人与亲生父母、亲生兄弟姐妹之间的法律关系一概消除。意见第24条规定:"继兄弟姐妹之间的继承权,因继兄弟姐妹之间的扶养关系而发生。没有扶养关系的,不能互为第二顺序继承人。继兄弟姐妹之间相互继承了遗产的,不影响其继承亲兄弟姐妹的遗产。"因此,继兄弟姐妹的继承权需以彼此之间存在扶养关系为前提,此种继承权不影响各方主体与其亲兄弟姐妹之间的继承关系。

针对拟制血亲的代位继承权,"执行继承法若干意见"第26条规定:"被继承人的养子女、已形成扶养关系的继子女的生子女可代位继承;被继承人亲生子女的养子女可代位继承;被继承人养子女的养子女可代位继承;与被继承人已形成扶养关系的继子女的养子女也可以代位继承。"这是因为,收养具有完全的拟制血亲效力,而继亲关系的法律效力仅及于存在扶养关系的主体之间,因此,被继承人的养子女、被继承人亲生子女的养子女、被继承人养子女的养子女均可代位继承,已形成扶养关系的继子女的生子女、与被继承人已形成扶养关系的继子女的养子女也可以代位继承,但是与"已形成扶养关系的继子女"形成扶养关系的继子女不享有代位继承权。

(三)最高人民法院《关于人民法院审理离婚案件处理子女抚养问题的若干具体意见》

离婚诉讼中继子女、养子女的抚养问题关系到继子女、养子女的成长权益和最佳利益,1993年,最高人民法院《关于人民法院审理离婚案件处理子女抚养问题的若干具体意见》(以下简称"离婚子女抚养若干意见")对这一问题进行了细致的规定。"离婚子女抚养若干意见"第13条规定:"生父与继母或生母与继父离婚时,对曾受其抚养教育的继子女,继父或继母不同意继续抚养的,仍应由生父母抚养。"换言之,继父母离婚时不同意继续抚养继子女的,可视为解除继父母子女关系,由生父母抚养该子女。对于养子女而言,《收养法》规定了双方收养的原则,即使养父母离婚,双方亦应共同承担抚养养子女的义务,但实践中尚存在夫或妻在《收养法》施行之前单方收养子女的情形,对此,"离婚子女抚养若干意见"第14条规定:"《中华人民共和国收养法》施行前,夫或妻一方收养的子女,对方未表示反对,并与该子女形成事实收养关系的,离婚后,应由双方负担子女的抚育费;夫或妻一方收养的子女,对方始终反对的,离婚后,应由收养方抚养该子女。"即,根据收养人的配偶是否与被收养人形成事实收养关系来处理养父母离婚之后养子女的抚养问题。

(四)最高人民法院《关于继母与生父离婚后仍有权要求已与其形成抚养关系的继子女履行赡养义务的批复》

关于继父母婚姻关系发生变化是否影响到继父母子女关系,1986年的最高人民法院《关于继母与生父离婚后仍有权要求已与其形成抚养关系的继子女履行赡养义务的批复》明确肯认存在抚养教育事实的继父母子女关系具有独立的法律效力,不因继父母与生父母解除婚姻关系而归于消灭。这一立场是符合法理的,因为继父母子女之间的权利义务关系以继父母与生父母之间的婚姻行为和继父母与继子女之间的抚养教育事实为共同的基础,抚养教育关系一旦形成即不容否认,继子女不能推诿赡养扶助继父母的法律义务。该批复相关内容节录如下:

"经我们研究认为:王＊＊与李＊＊姐弟五人之间,既存在继母与继子女间的姻亲关系,又存在由于长期共同生活而形成的抚养关系。尽管继母王＊＊与生父李＊＊离婚,婚姻关系消失,但王＊＊与李＊＊姐弟等人之间已经形成的抚养关系不能消失。因此,有负担能力的李＊＊姐弟等人,对曾经长期抚养教育过他们的年老体弱、生活困难的王＊＊应尽赡养扶

助的义务。"

第七节　主要国家及地区立法现状

一、关于养父母子女关系

《婚姻法》第 26 条关于养父母子女关系的法律规范偏于抽象和概括,放在整个亲子法律体系以及收养法律体系来看,本条的规范主旨是确立完全收养制度。与不完全收养(即简单收养)的意义不同,完全收养是指养子女与其亲生父母之间的亲子关系完全断绝,而只与养父母发生父母子女关系。

在收养制度发展史上,大部分大陆法系国家最先选择的是不完全收养制度,如 1804 年的《法国民法典》只规定不完全收养,1889 年的《西班牙民法典》深受其影响也采用了这一立法模式,然后扩及到拉丁美洲和非洲许多国家。普通法系国家的发展路径正好与之相反。在美国,自马萨诸塞州 1851 年确立完全收养法律模式后,许多州都以完全收养为主导模式。随后,大部分普通法系国家也采用了这一模式。随着社会的发展,完全收养制度在创设和维护拟制亲子关系方面的优越性受到越来越多的认可和重视,1939 年,法国将完全收养纳入立法,欧洲其他一些大陆法系国家也相继修正了立法。[①] 从比较研究的视角来说,当今世界各国单纯采取完全收养制度的国家及地区并不多见,我国《婚姻法》和《收养法》的规定最为典型,此外,还有日本、阿尔巴尼亚以及美国纽约州等。同样,仅采用不完全收养制度的国家也很少见,大部分国家同时设有完全收养与不完全收养两种制度,如法国、保加利亚、罗马尼亚、阿根廷等,其中又以法国最为典型。[②]

现行《法国民法典》分别对完全收养和简单收养进行了规定。对于完全收养的法律效果,《法国民法典》第 356 条规定:"完全收养,赋予子女一种替代原始亲子关系的父母子女关系。被收养人不再属于与其有血缘关系的家庭,但保留执行第 161 条至第 164 条有关禁止结婚的规定。收养配偶的子女,对该配偶一方及其家庭仍然保留原始亲子关系;除此之外,此种收养产生由夫妻二人共同收养所具有的各项效果。"《法国民法典》第 358 条规定:"被收养人在收养人的家庭中享有与'按照本卷第七编之规定已确立亲子关系的'子女相同的权利,负相同的义务。"在法国,简单收养对被收养人的年龄没有限制性要求,《法国民法典》第 360 条规定:"无论被收养人的年龄如何,均允许简单收养。'如证明有重大理由,准许简单收养原已被完全收养的子女。'如被收养人已年满'13 周岁',收养应当征得其本人的同意。"简单收养会在姓氏、禁婚亲属、未成年人财产管理、继承权等方面产生一系列后果,根据《法国民法典》第 365 条的规定,收养人对被收养人享有全部亲权性质的权利。但《法国民法典》第 364 条又规定:"被收养人仍留在原家庭内并保留其全部权利,尤其是继承人的权利。被收养人与其原始家庭之间,适用第 161 条至第 164 条有关禁止结婚的规定。"[③]

---

① 蒋新苗:《收养法比较研究》,北京大学出版社 2005 年版,第 63 页。

② 蒋新苗前引书,第 39～40 页。

③ 《法国民法典》,罗结珍译,北京大学出版社 2010 年版,第 107～112 页。

二、关于继父母子女关系

关于继父母子女关系,前苏联及东欧社会主义国家的立法思路与我国较为接近,其特点在于,着重从权利义务相一致的角度对继父母子女关系进行规范。具体来说,继父母承担抚养继子女的义务与继子女承担赡养继父母的义务相关联。如 1968 年的《苏俄婚姻和家庭法典》第 80 条规定:"如果继子女没有亲生父母而由继父母教育或抚养,或者他们不能从亲生父母处得到足够的生活费用,则继父母有义务抚养未成年的继子女。"第 81 条规定:"如果继父母抚养继子女不满五年,或者他们没有适当地履行其教育继子女的义务,则法院有权解除继子女赡养他们的义务。"1982 年的《阿尔巴尼亚社会主义人民共和国家庭法》第 81 条第 2 款规定:"如继父或继母对继子女进行了长期抚养,并对他们在未成年时的照料不少于十年,则继子女必须赡养继父或继母。"1975 年的《塞尔维亚社会主义共和国父母子女法》第 40 条第 2 款规定:"如继父母对继子女曾长期履行过抚养义务,继子女则负有赡养继父母的义务。"①

西方国家法律关注的焦点则是子女利益,即继父母对继子女的照顾权。在德国,仅向夫妻或已经登记的同性生活伴侣开放的继子女收养,是当前创设继父母方完全照顾权和其他法律关系(尤其是子女的扶养请求权)唯一可能的途径。如未建立收养关系,根据《德国民法典》第 1687b 条第 1 款的规定:"单独享有照顾权的父母一方之不是子女的父亲或母亲的配偶(即继父母——笔者注),在与享有照顾权的父母一方取得一致意见的情况下,有在子女的日常生活事务中参与决定的权能。"②可见,继父母在一定条件下仅享有参与决定继子女日常生活事务的部分照顾权,但也有可能因继父(母)与生母(父)的婚姻关系或伴侣关系解除而失去对继子女的照顾权。如果自然血亲的父母一方死亡或其照顾权被剥夺,子女必须回到另一方生父母处生活。在婚姻关系或伴侣关系之外,与生父母一方共同生活的主体可享有《德国民法典》第 1685 条第 2 款规定的密切相关人的交往权。第 1685 条第 2 款就祖父母、外祖父母和兄弟姐妹的交往权规定:"子女的密切相关人为子女而负担或已负担事实上的责任(社会—家庭关系)的,子女的密切相关人亦同。该人长期同子女在家庭的共同关系中共同生活的,通常须认为已承担事实上的责任。"③

荷兰、英格兰和威尔士以及欧洲北部的部分国家,美国的一些州和加拿大的一些省均都是通过导入照顾权调整事实上的父母子女关系。但是,对于继父母或与孩子处于亲密关系中的人取得照顾权的途径,各国规定不同。根据冰岛的法律,与单独享有照顾权的生父母一方结婚或作为取得登记的生活伴侣与之同居持续一年,继父母一方便具备获得照顾权的条件。而在大多数国家如荷兰、芬兰、英格兰或加拿大的不列颠哥伦比亚省,第三人一般只有依据法院判决才能获得人身照顾权。④ 在英格兰,一般而言,法官在制作居住令时不会在子

---

① 此处所引苏联及东欧社会主义国家相关法律条文转引自巫昌祯主编:《婚姻家庭法新论》,中国政法大学出版社 2002 年版,第 247 页。

② 陈卫佐译注:《德国民法典》(第 4 版),法律出版社 2015 年版,第 515～516 页。

③ 同上注,第 514 页。

④ 〔德〕妮娜·德特洛夫:《21 世纪的亲子关系法——法律比较与未来展望》,樊丽君译,载《比较法研究》2011 年第 6 期。

女抚养问题上视继父母为父母(即要求继父母承担抚养继子女的责任),但在继父母有意愿建立与继子女更加亲密的关系时,法官对于授予收养令会相当慎重,反而倾向于在居住令中授予继父母在指令有效期内享有父母责任。①

第八节 立法发展趋势

一、拟制亲子法律关系应体系化地纳入未来民法典

就法律逻辑而言,收养家庭和继亲家庭都属于重组家庭,养父母子女和继父母子女都是在没有自然血缘关系的基础上融合为具有亲密关系的家庭成员,法律做出拟制亲子关系的安排对于帮助这些重组家庭克服种种差异与困难、弥合成员关系有着非常重要的意义,尤其是在讲究名分的中华传统文化背景下。就体例安排而言,收养制度、继亲制度都应视为建立拟制亲子关系的法律机制,与父母子女关系处于并列地位。但是相对于收养法律体系,目前,我国继亲法律制度显得单薄而贫乏,有必要结合继亲家庭需求予以充实和完善。

二、养父母子女关系法律规范的完善

(一)疏导私自收养关系,放宽收养条件

《婚姻法》第 26 条第 1 款规定保护合法收养关系,而如何认定合法收养关系,则须依照《收养法》确定的收养条件和收养程序而定。从近几年汶川大地震孤儿收养热潮、打拐解救儿童安置、兰考袁厉害收留孤儿意外火灾等社会热点问题来看,我国收养制度的门槛过高,一方面造成收养资源浪费,另一方面则导致私自收养失控。在这种情形下,保护合法收养关系的法律规则面临难以落实的困境。

事实上,鉴于私自收养大量存在的社会现实,中央部委和地方政府都已着手对此进行疏导。如 2008 年 9 月 5 日发布实施的《民政部、公安部、司法部等关于解决国内公民私自收养子女有关问题的通知》,认可了 1999 年 4 月 1 日《收养法》修改决定施行前的事实收养关系,并对 1999 年 4 月 1 日以后的私自收养关系进行疏导,区分不同情况,提供政策依据,通过补齐文件办理收养登记、签订助养协议等多种方式对私自收养予以规范。在地方层面,北京、上海、江苏等地都循此路径发出通知,对本辖区内的私自收养问题进行清理和疏导。

但从法律制度层面来说,最根本的是合理设置收养门槛。目前,我国立法针对不同主体和不同情形分别设定不同的条件具有一定的合理性,但是在具体条件的设定中应紧紧围绕制度主旨、贴合社会现实,避免条件过宽或过窄。未来立法应以儿童最佳利益为导向对《收养法》中规定的具体收养条件进行调整,解除过时的独生子女政策对收养法律制度的束缚,在收养人条件方面去除"无子女"和"只能收养一名子女"的要求,以利于吸纳更多的收养资源,真正实现"依法收养",减少私自收养带来的危害。

---

① [英]凯特·斯丹德利:《家庭法》,屈广清译,中国政法大学出版社 2004 年版,第 317 页、第 433 页。

（二）顺应制度内在逻辑，增设不完全收养机制

《婚姻法》第26条规定养子女与生父母之间的权利义务因收养关系的成立而解除，由此确立的完全收养的法律效果固然有助于促进养父母子女间的感情融合和关系建构，也符合以完全收养为主导方向的制度趋势，但是其对于继父母收养继子女等一些特殊情形来说，反而对保护未成年子女利益造成了逻辑障碍。

毕竟继父母收养继子女与一般的收养关系还是有所不同，其收养关系的建立或多或少受到继父（母）与生母（父）之间婚姻关系的影响，这就使得继父母子女间的感情融合、关系认同存在相当大的不确定性和可变性。适用完全收养的法律效果会使得继子女一方失去未共同生活的生父母一方可能提供的抚养、教育和监护等，完全依赖共同生活的生（父）母和继父（母）。一旦生（父）母与继父（母）的婚姻关系解除，继子女虽然可以养子女的身份继续向继父（母）主张子女权益，却往往在现实层面遇到很多困扰和不便。

如果在制度层面增设不完全收养机制，则可使继子女在成为继父母之养子女的同时，仍保持其与未共同生活的生父母一方一定的感情联络和法律关系，避免其在共同生活的生（父）母去世或无能力抚养的情形下完全依赖继父（母），以充分保障继子女的健康成长。同时，不完全收养制度对于将来突破被收养人年龄限制、拓宽收养制度适用范围等也具有制度协作的功用。

三、继父母子女关系法律规范的优化

（一）注重当事人意愿，明确法律关系性质

《婚姻法》第27条第1款注重引导继亲家庭成员间互相尊重、和睦相处，第2款则着重强调存在抚养教育关系的继父母子女间具有如同自然亲子关系一样的法律权利和义务。这实际上是对继父母子女关系的类型进行了区分：不存在抚养教育关系的继亲家庭成员之间不具有实质性的亲子关系，存在抚养教育关系的继亲家庭成员之间，则由法律拟制而形成与自然血亲家庭成员之间同质性的亲子关系。

在现实层面，继父母子女关系的确具有多样性和复杂性的特点，继子女是否成年、继父母子女间如何相处、继父（母）与生（父）母的婚姻关系是否稳定都会影响到继父母子女关系的建构和走向。类型化处理是应对这种多样性和复杂性的必要路径。但目前《婚姻法》第27条的规定显然失于宽泛和笼统，其不尽人意之处主要存在于两个方面：(1)完全忽略了当事人的真实意愿和意思表示，而代之以直接的、一刀切式的法律区分和法律拟制；(2)法律对继父母子女间构成拟制亲子关系的具体要件缺乏明确规定，导致保守的司法实践与开放的学术观点相左，引起继亲关系权利义务边界的模糊和混乱。

在未来民法典关于继父母子女关系的立法中，我国应把握多重分类规范、尊重意思自治、明确扶养①要求这样几个方面的总体规划：(1)针对继亲家庭的现实需求、结合当事人的真意表达对继父母子女关系进行多层次的分类：名分型（继父母子女间不承担扶养义务）、不完全扶养型（继父母子女间扶养义务不排除未共同生活的生父母一方对子女的扶养义务）和

---

① 这里的扶养，概指继父母对继子女的抚养和继子女对继父母的赡养。

完全扶养型(继父母子女间扶养义务排除未共同生活的生父母一方对子女的扶养义务)。(2)对法律拟制亲子关系的构成要件予以明确,将成年继子女对继父母的扶养作为与继父母对未成年继子女的抚养同等的条件,纳入拟制亲子关系认定体系,释明认定拟制亲子关系过程中应如何把握继父母子女间扶养事实存续时间等具体问题。

　　(二)注重继子女权益,确定法律关系存废

　　相较于由《婚姻法》和《收养法》等多部法律文件共同构建的收养法律制度体系,我国当前对于继亲法律关系、继子女法律权益的规范显得非常简略而贫乏。但从社会现实层面来看,随着离婚率的提高,继亲家庭越来越常见。[①] 作为继亲家庭中处于被动地位的弱势家庭成员,未成年继子女的家庭地位是非常特殊的:其既有可能得享来自生父母双方和继父母一方的多方关爱和照料,也有可能遭受来自生父母双方和继父母一方的多方嫌弃和虐待。如何通过制度机制合理调配继子女的生活教育资源、如何规范继父母子女之间的权利义务,直接关系到继子女的成长权益。

　　在未来民法典的规划和编纂中,我们不仅要从体例均衡的角度对继亲法律规范进行扩展和充实,更要从价值理念的角度对继亲法律规范进行形塑和构建,在继亲家庭领域贯彻儿童最佳利益原则,切实维护继子女权益。首先,立法应整合目前分散在《婚姻法》《继承法》《收养法》以及相关司法解释中关于继子女或被收养继子女的法律规范,明确生父母、继父母或转化为养父母的继父母这些主体分别对继子女承担的扶养义务和监护责任,确立继子女享有多重亲子关系的制度机制,避免继子女所享有的亲子权益由于相关主体的婚姻关系不稳定而落空。其次,立法应注重在特定情形下对不同扶养主体所承担的法律责任进行调配、衔接和协调。例如,从我国法律适用的现状来看,我们一般认为继父(母)与未成年继子女的生(父)母一方的婚姻关系解除后,不宜再强行要求其承担对继子女的抚养责任,即便此前双方已经存在长期抚养教育关系而适用《婚姻法》关于父母子女关系的规定。如此,我们则需针对此种情形处理好继父母抚养责任解除与生父母抚养责任加强之间的衔接和协调。

　　上述制度设计将使得继父母子女间的法律关系变得更加灵活而富有弹性,作为配套的制度支持,可考虑在一定程度上将继子女的受扶养权益与其继承权益分割开来,这样既可避免权利义务的制度性失衡,亦可避免继父母由于财产分配方面的顾虑而影响其扶养继子女的意愿。

---

　　① 　我国当前究竟存在多少继亲家庭和生活在继亲家庭中的未成年子女,目前尚无准确的统计数据。但据德国学者披露,在德国近 850,000 或者全部儿童的 6%(在新联邦州甚至达到约 10%)在他们成年前生活在继亲家庭中。转引自[德]妮娜·德特洛夫:《21 世纪的亲子关系法——法律比较与未来展望》,樊丽君译,载《比较法研究》2011 年第 6 期。

第八章
评注第二十八条、第二十九条(祖孙、兄弟姐妹间的扶养)

> ➡第二十八条　有负担能力的祖父母、外祖父母,对于父母已经死亡或父母无力抚养的未成年的孙子女、外孙子女,有抚养的义务。有负担能力的孙子女、外孙子女,对于子女已经死亡或子女无力赡养的祖父母、外祖父母,有赡养的义务。
>
> 　第二十九条　有负担能力的兄、姐,对于父母已经死亡或父母无力抚养的未成年的弟、妹,有扶养的义务。由兄、姐扶养长大的有负担能力的弟、妹,对于缺乏劳动能力又缺乏生活来源的兄、姐,有扶养的义务。

第一节　立法目的

我国现行《婚姻法》将祖孙、兄弟姐妹纳入亲属扶养的义务主体范围,其立法目的主要体现在以下两个方面。

一、强化家庭养老育幼职能

自古以来,家庭既是其成员生产活动的组织者,也是他们生老病死和失业救济的保障者。家庭既是其成员的精神家园,也是他们赖以生存的物质的家,更是他们的栖身之所,肩负着对子女扶养教育和对父母赡养照护的几乎全部责任。[①] 任何社会都存在着老幼病残等特定群体,这一群体的基本生存保障是社会安全和稳定的重要因素。亲属关系是人生来便形成的最根本的社会关系。亲属间的扶养一直担负着对亲属中的"弱者"给予保障的重要角色,亲属扶养制度因此成为一国"弱者"法律保障体系的重要方面,而家庭则是亲属扶养的结构载体。[②] 一国社会保障体系是国民的生存之本,亲属扶养制度则是社会保障体系中不可替代的组成部分。

改革开放以来,我国逐步建立了社会保障制度,它与家庭保障相得益彰,发挥着各自的特有功能。亲属扶养制度以家庭这一社会最基本的细胞为载体,关注家庭中弱势人群的生活,将血缘和姻缘关系作为纽带,最大范围地覆盖到家庭的各个角落,由此可见,亲属扶养制度在保障家庭中弱势群体生存方面是最基本,也是最有效的制度。[③]

我国 1950 年的《婚姻法》只规定父母子女间的相互扶养关系,未对祖父母与孙子女、兄弟姐妹之间的扶养关系作出规定,这表明在当时,祖孙之间、兄弟姐妹之间的相互扶养不受

---

① 熊金才:《婚姻家庭变迁的制度回应》,载《学术研究》2011 年第 5 期。
② 尹一如:《亲属间扶养关系探析》,江苏大学 2008 年硕士论文。
③ 吴童:《我国扶养制度立法分析》,华东政法大学 2011 年硕士学位论文。

法律约束,属于道德调整的范畴。这种立法状态对家庭中弱者的保护显然是不够的。法律的强制力是道德所无法比拟的。《婚姻法》关于父母子女间相互扶养的规定,是对弱者生存保障的基本内容。但仅有父母子女之间的扶养,这种保障是相对脆弱的,一旦亲子中一方死亡或丧失劳动能力,需要扶养的另一方则面临生存危险。1980 年颁布的新《婚姻法》将祖孙之间、兄弟姐妹之间在特定情形下的相互扶养确定为法定义务,从立法上扩大了扶养义务人的范围。当父母这一最近的直系血亲缺失或无力承担对未成年子女的抚养责任时,由血缘关系次近的祖父母、兄弟姐妹承担起对未成年的孙子女或弟妹的扶养义务;当祖父母、兄姐需要扶养时,由有扶养能力的孙子女、弟妹承担对他们的扶养义务。以法律形式扩大亲属扶养的主体范围,无疑是对家庭养老育幼社会保障职能的强化。因此,从加强对弱者保护、稳定社会关系和社会秩序的角度出发,将祖孙、兄弟姐妹纳入亲属扶养的义务主体范围,是法律的当然选择。

二、满足社会现实需要

虽然法律的发展常滞后于社会现实,但在亲属扶养问题上,法律的缺陷不是人的认识与社会发展速度的差距问题,而是立法技术问题。我国自古就是大家庭的生活模式,三代同堂的现象并不少见。1950 年的《婚姻法》未将祖孙、兄弟姐妹纳入法律调整的范畴,不是因为当时尚未出现祖孙之间、兄弟姐妹之间相互扶养的现象,而是立法者未充分认识到仅规定父母子女间的扶养关系是不够的,难以应对社会中出现的各种问题。父母去世或丧失劳动能力,无法扶养未成年子女的现象时有发生,而现实中通常由祖父母、外祖父母承担起替代扶养的责任;在祖父母、外祖父母缺失,或者其无力承担扶养责任的情况下,通常由兄姐承担起照顾弟妹的责任。人的生存愿望和生存能力是非常强大的,即使兄姐尚未成年,他们通常也会想尽种种办法将弟妹扶养成人。这种顽强的生命力,是人类生生不息的原始动力。客观现实需要得到法律的认可,因此,现行 1980 年的《婚姻法》将祖孙、兄弟姐妹纳入亲属扶养的调整范围,是顺应社会现实的需要。正如瞿同祖先生所言:"法律是社会产物,是社会制度之一,是社会规范之一。它与风俗习惯有密切的关系,它维护现存的制度和道德、伦理等价值观念,它反映某一时期、某一社会的社会结构,法律与社会的关系极为密切。"①

第二节　本条的地位与意义

一、祖孙、兄弟姐妹间相互扶养规定的地位

不可否认,与夫妻、父母子女之间的扶养相比,祖孙、兄弟姐妹间的扶养,处于补充和辅助的地位。尽管如此,我们也不能低估其重要性。祖孙、兄弟姐妹是父母子女之外最近的直系血亲和旁系血亲。人自出生时起,便与父母、兄弟姐妹、祖父母等形成特定的亲属关系,这种关系是社会关系中至为重要的一种。从血缘角度看,作为仅次于父母子女关系的祖孙关系和兄弟姐妹关系,其在家庭关系中的重要性不言而喻,这也决定了它在婚姻家庭法中的地位。

---

① 　瞿同祖:《中国法律与中国社会》,中华书局 2003 年版,第 1 页。

亲属间的扶养义务可以分为生活保持义务和生活扶助义务两个层次,我国《婚姻法》之规定体现出对这两个层次的划分。生活保持义务是为维护家庭生活而产生的无条件的法定义务。而生活扶助义务是由亲属关系产生的有条件的义务。现行《婚姻法》第20条关于夫妻相互扶养、第21条关于父母子女相互扶养的规定,属于生活保持义务;而第28条关于祖孙相互扶养、第29条关于兄弟姐妹相互扶养的规定,则属于生活扶助义务。

生活保持义务属于强制性规范,要求扶养义务人对扶养权利人提供与其生活水平相同的扶养标准。从人类自然情感的角度出发,这种标准适合于夫妻之间和父母子女之间的关系。扶养义务人必须不断地、经常地履行扶养义务,因为履行这种义务是维持一个共同体生活的必要条件。① 生活扶助义务发生在特定亲属之间,仅要求扶养义务人满足扶养权利人的最低生活水平。与生活保持义务相比,生活扶助义务的扶养标准显然要低许多。这与人类的自然情感有密切关系,祖孙之间、兄弟姐妹之间,因在血缘关系上较父母子女关系稍远,因此在权利义务关系上也表现得较为弱化。法律将祖孙之间、兄弟姐妹之间的扶养关系定位为生活扶助的标准,体现了对人类自然情感的尊重。

二、祖孙之间、兄弟姐妹之间扶养规定的意义

现行《婚姻法》第28条、第29条之规定,是对其第4条家庭成员间应当敬老爱幼,互相帮助,维护平等、和睦、文明的婚姻家庭关系规定的具体化,有着深远的伦理意义和社会现实意义。

(一)体现了我国家庭伦理道德规范的基本要求与价值判断

尊老爱幼是中华民族传统美德,本条规定传递着民族精神与文化传统,有利于形成家庭成员之间互帮互助的良好风尚。从人性的角度看,血缘关系是人类最可信赖的一种亲密关系。祖父母对孙子女而言,是除父母之外最近的直系血亲,兄弟姐妹之间则是最近的旁系血亲。法律规定祖孙之间、兄弟姐妹之间相互承担扶养义务,符合人性特点,能够满足血缘亲情之需,容易被大众接受。家庭是个体重要的生活和学习场所,亲属之间的扶养有着社会扶养无法比拟的满足成员间精神抚慰的价值。在亲属共同生活的过程中,长辈对晚辈的教育和影响,培养了晚辈对社会、人情、事理的认知,是提高个体情商的重要途径。

(二)符合我国历史传统与民间习惯

我国古代采大家族制度,重视家制,家有家产,故一家之内,老幼鳏寡皆仰赖家长的抚养;礼法亦奖励同居共财,若子孙别籍异财时,则有抚养祖父母、父母的义务。② 民间习惯中也存在祖父母与孙子女的扶养关系。父母去世、丧失劳动能力或因其他原因无法承担对未成年子女的扶养义务,通常由祖父母、外祖父母替代。祖父母、外祖父母缺位,则由兄姐承担扶养责任。

---

① 吴童:《我国扶养制度立法分析》,华东政法大学2011年硕士学位论文。
② 戴炎辉、戴东雄:《中国亲属法》,台湾顺清文化事业有限公司2001年版,第524~525页。

（三）有利于发挥家庭养老育幼的社会保障功能

我国传统的家庭形式以大家庭为主,三代同堂现象并不少见,因此,祖孙之间、兄弟姐妹之间通常有共同生活的经历,形成深厚的感情基础,在经济上也会相互支持、相互依赖。虽然如今家庭结构和家庭模式发生了很大变化,但家庭仍然是亲属扶养的主要载体,现代法律的发展使得扶养义务人更为具体,责任更为重大,从而使家庭的养老育幼功能得以彰显。

20 世纪 70 年代末期开始,我国实行计划生育政策,核心家庭逐渐增多。尽管如此,祖父母、外祖父母与核心家庭共同生活的现象仍然广泛存在,特别是有些由祖父母、外祖父母长期照料的孙子女、外孙子女,与祖父母的感情甚至超过与父母的感情。基于这种社会现状,当父母去世、丧失劳动能力或因其他原因无法扶养未成年子女时,祖父母、外祖父母便成为责无旁贷的人选。我国曾实行的"独生子女"政策使很多人无兄弟姐妹,但它只是国家控制人口数量的阶段性政策。随着国家对计划生育政策内容的调整,一对夫妇普遍生育两个子女的政策与法律的实施,兄弟姐妹仍然是个人生活中至关重要的亲属,他们相互间在特定情形下应当承担起扶助和照顾的法定义务。可见,现行《婚姻法》规定兄弟姐妹间负有法定扶养义务,有利于增强其手足之情,保障其身心健康。本条规定既可降低国家社会保障成本,又能充分利用家庭资源,实现保障目的。

第三节　条文演变

一、1950 年《婚姻法》未规定祖孙之间、兄弟姐妹之间的扶养

长期以来,国人普遍认为扶养属于家庭内部事务,应当由道德规范约束。对于遭到遗弃或因得不到扶养而生活无着者,人们往往只对负有赡养义务的子女或有抚育义务的父母进行道德舆论上的谴责,极少寻求法律救济。[1] 受此等观念影响,作为新中国第一部调整婚姻家庭关系基本准则的 1950 年《婚姻法》只对夫妻之间和父母子女之间的扶养关系做出规范,并未涉及祖孙之间和兄弟姐妹之间的扶养问题。1950 年《婚姻法》未将祖孙和兄弟姐妹的相互扶养纳入法律调整范围,与传统文化和风俗习惯有关。

二、1980 年《婚姻法》增设祖孙、兄弟姐妹间的扶养

作为我国第二部婚姻法的 1980 年《婚姻法》扩大了亲属扶养的范围,除夫妻之间、亲子之间的扶养外,增加规定祖父母、外祖父母与孙子女、外孙子女之间,以及兄弟姐妹之间扶养的权利与义务。由其第 22 条"有负担能力的祖父母、外祖父母,对于父母已经死亡的未成年的孙子女、外孙子女,有抚养的义务。有负担能力的孙子女、外孙子女,对于子女已经死亡的祖父母、外祖父母,有赡养的义务"、第 23 条"有负担能力的兄、姊,对于父母已经死亡或父母无力抚养的未成年的弟、妹,有抚养义务"的规定可见,1980 年《婚姻法》对于祖孙扶养所设的条件,仅限于父母或子女已经死亡一种情形;对于兄弟姐妹之间的扶养仅规定兄姊对弟妹负有的单向抚养义务,未规定弟妹对抚养其长大的兄姊的扶养义务。为此,1984 年最高人

---

① 李秋菊:《扶养制度研究》,载《社会科学Ⅰ辑》2011 年第 1 期。

民法院《关于贯彻执行民事政策法律若干问题的意见》（下简称"意见"）第26条补充规定："由兄、姐抚养长大的有负担能力的弟、妹，对丧失劳动能力、孤独无依的兄、姐，有抚养的义务。"意见还扩大了祖孙之间的扶养条件，祖辈对孙辈抚养的条件，除父母死亡外，还包括父母丧失抚养能力这一内容；相应地，在孙辈对祖辈的赡养条件中也增加了子女确无力赡养的内容。具体内容体现在意见第24条和第25条中。[①]

三、2001年《婚姻法》修正案对祖孙、兄弟姐妹间扶养的完善

2001年修改后的现行《婚姻法》对祖孙之间、兄弟姐妹之间的扶养，在扶养条件方面做出进一步完善。与1980年《婚姻法》的规定相比，现行《婚姻法》第28条对于祖孙之间的扶养，将前述最高法院意见中的"父母一方死亡、另一方确无能力抚养或父母均丧失抚养能力"修改为"父母已经死亡或父母无力抚养"，这样的表述更为简洁、准确。关于兄弟姐妹之间扶养的条件，第29条将意见中的兄、姐"丧失劳动能力，孤独无依"修改为"缺乏劳动能力又缺乏生活来源"，扩大了兄姐受弟妹扶养的可能性。显然，"缺乏"劳动能力比"丧失"劳动能力的标准要低，"缺乏生活来源"比"孤独无依"在表达上更能体现法律规范的特点。总之，经2001年修改后的现行《婚姻法》较为准确、全面地界定了祖孙之间、兄弟姐妹之间的扶养义务。

第四节　本条规范的构成要件

亲属间扶养关系的发生通常基于以下四个事实：共同生活事实、婚姻关系、血缘联系，以及其他根据。祖孙之间、兄弟姐妹之间的扶养通常是基于彼此共同生活的事实以及血缘联系。祖父母、外祖父母与孙子女、外孙子女之间是隔代直系血亲，也是除亲子关系之外最近的直系血亲。基于对共同生活事实、亲属情感、历史传统、民间习惯以及部分"缺损家庭"的现实和社会保障水平等多种因素的考虑，赋予他们之间特定条件下的相互扶养义务亦无疑义；兄弟姐妹是二亲等的旁系血亲，也是最近的旁系血亲。在现实生活中，不少兄弟姐妹共同生活在一个家庭内，朝夕相处，同舟共济，相依为命，也有不少兄弟姐妹虽然婚后分开居住，但亲密往来，同甘共苦，互相协力扶助，在客观上和事实上存在着扶养关系。并且，兄弟姐妹之间发生和存在扶养的权利和义务是各个民族的历史传统，有着较牢固的文化习俗基础和社会心理支撑，赋予他们之间互相扶养的义务符合法理和现实。[②]

通常，亲属间扶养的生效条件有三项：一是权利人与义务人之间存在特定的亲属关系；二是权利人不能独立生活或生活困难，需要义务人扶养；三是义务人有负担能力。扶养权利人的需要是扶养成立的基础因素和逻辑起点。如果没有权利人的扶养要求，便无所谓扶养

---

① 1984年最高人民法院《关于贯彻执行民事政策法律若干问题的意见》第24条："根据《婚姻法》第22条规定的精神，有负担能力的祖父母、外祖父母，对于父母一方死亡、另一方确无能力抚养或父母均丧失抚养能力的未成年的孙子女、外孙子女有抚养的义务。"第25条："有负担能力的孙子女、外孙子女，对子女已经死亡或子女确无力赡养的祖父母、外祖父母有赡养的义务。"

② 冯献彬：《扶养范围研究》，郑州大学2010年硕士学位论文。

权利和扶养义务,也就谈不上扶养成立的问题。[1] 无论是夫妻间的扶养,还是父母子女间的抚养和赡养,亦或祖孙之间、兄弟姐妹之间的扶养,莫不如此。

何为不能独立生活或生活困难,何为义务人有负担能力?我国法律对此未作明文规定。有学者认为,不能独立生活,应该是指权利人没有劳动能力也没有可供其扶养的财产;生活困难,应当是指权利人虽然有一定的劳动能力或者有一部分财产,但其劳动收入或财产不足以维持基本生活需要;义务人有负担能力,应当是指义务人有劳动能力或者财产,其劳动收入或者财产除满足自身需求和必须向第三人承担的义务外,还有剩余,可以供养权利人。[2]

一、扶养的主体

(一)祖孙间扶养的主体

现行《婚姻法》第 28 条关于祖孙间扶养的规定可分为两部分:其一,祖父母对孙子女的抚养义务。其构成要件有三:(1)祖父母有负担能力。这是指祖父母在满足自己生活需要及履行法定的生活保持义务之后还有负担能力;(2)孙子女尚未成年;(3)未成年孙子女的父母死亡或没有抚养能力。这也包括父母一方死亡,另一方没有抚养能力的情形。其二,孙子女对祖父母的赡养义务。其构成要件亦包括三方面:(1)孙子女有负担能力;(2)祖父母需要赡养;(3)对祖父母负有赡养义务的父母死亡或者丧失赡养能力。

上述义务的履行均不以共同生活为必须。义务人为数人时,可协商具体履行方式和给付数额。再者,所谓的"祖孙关系",既包括亲生祖孙关系,也包括养祖孙关系和存在事实抚养关系的继祖孙关系。

这方面的司法判例主要是祖父母、外祖父母对孙子女、外孙子女的抚养纠纷。笔者在"中国裁判文书网"查阅了 2005 年至 2014 年间的裁判文书,以"抚养"为关键词,检索到 11,626 起案件,其中,祖父母、外祖父母对孙子女、外孙子女的抚养案例仅有 7 起;以"赡养"为关键词检索到 4148 起案件,未发现有孙子女、外孙子女对祖父母、外祖父母赡养的案件;以"扶养"为关键词检索到 522 起案件,涉及兄弟姐妹间扶养的案件仅 4 起。上述数据表明,祖孙间、兄弟姐妹间的扶养纠纷在实务中所占比例,与其他类型的扶养案件相比,数量非常有限。现代法律的特点之一便是更加关注和保护少数群体利益,即便祖孙间、兄弟姐妹间的扶养纠纷案件不多,也不能因此不做法律规定,因为它们是对亲子间抚养的必要补充。

在祖父母、外祖父母对孙子女、外孙子女抚养的案件中,大多是父母离婚后子女随其中的一方生活,当直接抚养子女的一方死亡或残疾后,由该子女的祖父母、外祖父母代为抚养,或者直接抚养子女的一方未尽亲自抚养义务,将子女交由其祖父母或外祖父母抚养,未直接抚养子女的一方因此提出变更抚养关系的请求。在上述情况下,原告通常是未成年子女的父母一方,被告通常是直接抚养子女的祖父母或外祖父母。依照我国《民法通则》,父母为未成年子女的第一顺序法定监护人;祖父母、外祖父母为第二顺序法定监护人,因此在未成年人的父母主张变更抚养关系时,通常能得到法院支持。但在父母抚养明显不利于子女成长或父母不能依法履行其抚养职责的情况下,法院会判决未成年人由祖父母或外祖父母抚养。

---

[1] 高留志:《扶养制度研究》,法律出版社 2006 年版,第 170 页。
[2] 郭晓霞:《论亲属间扶养法律关系》,载《工会论坛》2007 年第 13 卷第 4 期。

以下案例在剥夺父母的抚养权、确认祖父母或外祖父母的抚养权方面具有一定的典型性。

典型案例

祖父母放弃遗产获得对孙子的抚养权①

原告高某,系未成年人甲的亲生母亲。被告梁某和吴某系甲的祖父母。高某和甲的父亲于1998年结婚,同年生育甲。2001年3月,甲的父亲去世,之后甲一直随两被告生活。2001年5月,原告起诉要求确认其为甲的监护人。2001年6月,法院判决,确认原告为甲的监护人,要求两被告于判决生效后3日内将甲送交原告。判决生效后,两被告未将甲送交原告。之后,两被告为继承儿子的遗产又对高某提起诉讼,经法院调解,双方达成调解协议,其中第四条载明:"甲随两被告生活。"2002年8月,高某再次起诉,要求变更抚养关系。

法院一审判决甲由原告抚养。两被告提起上诉。二审法院认为,被上诉人高某系甲的亲生母亲,对甲负有法定抚养义务。但因上诉人与被上诉人在继承案件中达成调解协议,双方均同意甲随上诉人共同生活。该调解书已生效,在该调解书未被依法撤销前,双方应履行该法律文书,且被上诉人没有证据证明上诉人无力抚养甲,因此,被上诉人提出变更抚养关系的诉讼请求不能得到支持。二审法院于2003年2月11日判决撤销一审法院判决,驳回原告的诉讼请求。

本案中,甲的母亲高某虽一再主张对甲的抚养权,但在继承案件中,却与甲的祖父母达成协议,放弃对甲的抚养权。虽然在本案事实中未明确告知高某放弃抚养权的原因,但可以推测,甲的祖父母为得到对他的抚养权放弃了对甲的父亲某些遗产的继承权,而高某为获得更多遗产,自愿放弃对其子甲的抚养权。高某在财产和儿子的抚养权之间,选择的是财产,足见其不是一个称职的母亲。二审法院的判决未从情理的角度对此问题进行阐述,只是从调解书的法律效力角度驳回了原告的诉讼请求。笔者认为,情与法都是该案的关键所在,仅讲法,不讲情,这不能说不是一种缺憾,因为在亲子关系上,情的分量应该大于法的分量。只有树立和弘扬符合人性的亲子情感,才能彰显人在世界上生存的意义和价值。法律对大众的引导作用不可小觑,司法文书作为宣传法律的载体,应该体现法律所要弘扬的价值观念。

(二)兄弟姐妹间扶养的主体

现行《婚姻法》第29条关于兄弟姐妹间扶养的规定同样可分为两部分内容:其一,兄姐对弟妹的扶养义务。其构成要件包括:(1)兄姐有负担能力。这是指兄姐在满足自己合理生活需要之外还有对弟妹的扶养能力;(2)父母死亡或没有抚养能力;(3)弟妹需要扶养。这是指弟妹为不能独立生活的未成年人。其二,弟妹对兄姐的扶养义务。其构成要件包括:(1)弟妹有负担能力;(2)兄姐丧失劳动能力又缺乏生活来源;(3)兄姐曾经扶养弟妹长大。

上述兄弟姐妹间的扶养义务不以共同生活为限,并且,不局限于全血缘的兄弟姐妹间,

---

① 中国裁判文书网,http://www.court.gov.cn/zgcpwsw/list/list/? sorttype＝1&conditions＝searchWord＋2＋AJLX＋＋%E6%A1%88%E4%BB%B6%E7%B1%BB%E5%9E%8B;%E6%B0%91%E4%BA%8B%E6%A1%88%E4%BB%B6&conditions＝searchWord＋%E6%A1%88%E7%94%B1＋＋＋%E6%A1%88%E7%94%B1;%E6%8A%9A%E5%85%BB%E7%BA%A0%E7%BA%B7,下载时间:2016年1月6日。

还包括半血缘的兄弟姐妹,以及"养兄弟姐妹"、事实上形成抚养关系的继兄弟姐妹。[1]

笔者查阅到的四起兄弟姐妹间的扶养纠纷案件均不符合《婚姻法》第 29 条之规定。四起案件的原告均为精神病人,被告系原告的兄弟姐妹。它们均显示,原告常年患精神病,由其父母照顾,后因父母去世或年老体衰,无力继续照顾原告,为此被告作为兄弟姐妹出资帮助扶养原告。四起案件情形基本相似,司法判决的法律依据是《婚姻法》第 4 条之"家庭成员间应当敬老爱幼,互相帮助,维护平等、和睦、文明的婚姻家庭关系。"因《婚姻法》第 29 条无法适用于该种情况,司法机关不得已选用第 4 条倡导性规定作为法律依据,这显示出现行立法在此问题上存在的漏洞与不足。《婚姻法》第 29 条规定了兄弟姐妹之间相互的扶养义务,对不能尽扶养义务的残疾的兄弟姐妹,是否有权利要求有扶养能力的兄弟姐妹承担扶养义务未作规定,但司法实践确认了有扶养能力的兄弟姐妹对残疾兄弟姐妹的扶养义务。

在司法裁判文书中未找到兄姐照顾未成年弟妹,或者兄姐要求受其扶养的成年弟妹扶养的案例。一般情况下,兄姐照顾未成年的弟妹,无论从法律上还是道义上,这对于兄姐来说都是一种责任,他们通常会心甘情愿地承担起这份责任,由此引发诉讼的可能性非常小。现实生活中较为可能出现纠纷的,是受兄姐扶养长大的弟妹成年后不愿承担对兄、姐的扶养义务。

典型案例

弟弟忘恩负义,姐姐悲惨死去[2]

甲和乙是姐弟关系,父母去世时,甲 14 岁,乙 7 岁。为了生存,甲放弃继续上学的机会,开始打零工,后靠卖菜养家。甲供养乙直到大学毕业,并为乙安排工作、买房、娶妻。甲为照顾乙终身未嫁,也没有生育子女,且因常年辛苦工作而疾病缠身。甲为乙买了四居室的房子,与乙夫妻俩共同居住,自己住最小的一间卧室。乙妻怀孕后,因胎儿出现异常,乙请算命人为妻子把脉,算命人说甲是乙的克星,于是乙打算让甲回老家生活。此时,甲已年老体衰,且把自己一生积蓄的 50 多万元给了乙的妻子。乙与妻商量打算给甲 20 万元让她回老家。甲辛苦工作一生,把青春、金钱全部给了弟弟,但弟弟对此丝毫没有感恩之心,在甲年老体衰、基本不能独立生活的时候,要把甲送回老家独自生活,甲所受到的打击可想而知。该案的结果是甲随后死亡,警方认定甲是失足摔倒而亡,但真相无从知晓。

本案具有一定的代表性。在这类案件中,兄姐年老体衰,对于由其扶养长大的弟妹,无论在情感上还是经济和体力上,均不太可能选择诉讼的救济途径,这应该是我们无法在裁判文书中找到相关案例的主要原因。但现实中的问题不容回避,如何保护年老体衰的兄姐受扶养的权利,如何使法律更具有可操作性,应该是立法者今后关注的问题。

二、祖孙、兄弟姐妹之间扶养的方式

关于扶养的方法,主要有迎养和按期给养两种。[3] 所谓"迎养",是指义务人须将权利人

---

①　杨大文主编:《婚姻家庭法》,中国人民大学出版社 2012 年第 5 版,第 209 页。

②　http://www.bjweekly.com/archives/1976364.html,下载时间:2016 年 1 月 6 日。

③　史尚宽:《亲属法论》,中国政法大学出版社 2000 年版,第 769 页。

接入自己家中与权利人共同生活,对权利人的日常生活予以照顾和供养。所谓"按期给养",是指义务人定期向权利人交付一定数额的金钱或实物以供养权利人生活。究竟义务人采用哪种履行义务的方式? 在日本民法中,一般情形下,其由权利主体与义务主体依权利主体的需要以及义务主体可能承担的状况协商确定,《日本民法典》第 879 条规定:"关于扶养的程度或方法,当事人之间协议不成或不能协议时,由家庭法院考虑扶养权利人的需要,扶养义务人的资历及其他有关情事后予以确定。"[①]在德国民法中,仅直系亲属间有扶养义务,扶养以给付扶养费的方式进行,如《德国民法典》第 1612 条第 1 款规定:"扶养费必须以支付定期金的方式给予。"[②]在我国,迎养多存在于父母子女之间及夫妻之间;祖父母、外祖父母对孙子女、外孙子女的抚养,兄、姐对未成年的弟、妹的抚养,多为按期给养方式;孙子女、外孙子女对祖父母、外祖父母的赡养,一般兼具迎养和给养二种方式;由兄姐抚养长大的弟妹对兄姐的扶养,通常为给养方式。我国现行《婚姻法》未对扶养方法做出明确规定,实属立法缺陷。我们在民法典婚姻家庭编立法中,应明确各扶养主体之间的扶养方法,以完善本条的构成要件。

第五节　重要学术观点与争议

一、关于扶养的主体范围

我国实施一对夫妻生育一个子女的计划生育政策有三十多年,当年的独生子女如今已经成为家庭扶养关系的主流。已婚的每对独生子女要扶养四名老人,甚至更多。一旦夫妻一方丧失或部分丧失赡养能力,需要其赡养的直系血亲的扶养权利必定受到影响,甚至会衣食无着,而这些长辈对夫妻一方曾尽到了完全的抚养义务。为此,一些学者提出,我国大陆地区可借鉴台湾地区立法例,适当扩大扶养关系的主体范围,根据血缘联系亲疏远近的不同,从扶养程度、扶养成立的条件等方面进行适当调整,既不使权利人无所养,又不使义务人遭受不公正的不利益。[③] 关于我国立法适当扩大扶养关系主体范围的建议,主要有如下三个方面。

(一)直系血亲扶养的范围应否扩大到三亲等以外

关于直系血亲扶养的范围,有一种观点认为,我国法律应当规定三亲等以外直系血亲(即祖父母、孙子女之外的上下各代直系血亲)间的扶养义务:一是随着医疗技术水平不断提高和人们生活水平的改善,人类的平均寿命延长,会出现三亲等以外直系血亲共同生活的可能性。二是三亲等以外的直系血亲是生育与被生育的关系,这种血缘关系与兄弟姐妹等旁系血亲关系相比,联系更为密切。如果规定兄弟姐妹等旁系血亲相互之间负有扶养义务,那么,规定三亲等以外直系血亲间的扶养义务也是比较合理的。还有一种观点认为,三代同堂的情况在我国当今并不是普遍的现象,何况中国的计划生育制度使得三口之家更为常见,如

---

①　《日本民法典》,王书江译,中国法制出版社 2000 年版。
②　《德国民法典》(第 4 版),陈卫佐译注,法律出版社 2015 年版,第 496 页。
③　李秋菊:《扶养制度研究》,载《社会科学Ⅰ辑》2011 年第 S1 期。

果将三亲等以外直系血亲纳入扶养范围,无疑会加重家庭生活之负担。再者,对年老人的扶助是社会责任,社会保障制度会针对年老人口予以特别保护,如果将扶养责任转嫁到通常不在一家生活的血缘较远的直系血亲身上,是不合理的。[1]

　　笔者认为,我国不宜将有扶养义务的直系血亲范围扩大到三亲等以外。首先,现代社会以核心家庭为主要存在形式,三亲等以内直系血亲共同生活的现象虽有存在,但大多以祖父母、外祖父母帮助照看幼小的孙子女、外孙子女为主,一旦孙子女、外孙子女长大,祖父母、外祖父母通常会与核心家庭相分离,独自生活。因为代际之间的差别始终存在,祖辈和父辈的生活方式、生活理念有很大的差异,各自独立生活会有较大的自由度,因而,现代人多选择各自生活。夫妻、父母子女为家庭成员的核心家庭渐成主流,夫妻关系、父母子女关系也正成为家庭法律规范调整的核心。[2] 其次,当代人们的生育观念有重大改变,晚生、不生现象广泛存在,因此,四代的直系血亲间年龄相差会越来越大,能够生存在同一时代已属不易,而在同一家庭共同生活、相互扶养的可能性非常小,因而不具有普遍性,不宜纳入法律调整范畴。再次,家庭扶养虽是基础,社会保障亦不可或缺。随着我国对老幼人口社会保障制度的不断完善,无法由家庭扶养涵盖的方面会逐渐获得社会保障的弥补。因此,立法不宜扩大直系血亲的扶养范围。

(二)直系姻亲是否应纳入扶养范围

　　有学者建议,直系姻亲(如公婆岳父母、儿媳女婿)宜纳入扶养范围。[3] 也有学者持不同意见,认为由于社会经济发展我国小家庭的趋势愈发明显,三代同堂的家庭将会越来越少,如果规定直系姻亲间互负扶养义务,与家庭发展趋势相悖。再者,我国实行婚后所得共同制的法定夫妻财产制度,也就是说,履行扶养义务的物质来源就是夫妻共同财产,再规定直系姻亲间互负扶养义务并无必要。[4] 如果以共同生活为直系姻亲间互负扶养义务的条件,那么,负有义务者只要选择不与被扶养人共同居住,或者终结同居关系,便能逃避法定责任。这未免使法律的强制太过弱化。[5] 还有学者认为,直系姻亲的配偶一方已通过某种方式履行了义务,若再要求直系姻亲的另一方履行扶养义务,无疑加重了晚辈亲属的负担。其次,人口老龄化带来的问题应该是国家和社会的责任,不应将此责任强加给个人。[6]

　　笔者亦不赞同将直系姻亲纳入扶养的主体范围。理由是:家庭扶养的功能不能被无限扩大。随着社会保障制度的不断完善,我国会逐渐弥补家庭扶养之缺漏,因此,不宜轻易扩大扶养的主体范围。再者,姻亲关系以夫妻关系为核心,现代社会的离婚率持续保持在较高水平上,且同居现象逐渐增多,使婚姻本身的稳定性和存在性受到冲击。在这一背景下,增加姻亲之间的权利义务具有较大的危险性。正如美国学者所指出的,法律的发展不可能与

---

　　[1]　吴童:《我国扶养制度立法分析》,华东政法大学 2011 年硕士学位论文。

　　[2]　刘宏渭:《我国扶养制度的法律文化解读》,载《齐鲁学刊》2009 年第 5 期。

　　[3]　江先文:《完善我国亲属扶养制度的几点构想》,载《台声》2005 年第 10 期。

　　[4]　吴童:《我国扶养制度立法分析》,华东政法大学 2011 年硕士学位论文。

　　[5]　王利明主编:《中国民法典学者建议稿及立法理由——人格权编·婚姻家庭编·继承编》,法律出版社 2005 年版,第 394～395 页。

　　[6]　何政泉:《完善我国亲属扶养制度的几点思考》,载《涪陵师范学院学报》2004 年第 20 卷第 2 期。

其赖以存在的社会制度的变化,以及社会变化着的情感和要求相分离。① 我国法律中很少涉及姻亲之间的权利与义务,仅《继承法》提到丧偶儿媳、丧偶女婿对公婆、岳父母尽到主要赡养义务的,可以作为第一顺序法定继承人继承遗产,此外,再无关于姻亲之间权利义务的规定。因此,增加姻亲之间的权利义务内容缺乏社会基础,不易为大众接受。

(三)旁系血亲相互扶养应否扩大至三亲等以内

三亲等以内的旁系血亲,除兄弟姐妹外,还包括叔、伯、姑、舅、姨和侄子女、外甥子女。有人主张扶养的范围应扩大到三亲等以内的旁系血亲,理由是我国社会保障制度不完善,为更好达到养老育幼之目的,应扩大扶养的范围,而且考虑到我国长期实行计划生育制度,兄弟姐妹减少,使三亲等以内的旁系血亲关系更为密切。持反对态度的学者认为,我国社会保障制度虽不够完善,但不意味着可以因此加重家庭负担,而且每个家庭的经济实力不同,能力有限,不可能扶养所有的扶养权利人,一味扩大扶养的范围实质上是加重了扶养义务人的负担,并不能很好地实现家庭养老育幼的目的。目前,在我国,三亲等的旁系血亲大多不在一起生活,法律没有必要规定他们相互负有扶养义务。②

笔者赞同将扶养范围扩大至三亲等以内旁系血亲的观点。理由是:我国长达三十多年的计划生育政策导致很多家庭只有一个孩子。独生子女家庭中的孩子没有二亲等的旁系血亲,对他们来说,三亲等的旁系血亲就是很近的亲属关系。如果不将扶养范围扩大,三十年以后,当独生子女逐渐步入老年,如果他们自己没有子女,那么将来能够对他们承担照顾和扶养责任的,极有可能是他们的堂兄弟姐妹或表兄弟姐妹,甚至是堂兄弟姐妹或表兄弟姐妹的子女,因此,扶养范围至少应该扩大到三亲等的旁系血亲。再者,笔者主张对扶养应做广义理解。扶养不仅是指经济上的扶养,还包括精神上的扶养。将扶养范围扩大到三亲等以内的旁系血亲,不会加重扶养人的经济负担。人类从本性上来说属于群居动物,得到关心和爱护,才能满足基本精神需求,才会有安全感和幸福感。将扶养范围扩大到三亲等以内的旁系血亲,主要是为了满足人们精神扶养的需求。而且通过法律确立亲属之间的权利义务关系对大众有更好的引导作用,有利于加强三亲等以内旁系血亲的亲密关系,更好地满足大众的情感需求。同时,对被扶养人来说,立法增加了扶养的义务主体,被扶养人的权利会得到更好的保障。

典型案例

被亲生父母遗弃的孩子由姑姑、姑父扶养③

二原告是未成年人甲的亲生父母,被告是甲的姑姑、姑父和祖父。2003 年,二原告在甲

---

① 〔美〕埃尔曼:《比较法律文化》,贺卫方、高鸿钧译,生活·读书·新知三联书店 1990 年版,第 9 页。
② 吴童:《我国扶养制度立法分析》,华东政法大学 2011 年硕士学位论文。
③ 中国裁判文书网,http://www.court.gov.cn/zgcpwsw/list/list/? sorttype = 1&conditions = searchWord+2+AJLX++%E6%A1%88%E4%BB%B6%E7%B1%BB%E5%9E%8B:%E6%B0%91%E4%BA%8B%E6%A1%88%E4%BB%B6&conditions=searchWord+%E6%A1%88%E7%94%B1++++%E6%A1%88%E7%94%B1:%E6%8A%9A%E5%85%BB%E7%BA%A0%E7%BA%B7,下载时间:2016 年 1 月 6 日。

出生 20 多天后即将其遗弃,后被其姑姑抱回,交由其祖父母抚养。2005 年,二原告将甲送给他人收养。自 2007 年开始,收养人对甲实施虐待,致其生命垂危。后在社会关注下,他入院治疗,经鉴定甲已构成九级伤残。甲住院期间,由其姑姑、姑父和祖父照料。出院后,甲由被告接回家中共同生活。2008 年 11 月,收养人与甲的姑姑达成协议,一次性赔偿甲各项费用人民币 40 万元。2009 年,二原告向法院起诉,要求三被告归还甲的抚养权,并移交赔偿金 40 万元。很明显,原告诉讼目的不是甲的抚养权,而是甲的赔偿金。法院最终做出判决,指定三被告为甲的监护人和抚养人。

该案可见,父母对未成年子女有遗弃、虐待行为的,属于依法剥夺父母监护权和抚养权的法定情形。同时,法院应指定监护人承担起照顾、抚养未成人的责任。就我国而言,独生子女的计划生育政策实施后,致使很多人没有兄弟姐妹,在祖父母、外祖父母因身体健康、经济收入等原因无法承担抚养责任的情况下,由叔、伯、姑、舅、姨承担起相应的责任,无疑是对未成年人最好的安排。并且,随着计划生育政策实施的时间越长,在亲属关系中,子女与其叔、伯、姑、舅、姨的关系会更加密切,因此,将他们纳入扶养范围有现实基础,容易为大众接受。

二、关于抚养顺序

目前,我国法律未明确规定扶养人的扶养顺序。已出版的三个版本的民法典学者建议稿对扶养顺序做出了制度设计。梁慧星教授主张,当扶养权利人为数人时,扶养义务人应履行扶养全体权利人的义务。在扶养义务人无能力扶养全体权利人时,下列顺序在先的权利人有权优先向扶养义务人主张权利:(1)未成年子女、父母、配偶;(2)祖父母、外祖父母,孙子女、外孙子女,兄弟姐妹。当扶养义务人为数人时,扶养义务人则按照下列顺序履行扶养义务:(1)父母、成年子女、配偶;(2)祖父母、外祖父母,成年的孙子女、外孙子女,兄弟姐妹。同一顺序的扶养义务人对于扶养权利人负有平等的义务,但是可以按照各自的扶养能力协议分担扶养义务。[①] 王利明教授主张,当扶养义务人为数人时,扶养义务人按照下列顺序承担扶养义务:(1)配偶;(2)直系血亲晚辈亲属;(3)直系血亲长辈亲属;(4)二亲等的旁系血亲。同一顺序有数名义务人的,亲等近的先于亲等远的负担扶养义务。亲等若是相同,则依各自经济能力按照比例负担扶养义务。[②] 徐国栋教授主张,当扶养义务人有数人时,扶养义务人依下列顺位履行义务:(1)直系卑血亲;(2)直系尊血亲;(3)兄弟姐妹。同是直系尊血亲或直系卑血亲的,以亲等近者为先。扶养义务人有数人而其亲等同一时,应各依其经济能力分担此等义务。[③]

以上可见,王利明教授与徐国栋教授的主张大致相同,即直系卑血亲先于直系尊血亲承担扶养义务,而直系尊血亲则先于二亲等的旁系血亲承担扶养义务;其区别在于,王利明教授的版本中配偶系第一顺位的扶养义务人,徐国栋教授的版本则未涉及配偶。梁慧星教授

---

①　梁慧星主编:《中国民法典草案建议稿附理由——亲属编》,法律出版社 2006 年版,第 1789 条、第 1790 条。

②　王利明主编:《中国民法典学者建议稿及立法理由——人格权编·婚姻家庭编·继承编》,法律出版社 2005 年版,第 509 条。

③　徐国栋主编:《绿色民法典草案》,社会科学文献出版社 2004 年版,第 252 条。

的版本将三亲等的直系血亲与二亲等的旁系血亲列为同一顺序的扶养义务人。从其他国家的立法例来看,亲属关系的远近通常是确定扶养顺序的重要依据。配偶基于特殊的身份关系,通常是首要的扶养义务人。在尊卑关系上,通常直系卑亲属先于直系尊亲属承担扶养义务。旁系亲属往往位于直系亲属之后承担义务。因此,王利明教授的主张较为符合世界大多数国家的立法现状,也符合我国国情和风俗习惯,采此观点较为适宜。

第六节　相关联的法条

一、《中华人民共和国民法通则》

我国《民法通则》第16条关于监护的内容规定:"未成年人的父母是未成年人的监护人。未成年人的父母已经死亡或者没有监护能力的,由下列人员中有监护能力的人担任监护人:(1)祖父母、外祖父母;(2)兄、姐;(3)……"此外,第17条关于精神病人的监护,除配偶、父母、成年子女外,其他近亲属也可以成为监护人,此处的"其他近亲属"包括祖父母、外祖父母和兄弟姐妹。

《民法通则》是调整民事法律关系的基本法,监护制度是对自然人行为能力不足的法律救济。自罗马法确立监护制度开始,对行为能力有缺陷的自然人的监护即由亲属担任。因传统监护制度以剥夺或限制被监护人的行为能力为前提,对被监护人来说关系到其作为人的生存价值,事关重大,因此,法律首先将监护责任赋予与被监护人关系最为密切的父母、配偶、成年子女,在无第一顺序监护人的情况下,才由祖父母、外租父母、兄弟姐妹承担监护责任。法律以人类的血缘亲情作为最可信赖的关系,将不能自我保护的个人交付给其最亲近的人,是对行为能力缺陷者的最大保护。除配偶这一特殊的亲属关系外,《民法通则》将父母、成年子女作为第一顺序监护人,将祖父母、外祖父母、兄弟姐妹作为第二顺序监护人,基于血缘关系的远近确定责任承担的顺序,体现了亲属法以亲属关系远近确定权利义务的特点,也体现了《民法通则》作为总则与《婚姻法》作为分则的关系。

二、《中华人民共和国继承法》

我国《继承法》第10条规定:"遗产按照下列顺序继承:第一顺序:配偶、子女、父母;第二顺序:兄弟姐妹、祖父母、外祖父母。"即兄弟姐妹、祖父母、外祖父母作为第二顺序继承人,在第一顺序继承人缺位时,享有继承权。此外,《继承法》第11条前段规定:"被继承人的子女先于被继承人死亡的,由被继承人的子女的晚辈直系血亲代位继承。"这表明:在父母先于祖父母、外祖父母死亡的情况下,孙子女、外孙子女可以代替其父母成为祖父母、外祖父母遗产的第一顺序继承人。

法定继承发生在特定亲属之间,我国《继承法》对继承人顺序的规定,与《民法通则》关于监护人顺序的规定一致,均将配偶、父母、子女作为最近的亲属,赋予其最大的权利和义务,将祖孙、兄弟姐妹作为仅次于父母、子女的第二顺序的亲属,在没有第一顺序亲属的情况下,由第二顺序的亲属继承财产。《继承法》关于法定继承的规定,与《民法通则》《婚姻法》的立法宗旨一脉相承,即对基于亲属关系而发生的法律关系,依据血缘关系的远近确定权利义务的大小。作为三代直系血亲的祖孙,以及二代旁系血亲的兄弟姐妹,在亲属法领域占据着重要的地位,因而,作为第二顺序的法定继承人享有继承权。

三、《中华人民共和国刑法》

我国《刑法》第 260 条关于虐待罪的规定:"虐待家庭成员,情节恶劣的,处二年以下有期徒刑、拘役或管制。"第 261 条关于遗弃罪的规定:"对于年老、年幼、患病或者其他没有独立生活能力的人,负有扶养义务而拒绝扶养,情节恶劣的,处五年以下有期徒刑、拘役或者管制。"《刑法》将虐待罪和遗弃罪的犯罪主体限定为家庭成员,且主要是有扶养义务的家庭成员。对扶养义务人的界定,其则以《婚姻法》第 20 条、第 21 条、第 28 条、第 29 条为依据,即夫妻、父母子女、祖孙、兄弟姐妹。

四、《中华人民共和国民事诉讼法》

关于认定公民无民事行为能力、限制民事行为能力案件的申请人范围,我国《民事诉讼法》第 187 条规定:"申请认定公民无民事行为能力或限制民事行为能力,由其近亲属或者其他利害关系人向该公民住所地人民法院提出。"

认定公民(自然人)无民事行为能力、限制民事行为能力的申请与监护制度紧密相连。通常,法院在受理申请后,经开庭审理,如认定自然人无民事行为能力或限制民事行为能力,在判决宣告其为无民事行为能力人或限制民事行为能力人的同时,会为其指定监护人。通常情况下,申请人是与无民事行为能力人或限制民事行为能力人关系密切的人,或者是有利害关系的人。无民事行为能力或者限制民事行为能力宣告的目的,是为保护无民事行为能力人或限制民事行为能力人,因此,只有最亲密的人或者利害关系人才会关注这些不具有完全民事行为能力人的生活,赋予这些人申请权符合自然情感和客观规律。对于近亲属的认定,一般按照《婚姻法》第 20 条、第 21 条、第 28 条、第 29 条确定。

五、《中华人民共和国刑事诉讼法》

《刑事诉讼法》第 99 条关于附带民事诉讼的规定:"被害人由于被告人的犯罪行为而遭受物质损失的,在刑事诉讼过程中,有权提起附带民事诉讼。被害人死亡或者丧失行为能力的,被害人的法定代理人、近亲属有权提起附带民事诉讼。"第 106 条规定:"本法下列用语的含义是:(六)'近亲属'是指夫、妻、父、母、子、女、同胞兄弟姐妹。"

六、《中华人民共和国老年人权益保障法》

我国《老年人权益保障法》第 23 条第 2 款规定:"由兄、姐扶养的弟、妹成年后,有负担能力的,对年老无赡养人的兄、姐有扶养的义务。"该条与《婚姻法》第 28 条的立法思想一致,是对《婚姻法》第 28 条的重申和强调。

从上述法律规定可以看出,亲属关系在很多法律中都有所涉及,而相互享有权利、负有义务的亲属通常被限定为三代以内的直系血亲和二代以内的旁系血亲,即:夫妻、父母子女、祖孙、兄弟姐妹。法律以此范围内的亲属为调整对象,体现了血缘关系对情感的影响,从而决定了其在法律上的权利与义务。上述这些规定,反映了我国以家庭为基础的社会结构,一定范围内的近亲属在法律上承担着一定的责任与义务,同时也享有一定的权利。

第七节　主要国家及地区立法现状

一、相关国家及地区的扶养立法

(一)《德国民法典》

《德国民法典》第 1601 条规定:"直系血亲有义务相互给予扶养费。"第 1602 条第 1 款规定:"只有不自行维持生计的人才有受扶养权。"第 1606 条第 1 款规定:"晚辈直系血亲先于辈分高的直系血亲负有扶养义务。"第 2 款规定:"在晚辈直系血亲之间和在辈分高的直系血亲之间,较近亲等者先于较远亲等者负责任。"① 此外,第 1360 条规定了夫妻之间的扶养义务。因此,德国的扶养范围为夫妻之间以及直系亲属之间,兄弟姐妹之间没有法定的扶养义务。

(二)《法国民法典》

《法国民法典》第 205 条规定:"子女在父、母或其他直系尊血亲有需要时,应负赡养义务。"② 此外,第 212 条、第 203 条、第 206 条、第 207 条规定了夫妻之间、女婿、儿媳与岳父母、公婆之间的扶养义务。与德国法相同,兄弟姐妹之间没有法定的扶养义务。

(三)《日本民法典》

《日本民法典》第 877 条第 1 款规定:"直系血亲及兄弟姐妹之间,有相互抚养的义务。"该条第 2 款规定:"有特别情势时,家庭法院可于前款规定情形之外,使三亲等内的亲属之间亦负扶养义务。"③ 此外,第 752 条规定了夫妻之间的扶养义务。可见,日本的扶养范围为夫妻之间、直系血亲之间、兄弟姐妹之间以及三亲等的亲属之间。

(四)《瑞士民法典》

《瑞士民法典》第 328 条第 1 款规定:"直系尊血亲及卑血亲以及兄弟姐妹间,互负抚养义务,但仅以无此帮助生活陷于贫困为限。"第 2 款规定:"兄弟姐妹间,无充分财力时,不负抚养义务。"第 3 款规定:"父母及配偶的抚养义务,不在此限。"④ 可见,瑞士的扶养范围为夫妻之间、直系血亲之间以及兄弟姐妹之间。法律同时规定,夫妻、父母子女间的抚养义务为生活保持义务,祖孙间、兄弟姐妹间的抚养义务为一般生活扶助义务。

(五)《意大利民法典》

《意大利民法典》第 433 条规定:"承担给付抚养费、扶养费、赡养费义务人的顺序如下:

---

① 《德国民法典》(第 4 版),陈卫佐译注,法律出版社 2015 年版,第 493～494 页。
② 《法国民法典》(上册),罗结珍译,法律出版社 2005 年版,第 188 页。
③ 《日本民法典》,王书江译,中国法制出版社 2000 年版。
④ 《瑞士民法典》,殷生根、王燕译,中国政法大学出版社 1999 年版,第 92 页。

1)配偶;2)婚生子女、准正子女、私生子女、养子女,在上述子女死亡的情况下,近卑亲属,近自然血亲卑亲属;3)父母、近自然血亲尊亲属;养父母;4)女婿和儿媳;5)公婆和岳父母;6)同父同母的兄弟姐妹和同父异母、同母异父的兄弟姐妹;同父同母的兄弟姐妹先于同父异母、同母异父的兄弟姐妹承担义务。"①可见,意大利的扶养范围为夫妻之间、直系血亲之间、兄弟姐妹之间、儿媳和女婿与公婆及岳父母之间。

(六)中国台湾地区民法典

我国台湾地区"民法典"第1114条规定:"左列亲属互负扶养之义务:一,直系血亲相互间;二,夫妻之一方,与他方之父母同居者,其相互间;三,兄弟姐妹相互间;四,家长家属相互间。"②此外,第1116条规定了夫妻之间的扶养义务。因此,我国台湾地区法确立的扶养范围为夫妻之间、直系血亲之间、兄弟姐妹之间、同居的一亲等直系姻亲之间、家长家属之间。

(七)中国《澳门民法典》

我国《澳门民法典》第1850条第1项规定:"下列之人依顺序负有扶养义务:a)配偶或前配偶;b)直系血亲卑亲属;c)直系血亲尊亲属;d)未处于事实分居状况之继父或继母,对由其配偶负责生活之未成年继子女,或对在其配偶死亡时由该配偶负责生活之未成年继子女;e)在受扶养人未成年期间,其兄弟姐妹。"③因此,澳门的扶养范围为夫妻之间、直系血亲之间、兄弟姐妹之间。

(八)英美法系国家及我国香港特别行政区的相关规定

英美法系国家如英国、美国并没有统一的民法典,其亲属扶养制度散见于一些单行法之中。④ 扶养义务主要包括夫妻相互之间的扶养义务以及父母对未成年子女的扶养义务。⑤英美法系国家的社会保障制度相对比较完善,在配偶或父母缺位的情况下,通常由社会保障承担扶养责任,因此,一般不涉及兄弟姐妹之间的扶养。我国香港地区受英美法影响,扶养关系也局限于夫妻之间及父母子女之间,而且父母对子女的扶养是单向的,父母不享有受子女奉养的权利。⑥

二、相关扶养立法的比较分析

关于亲属扶养范围,各国法律规定宽窄不一,两大法系之间的差异非常明显。尽管如此,规定夫妻之间和父母子女之间的扶养是各国立法之通例。英国、美国和德国等国法律,皆以配偶、直系血亲为限,而日本、瑞士、俄罗斯、意大利等国法律,除直系血亲外,还扩大到兄弟姐妹,日本还规定了三亲等内的亲属间,如叔伯姑与侄子女间、舅姨与外甥子女之间,经

① 《意大利民法典》,费安玲、丁枚译,中国政法大学出版社1997年版,第123页。
② 陈忠五、施慧玲主编《考用民法》:台湾本土法学杂志股份有限公司2009年版,第D-117页。
③ 中国政法大学澳门研究中心、澳门政府法律翻译办公室编:《澳门民法典》,中国政法大学出版社1999年版,第472~473页。
④ 陈苇主编:《外国婚姻家庭法比较研究》,群众出版社2006年版,第551页。
⑤ 张贤钰主编:《外国婚姻家庭法资料选编》,复旦大学出版社1991年版,第123~124页。
⑥ 林荫茂:《婚姻家庭法比较研究》,澳门基金会1997年版,第138页。

法院准许,也有相互扶养义务。法国、意大利还确立了直系姻亲之间具备法定条件的,相互间也有扶养义务。①

关于直系血亲间的扶养范围,各国法律规定有所不同。日本、德国、法国规定直系血亲间互负扶养义务,但未限定直系血亲的范围,因而只要是直系血亲,无论是几代或几亲等,即祖父母或外祖父母与孙子女或外孙子女之间,曾祖父母或曾外祖父母与玄孙子女、玄外孙子女之间,均相互负有扶养义务。祖孙之间,各国法普遍不分男系亲、女系亲,均相互负有扶养之义务。② 英美法系国家对直系血亲间的扶养义务仅发生在父母子女之间。③

兄弟姐妹为旁系血亲,西方国家多不承认其互负扶养义务,但日本、瑞士、俄罗斯、意大利确定兄弟姐妹间有相互扶养义务,无论全血缘或半血缘、婚生或非婚生的兄弟姐妹,养兄弟姐妹与继兄弟姐妹,相互间均有扶养义务,但堂兄弟姐妹、表兄弟姐妹间不在此限。④ 可见,兄弟姐妹作为最近的旁系血亲,很多国家立法承认其相互间有权利与义务,特别是像瑞士、俄罗斯、日本等发达国家,其社会保障制度相当完善,但立法依然确定了兄弟姐妹之间的权利义务。这种立法选择不只考虑到被扶养人的基本生存保障,还顾及了自然人间的血缘亲情,无疑更加彰显了法律的人文关怀。

第八节　立法发展趋势

虽然祖孙之间、兄弟姐妹之间的扶养,在我国整个扶养制度中处于补充和辅助地位,但其重要性不容忽视。为更好地发挥这一制度的作用,未来立法在以下几个方面应予以完善。

一、扩大扶养主体的范围

如前所述,为更好地保护未成年人的身心健康,为其提供良好的成长环境,同时为保障老年人安度晚年,扶养主体的范围应扩大至三亲等以内的旁系血亲。

二、增加规定扶养的顺序

我国现行《婚姻法》未明确规定扶养顺序。从保护扶养权利人、避免扶养义务人相互推卸责任的角度考虑,法律应明确扶养顺序。在我国民法典婚姻家庭编中可作如下规定:"扶养义务人有数人时,按照下列顺序履行扶养义务:1. 配偶;2. 成年子女;3. 父母;4. 祖父母、外祖父母;5. 兄弟姐妹;6. 叔、伯、姑、舅、姨,侄子女、外甥子女。""同一顺序的扶养义务人,原则上均等承担扶养义务。"

三、增加规定扶养的方式

按照各国立法惯例,扶养方式分为迎养和给养。结合扶养程度的相关内容,我国民法典婚姻家庭编应对祖孙之间、兄弟姐妹之间的扶养方式有所规定。一般情况下,祖父母、外祖

---

① 陈苇主编:《外国婚姻家庭法比较研究》,群众出版社 2006 年版,第 551 页。
② 李志敏主编:《比较家庭法》,北京大学出版社 1988 年版,第 243 页。
③ 陈苇主编:《外国婚姻家庭法比较研究》,群众出版社 2006 年版,第 552 页。
④ 陈苇主编:《外国婚姻家庭法比较研究》,群众出版社 2006 年版,第 553 页。

父母对未成年的孙子女、外孙子女的法定抚养方式应为迎养方式。孙子女、外孙子女对祖父母、外祖父母的法定赡养应为给养方式,但当事人可通过约定采取迎养方式,且约定优先于法定适用。

对于兄弟姐妹之间的扶养方式,法律亦可作出相应规定。兄、姐对未成年的弟、妹的法定抚养方式应为迎养。弟、妹对兄、姐的法定扶养方式应为给养,但当事人可通过约定采取迎养方式,且约定优先于法定适用。

至于叔、伯、姑、舅、姨与侄子女、外甥子女之间的扶养,可以适用祖父母与孙子女之间的扶养方式。

四、增加规定扶养的程度

我国《婚姻法》未明确规定亲属间的扶养程度,因此,夫妻之间、父母子女之间的扶养与祖孙之间、兄弟姐妹之间、叔伯姑舅姨与侄子女、外甥子女之间的扶养程度应否不同,缺乏法律依据。按照各国立法惯例,夫妻及父母子女之间的扶养程度为生活保持标准,此为法定标准,一般不允许当事人通过协议而改变。

祖孙之间的扶养程度则可依据实际情况区别对待。在祖父母、外祖父母为扶养义务人的情况下,扶养程度应以生活保持标准为法定标准,以保证未成年孙子女、外孙子女得到应有的照顾;在孙子女、外孙子女为扶养义务人的情况下,扶养程度可以生活照顾标准为法定标准,但允许扶养义务人与扶养权利人协商一致采取生活保持标准,且约定标准优先于法定标准。应当注意的是,如果未成年的孙子女拥有个人财产,应适当减免或免除扶养义务人给付抚养费的义务,但生活照顾义务及教育义务不能免除。

兄弟姐妹之间的扶养亦应区别对待,兄、姐对未成年的弟、妹的扶养程度应为生活保持标准,此应为法定标准。弟、妹对兄、姐的法定扶养程度可确定为生活照顾标准,但当事人协商一致可选择生活保持标准,且约定标准优先于法定标准。同样,未成年的弟、妹如拥有个人财产,则应适当减免兄、姐给付抚养费的义务,但不免除生活照顾义务及教育义务。

叔、伯、姑、舅、姨与侄子女、外甥子女之间的扶养程度可以比照祖父母与孙子女之间的扶养程度执行。

五、增加规定赠与人先行承担扶养义务的内容

如果扶养义务人曾经接受过扶养权利人的赠与,那么,应负有先行承担义务的责任,如《意大利民法典》第437条规定:"受赠人先于任何一个义务人承担给付赠与人上述费用的义务,因婚姻而进行赠予以及作为酬劳进行的赠予不在此限。"[①]这种规定符合民法权利义务相一致原则。再者,基于公平原则,受赠的扶养义务人先行承担的扶养义务应以其所受赠财产的价值为限,在将受赠财产价值全部支付了扶养费后,其可与其他扶养义务人共同承担扶养责任。但受赠人如果存在无法维持自己正常生活的情况,则应免除其先行扶养的义务。

六、增加规定临时扶养

如果扶养权利人无法维持生活,若不及时解决将危及其基本生存,权利人可在诉讼前或

---

① 《意大利民法典》,费安玲、丁玫译,中国政法大学出版社1997年版,第124页。

诉讼过程中,提出临时扶养的申请。法院根据当地生活水平,结合权利人的实际扶养需要,先行裁定有扶养能力的义务人或指定数名有扶养能力的义务人中的一人临时承担给付生活费的义务。如《意大利民法典》第 446 条规定:"在没有最终确定给付抚养费、扶养费、赡养费的标准以及给付方式的情况下,如果有数名义务人,则在听取了权利人的意见之后,预审法官或者法院院长可以指定一名义务人临时承担给付义务,这一指定不阻却承担临时给付义务的义务人对其他义务人享有的追索权。"①权利人提出临时扶养申请须一并提交住所地或经常居住地社区及所属地区民政部门出具的生活状况之证明。承担临时扶养的义务人在履行给付义务后,有权向法律最终确定的其他义务人追偿。②

---

① 《意大利民法典》,费安玲、丁玫译,中国政法大学出版社 1997 年版,第 126 页。
② 李秋菊:《扶养制度研究》,载《社会科学 I 辑》2011 年第 1 期。

第九章
评注第三十条(子女对父母婚姻权利的尊重)

➡第三十条 子女应当尊重父母的婚姻权利,不得干涉父母再婚以及婚后的生活。子女对父母的赡养义务,不因父母的婚姻关系变化而终止。

第一节 立法目的

本条是关于成年子女不得干涉父母离婚和再婚权利实现的规定,其立法意图在于强调成年子女应当尊重父母行使婚姻自主权,促进为法律保障的离婚自由和再婚自由的实现。本条规定是继《中华人民共和国老年人权益保障法》之后①,我国法律再次强调保障老年人婚姻自主权。

婚姻自由是我国婚姻制度的基石,受到宪法和法律的保障,它亦是公民依法享有的一项基本权利和自由。现行《婚姻法》第 2 条确立婚姻自由是我国婚姻制度的基本内涵和原则,其后的第 30 条重申子女不得干涉父母再婚以及再婚后的生活。这既是对宪法第 49 条"禁止破坏婚姻自由"原则的贯彻,又是对我国当今社会现实的回应。

一、贯彻婚姻自由原则

婚姻自由是一个历史范畴。在奴隶社会和封建社会,婚姻的目的不是基于男女爱情的结合,而是为国家利益或家族利益的联姻。正如恩格斯在《家庭、私有制和国家的起源》一书中指出的:"在整个古代,婚姻的缔结都是由父母包办,当事人则安心顺从。古代所仅有的那一点夫妇之爱,并不是主观的爱好,而是客观的义务;不是婚姻的基础,而是婚姻的附加物。"②这在中国古代亦是如此。源自原始社会后期父系宗族法则的宗法制度是中国古代婚姻家庭制度的基石。奴隶制时代的宗法观念认为,"婚礼者,将合二姓之好,上以事宗庙,而下以继后世也,……。"③受到封建政权、族权、神权、夫权"四权"联合支配的封建婚姻家庭制度承袭古制,具有婚姻不自由、包办强迫、一夫多妻、男尊女卑、家长专制等基本特征。封建制下的婚姻完全以家族利益为中心,是两个家庭之间的结合,而不是男女之间基于爱情的结合。因此,男女婚姻的主婚权操持于父母、尊长等第三人手中;婚姻要门当户对和论财;基于

---

① 我国 1996 年的《老年人权益保障法》第 18 条规定:"老年人的婚姻自由受法律保护。子女或者其他亲属不得干涉老年人离婚、再婚及婚后的生活。赡养人的赡养义务不因老年人的婚姻关系变化而消除。"

② 《马克思恩格斯选集》(第 4 卷),人民出版社 1973 年版,第 72~73 页。

③ 《礼记·昏义》,转引自司法部法学教材编辑部编审:《婚姻立法资料选编》,法律出版社 1995 年版,第 16 页。

"父母之命"和"媒妁之言"的结合是婚姻的合法形式等原则均得到了当时法律的肯认。《唐律·户婚》中关于"嫁娶违律"的处罚规定便体现了这一特点。唐律对违反不得结婚的规定（如同姓不婚、夫丧守志）的，只处罚主婚人，不处罚成婚的当事人，并且奔走于成婚双方家庭之间从中牟利的"媒妁"，也要受到处罚。①

现代意义上的婚姻自由产生于资产阶级反封建制度进程中。起初，它是启蒙思想家提出的一种思想和口号，婚姻自由被视为"天赋人权"。随着资产阶级政权的建立，婚姻自由得到了各国法律确认。以法国为例，1791 年的《法国宪法》宣告婚姻为民事契约，确立了婚姻的世俗化和自由化，首次完成"婚姻自由"从思想观念到法律原则的转变。1804 年的《法国民法典》较为全面地确立了婚姻自由的基本方面，规定"未经合意不得成立婚姻"（第 146 条），同时，又规定婚姻可以基于当事人一方提出的法定理由或双方的协议而离异（第 229～233 条），并且还规定未经当事人自愿合意缔结的婚姻为无效婚姻（第 180 条）。② 其后建立的资本主义国家都将婚姻自由作为一项法律原则。在以苏联为首的社会主义国家中，相关法律也确立了这一原则。

在我国延续长达数千年之久的，以包办买卖婚姻为特征的封建婚姻家庭制度，"不但成了家庭痛苦的一种根源，而且成了社会生活的一条锁链；它不但把占人口半数的绝大多数的妇女投入奴隶生活的深渊，而且也使大多数男子遭受无穷的痛苦。"③中国共产党成立后，根据地时期的婚姻立法始终将确立"男女婚姻以自由为原则"④作为主要目标。苏区婚姻立法确立的实行婚姻自由，禁止包办、强迫和买卖婚姻等新的婚姻制度的原则，不仅为抗日战争、解放战争时期各革命根据地的婚姻条例所继承，⑤也为新中国成立后建立的新民主主义的婚姻家庭制度奠定了原则基础。

新中国成立以来，立法机关先后颁行两部婚姻法——1950 年《婚姻法》和 1980 年《婚姻法》，2001 年又对现行的 1980 年《婚姻法》做出重大修正。保障男女婚姻自由始终为历次婚姻立法修法所坚持，成为我国婚姻家庭制度的一项基本原则与主要特征。从法律的平等性原则出发，婚姻自由当然适用于所有意欲结婚或者离婚的当事人，而不分男性女性、父母子女；从法律的普遍适用性出发，婚姻自由既包括年轻人的婚姻自由，也包括老年人的婚姻自由。因此，现行《婚姻法》第 30 条明确要求子女尤其是成年子女应当尊重父母行使婚姻自主的权利，这是婚姻自由原则的应有之义，是这一原则的体现。

二、保障父母离婚自由与再婚自由

关于父母的婚姻自主权，1950 年《婚姻法》和 1980 年《婚姻法》均未设专条明示。2001 年的婚姻法修正案第一次予以强调，并将"保障老年人的权益"增加为《婚姻法》的基本原则

---

① 参见《唐律·户婚》"嫁娶违律"条，转引自司法部法学教材编辑部编审：《婚姻立法资料选编》，法律出版社 1995 年版，第 101 页。

② 薛宁兰、金玉珍主编：《亲属与继承法》，社会科学文献出版社 2009 年版，第 31 页。

③ 陈绍禹：《关于中华人民共和国婚姻法起草经过和起草理由的报告》，载刘素萍主编：《婚姻法学参考资料》，中国人民大学出版社 1989 年版，第 47 页。

④ 具体内容见 1931 年《中华苏维埃共和国婚姻条例》、1934 年《中华苏维埃共和国婚姻法》第 1 条。

⑤ 例如，1939 年《陕甘宁边区婚姻条例》、1942 年《晋冀鲁豫边区婚姻暂行条例》、1943 年《晋察冀边区婚姻条例》、1946 年《陕甘宁边区婚姻条例》等。

之一。其立法缘由,正如立法机关在修正案草案说明中指出的:"我国老龄问题越来越成为一个重要的社会问题。老年人得不到较好的赡养,甚至受虐待、遗弃,以及干涉老年人婚姻的现象,在一些地方时有发生,对此必须引起高度重视。"①

1956 年的联合国《人口老龄化及其社会经济后果》及 1982 年维也纳老龄问题世界大会,都将人口老龄化的标准确定为:65 周岁及以上老年人口数量占总人口比例超过 7%,或 60 周岁及以上老年人口数量占总人口比例超过 10%。发达国家通常以前者为标准,发展中国家则通常以后者为依据。联合国报告指出,到 21 世纪,世界人口老龄化的比例仍将持续增长,老年人的比例在 2000 年是 10%,到 2050 年将达到 21%。② 中国自 2000 年以来已步入老龄化社会,且发展速度高于同期世界水平。2000 年第五次人口普查时,我国 60 周岁以上人口占总人口的 10.33%;③2010 年第六次人口普查结果显示,我国 60 周岁以上人口占比上升至 13.26%;④2014 年则达到 15.5%。⑤ 与人口老龄化相伴而生的问题是单身老年人口增多,鉴于"六普"数据未全面公布,仅从"五普"数据可见,我国 60 周岁以上的老年人口已达到 1.26 亿,其中,丧偶者 3885.58 万(占 30.36%)、从未结婚者 212.17 万、离婚者 84.26 万。⑥ 人口老龄化迫使国家关注老年人的权益保障,而依法保障老年人的婚姻自主权是解决老年人口孤独无依状态的重要措施。

现实生活中,阻碍父母尤其是老年父母再婚的主要障碍体现在三个方面:

1. 经济障碍

经济障碍体现在继承与居所两方面。父母再婚可能引起原生家庭财产的重新分配,当一方老人去世后,另一方老人会因夫妻身份而依法取得法定继承人的地位。这会改变双方子女原来的继承份额,因此,经济条件较好一方的子女往往会担心自身利益受损而阻碍父母再婚。再者,中国老年人往往没有自己独立的居所,或者他们虽有独立居所,却常与子女同住。老年人再婚后需要重新选择自己的居所,从而可能引起家庭住房纠纷。

2. 亲属关系障碍

通常,老年人的生活自理能力下降,需要子女照料和帮助。在我国社会保障体系尚不健全的当下,一方面,他们需要子女在经济上和物质上供养,另一方面,由于对老年人日常照料的社会购买力不足,也需要子女付出时间和精力对父母予以照顾。尽管再婚后夫妻在法律上互负扶养义务,但老年人再婚中的离婚率较高、一方死亡后导致生存配偶再次丧偶、再婚夫妻均丧失自理能力等情况均可能出现。鉴于此,子女一旦对父母再婚提出反对意见,父母

---

① 《关于〈中华人民共和国婚姻法修正案(草案)〉的说明》,载王胜明、孙礼海:《〈中华人民共和国婚姻法〉修改立法资料选》,法律出版社 2001 年版,第 9 页。

② 《联合国老龄化议题　世界人口老龄化:1950—2050》,资料来源:http://www.un.org/chinese/esa/ageing/trends.htm,下载时间:2016 年 6 月 25 日。

③ 国务院人口普查办公室、国家统计局人口和社会科技司编:《中国 2000 年人口普查资料(下册)》,中国统计出版社 2002 年版。

④ 统计数字来源于《2010 年第六次全国人口普查主要数据公报》,http://www.gov.cn/test/2012-04/20/content_2118413.htm,下载时间:2016 年 3 月 25 日。

⑤ 统计数字来源于国家统计局发布的《2014 年国民经济和社会发展统计公报》。

⑥ 国务院人口普查办公室、国家统计局人口和社会科技司编:《中国 2000 年人口普查资料(下册)》,中国统计出版社 2002 年版。

一般只能妥协同意。

3. 观念障碍

阻碍老年父母再婚的观念障碍,既有来自社会舆论的负面评价,也有来自家庭成员的坚决反对。一方面,社会对老年人再婚的负面评价较多,老年人再婚会被认为是"不正经",老年女性更常被要求"从一而终",有些老年人则担心自己再婚后被周围熟人取笑;另一方面,成年子女对死亡或离异父母一方仍有情感,父母另一方新的配偶会让他们在情感上难以接受。再者,再婚夫妇死后的安葬也是干扰老年人再婚的原因。

第二节　本条的地位与意义

我国《婚姻法》第 30 条及时回应社会发展带来的挑战,通过法律强化子女尊重父母婚姻自主权的观念,为构建和谐文明家庭关系打好了基础,其规定具有时代的必要性。

新中国成立以来,我国婚姻家庭关系内部发生了重大变化,传统家长制逐渐没落,原有漠视子女利益的观念被父母子女间平等尊重的观念取代。《婚姻法》将保护老年人合法权益作为基本原则,并对尊重老年人婚姻自主权予以特殊强调,其价值在于法律对家庭成员之间实质平等的追求。我们通过法律强制力弥补家庭伦理道德的软弱,对正确的婚姻家庭价值观念作出肯定性评价。

如果说,1950 年《婚姻法》强调建立婚姻自由的婚姻制度的目的,在于废除封建的父母包办、强迫的婚姻制度,那么,现行《婚姻法》第 30 条关于保障父母婚姻自主权的规定,则在于强调子女尤其是成年子女对父母实现婚姻自主权的尊重与不干涉。这一颇具时代特色的规定表明,婚姻自由不只是达到法定婚龄的子女依法享有的自由和权利,也是离婚或者丧偶父母依法享有的自由与权利。父母子女之间应当彼此尊重各自对婚姻生活的选择与安排,维护家庭关系的平等与和睦。

我国已全面推行一对夫妻生育两个子女的计划生育政策。今后社会养老服务体系的基本特征是"以居家为基础、社区为依托、机构为补充"。① 在今后相当长的时期内,家庭依然是老年人安度晚年的主要场所。子女等赡养人对于老年人履行经济上供养、生活上照料、精神上慰藉的义务的确能起到使年老父母"老有所养"的作用。与此同时,尊重老年人意愿,让单身父母充分行使再婚的权利,使再婚老人能够无干扰地相互关爱照料,实现"老有所依""老有所伴",这亦是老龄化社会中儿女对年老父母"孝"的表现,也是社会文明与进步的体现。

现行《婚姻法》第 30 条具有时代的必要性。它将婚姻自由原则与保障老年人合法权益原则有机结合起来,把握住子女赡养是影响父母再婚意思表示的关键点,在规定子女尊重父母婚姻自由之后,又对子女赡养义务做出强调,整个法条对于保障父母婚姻自主权起到了"双保险"的作用。

---

① 参见 2016 年 3 月 22 日十二届全国人大四次会议通过的《中华人民共和国国民经济和社会发展第十三个五年规划纲要》第六十五章第二节。

第三节　条文演变

尊老、敬老是中华民族的传统美德。源自革命根据地时期的我国婚姻立法,将婚姻自由作为一项基本原则贯穿始终。新中国成立以来,各阶段的婚姻立法对婚姻自由的保障颇具时代特色,针对当时婚姻不自由的突出表现,做出各有侧重、针对性强的规定。

一、新中国成立初期立法重点在于保障子女尤其是妇女的婚姻自由

资料显示,新中国成立之初的1949年到1950年,全国范围内婚姻自主的比例很低,而包办婚姻的比例则相当高。童养媳、小女婿、换妻、干涉寡妇再婚等封建社会留下的恶习,在广大农村地区依旧普遍。依法解除封建包办买卖婚姻、实现婚姻自由,推动妇女解放,便成为1950年《婚姻法》的重要任务。为此,1950年《婚姻法》开篇第1条规定:"废除包办强迫、男尊女卑、漠视子女利益的封建主义婚姻制度,实行男女婚姻自由、一夫一妻、男女权利平等、保护妇女和子女合法权益的新民主主义婚姻制度。"其第2条进一步强调:"禁止童养媳。禁止干涉寡妇婚姻自由。禁止任何人借婚姻关系问题索取财物。"随着这部法律的贯彻实施,全国范围内的自主婚姻显著增加。1951年,中南区妇女联合会筹备委员会发表的《一年来执行婚姻法的初步检查和今后进一步贯彻执行的意见》称,1951年1—4月份,全区自由结婚的达23,600件以上。不少苦守多年的寡妇自由改嫁。在河南郑州专区34个乡中,1950年后半年有469个寡妇自由结婚。[①]

二、20世纪90年代立法开始关注老年人的婚姻权益

1950年到1980年的30年间,社会生活发生巨大变化,妇女的家庭地位与社会地位都有很大提高,婚姻家庭领域随之出现新的情况和问题。为巩固社会主义婚姻家庭制度,应对婚姻家庭领域中的新问题,如子女等虐待和遗弃老人等,立法机关于1980年颁布新的《婚姻法》。1980年《婚姻法》是1950年《婚姻法》的继续和发展。所谓"继续",是指它继承原婚姻法中行之有效的规定;所谓"发展",是指它在原婚姻法基础上,根据现实情况作出了相应修改和补充。1980年《婚姻法》继续实行婚姻自由、一夫一妻、男女平等的婚姻制度,其第2条第2款在保护妇女和儿童合法权益之外,增加了保护老年人合法权益的规定。

20世纪90年代中期,我国老年人口"已经达到1亿1千多万,即将进入人口老龄化社会"。[②]为此,国家立法机关于1996年颁行《老年人权益保障法》,专章规定"家庭赡养与扶养",强调赡养人负有"履行对老年人经济上供养、生活上照料和精神上慰藉的义务"(第11条),同时规定:"老年人的婚姻自由受法律保护。子女或者其他亲属不得干涉老年人离婚、再婚及婚后的生活。赡养人的赡养义务不因老年人的婚姻关系变化而消除。"(第18条)这些规定突出了子女等赡养人负有尊重和维护老年人婚姻自主权的法定义务,是对《婚姻法》

---

① 中南民主妇女联合会筹备委员会:《一年来执行婚姻法的初步检查和今后进一步贯彻执行的意见》,载《中南政报》1951年5月。

② 孟连崑:《关于〈中华人民共和国老年人权益保障法(草案)〉的说明》,资料来源:http://www.law-lib.com,1996-6-28,18:34:16。浏览时间:

的重要补充。

三、本世纪以来《婚姻法》明确规定保障老年人婚姻自主权

20世纪90年代末修改现行婚姻法期间,老年人再婚难现象引起专家学者和相关机构的重视。有学者指出,我国正在进入老龄化社会,丧偶老人日益成为一个不容忽视的群体。80％的丧偶老人有再婚的愿望,但由于受到传统观念的约束,加之财产分割和子女阻挠,老年人再婚困难重重。① 立法机关在婚姻法修正案(草案)的说明中,将保障老年人婚姻家庭权益单独列出,并且指出"我国老龄问题越来越成为一个重要的社会问题。老年人得不到较好的赡养,甚至受虐待、遗弃,以及干涉老年人婚姻的现象,在一些地方时有发生,这些必须引起高度重视。"② 鉴于此,2001年,立法机关修改《婚姻法》,在家庭关系一章增加第30条,第一次将子女尊重父母婚姻自主权作为单独法条予以规定,有针对性地要求子女不得干涉父母再婚自由和婚后生活,并应继续履行对再婚父母的赡养义务。

现行《婚姻法》第30条与修改后的现行《老年人权益保障法》第21条相比,既有共同点,也有不同之处。两者的共同点是:都对父母(尤其是老年父母)的婚姻权利做出两个层次的保障:(1)保障婚姻自由。保障老年人的婚姻自由是婚姻法的应有之义。婚姻自由既包括年轻人的结婚自由,也包括老年人的再婚自由;(2)子女不得干涉父母再婚以及婚后的生活。子女干涉父母婚姻的手段往往是不尽赡养义务,即在经济上、精神上,甚至在人身上,对父母或者与其父母结婚的人(继父母)采取作为或不作为的干涉行为。对此,两法均强调子女对父母的赡养义务不因婚姻关系的改变而改变。

现行《婚姻法》和《老年人权益保障法》规定的不同之处体现在两方面:(1)《老年人权益保障法》强调对60周岁以上老年人婚姻自主权的保护,而《婚姻法》所谓"尊重父母婚姻权利"的表述中的父母则并不限于老年人,也包括不满60周岁的父母。《婚姻法》所谓"子女",往往指成年子女。通常,未成年子女不具有完全的意思能力,大多不具备干涉父母婚姻的能力,但也不能排除会发生具有部分意思能力的未成年子女,在精神上或人身上对父母再婚予以干涉的情形。(2)《婚姻法》只对子女的行为做出规制,并不涉及其他亲属,老年人权益保障法规制的范围更为宽泛,既包括子女,也包括其他亲属,如兄弟姐妹、公婆岳父母等。

总之,我国于2001年修正婚姻法时增设子女对父母婚姻权利应予尊重的规定,既保持了《婚姻法》与《老年人权益保障法》在保障老年人婚姻自主权方面立法精神的一致性和协调性,也丰富和发展了我国婚姻立法一贯坚持的婚姻自由原则的内涵,体现了我国现行《婚姻法》的时代特征。

第四节　本条规范的构成要件

现行《婚姻法》第30条由两部分内容组成。前半部分强调子女应当尊重父母婚姻自主权,后半部分则强调父母婚姻关系的变化并不影响子女对父母的赡养义务。老龄化社会中,

---

① 王胜明、孙礼海主编:《〈中华人民共和国婚姻法〉修改立法资料选》,法律出版社2001年版,第289页。
② 胡康生:《关于〈中华人民共和国婚姻法修正案(草案)〉的说明》,载胡康生主编:《中华人民共和国婚姻法释义》,法律出版社2001年版,第227页。

保障父母婚姻自主权是构建和谐稳定的家庭关系的要求。夫妻关系是维系家庭的第一纽带,父母子女关系则是维系家庭的第二纽带。健康的家庭关系是两条纽带利益一致、相互作用,协调一致。子女干涉父母婚姻,则使这两条纽带发生利益冲突。本条强调子女继续履行赡养义务,抓住了阻碍父母婚姻自主权实现的重要原因——经济原因和亲属关系原因,通过要求子女履行法定赡养义务,免除父母离婚或再婚顾虑,保障其实现婚姻自由。

一、子女应尊重父母婚姻自主权

子女应当尊重父母的婚姻权利,这是对婚姻自由原则的具体化。婚姻自由,是指婚姻当事人按照法律的规定在婚姻问题上享有充分自主的权利,任何人不得强制或干涉。婚姻自由原则是《婚姻法》最为重要的原则,其中包含两层含义:一是结婚自由,即公民按照自己的意愿,在法律规定的范围内决定是否结婚、与谁结婚、何时结婚,以及如何结婚等问题,任何人不得阻止干涉;二是离婚自由,即夫妻双方都有权基于夫妻感情破裂或婚姻破裂,依照《婚姻法》规定的程序提出离婚,任何人不得阻碍或干预。干涉他人结婚自由和离婚自由的行为都是违法的,情节严重的,将构成犯罪,追究刑事责任。结婚自由与离婚自由相辅相成、互为补充。没有离婚自由,就没有真正的婚姻自由,两者在婚姻自由制度中均处于同等重要的地位。[①] 婚姻自由有两个特征:(1)婚姻自由是法律赋予公民的一项权利。我国《宪法》第49条规定:"禁止破坏婚姻自由。"《民法通则》第103条规定:"公民享有婚姻自主权。"《婚姻法》第2条规定:"实行婚姻自由。"第5条又规定:"结婚必须男女双方完全自愿。"可见,婚姻自由是由法律规定的受法律保护的一项权利。任何人包括当事人父母不得侵犯这种权利,否则就是违法行为。婚姻自由当然既包括年轻人的婚姻自由,也包括老年人的婚姻自由;既包括男性的婚姻自由,也包括女性的婚姻自由。(2)婚姻自由的行使必须符合法律的规定。我国婚姻法明确规定了结婚的条件与程序、离婚的条件与程序,这些规定划清了在婚姻问题上合法与违法的界限。因此,婚姻自由的权利,既不允许任何人侵犯,也不允许当事人滥用。不得干涉父母再婚及其婚后生活,是法律为子女设定的义务,它既包括作为的行为,也包括不作为的行为。《婚姻法》第3条第1款:"禁止包办、买卖婚姻和其他干涉婚姻自由的行为。"其中,"其他干涉婚姻自由的行为"是指包办婚姻和买卖婚姻以外的干涉婚姻自由的行为,主要包括子女干涉父母再婚、公婆干涉丧偶媳妇再婚,妨碍或威胁他人结婚或离婚的行为等。[②] 根据对法律规则的逻辑结构分析的二要素说[③],本条第一句只是对行为模式的规定,并没有相应的法律后果。

二、子女应继续履行赡养义务

本条关于子女对离婚或再婚父母继续履行赡养义务的规定,是对《婚姻法》第21条的强调。该条对父母与子女之间抚养和赡养的义务做出了一般性规定。所谓赡养义务,是指子

---

① 法律出版社法规中心编:《中华人民共和国婚姻家庭法注释全书》,法律出版社2012年版,第3～4页。

② 法律出版社法规中心编:《中华人民共和国婚姻家庭法注释全书》,法律出版社2012年版,第7页。

③ 法律规则通常有严密的逻辑结构,法学界主要有三要素说和二要素说。三要素说的主要内容是:法律规则由假定、处理、制裁三部分构成。由于其内在缺陷近年逐渐被放弃。二要素说将法律规则的结构分为行为模式和法律后果两部分,本文采用法律规则的二要素说。

女对父母经济上供养、生活上照顾和精神上慰藉的义务。可见,这里所谓的赡养,是广义的,包括扶助在内。狭义的赡养则是指成年子女在物质上和经济上为父母提供必要的生活条件,扶助是成年子女在精神上和生活上对父母的关心、帮助和照顾。赡养扶助义务的主体,通常为成年子女。子女对父母履行赡养扶助义务,是子女必须履行的法定义务。这种义务是无期限的,只要父母需要赡养扶助,子女就应当继续履行这一义务,子女不能以放弃继承为由拒绝履行此项义务。同样,即使发生父母再婚、离婚等事实行为或法律行为,也不能改变子女负有的法定的赡养扶助义务。因为,亲子之间的权利义务关系并不因父母婚姻变化而消除。

笔者在"中国裁判文书网"搜索近 10 年来的裁判文书,以"老年人再婚"为关键词未检索到案例;以"赡养纠纷"为案由检索到 33,483 条记录。① 以年份为抽样标准,笔者选取其中 400 起案件,仅 1 起案件涉及老年人再婚问题,具体案情和判决如下。

典型案例

焉某、蔡某诉许某赡养纠纷案②

焉某,女,农民,再婚前生育五子一女,1968 年与蔡某再婚。当时,焉某与 6 个子女在一起生活,至 1973 年分家。被告许某系焉某与前夫所生长子。焉某与蔡某再婚后,给许某娶了媳妇并分给他四间房,让他们另行生活。1986 年,许某与几个兄弟商定,每人每年给焉某和蔡某 50 元养老费,但从 1990 年开始,许某再也没有给过一分钱。2009 年,焉某和蔡某向山东省乳山市人民法院提起诉讼,要求被告许某给付焉某 2008 年全年赡养费 600 元,承担焉某生病期间支出的医疗费 12,497 元的五分之一;自 2009 年起每年给付两原告赡养费各 1200 元;焉某今后的医疗费由被告承担五分之一。被告许某辩称:不同意给付原告焉某赡养费及医疗费,理由是原告焉某又找了个后老头蔡某。"她找男人有人养活她,不需要我养活她,如果原告离婚,我就养活她。蔡某与我没有任何关系,我更不同意养活蔡某。"原告蔡某在庭审过程中,申请撤回对被告的起诉。

法院经调解无效,遂作出判决。法院认为,子女对父母有赡养扶助的义务,子女不履行赡养义务时,无劳动能力的或生活困难的父母,有要求子女付给赡养费的权利。现原告焉某年愈 80 岁,瘫痪在床,已丧失劳动能力,被告应当支付对她的赡养费。依据《中华人民共和国婚姻法》第 21 条第 1 款、第 3 款之规定,法院判决:被告许某给付原告焉某 2008 年全年赡养费 600 元,给付原告焉某医疗费 1988.79 元;自 2009 年 1 月 1 日起被告许某每年给付原告焉某赡养费 1000 元,原告焉某今后的医疗费用凭有效单据由被告许某承担六分之一(经法院释明,原告焉某坚持不起诉其他子女,被告只承担自己份额内的义务,以六分之一的费用为宜)。案件受理费 50 元,由被告许某负担。

除这一典型案例外,笔者还发现,选取的 400 份判决书有两个特点:一是尚未有老年人

---

① "老年人再婚"在"中国裁判文书网"系统中并非独立案由,仅能做关键词搜索;"赡养纠纷"为独立案由,资料来源:http://wenshu.court.gov.cn/list/list/? sorttype=1&conditions=searchWord＋QWJS＋＋＋%E5%85%A8%E6%96%87%E6%A3%80%E7%B4%A2:%E8%B5%A1%E5%85%BB%E7%BA%A0%E7%BA%B7,访问时间:2016 年 8 月 18 日。

② 资料来源:http://wenshu.court.gov.cn/,下载时间:2016 年 8 月 22 日。

仅因婚姻自由受侵害而提起诉讼的案件;二是已有案件中虽然老年人的婚姻自由受到侵犯,但案件最终都落脚在赡养费纠纷上。上一判例即是如此。审理该案的法院只对被告如何给付年迈母亲赡养费作出判决,并未提及原告焉某的再婚问题,也并未以《婚姻法》第30条作为审判依据。由此可见,保障老年人婚姻自主权是本条立法的目的,而强调子女继续负有对再婚父母的赡养义务,则是本条保障这一目的实现的手段。

我国1996年的《老年人权益保障法》第一次对老年人依法享有的基本和特殊权益以专门法形式加以肯定,对《婚姻法》起到了重要的补充作用。《老年人权益保障法》第13条规定:"老年人养老以居家为基础,家庭成员应当尊重、关心和照料老年人。"它所确立的子女对年老父母的赡养和扶助包括经济上供养、生活上照料、精神上慰藉,从而使家庭赡养的内容更为具体和准确。除此之外,居住条件直接关系着老年人的生活质量。对于住所的重要性,2012年修订后的我国《老年人权益保障法》第16条进一步指出:"赡养人应当妥善安排老年人的住房,不得强迫老年人居住或者迁居条件低劣的房屋。老年人自有的或者承租的住房,子女或者其他亲属不得侵占,不得擅自改变产权关系或者租赁关系。老年人自有的住房,赡养人有维修的义务。"

第五节　重要学术观点与争议

一、修改《婚姻法》期间的立法之争

我国在贯彻落实1980年《婚姻法》时,重点强调"坚持婚姻自由,正确行使婚姻自主的权利"、"反对铺张浪费,提倡节俭办婚事"、"正确理解离婚自由,梳理社会主义道德风尚"、"保护家庭成员的合法权益,发扬尊老爱幼的传统美德"。[1] 这与我国当时的社会状况密不可分。解放以后,国家采取一系列措施,从根本上摧毁了封建的婚姻家庭制度,但是长期的封建观念与思想影响还一定程度地存在着,同时,国家实行对外开放,西方资产阶级腐朽的婚姻观影响、侵袭着一些人,干涉婚姻自由,包办、买卖婚姻和借婚姻索取财物,草率结婚和离婚,拐卖、残害妇女的现象仍然比较严重。

2001年,立法机关修改现行《婚姻法》时,从我国实际出发,坚持社会主义婚姻家庭制度和基本原则,注重法律的可操作性,将行之有效的相关行政法规和司法解释尽量吸收,针对存在的问题,尽可能做出补充规定。修法期间讨论的重点包括:重婚、家庭暴力、结婚条件及无效婚姻、夫妻财产制、离婚、保障老年人权益、法律责任七个方面的问题。老年人权益保障在后续的讨论中,并没有作为重点和热点问题得到关注,对于本条设计的讨论,其更是鲜有提及。[2] 甚至有文章认为,《婚姻法》增加规定第30条纯系多余,应当删去,因为该条内容在《婚姻法》的第2条、第3条、第5条及第21条中已有明确规定。父母的再婚权利、再婚后子女的赡养义务不需要在《婚姻法》中单独作为一条强调。只要严格执法,就足以保护老年人

---

① 《新婚姻法宣传提纲》,载北京广播电视大学法律教研室编:《婚姻法资料选编》,中央广播电视大学出版社1985年版,第51~56页。

② 王胜明、孙礼海主编:《〈中华人民共和国婚姻法〉修改立法资料选》,法律出版社2001年版。该书收录了当时讨论的文章及建议不下45篇,但仅有10篇涉及关于尊重父母婚姻的内容,且论述很少。

再婚的权利。① 也有文章关注到老年人权益保护，但内容仅涉及赡养问题，并未对老年人再婚问题做出说明。② 还有文章论及老年人再婚问题，但表述只说明现状，如"目前老年人再婚的很少登记而同居"③、"我们正进入老年化社会，丧偶老人日益成为一个不容忽视的群体"④、"修正案应当对此有所规定"⑤。至于具体应该如何规定，主要观点认为，其应将老年人再婚规定为一种"准婚姻方式"，把同居视为婚姻的替代形式，从而减少再婚带来的财产纠纷和子女反对。⑥

二、学界关于老年人再婚权利的讨论

老年人的再婚问题不仅是法学研究的对象，更是跨学科研究的领域。已有文献多以老年人同居为切入点，落脚于老年人再婚问题的法律规制，并主要从四个方面进行分析⑦：首先，引用数据阐述我国人口老龄化和老年人同居现状，得出我国已进入老年型社会的结论，政府及社会应当对老龄化引起的一系列社会问题予以关注，其中，首先，老年人再婚难是关注的重点问题之一；其次，讨论老年人同居产生的原因；再次，分析老年人同居的法律效力、特点以及弊端；最后，对老年人同居的法律规制提出建议。

笔者在此仅就学界对老年人同居的法律规制方面的见解予以概括。老年人同居引起纠纷的主要原因是经济问题，众多论文集中探讨了法律对老年人再婚后的财产规制，主要有两种观点：

第一，将老年人同居关系认定为特殊的婚姻关系，即将同居关系纳入法律规制。具体差别在于同居后实行何种财产制。有学者主张，我国《婚姻法》应增设"老年人同居制度"，作为对婚姻制度的补充。老年人同居制度是指无配偶的老人，为共度晚年，摆脱孤独寂寞，在生活上相互照顾而同居。同居期间，双方应对财产、继承、赡养等相关问题做出约定。这些约定是双方自愿达成的协议，具有法律效力，同居期间，双方的权利义务受协议约束，为避免纠纷，协议达成后，双方应到政府相关部门备案，纠纷发生后，政府部门可以进行调解；如果双

---

① 王胜明、孙礼海主编：《〈中华人民共和国婚姻法〉修改立法资料选》，法律出版社 2001 年版，第 42 页、第 165 页。

② 《北京地区有关部门对修改婚姻法的意见》，载王胜明、孙礼海主编前揭书，第 192～193 页。

③ 王胜明、孙礼海主编前揭书，第 200～201 页，第 216 页。

④ 王胜明、孙礼海主编前揭书，第 289 页。

⑤ 王胜明、孙礼海主编前揭书，第 216 页。

⑥ 王胜明、孙礼海主编前揭书，第 200～201 页，第 289 页。

⑦ 参见粟霞：《对老年人'搭伴养老'现象的思考》，载《中共青岛市委党校青岛行政学院学报》2007 年第 6 期；陈明立、杜丽红：《我国老年同居的照护需求与法律援助问题研究》，载《四川行政学院学报》2006 年第 4 期；李南海：《老年同居：理性选择视野中的社会学分析》，载《广西社会科学》2007 年第 5 期（总第 143 期）；李洪帅、李玉潮：《老年人再婚障碍的法理学分析》，载《内蒙古农业大学学报》（社会科学版）2007 年第 6 期（第 9 卷总第 36 卷）；孟令志：《老年人同居的法律问题研究》，载《法商研究》2008 年第 4 期（总第 126 期）；任高攀：《老年人同居的法律思考》，载《法制与社会》2009 年 2 月上；谢秀珍：《我国老年人权利法理分析》，载《经济与社会发展》2010 年第 6 期；魏庆爽：《老年人非婚同居法律规制研究》，载《长春理工大学学报》（社会科学版）第 23 卷第 5 期；严雪梅、秦波：《老年人再婚现状分析与法律保障机制研究——以成都市为例》，载《广西政法管理干部学院学报》第 27 卷第 2 期等文章。

方要解除同居关系,则实行无过错原则,一方要求即可解除。[①] 当事人没有约定的,同居期间各自所取得的财产应归各自所有,实行分别财产制;同居期间共同所得的财产,按一般共有的原则分配。[②] 还有学者主张,对于非婚同居老年人在同居期间所得的财产,法律原则上应规定为分别财产制。法律也应允许老年人通过协议方式确立同居期间所得财产的归属,但协议财产的范围只能是他们的共同财产。[③]

第二,有条件地赋予老年人同居行为具有合法婚姻的效力。学者们认为,老年人之间以夫妻身份相待、永久共同生活为目的、具有"缔结婚姻关系意愿"的同居,应界定为婚姻行为或婚姻关系。尤其是老年人重组家庭后会牵涉更多方面的关系,法律不能完全忽视婚姻实体的存在,以及由此衍生的一系列身份、财产、扶养关系等法律事实。老年人同居转化为合法婚姻必须符合下列条件,具体如:男女双方以夫妻身份共同生活达 3 年以上,或共同生活 2 年以上后一方死亡的;双方已经举行婚礼,且不存在法定禁止结婚的情形。[④] 虽然老年人选择"搭伴养老"的同居生活方式属于无奈之举,但毕竟与法律规定相悖,不宜提倡。我国《婚姻法》在坚持婚姻登记主义的同时,应兼采事实婚主义。以登记婚为主、事实婚为补充的立法模式,尊重客观事实,也更符合中国的国情。

三、从社会性别视角对老年妇女再婚问题的讨论

我国已步入老龄化社会,如何妥善处理老年人的婚姻问题是今后构建和谐社会的重要内容。已有法律将男性和女性统一为抽象的"人",这种抽象体现了法律的客观与中立,但一夫一妻的婚姻制度本身就包涵着社会性别间的分工,因此,我们必须将性别因素还原,否则将有失法律的公允。老年妇女寿命长、健康状况差、社会保障程度低。解决好老年妇女问题,既是衡量中国老年问题解决程度的标志,也是客观检验中国社会协调发展水平的尺度。[⑤]

就老年人再婚问题而言,老年女性面临比男性更大的阻力,有自己独特的处境和需要。这主要体现在两方面:一方面在于女性的生命累积,导致其手中拥有的资源相对较少,不得不更依赖于家庭、子女。[⑥] 这可从 2000 年"中国城乡老年人口状况一次性抽样调查"数据中得到印证。该项调查数据显示,受到制度性保障的老年妇女比例不高,享有养老金的老年妇女比例低于男性老年人;即使老年妇女能够享受离退休金待遇,其水平也低于老年男性;无

---

① 粟霞:《对老年人"搭伴养老"现象的思考》,载《中共青岛市委党校青岛行政学院学报》2007 年第 6 期。

② 张影:《非婚同居期间所得财产的性质与归属》,载《哈尔滨工业大学学报(社会科学版)》2002 年第 2 期。

③ 魏庆爽:《老年人非婚同居法律规制研究》,载《长春理工大学学报(社会科学版)》2010 年第 5 期。

④ 孟令志:《老年人同居的法律问题研究》,载《法商研究》2008 年第 4 期。

⑤ 姚远、米峙:《从构建和谐社会角度看解决中国老年妇女问题的重要性》,载谭琳、姜秀花主编:《妇女/性别理论与实践:〈妇女研究论丛〉(2005—2009)集萃》(下册),社会科学文献出版社 2009 年版,第 883~884 页。

⑥ 许多论文对此有表述,例如:姜向群、杨菊华:《当前老年妇女的基本状况》,裴晓梅,徐勤:《丧偶老年女性的生活状况及其收入保障》,载谭琳主编:《2006—2007 年:中国性别平等与妇女发展报告》,社会科学文献出版社 2008 年版,第 95~96 页、第 175 页。

经济收入、低经济收入和贫困老年人口主要集中在老年妇女群体中。[1] 另一方面,社会角色的预先设定,使得妇女在性道德上承担更多"责任"。社会对于女性要求"从一而终"的观念远远超过男性,女性被要求承担更多的家庭照料责任。有文章在分析老年人同居原因时写道:老年同居可以彼此共享和交换养老资源。我国《婚姻法》确立的结婚年龄男高女低的模式加上女性的平均期望寿命高于男性,使得在老年婚姻中的女性多于男性,这实际上是男性老年人的经济养老资源与女性老年人的生活照料资源的共享与交换。[2] 但现实生活中,老年妇女更缺乏应有的生活照料。研究表明,70 岁以后老年人的生活自理能力明显下降,高龄母亲的自理能力比父亲略差。[3] 2000 年"北京市老年人调查数据"显示,老年妇女的自理能力明显低于男性,需要生活帮助的比例高于男性。[4] 正是由于传统的社会角色分工意识,照顾家庭和男性老人常常被视为女性的责任,所以,进入老年期的妇女不仅没有成为被照顾者,反而要承担主要照顾者的角色。当老年妇女既没有经济资源,又不能提供社会要求的照顾职责时,便成为了婚姻市场上的"淘汰品",女性自身真正的需要得不到满足,甚至被忽视。

2002 年 4 月,联合国第二次老龄问题世界大会通过的《马德里老龄问题国际行动计划》强调了将社会性别视角纳入各国老年政策的必要性。社会在发展过程中不仅要关注老年人问题,还需要同时关注老年妇女的特有问题,形成具有社会性别视角的老年妇女社会支持政策体系。法律作为政策体系中不可或缺的一部分,不仅应当具有社会性别敏感度,更应当突出自身特点,使得保障老年人权益更具有强制性和实用性。

第六节　相关联的法条

一、《中华人民共和国宪法》

我国《宪法》第 49 条第 4 款规定:"禁止破坏婚姻自由,禁止虐待老人、妇女和儿童。"自由是法律追求的价值之一,婚姻自由是自由内涵中不可或缺的部分。我国《宪法》明确禁止破坏婚姻自由。这是对公民婚姻自主权的宪法确认,体现出法律对自由价值的特别保障,也彰显出国家对婚姻自由和基本人权的尊重。《宪法》作为国家的根本大法,具有最高的法律效力,任何法律法规都不得违反其规定及精神。我国《宪法》对于婚姻自由的保障,既是《婚姻法》等部门法制定的依据,又是《婚姻法》等法律法规评价自身合法性的准则,它对于我国婚姻家庭立法与司法实践都具有指导价值。

---

[1] 姚远、米峙:《从构建和谐社会角度看解决中国老年妇女问题的重要性》,载谭琳、姜秀花主编:《妇女/性别理论与实践:〈妇女研究论丛〉(2005—2009)集萃》(下册),社会科学文献出版社 2009 年版,第 884 页。

[2] 陈明立、杜丽红:《我国老年同居的照护需求与法律援助问题研究》,载《四川行政学院学报》2006 年第 4 期。

[3] 胡苏云、肖黎春:《中国独生子女家庭老年照护问题及对策》,载上海社会科学院性别与发展研究中心主编:《性别影响力》,上海社会科学院出版社 2014 年版,第 287 页。

[4] 姚远、米峙:《从构建和谐社会角度看解决中国老年妇女问题的重要性》,载谭琳、姜秀花主编:《妇女/性别理论与实践:〈妇女研究论丛〉(2005—2009)集萃》(下册),社会科学文献出版社 2009 年版,第 885 页。

二、《中华人民共和国民法通则》

我国《民法通则》是调整平等民事主体间人身关系和财产关系的基本准则。《婚姻法》是民法的重要组成部分,《民法通则》的规定不仅适用于一般的民事主体,同样适用于婚姻家庭中的各个当事人。《民法通则》第103条规定:"公民享有婚姻自主权,禁止买卖、包办婚姻和其他干涉婚姻自由的行为。"这一规定为保障自然人的婚姻自主权不受侵犯提供了民事法律依据。自然人享有婚姻自主权是赋权性规定,买卖、包办婚姻和其他干涉婚姻自由的行为,都是侵害自然人婚姻自主权的行为。《民法通则》第103条以"其他干涉婚姻自由的行为"作为兜底规定,使得法律规定囊括了现实中复杂多样的各种情形。

三、《中华人民共和国老年人权益保障法》

我国《老年人权益保障法》于1996年颁布实施,2012年、2015年分别进行了两次修正。现行《老年人权益保障法》第21条规定:"老年人的婚姻自由受法律保护。子女或者其他亲属不得干涉老年人离婚、再婚及婚后的生活。赡养人的赡养义务不因老年人的婚姻关系变化而消除。"这一规定重申了1996年《老年人权益保障法》第18条、2012年《老年人权益保障法》第21条的规定,除法条序号较1996年《老年人权益保障法》发生变动外,所属章节与内容均未变化。《老年人权益保障法》是针对老年人权益保障的特别法,相对于民法、婚姻法,它更具有针对性。我国《婚姻法》第30条关于尊重父母婚姻的规定,实为对老年人婚姻权益保障的重申。现行《老年人权益保障法》第21条把握住老年人婚姻自主权易受侵害的实质因素和侵犯主体,其对于赡养人与其他亲属的规定,保障主体范围大于《婚姻法》第30条仅限于子女的规定,使得法律对老年人婚姻权益保障的力度更大。

为进一步保障老年人的婚姻自主权,强化法律责任,1996年《老年人权益保障法》第47条规定:"暴力干涉老年人婚姻自由或者对老年人负有赡养义务、扶养义务而拒绝赡养、扶养,情节严重构成犯罪的,依法追究刑事责任。"现行《老年人权益保障法》第75条在原法条基础上进一步规定:"干涉老年人婚姻自由,对老年人负有赡养义务、扶养义务而拒绝赡养、扶养,虐待老年人或者对老年人实施家庭暴力的,由有关单位给予批评教育;构成违反治安管理行为的,依法给予治安管理处罚;构成犯罪的,依法追究刑事责任。"本条对不同违法情节设置相应的处罚办法,明确对不足以构成犯罪的违法行为规制的法律依据,使得法律规定细化,更具有操作性和实用性。

我国《婚姻法》与《老年人权益保障法》对于老年人婚姻自由的保障各有侧重,但从法律结构看,《老年人权益保障法》更具有完整性和可操作性。现行《婚姻法》虽确立了婚姻自由原则,规定子女不得干涉父母离婚和再婚自由,但在救助措施和法律责任章中,未对干涉父母婚姻自由的行为确立相应的救助措施和法律责任,难免使前述原则性规定流于纸面,这实为现行《婚姻法》之不足。

四、《中华人民共和国妇女权益保障法》

我国《妇女权益保障法》于1992年颁布实施,2005年得以修正。现行《妇女权益保障法》在婚姻家庭权益一章中,第44条规定:"国家保护妇女的婚姻自主权,禁止干涉妇女的结婚、离婚自由。"现阶段,我国《婚姻法》认可的婚姻是男女两性的结合。纵观历史,女性在社会和婚姻家庭中往往处于劣势地位,女性的婚姻自主权比男性更易受到侵害,这正是《妇女权益保障法》对女性婚姻自主权做出特别保护,重申妇女婚姻自由受国家法律保护的目的所在,旨在向两性实质平等迈进一步。

五、《中华人民共和国刑法》

我国《刑法》最早颁布于 1979 年。1997 年,国家立法机关对《刑法》进行全面修订,修改幅度之大、涉及范围之广,可谓空前。此后,全国人大又先后通过一个决定和九个修正案,对《刑法》相关条文作出修改和补充。1979 年《刑法》第七章妨害婚姻、家庭罪第 179 条确立了暴力干涉婚姻自由罪,该条规定:"以暴力干涉他人婚姻自由的,处二年以下有期徒刑或者拘役。犯前款罪,致使被害人死亡的,处二年以上七年以下有期徒刑。第一款罪,告诉的才处理。"1997 年修改后的《刑法》将暴力干涉婚姻自由罪置于第四章侵犯公民人身权利、民主权利罪中,条文序号变为第 257 条。后续的几次《刑法》修正案均未涉及这一罪名。《刑法》是我国法律防治干涉婚姻自由行为的最后一道防线。我国两次刑事立法对于这一罪名的规定归属清晰。这表明:暴力干涉他人婚姻自由,不仅是对他人婚姻自主权的侵犯,更是对他人基本权利和尊严的践踏。《刑法》对婚姻自由的保护,既是对宪法原则的贯彻,也是对民法、婚姻法等其他部门法的重要补充。

最后,经查其他国家婚姻家庭立法,笔者未见有对尊重父母婚姻问题做出类似我国《婚姻法》第 30 条之规定者;在已有中国民法典立法学者建议稿中,也未见有尊重父母婚姻自主权的条文设计。由此可见,我国《婚姻法》第 30 条之规定具有现实意义,却难以作为独立条文体现在制定中的民法典婚姻家庭编中。为此,笔者建议:宜将现行《婚姻法》第 30 条内容纳入《老年人权益保障法》中,通过增强《老年人权益保障法》的操作性,切实保障老年人的婚姻自主权,并确保他们再婚后继续享有受子女赡养扶助权的实现。

参考文献

一、著作类

1. 史尚宽:《亲属法论》,中国政法大学出版社 2000 年版。

2. 林秀雄:《婚姻家庭法之研究》,中国政法大学出版社 2001 年版。

3. 瞿同祖:《中国法律与中国社会》,中华书局 2003 年版。

4. 梅仲协:《民法要义》,中国政法大学出版社 1998 年版。

5. 林菊枝:《亲属法专题研究》,台湾五南图书出版公司 1985 年版。

6. 陈棋炎、黄宗乐、郭振恭:《民法亲属新论》(第五版),台湾三民书局 2006 年版。

7. 李志敏主编:《比较家庭法》,北京大学出版社 1988 年版。

8. 程朝璧:《罗马法原理》,法律出版社 2006 年版。

9. 费孝通:《生育制度》,商务印书馆 1999 年版。

10. [日]我妻荣、有泉亨:《日本民法亲属法》,夏玉芝译,工商出版社 1996 年版。

11. 刘素萍主编:《婚姻法学参考资料》,中国人民大学出版社 1989 年版。

12. 法学教材编辑部、《婚姻法教程》编写组:《婚姻立法资料选编》,法律出版社 1995 年版。

13. 张贤钰主编:《外国婚姻家庭法资料选编》,复旦大学出版社 1991 年版。

14. [美]埃尔曼:《比较法律文化》,贺卫方、高鸿钧译,上海三联书店 1990 年版。

15. 何勤华主编:《英国法律发达史》,法律出版社 1999 年版。

16. 中国法学会婚姻法学研究会编:《外国婚姻家庭法汇编》,群众出版社 2000 年版。

17. 夏吟兰:《美国现代婚姻家庭制度》,中国政法大学出版社 1999 年版。

18. [美]杰克·唐纳利:《普遍人权的理论与实践》,王浦劬等译,中国社会科学出版社 2001 年版。

19. [意]桑德罗·斯奇巴尼:《婚姻·家庭和遗产继承》,费安玲译,中国政法大学出版社 2001 年版。

20. 杨立新点校:《大清民律草案·民国民律草案》,吉林人民出版社 2002 年版。

21. [德]卡尔·拉伦茨:《德国民法通论》(上),王晓晔、邵建东、程建英、徐国建、谢怀栻译,法律出版社 2003 年版。

22. 张希坡:《中国婚姻立法史》,人民出版社 2004 年版。

23. 肖爱树:《20 世纪中国婚姻制度研究》,知识产权出版社 2005 年版。

24. 陈苇:《中国婚姻家庭法立法研究》,群众出版社 2000 年版。

25. 夏吟兰、蒋月、薛宁兰:《21 世纪婚姻家庭关系新规制——新婚姻法解说与研究》,中国检察出版社 2001 年版。

26. 王歌雅:《扶养与监护纠纷的法律救济》,法律出版社 2001 年版。

27. 王歌雅:《中国现代婚姻家庭立法研究》,黑龙江人民出版社 2004 年版。

28. 王丽萍:《婚姻家庭法律制度研究》,山东人民出版社 2003 年版。

29. 王丽萍:《亲子法研究》,法律出版社 2004 年版。

30. 王竹青、魏小莉:《亲属法比较研究》,中国人民公安大学出版社 2004 年版。

31. 蒋新苗:《收养法比较研究》,北京大学出版社 2005 年版。

32. 高留志:《扶养制度研究》,法律出版社 2006 年版。

33. 陈苇主编:《外国婚姻家庭法比较研究》,群众出版社 2006 年版。

34. 许莉:《〈中华民国民法·亲属〉研究》,法律出版社 2009 年版。

35. 陈苇主编:《改革开放三十年(1978—2008)中国婚姻家庭继承研究之回顾与展望》,中国政法大学出版社 2010 年版。

36. 夏吟兰、龙翼飞、郭兵、薛宁兰主编:《婚姻家庭法前沿——聚焦司法解释》,社会科学文献出版社 2010 年版。

37. 陈苇主编:《当代中国内地与港、澳、台婚姻家庭法比较研究》,群众出版社 2012 年版。

38. [美]约翰·威特:《西方法律和宗教传统中的非婚生子女》,钟瑞华译,人民出版社 2011 年版。

39. 夏吟兰主编:《家庭暴力防治法制度性构建研究》,中国社会科学出版社 2011 年版。

40. 蒋月:《20 世纪婚姻家庭法:从传统到现代化》,中国社会科学出版社 2015 年版。

41. 王利明主持:《中国民法典学者建议稿及立法理由——人格权编·婚姻家庭编·继承编》,法律出版社 2005 年版。

42. 梁慧星:《中国民法典草案建议稿附理由 亲属编》,法律出版社 2006 年版。

43. 杨大文主编:《亲属法》,法律出版社 1997 年版。

44. 王洪:《婚姻家庭法》,法律出版社 2003 年版。

45. 余延满:《亲属法原论》,法律出版社 2007 年版。

46. 曹诗权主编:《婚姻家庭继承法学》,中国法制出版社 2008 年版。

47. 薛宁兰、金玉珍主编:《亲属与继承法》,社会科学文献出版 2009 年版。

48. 王丽萍主编:《婚姻家庭继承法学》,北京大学出版社 2010 年版。

49. 杨立新:《家事法》,法律出版社 2013 年版。

50. 何俊萍、郑小川、陈汉编:《亲属法与继承法》,高等教育出版社 2013 年版。

51. 马忆南:《婚姻家庭继承法学》(第三版),北京大学出版社 2014 年版。

52. 蒋月主编:《婚姻家庭与继承法》,厦门大学出版社 2014 年版。

53. 夏吟兰、龙翼飞主编:《家事法研究》,社会科学文献出版社 2015 年版。

54. 胡康生主编:《中华人民共和国婚姻法释义》,法律出版社 2001 年版。

55. 王胜明、孙礼海主编:《〈中华人民共和国婚姻法〉修改立法资料选》,法律出版社 2001 年版。

56. 法律出版社法规中心编:《中华人民共和国婚姻家庭法注释全书》,法律出版社 2012 年版。

二、法典类

1. 李浩培、吴传颐、孙鸣岗译:《拿破仑法典》(法国民法典),商务印书馆 1983 年版。

2. 费安玲、丁枚译:《意大利民法典》,中国政法大学出版社 1997 年版。

3. 中国政法大学澳门研究中心、澳门政府法律翻译办公室编:《澳门民法典》,中国政法大学出版社 1999 年版。

4. 殷生根、王燕译:《瑞士民法典》,中国政法大学出版社 1999 年版。

5. 王书江译:《日本民法典》,中国法制出版社 2000 年版。

6. 罗结珍译:《法国民法典》,中国法制出版社 2000 年版。

7. 薛军译:《埃塞俄比亚民法典》,中国法制出版社 2002 年版。

8. 罗结珍译:《法国民法典》(上册),法律出版社 2005 年版。

9. 渠涛编译:《最新日本民法》,法律出版社 2006 年版。

10. 蒋月等译:《英国婚姻家庭制定法选集》,法律出版社 2008 年版。

11. 杜景林、卢谌译:《德国民法典》,中国政法大学出版社 2014 年版。

12. 陈卫佐译注:《德国民法典》(第 4 版),法律出版社 2015 年版。

三、论文类

1. 陈明侠：《亲子法基本问题研究》，载梁慧星主编：《民商法论丛》第 6 卷，法律出版社 1997 年版。

2. [日]铃木初代：《应尽照顾被保护人的私人义务——以应尽监护未成熟子女的父母的义务为中心》，陈同花译，载《外国法译评》2000 年第 2 期。

3. 焦卫、杨晓霓：《对一起变更子女姓名案的法律思考》，载《法学》2001 年第 1 期。

4. 蒋月、韩珺：《论父母保护教养未成年子女的权利义务——兼论亲权与监护之争》，载《东南学术》2001 年第 2 期。

5. 蒋新苗、余国华：《国际收养法走势的回顾与展望》，载《中国法学》2001 年第 1 期。

6. 杨晋玲：《继父母子女关系的法律调适》，载《思想战线——云南大学人文社会科学学报》2001 年第 4 期。

7. 陈明侠：《关于父母子女、祖孙和兄弟姐妹关系制度的完善》，载《中华女子学院学报》2002 年第 4 期。

8. 陈苇、靳玉馨：《建立我国亲子关系推定与否认制度研究》，载梁慧星主编：《民商法论丛》（第 27 卷），金桥文化出版社（香港）有限公司 2003 年版。

9. 张学军：《试论继父母子女关系》，载《吉林大学社会科学学报》2002 年第 3 期。

10. 王洪：《论子女最大利益原则》，载《现代法学》2003 年第 6 期。

11. 王丽萍：《父母照顾权研究》，载《法学杂志》2004 年第 1 期。

12. 陈苇、谢京杰：《论"儿童最大利益优先原则"在我国的确立——兼论〈婚姻法〉等相关法律的不足及其完善》，载《法商研究》2005 年第 5 期。

13. 欧阳恩钱：《父母责任重述》，载《新疆大学学报（哲学·人文社会科学版）》2005 年第 1 期。

14. 夏吟兰、高蕾：《建立我国的亲权制度》，载《中华女子学院学报》2005 年第 4 期。

15. 陈雪萍：《关于我国非婚生子女认领制度的几个问题》，载《社会科学》2005 年第 7 期。

16. 陈雪萍：《我国民法典中应确立非婚生子女认领制度》，载《湖北社会科学》2005 年第 6 期。

17. 王丽萍：《从'亲本位'向'子女本位'演变的亲子法》，载《金陵法律评论》2006 年第 1 期。

18. 乔利民、郭成龙、王腾：《亲权与监护关系之再认识》，载《湘潭师范学院学报（社会科学版）》2006 年第 2 期。

19. 黄娟：《从歧视走向平等——非婚生子女法律地位的变迁》，载《政法论坛（中国政法大学学报）》2006 年第 4 期。

20. 黄娟：《非婚生子女认领制度的理论建构》，载《东岳论丛》2006 年第 5 期。

21. 马桦、袁雪石：《"第三姓"的法律承认及规范》，载《法商研究》2007 年第 1 期。

22. 张淑兰：《父母惩戒的研究综述》，载《中国家庭教育》2007 年第 1 期。

23. 王丽萍：《我国〈继承法〉法定继承规定的民间态度——山东省民间继承习惯调查研究》，载《甘肃政法学院学报》2007 年第 3 期。

24. 孟令志：《老年人同居的法律问题研究》，载《法商研究》2008 年第 4 期。

25. 王歌雅：《姓名权的价值内蕴与法律规制》，载《法学杂志》2009 年第 1 期。

26. 郭站红：《姓氏立法刍议》，载《中国社会科学院研究生院学报》2009 年第 3 期。

27. 李润红：《儿童权利保护的"最大利益原则"与我国的婚姻家庭法》，载《云南大学学报法学版》2009 年第 4 期。

28. 刘宏渭：《我国扶养制度的法律文化解读》，载《齐鲁学刊》2009 年第 5 期。

29. 陈苇、冉启玉：《构建和谐的婚姻家庭关系——中国婚姻家庭法六十年》，载《河北法学》2009 年第 8 期。

30. 刘诚：《论未成年子女在家庭中的权利保护》，载《淮北煤炭师范学院学报（哲学社会科学版）》2010

年第 3 期。

31. 魏庆爽：《老年人非婚同居法律规制研究》，载《长春理工大学学报（社会科学版）》2010 年第 5 期。

32. 胡雪梅：《我国未成年人侵权责任承担制度之合理构建》，载《法学》2010 年第 11 期。

33. 李秋菊：《扶养制度研究》，载《社会科学 I 辑》2011 年第 1 期。

34. 薛宁兰、解燕芳：《亲子关系确认制度的反思与重构》，载《中华女子学院学报》2011 年第 2 期。

35. 马忆南、邓丽：《当代英美家庭法的新发展与新思潮》，载《法学论坛》2011 年第 2 期。

36. 张杨：《国家平衡父母、子女权利的法理基础及困境》，载《法学论丛》2011 年第 3 期。

37. 熊金才：《婚姻家庭变迁的制度回应》，载《学术研究》2011 年第 5 期。

38. ［德］妮娜·德特洛夫著，樊丽君译：《21 世纪的亲子关系法——法律比较与未来展望》，载《比较法研究》2011 年第 6 期。

39. 陈苇、李欣：《私法自治、国家义务与社会责任——成年监护制度的立法趋势与中国启示》，《学术界》2012 年第 1 期。

40. 傅金铎：《刍议中华姓氏文化和族谱文化的现代意义》，载《河北省社会主义学院学报》2012 年第 3 期。

41. 徐振华、胡苷用：《新加坡〈赡养父母法〉评介及其对我国的启示》，载《江西社会科学》2012 年第 9 期。

42. 张玉敏：《法定继承人范围和顺序的确定》，载《法学》2012 年第 8 期。

43. 杨立新、杨震等：《〈中华人民共和国继承法〉修正草案建议稿》，载《河南财经政法大学学报》2012 年第 5 期。

44. 郭明瑞：《完善法定继承制度三题》，载《法学家》2013 年第 4 期。

45. 王歌雅：《〈继承法〉修正：体系建构与制度选择》，载《求是学刊》2013 年第 2 期。

46. 王歌雅：《论继承法的修正》，载《中国法学》2013 年第 6 期。

47. 陈苇、冉启玉：《完善我国法定继承人范围和顺序的立法思考》，载《法学论坛》2013 年第 2 期。

48. 王利明：《继承法修改的若干问题》，载《法学研究》2013 年第 7 期。

49. 张红：《姓名变更规范研究》，载《法学研究》2013 年第 3 期。

50. 曹相见：《姓名权限制的规范解读》，《鲁东大学学报（哲学社会科学版）》2013 年第 1 期。

51. 覃海逢：《非婚生子女认领制度的若干理论研究》，载《广西民族大学学报（哲学社会科学版）》2013 年第 3 期。

52. 雷春红：《欠缺法定要件收养关系的法律规制——以浙江省为样本》，载《西部法学评论》2014 年第 1 期。

53. 蒋月：《论儿童、家庭和国家之关系》，载《中华女子学院学报》2014 年第 1 期。

54. 吴国平、吴锟：《孤残儿童救助及其收养立法完善研究》，载《黑龙江省政法管理干部学院学报》2014 年第 2 期。

55. 陈艳、王艳、王雾霞：《论户籍管理中姓名权的保障与限制》，载《北京警察学院学报》2014 年第 4 期。

56. 夏吟兰：《民法典体系下婚姻家庭法之基本架构与逻辑体例》，载《政法论坛》2014 年第 5 期。

57. 薛宁兰：《我国亲子关系立法的体例与构造》，载《法学杂志》2014 年第 11 期。

58. 李霞：《成年监护制度的现代转向》，载《中国法学》2015 年第 2 期。

59. 高雅静：《我国姓氏立法问题探究》，载《山西省政法管理干部学院学报》2015 年第 2 期。

60. 王丽萍：《社会性别视角中的法治文化》，载《政法论丛》2015 年第 3 期。

61. 肖锐：《论中国姓氏文化研究意义》，载《中南民族大学学报（人文社会科学版）》2015 年第 4 期。

62. 吴国平：《有扶养关系的继父母关系的认定及其继承权问题》，载《中华女子学院学报》2015 年第 5 期。

63. 任江、张小余：《子女姓名决定、变更权的实证分析与启示——实证主义路径下的我国首部民法立法解释评析》，载《河北法学》2015 年第 11 期。

64. 冯源：《儿童最大利益原则下监护事务的国家干预标准》，载《北京社会科学》2016 年第 3 期。